“भारतीय संगीत के अन्तः विषयक दृष्टिकोण”

“भारतीय संगीत के अन्तः विषयक दृष्टिकोण”

डॉ. भारती शर्मा
विभागाध्यक्ष संगीत विभाग
महर्षि दयानन्द विश्वविद्यालय रोहतक

प्रकाशक :
नैतिक प्रकाशन
II आर. एम. 166, सैक्टर-2, राजेन्द्र नगर,
साहिबाबाद, गाजियाबाद (उ.प्र.)
मो.: 9811068272
ई-मेल : naitikprakashan1949@gmail.com

प्रकाशक : **नैतिक प्रकाशन**

II आर. एम.-166,

सैक्टर-2, राजिन्द्र नगर,

साहिबाबाद, गाजियाबाद (उ.प्र.)

मो. 9811068272

ई-मेल : naitikprakashan1949@gmail.com

प्रथम संस्करण : 2014

ISBN : 978-81-924-653-6-4

मूल्य : ₹ 1200/-

शब्द-सज्जा :

प्रेम कम्प्यूटर

कमला नगर, दिल्ली-110007

मुद्रक :

आर.के. ऑफसेट

शाहदरा, दिल्ली

समर्पण

जिनका वात्सल्य, ममत्व

एवं

असाधारण व्यक्तित्व

मुझे विपरीत परिस्थितियों में भी

विचलित न होने की शक्ति देता है

और जिनकी स्मृति मेरी प्रेरणा का स्रोत है

ऐसे वंदनीय पूज्य पिता श्री पं० भगवत दयाल शर्मा

एवं

पूजनीय माता श्रीमती सावित्री देवी जी की स्मृति में।

विशेष आभार

मैं अपने पति डा० नन्दकिशोर शर्मा

के विशेष सहयोग एवं सतत् प्रेरणा

के लिए विशेष आभार प्रकट

करती हूँ।

अनुक्रमणिका

आमुख

प्रस्तुत पुस्तक ''भारतीय संगीत के अन्तः विषयक दृष्टिकोण'' संगीत जगत के चिन्तनशील, अनुभवी, विचारकों के शोधात्मक लेखो का संग्रहित ज्ञान कोष है। सर्वप्रथम सृजन की सतत् प्रक्रिया की परिणति से प्रेरित होकर अनेक मार्मिक विषयों को एक जगह एकत्रित करने की योजना बनी। योजनाबद्ध यह पुनीत कार्य ''अंर्तअनुशासनीय विषयों का अंतःसंबंध' में अध्ययन हेतु महर्षि दयानंद विश्वविद्यालय, रोहतक से एक वर्ष का अवकाश प्राप्त कर इस कार्य को सम्पन्न किया गया।'' अतः यह कार्य पुस्तक के रूप में आपके सम्मुख प्रस्तुत है। पुस्तक का मुख्य ध्येय महान तिभूतिगों के चिन्तन एवं मनन की विपुल नूतन सामग्री एवम् स्वयं के चिंतन; मनन फलस्वरूप शोध किए हुए विषयों को भी लेख रूप में सामने लाना है। संगीत विज्ञों की ललित ललाम लेखनी ने इस पुस्तक को रोचक, आकर्षक तथा हृदयानुरंजक बनाया है।

''भारतीय संगीत के अन्तः विषयक दृष्टिकोण'' नामक इस पुस्तक में लेखों को संकलित किया गया है। सभी लेख गम्भीर तत्त्वों के प्रतिपादन में सर्वथा महनीय और माननीय हैं।

श्रद्धेय एच.एस. चाहल कुलपति महर्षि दयानन्द विश्वविद्यालय, रोहतक के प्रति अपनी हार्दिक कृतज्ञता प्रकट करती हूँ जिनके मार्ग दर्शन व प्रोत्साहन से यह पुनीत कार्य सम्पन्न हो पाया।

इस पुनीत कार्य में जिन महानुभावों ने अमूल्य योगदान दिया है उनके प्रति अपनी हार्दिक कृतज्ञता प्रकट करती हूँ।

सर्वप्रथम मैं डॉ. आर.पी. हुड्डा पूर्व कुलपति महर्षि दयानन्द विश्वविद्यालय रोहतक का हार्दिक धन्यवाद करती हूँ जिनके सतत् सहयोग, प्रेरणा से यह रचनात्मक कार्य सम्पन्न हो पाया।

आदरणीय जनरल ओ.पी. कौशिक पूर्व कुलपति महर्षि दयानन्द विश्वविद्यालय रोहतक के प्रति अपना आभार प्रकट करती हूँ जिन्होंने अपने बहुमूल्य सुझावों के साथ-साथ शोधात्मक लेख द्वारा पुस्तक के कलेवर को बढ़ाया है।

प्रो. नजमा परवीन अहमद पूर्व डीन संगीत एवं ललित कला संकाय दिल्ली विश्वविद्यालय का दिल की गहराइयों से आभार प्रकट करती हूँ जिन्होंने अपने अमूल्य विचारों, सत्परामर्श, मार्गदर्शन से इस ज्ञान यज्ञ को सम्पूर्ण करने मं भरपूर सहायता की।

प्रो. अनुपम महाजन पूर्व डीन, संगीत एवं ललित कला संकाय दिल्ली विश्वविद्यालय के प्रति भी कृतज्ञ हूँ जिनके सतत् सहयोग, बहुमूल्य सुझावों से यह कार्य सम्पन्न हो पाया।

उन सभी संगीत विद्वतजनों को अपना नमन करती हूँ जिन्होंने अपने अमूल्य लेखों से इस पुस्तक की मूल भावना को साकार किया है। अतः पुनः इन सभी श्रद्धेय संगीत विज्ञों का धन्यवाद।

अन्ततः इस कार्य में वे सभी, जो मेरे असीम प्रेरणा स्रोत रहे हैं मैं उन सबका भी आभार प्रकट करती हूँ।

–डॉ. भारती शर्मा
विभागाध्यक्ष संगीत विभाग
महर्षि दयानन्द विश्वविद्यालय
रोहतक

भूमिका

मैं संगीत विद्वतजनों द्वारा उल्लेखित लेखों की भूमिका में कुछ संकेत मात्र लिखना अपना कर्तव्य समझती हूँ। मेरा लिखने का अभिप्राय केवल लेखों के प्रतिपाद्य विषयों की तरफ पाठकों का ध्यान आकृष्ट करना है।

(1) प्रथम लेख में "संगीत व चित्रकला का अर्न्तसंबंध विषय पर आधारित है। इसमें दर्शाया गया है कि संगीत व चित्रकला दोनों ललित कलाएं एक दूसरे के प्रभाव को द्विगुणित करती हैं।

(2) द्वितीय लेख में धर्म और संगीत की भक्तिधारा जैसे गहन विषय पर शास्त्रों के गूढ़तम ज्ञान को सरल भाषा में बद्ध कर समझाया गया है। भक्ति धारा का प्रभाव इस लेख में स्पष्ट रूप से देखा जा सकता है।

(3) तृतीय लेख में भारतीय संगीत में गुरू शिष्य परम्परा जो भारतीय संगीत का मूल आधार रही है। वैदिक काल से लेकर आधुनिक काल तक इस परम्परा के विस्तृत रूपों पर प्रकाश डाला गया है।

(4) चतुर्थ लेख में कलात्मक सौंदर्यानुभूति नामक विषय पर विस्तृत चर्चा की गई है। अनेक विद्वानों के अनमोल विचारों को भी सामने रख यथार्थ का बोध करवाने का सफल प्रयास किया गया है।

(5) पाँचवें लेख में आज के दौर में संगीत शिक्षा समाज में कैसे महत्वपूर्ण है इस विषय पर विस्तृत शोधात्मक विचारों से अवगत करवाया गया है। समाज को व्यवस्थित रखने में संगीत अहम भूमिका अदा करता है।

(6) छठे लेख में संगीत के प्राचीनतम ग्रंथ संस्कृत भाषा में बद्ध है सर्वप्रथम संगीत का दर्शन इन ग्रंथों में ही देखने को मिलता है। आज भी किसी न किसी रूप में धरोहर के रूप में ये ग्रंथ हमारे पास उपलब्ध है। इन ग्रंथों के बिना संगीत शास्त्र विषयक चर्चा संभव नहीं है।

(7) सातवें लेख में देश की सुरक्षा में कार्यरत सैनिक नवस्फूर्ति, ऊर्जा संगीत से कैसे प्राप्त करते हैं। रोचक एवं हृदयस्पर्शी उदाहरणों द्वारा प्रेषित है।

(8) आठवें लेख में कर्नाटकी संगीत शैलियों में सौन्दर्य बोधक तथ्यों पर विस्तृत चर्चा की गई है। सौंदर्यानुभूति जैसे गंभीर विषय पर गहन चिन्तन का रूप दृष्टिगोचर होता है।

(9) नवें लेख में लेखक की लेखनी ने हरियाणा के लोक संगीत पर प्रकाश डाला है। मानवीय संवेदनाओं को बचाये रखने में लोक संगीत का कोई सानी नहीं है इस बात पर ज़ोर दिया गया है।

(10) दसवें लेख में पाश्चात्य संगीत पर विस्तृत प्रकाश डाला गया है। समस्त विश्व की संस्कृति में सभ्यता का परिचायक वहां की समृद्ध कलाएं होती हैं उसमें भी संगीत कला का कोई जवाब नहीं है। पाश्चात्य संगीत की खूबियों की महक इस लेख में परिलक्षित होती है।

(11) ग्यारहवें लेख में आवाज़ की गुणवत्ता को वैज्ञानिक तथ्यों से उदाहरण सहित समझाया गया है।

(12) बारहवें लेख में लेखक ने आज के तनावग्रस्त जीवन में संगीत को रोग निदान औषधि के रूप में चित्रित किया है।

(13) तेरहवें लेख में ध्वनि का शरीर पर क्या प्रभाव पड़ता है ध्वनि कैसे दवा का काम कर सकती है। इन रोचक तथ्यों को सामने लाया गया है।

(14) चौदहवें लेख में दर्शाया गया है कि संगीत एवं ज्योतिष दोनों वेदांग के अन्तर्गत आते हैं। संगीत का राशि ग्रहों के साथ गहरा संबंध है। यह संबंध जिन बातों पर आधारित है दर्शाया गया है।

(15) पन्द्रहवें लेख में संगीत की लोकप्रियता में संस्थाओं ने महत्वपूर्ण योगदान दिया है। घराना परम्परा से लेकर संस्थाओं तक का जो संगीत का सफ़रनामा रहा है तथ्यों द्वारा सोदाहरण समझाया गया है।

(16) सौलहवें लेख में भारतीय संगीत में पुस्तकों का महत्वपूर्ण योगदान रहा है। भारतीय संगीत का इतिहास जानने की जिज्ञासा पुस्तकों के महत्वपूर्ण पन्नों में अंकित ज्ञान से ही हो सकती है।

(17) सत्रहवें लेख में लेखक ने प्रामाणित ढंग से सिद्ध किया है कि जिस प्रकार प्रकृति लयात्मक है उसी प्रकार दैनिक जीवन में भी लय की अहम् भूमिका रहती है। बिना लय के जीवन की कल्पना भी नहीं की जा सकती। इन सभी तथ्यों को सोदाहरण समझाया है।

(18) अठारहवें लेख में मैहर घराना जिसने संगीत जगत को अनेक

मूर्धन्य कलाकार दिये जिन्होंने अपनी साधना के बल पर संगीत की अमर गाथा का प्रचार–प्रसार किया ऐसे घराने का अभ्युदय कैसे हुआ इस पर विस्तृत प्रकाश डाला गया है।

(19) उन्नीसवें लेख में लेखक ने संगीत कैसे चिकित्सा का अहम हिस्सा बन सकती है। मानसिक व शारीरिक रोगों का कैसे शमन कर सकती है। विस्तृत चर्चा द्वारा समझाया है।

(20) बीसवें लेख में राग समय सिद्धान्त पर विश्लेषणात्मक अध्ययन का सार स्पष्ट शब्दों में दर्शाया गया है।

(21) इक्कीसवें लेख में संगीत और मनोविज्ञान विषय पर प्रकाश डाला गया है। मन के बिना संगीत संभव नहीं। मन के सूक्ष्म भावों पर बखूबी प्रकाश डाला गया है।

(22) बाईसवें लेख में भारतीय संस्कृति का अभिन्न अंग–लोक संगीत है। इस विषय पर विस्तृत विवेचन है।

(23) तेइसवें लेख में भारतीय रागदारी परम्परा का पूर्व इतिहास क्या था वर्तमान स्थिति क्या है और भविष्य कैसा होगा इस विषय पर विस्तृत चर्चा की गई है।

(24) चौबीसवें लेख में लेखक ने सितार में गायकी अंग विषय पर ध्यान केन्द्रित कर गतों की स्वरलिपि द्वारा वर्णित किया है।

(25) पच्चीसवें लेख में ध्वनि शिक्षण संस्थाओं में कैसे प्रयोगशाली एवं प्रभावकारी हो सकती है इस विषय पर वैज्ञानिक ढंग से प्रकाश डाला गया है।

(26) छब्बीसवें लेख में सितार वादन में इमदादखानी घराना ने अपना विशिष्ट स्थान बनाया है। सितार में गायकी अंग इसी घराने की देन है। इस घराने की बाज शैली पर प्रकाश डाला गया है।

(27) सत्ताइसवें लेख में शुद्ध छायालग एवं संकीर्ण राग व्यवस्था पर संगीतज्ञों के विचारों पर ध्यान आकर्षित किया गया है।

(28) अट्‌ठाइसवें लेख में भारतीय शास्त्रीय संगीत में कण स्वरों का प्रयोग संगीत को मधुर व प्रभावशाली बनाता है। इन कणों को रागों में कैसे प्रयुक्त करते हैं उदाहरण सहित समझाया गया है।

(29) उन्तीसवें लेख में पं. विष्णु नारायण भातखण्डे को वाग्गेयकर के रूप में आदर्श व्यक्तित्व माना जाता है। संगीत जगत उनके योगदान को कभी

नहीं भूल सकता। उनके द्वारा किये महान कार्यों को इस लेख में उल्लेखित किया गया है।

(30) तीसवें लेख में लेखक ने ऋचा एवं स्त्रोत गान जो भारतीय मनीषियों की देन है। संगीत की प्राचीनतम गान शैली है इस विषय पर ध्यान केन्द्रित करने का भरसक प्रयास किया है।

(31) इकत्तीसवाँ लेख में इस लेख में दिल्ली के प्राचीन गोस्वामी घराने की परंपरा पर प्रकाश डाला गया है।

(32) बत्तीसवां लेख में संगीत के मनीषि भरत के ग्रंथ नाटयशास्त्र के अनुसार अवनद्ध वाद्यों का विवेचन इस पर ध्यान आकृष्ट किया गया है।

(33) तेतीसवें लेख में लेखक ने शास्त्रीय संगीत के प्रचार प्रसार एवं इसे आम जन तक पहुंचाने में आकाशवाणी ने जो अहम भूमिका अदा की है। इस विषय पर ध्यान आकृष्ट किया है।

(34) चोंतीसवें लेख में लेखक ने नाटयशास्त्रः अवनद्ध वाद्यों का विवेचन नामक लेख में महर्षि भरतकृत नाट्यशास्त्र के आधार पर वाद्यों के वर्गीकरण को सोदाहरण समझाया है।

मेरा पूर्ण विश्वास है कि विभिन्न विषयों से संबंधित, विद्वानों के गूढ़तम विचारों से मंथित लेखों द्वारा यह पुस्तक विद्यार्थियों, शोधार्थियों, शिक्षकों एवं संगीत प्रेमियों के लिए उपयोगी सिद्ध होगी।

–डॉ. भारती शर्मा

संगीत व चित्रकला का अन्तर्सम्बन्ध

"चित्र की सफलता उसकी संगीतात्मकता है जबकि संगीत की सफलता उसकी चित्रात्मकता में है।"

दूसरे शब्दों में वह चित्र (Painting) सफल नहीं मानी जा सकती जिसमें संगीतात्मकता न हो। ठीक उसी तरह संगीत की वह प्रस्तुति सफल नहीं मानी जा सकती जिसमें चित्रात्मकता न हो।

A painting is incomplete if it does not have musical element, likewise a piece of Music is incomplete if it does not seem to be pictorial.

किसी चित्रों की प्रदर्शनी (exhibition) में आपको यह अवश्य सुनने को मिलेगा कि अमुक चित्र में सर्वाधिक संगीत दृष्टिगोचर होता है। और किसी संगीत सम्मेलन के अन्त में आपको गुणीजन अवश्य यह कहते नज़र आयेंगे कि अमुक गायक/वादक ने तो मानों राग को सचमुच खड़ा कर दिया अर्थात् राग को चित्र की भाँति अनुभूत करा दिया।

दोनों ललित कलाओं में निहित समानता इस प्रकार है:-

1. **चित्रकला व संगीत का अभिव्यक्ति-पक्ष :** दोनों ललित कलाओं में सूक्ष्मतम-भावों की अभिव्यक्ति होती है। अंतर केवल माध्यम का है। संगीत में अभिव्यक्ति का माध्यम स्वर व लय है जबकि चित्रकला में रेखा व रंग माध्यम का दायित्व संभालते हैं।
2. जहाँ चित्रकला में **आधारभूत रंग** तीन (लाल, नीला, पीला) ही हैं वहीं संगीत में भी आधारभूत स्वर तीन (स्वरित, उदान्त व अनुदान्त) ही हैं।
3. चित्रकला में आधारभूत तीन रंगों से ही विभिन्न अनुपात से **रंगों के विभिन्न रूप-स्वरूप (shade)** निर्मित होते हैं। वहीं संगीत में भी आधारभूत **तीन स्वरों के वादित्व** के आधार मानकर **अन्य स्वर निर्मित** होते हैं।

4. जहाँ चित्रकला के **मुख्य छः अंग** (षड़ाँग) माने गये हैं वहीं संगीत-रचना **(ध्रुवा) के छः अंग** माने गये हैं।

5. चित्रकला में जिस प्रकार **सामंजस्यपूर्ण संयोजन** पर ध्यान दिया जाता है वहीं संगीत में भी **स्वर-ताल के सामंजस्य पूर्ण** संयोजन पर बल दिया जाता है।

6. वह चित्र जिसमें **गहराई (Depth)** न हो, मन को उथला-उथला सा लगता है, ठीक वैसे ही संगीत-प्रस्तुति जिसमें **गमकों का प्रयोग** न हो तो मन को नहीं छूता। संगीत रत्नाकर में 15 गमकों का प्रावधान है।

7. जिस प्रकार चित्रांकन में **प्रकाश (High Light)** को प्रदर्शित करने के लिये साँस को रोकना पड़ता है (विशेषतः Water Colour Painting में) ठीक उसी प्रकार संगीत में **तार षड़ज को पूर्णता** प्राप्त करने के लिये सांस को गहनतम रूप में नियंत्रित करना पड़ता है। पाश्चात्य संगीत में इस स्वर को Unison कहते हैं।

8. चित्र में रंग भरने के लिये ब्रुश में **भर के रंग** लिया जाता है उसी प्रकार संगीत (विशेषतः गायन) में **खुली हुई आवाज (full throated voice) प** (या ग्वालियर घराना) की ही अपेक्षा होती है।*

9. यदि एक रेखा के ठीक **समानान्तर दूसरी रेखा** खींची जाय तो रेखा का सौन्दर्य द्विगुणित हो जाता है। कदाचित् इसी को आधार मानकर ग्वालियर घराने के गायक **बिलम्बित की स्थाई को दोबार** (हूबहू वैसी ही शक्ल में) गाते हैं।

10. जिस प्रकार चित्र (Painting) के **विभिन्न प्रकार** (यथा Land scape, sea scape, sky scape, portrait, object-drawing designing mini paintings etc. etc.) अस्तित्व में हैं उसी प्रकार भारतीय संगीत में **विविध विधाऐं** प्रयुक्त हो रही हैं यथा ध्रुपद, ख्याल, ठुमरी, टप्पा, तराना आदि-आदि।

11. जिस प्रकार दरबारों में **बड़ी-बड़ी Wall Painting** (भित्तिचित्र) उकेरी जाती थीं जो अपने **विशालकाय स्वरूप** से सबका मन मोह लेती थीं, ठीक उसी प्रकार दरबारी एक ही राग 2, ढाई घंटे तक निर्बाध गति से चलता था। ऐसी थी हमारे शास्त्रीय **रागों की भव्यता व विशालता।** महफ़िलें रात-रात भर चलती थीं।

आजकल के मशीनी–युग की क्या कहें? इस युग में ललित कलाओं का विराट व विशाल रूप पूर्णतः तिरोहित हुआ सा प्रतीत होता है।*

12. विभिन्न रंगों को एक के बाद एक क्रम में रखकर यदि यंत्र द्वारा तीव्र गति प्रदान की जाये तो **श्वेत रंग (अर्थात् शाश्वत-सत्य का प्रतीक) सात्विकता का बोध कराता है।** ठीक उसी प्रकार गायन/वादन के अन्तर्गत विभिन्न अलंकरणो (गमक, मीड़ आदि) का प्रयोग करते हुए विलम्बित से तीव्रगति तक पहुँचने पर उसी प्रकार की **सात्विकता** प्राप्त होती है। नाद का आनन्द 'परमानन्द' की प्राप्ति कराने में सफल होता है।

13. चित्रकला को व्यक्त करने के **अनेक साधन** यथा–पानी के रंग (Water Colour) तैलीय रंग (Oil Colours), सूखे रंग (कोयला, खड़िया आदि), प्रयोग में लाए जाते हैं वैसे ही संगीत-प्रस्तुति के लिए **कंठ के अतिरिक्त विभिन्न वाद्यों** (तन्त्र, सुषिर, अवनद्धा, घनवाद्य) का प्रयोग किया जाता है।

14. दोनों ललित कलाऐं **सूक्ष्म माध्यमों (अभिव्यक्ति हेतु) की धनी हैं।** यद्यपि रेखा व रंगों की अपेक्षा 'नाद' (संगीत का माध्यम) अति सूक्ष्म है। इसीलिये संगीत को माध्यम की सूक्ष्मता के आधार पर सर्वश्रेष्ठ ललित कला माना जाता है।#

15. भारतीय संस्कृति सदैव से 'अनामी' रही है। अर्थात् भारतीय कलाकार कभी भी (और विशेषतः प्राचीन काल में) अपने नाम की प्रसिद्धि की ओर आकर्षित नहीं हुआ। प्राचीनकलाओं का निर्माण तो देखने में आता है, लेकिन कलाकार का नाम कहीं भी दिखाई नहीं देता। अजंता, एलोरा आदि की गुफाओं की चित्रकारी तो देखने को मिलती है, लेकिन कलाकार का नाम कहीं भी आभासित नहीं होता। ठीक वैसे ही भारतीय संगीत के प्राचीन रागों के स्वरूप तो आज भी प्रचलित हैं, प्रचलित ही नहीं उनको आधारभूत (Basic) राग माना जाता है, लेकिन ऐसे किसी भी राग के साथ उसके निर्माता का नाम जुड़ा हुआ नहीं मिलता।

कतिपय अवमान्यताऐं (Limitations):-

1. चित्रकला के अन्तर्गत् प्रयोगवादियों की देन के परिणाम स्वरूप

आधुनिक कला (Modern art) का अस्तित्व में आना। ऐसे किसी कलाकार से उसकी Painting (चित्र) का स्पष्टीकरण करके देखने को मिलता है कि अलग-अलग समयों पर चित्रकार उस एक ही चित्र के अलग-अलग स्पष्टीकरण देता है। इससे स्पष्ट झलक मिलती है कि चित्रकार भ्रमित हो गया है।

संगीत में भी जो लोग रागों को भली प्रकार साध नहीं पाते, अपेक्षणीय मार्ग-दर्शन व अभ्यास नहीं कर पाते वे Fusion Music की ओर बढ़ रहे हैं जो रागों की शुद्धता की दृष्टि से total confusion ही हैं।

जिस चित्रकार के हाथ में कला नहीं* वह Modern Art की ओर दौड़ लगा रहा है और जिस गायक के गले में स्वर नहीं वह Fusion Music को गले लगा रहा है। दोनों ही स्थितियाँ घोर आपत्तिजनक व निराशाप्रद हैं। इन प्रवृत्तियों पर कठोर आपत्ति का शंखनाद होना चाहिये। ताकि ऐसी दुष्प्रवृत्तियों को कोई प्रोत्साहन न मिल सके। ऐसे कलाकारों को संस्कृति-द्रोही करार देना चाहिये। Modern Art और Fusion Music दोनों पर कठोर अंकुश लगाना चाहिये।

संगीत व **चित्रकला** में परस्पर इतना **घनिष्ठ सम्बन्ध** है कि प्रायः देखा गया है कि जो श्रेष्ठ चित्रकार हुआ है वह स्तरीय संगीतज्ञ भी था यथा मोजार व बीथोविन (Beethoven) आदि, तथा जो स्तरीय संगीतज्ञ था व श्रेष्ठ चित्रकार भी था यथा लेखक स्वयं, रामचन्द्र मूँगा कपूर परिवार (देहरादून) रवीन्द्र नाथ टैगोर आदि।

भारतीय संस्कृति सदैव समग्रवादी रही है। उसने जीवन के विभिन्न पहलुओं को अलग-अलग न मानकर सबको एक दूसरे का पूरक माना है। यदि नृत्यकला को सीखना है तो चित्रकला का अध्ययन आवश्यक है। इसी प्रकार यदि चित्रकला का शिक्षण प्राप्त करना है तो नृत्यकला के अंग-प्रत्यंगों को संचालन का ज्ञान होना अपेक्षित होता है। नृत्यकला में संगीत के तीनों अंग-गायन, वादन व नृत्य समाहित होते हैं। गायन, वादन में शुद्ध मुद्रा का अपना महत्व है। और मुद्राओं को समझने के लिये नृत्य व चित्र कलाओं का आश्रय लेना ही होगा। इसी प्रकार चित्रकला की स्थूलता संगीतात्मकता से ही विलग हो सकती है। संगीत व चित्रकला में निश्चित रूप से घनिष्ठ परस्पर सम्बन्ध अपेक्षित होता है। एक के अभाव में दूसरी कला को सम्पूर्ण व सम्यक प्रभावोत्पादक नहीं माना जा सकता।

संदर्भ

* हमारे गुरूजी स्वनामधन्य श्री विनायकराव पटवर्धन जी कहा करते थे कि आजकल का गाना गाना है या गुनगुनाना। अरे भाई जब तक स्वर लगाने में सीने का जोर न लगे तब तक क्या गाना। इसीलिये अब गायन में पुकारें सुनने को नहीं मिलती।

* हमारे गुरूवर्य का कथन–क्या बतायें अब तो गायन अधूरा सा लगता है। राग (दरबारी) का 'स' (षड़ज) प्यासा रह जाता है और लोग आगे बढ़ जाते हैं।

हमारी मान्यता है कि चित्र–निर्माण चित्तकी तरंगों (नाद–उन्माद) का ही तो परिणाम है और उसी प्रकार राग प्रस्तुति करने से पहले उस राग को गायक/वादक सशरीर (अर्थात् चित्रवत्) अनुभव करता है।

* हमारे चित्रकला के गुरू स्वनामधन्य श्री पृथ्वीनाथ भार्गव (मथुरा) कहते थे कि जिन चित्रकारों के हाथ में Drawing (कलात्मक चित्रण की क्षमता) नहीं होती वे Modern Art को अपनाते हैं।

Prof. (Dr.) Satya Bhan Sharma
M.A. - Sahitya, Hindi & English
Ph. D :- Sangeet - Vocal & Instt. Kala Drawing & Painting
Ex. Dean - Music & Arts Faculty
Dayal Bagh University, Agra

धर्म और संगीत की भक्तिधारा

धर्म और संगीत के रेशे परस्पर गुँथे हुए परम्परा, संस्कृति और सनातनता से ओत-प्रोत एक मजबूत रस्सी का निर्माण करते हैं। दोनों का ही चरम लक्ष्य परमात्म तत्त्व की प्राप्ति है और आत्म-साक्षात्कार के इस मार्ग में जहाँ धर्म और संगीत दोनों ही एक-दूसरे के सहायक घटक हैं, वहीं भक्ति इनकी सहयोगिनी के रूप में प्रत्यक्षतः इस लक्ष्य का सबल माध्यम है।

धर्म से संगीत को और संगीत से धर्म को जोड़ने वाली शक्ति भक्ति ही है। धर्म, संगीत और भक्ति तीनों का सम्मिलित अविरल प्रवाह एकरूप होकर अनन्त के चरणों में जाकर अंगीकृत हो जाता है। इस प्रकार धर्म और संगीत के दो किनारों के बीच भक्ति की सनातन धारा निरन्तर प्रवाहमान होती रहती है। धर्म और संगीत से भक्ति किस तरह जुड़ी है और धर्म और संगीत के लक्ष्य प्राप्ति में किस तरह सहायक सिद्ध होती है, अब हम इसका अध्ययन करेंगे-

जीवन के लक्ष्य अखण्ड आनन्द की प्राप्ति के लिए मन, वचन और कर्म से भगवान् की भक्ति आवश्यक है। भगवान् के प्रति अनन्य प्रेम तथा समर्पण की भावना को ही 'भक्ति' कहते हैं। 'भक्ति' क्या है? इस शब्द के भावार्थ व परिभाषा को ठीक-ठीक समझने की सर्वप्रथम आवश्यकता है।

भक्ति-'भक्ति' शब्द 'भज्' धातु में 'क्तिन्' प्रत्यय लगाने से बना, जिसके आधारस्वरूप पाणिनि की अष्टाध्यायी में 'स्त्रियां' 'क्तिन्' सूत्र को देखा जा सकता है। (पाणिनि 'अष्टाध्यायी', 3/3/94)। 'भक्ति' शब्द स्त्रीलिंग है तथा इसके अनेक अर्थ हैं, जैसे-भिन्नता, पृथकता, बँटवारा, बाँट, विभाग, अंश, विभाग करने वाली रेखा, उपचार, अनुराग, श्रद्धा, सम्मान, सेवा, पूजन आदि। (संस्कृत शब्दार्थ कौस्तुभ-सम्पादक द्वारिका प्रसाद शर्मा, पृ. 841)।

'भज्' धातु का अर्थ है सेवा करना और 'क्तिन्' प्रत्यय का अर्थ है-'प्रेम'; अतः 'भक्ति' शब्द का अर्थ 'प्रेमपूर्वक सेवा करना' हो सकता है।

'भक्ति शब्द की व्युत्पत्ति 'भज् सेवायाम्' बताई गई है, जिसका अर्थ है-सेवा, आराधना आदि। (डॉ. विनय, 'महाभारत का आधुनिक हिन्दी प्रबन्ध काव्यों पर प्रभाव', पृ. 471)।

भक्ति आर्य संस्कृति का मूल है। वैदिक काल से लेकर आज तक इस पर विस्तृत रूप से विचार हुआ है। यह कभी साहित्यिक और कभी आध्यात्मिक दृष्टि से विद्वानों की आलोचना-प्रत्यालोचना का विषय रही है। साहित्यिक क्षेत्र में तो भक्ति से सम्बन्धित अनेक मत-मतान्तर हैं परन्तु आध्यात्मिक क्षेत्र में इसकी श्रेष्ठता और महत्ता निर्विवाद है। बल्कि आध्यात्मिक क्षेत्र की महत्त्वपूर्ण उपलब्धियाँ ही साहित्यिकों के लिए भी आकर्षण-केन्द्र बनी और अन्त में रस-शास्त्र में इसे महत्त्वपूर्ण स्थान प्राप्त हुआ।

अथातो भक्ति व्याख्या स्यामः॥
सा तवस्मिन् परमप्रेमरूपा॥2॥

नारदीय भक्ति-सूत्र

अर्थात्-भक्ति परम प्रेम-रूप है।

अथातो भक्ति जिज्ञासा॥1॥
सा परानुरक्तिरीश्वरे॥2॥

शांडिल्य भक्ति-सूत्र

अर्थात्-ईश्वर में अनुरक्ति ही भक्ति है।

इन दोनों भक्ति-सूत्रों के अनुसार ईश्वर में प्रेम और अनुरक्ति ही भक्ति है।[2]

'भगवान में अनन्य प्रेम का नाम ही भक्ति है।'[3]

'ईश्वर में पूर्ण अनुराग ही भक्ति है।'[4]

'भज्' धातु का सेवा अर्थ में प्रयोग होता है, इसलिए 'सेवा' को भी भक्ति प्रधान साधन माना है।

भक्ति का अर्थ है-भगवान की उपासना, भगवान की सेवा और भगवान के चरणों में पूर्ण समर्पण।[5]

'भक्ति ही सर्वश्रेष्ठ धर्म है।'[6]

हृदय की समस्त वृत्तियों को अपने जीवनाराध्य के पुनीत चरणों में समर्पित करना ही 'भक्ति' कहलाता है। दो हृदयों के एकीकरण को 'भक्ति' कह सकते हैं। किन्तु भक्ति में एकरूपता, एकरसता होते हुए भी भक्त की भगवान के प्रति श्रद्धेय तथा पूजनीय भावना होती है। यही कारण है कि

भक्ति में गम्भीरता और तन्मयता होती है।[7]

रस-शास्त्र में भक्ति का स्थायी भाव रति माना है।शृंगार का भी स्थायी भाव रति है। परन्तु इन दोनों में अन्तर इतना ही है कि जहाँ कान्ता-विषयक रति शृंगार की जननी होती है, वहाँ भगवद्विषयक रति भक्ति के लिए स्थायी भाव बन जाती है। संक्षेप में इसे भक्ति-मर्मज्ञों ने कहा है कि स्त्री, पुत्र, धन आदि में जिस प्रकार आसक्ति-मोह, ममता होती है, वही यदि भगवान् में हो जाए तो भक्ति बन जाती है। इसी दृष्टि से भक्त-शिरोमणि प्रातः स्मरणीय गोस्वामी जी 'रामचरित-मानस' के अन्त में कहते हैं-

कामिहि नारि पियारि जिमि, लोभिहि प्रिय जिमि दाम।
तिमि रघुनाथ निरन्तर, प्रिय लागहु मोहि राम॥

अन्य उपासना पद्धति की तुलना में भक्ति मनोविज्ञान के अधिक अनुकूल है। प्रायः राग, आसक्ति एवं मोह की भावना प्राणियों में स्वाभाविक रूप से होती है। वैराग्य उतना स्वाभाविक और व्यापक नहीं है जितनी कि आसक्ति। अच्छी वस्तुओं के लिए मोह अथवा आकर्षण होना प्राणियों का सहज स्वभाव है। इस प्रकार मानव-मन का सहज प्रवाह भक्ति के मूल राग की ओर दिखता है। परिवर्तन केवल इतना ही करना पड़ता है कि राग सांसारिक वस्तुओं के लिए न होकर भगवान् के लिए हो। बस, यही भक्ति है-सभी प्राणियों के लिए सहज और स्वाभाविक। भक्ति की यही स्वाभाविकता और सरलता सम्पूर्ण प्राणियों को सहज ही आकर्षित करती है। संत ज्ञानी शुकदेव तथा सनकादिक से लेकर किरात, कोल, केवट, यवन, श्वपच, वेश्या आदि सबका उद्धार करने वाली यह भक्ति अनुपम है। इन सब बातों पर विचार करने के पश्चात् यही विदित होता है कि भक्ति भगवान् के प्रति अर्पित की हुई एक भावना है। इस भावना के वशीभूत होकर मनुष्य सब-कुछ उस विराट, सगुण, निर्गुण, भक्तवत्सल भगवान् के चरणों में अर्पित कर देता है। इसी दृष्टि से भक्ति के नौ प्रकार कहे गए हैं-श्रवणु कीर्तन, स्मरण, पाद-सेवन, अर्चन, वन्दन, दास्य, सख्य और आत्म-निवेदन। क्रमशः भावों की उत्कृष्टता इन भक्ति के प्रकारों में परिलक्षित होती है। आत्म-निवेदन अन्तिम स्थिति है। सब कुछ प्रियतम परमात्मा के चरणों में अर्पित करते हुए अपने व्यक्तित्व व अहंकार को भूल जाना ही आत्म-निवेदन है। इस स्थिति में साधक का अपना कुछ शेष नहीं रह जाता, सब भगवान् का हो जाता है और भगवान् उसके। इसीलिए तो सभी भक्ति के अधिकारी

हैं। स्त्री, पुरुष, नपुंसक, बाल, वृद्ध, ब्राह्मण, क्षत्रिय, वैश्य, शूद्र, अन्त्यज, यवन आदि सबको भक्ति-मार्ग से प्रियतम का दर्शन प्राप्त हो जाता है। केवल चाहिए—लगन, सरलता और छल-छिद्र से रहित पवित्र मन।[8]

गीता के एक श्लोक में भी कहा गया है—

इन्द्रियाणि परान्याहुरिन्द्रियेभ्यः परं मनः।
मनसस्तु परा बुद्धिसर्यो बुद्धे परतस्तु सः॥

अर्थात् जो वस्तु केवल इन्द्रियों को सन्तुष्ट कर सके, वह बहुत महत्त्वपूर्ण नहीं। जो वस्तु मन को सन्तुष्ट कर सके, अर्थात् हमारे भावावेगों को सन्तोष दे सके, वह पहली से सूक्ष्म तो है, पर इतनी नहीं। जो बात बुद्धि को सन्तोष दे सके, वह इन सबसे सूक्ष्म तो है, पर वह भी बाह्य है। जो वस्तु बुद्धि से भी परे है, वही वास्तविकता है। इस वास्तविकता का अनुभव जिस मनुष्य को हो जाता है, वह उस ईश्वर का साक्षात्कार कर लेता है। इस साक्षात्कार के अन्तर में आत्म-समर्पण की भावना निहित रहती है। आत्म-समर्पण का चरम-लक्ष्य मानव का अपनी समस्त जीवन-शक्तियों एवं हृदय की वृत्तियों का केन्द्रीकरण है। मानव जब स्थिरता एवं गम्भीरता के साथ अपनी समस्त जीवन शक्तियों एवम् हृदय की वृत्तियों को एकाग्र करके अपने आराध्य के चरणों में अभिनियोजित कर देता है, तब वह उस वास्तविकता का दर्शन कर पाता है। यही भक्ति का सच्चा रूप है।

स्थिरता एवं गम्भीरता लाने के लिए आवश्यक है कि भक्ति में तन्मयता हो और तन्मयता लाने के लिए सबसे उचित और सुलभ साधन 'संगीत' है। स्वरों में गति होती है। यह गति सुसंयत,शृंखलाबद्ध होती है। इससे हृदय की तल्लीनता के परिवर्द्धन में विशेष सहायता मिलती है। संगीत के माध्यम से मानव का मन अक्षुण्ण बना रहता है। वह आसपास के संघर्ष और कोलाहलपूर्ण वातावरण द्वारा विशृंखल नहीं होने पाता और सहज में अपने ध्येय को प्राप्त कर लेता है।[9]

भक्त के साधनाकाल में हृदय-तन्त्री से जो मधुर भावनाएँ निकलती हैं, वे यदि आस-पास के कोलाहल द्वारा बीच में ही विशृंखल हो जाए तो साधक की एकरसता में बाधा पड़ती है तथा ध्यान के टूट जाने पर पुनः नियोजित करने में समय भी लगता है और इस प्रकार चित्तवृत्ति अस्थिर हो जाने से अत्यन्त कठिनाई होती है, किन्तु 'संगीत' का समाश्रय पाने से ऐसा नहीं होता, क्योंकि हम संगीत की सुनिश्चित, सुसम्बद्ध स्वर-लहरियों में हृदय का

गान एकीभूत कर देते हैं। और इस प्रकार व्यवधानों से बचकर अपने देवाराध्य में एकरस हो जाते हैं–अपने आपको भूल बैठते हैं। हमारे मानस-पट पर एकमात्र चित्रित रहती है–प्रेमाराध्य की मंजुल-मूर्ति। इन्हीं गुणों के कारण संगीत को भक्ति का श्रेष्ठतम उपादान माना गया है। विश्व की विभिन्न जातियों के विभिन्न धर्मों में संगीत को उपासना का प्रधान अंग माना गया है। गिरिजाघरों में घंटानाद, मस्जिदों में अजान इत्यादि इसके प्रत्यक्ष उदाहरण हैं। मन्दिरों में घण्टे लगाने का प्रयोजन यही है कि उनकी ध्वनि से मनुष्य का मन एकाग्र हो जाए। वह मन्दिर के प्रांगण में आने के पश्चात् अपनी समस्त चेष्टाओं एवं धारणाओं को ईश्वर की प्रतिमा में केन्द्रित कर ले। अपने अमर कल्याण के लिए प्रार्थना करते समय मन्दिरों में नाना प्रकार के वाद्यों के साथ सुबह से शाम तक कीर्तन-भजन आदि का जो कार्यक्रम चलता है, उसमें संगीत ही एकमात्र आधार होता है। यदि यों कहा जाए कि हमारी आर्य संस्कृति में भक्ति और संगीत का पारस्परिक सम्बन्ध चिरकालिक, सनातन और शाश्वत है।[10]

संगीत एवं भक्ति के मूल में भावनाओं का एक बहुत सुन्दर मन्दिर है। इस मन्दिर में अपने आराध्य की प्रतिमा को स्थापित कर साधक उस सत्ता का शीघ्रता एवं सुगमता से दर्शन कर लेता है। नाद आकाश का गुण है, पृथ्वी का नहीं। जिस प्रकार आकाश अनन्त है, सर्वत्र व्याप्त है, उसी प्रकार संगीत भी सर्वत्र व्याप्त है। इसलिए इस आधार पर यह कहना भी कि 'स्वर ईश्वर है' अत्यन्त उपयुक्त एवम् सार्थक है। ईश्वर की व्यापकता के गुण के अनुसार स्वर भी व्यापक है, समस्त ब्रह्माण्ड में व्याप्त है। इस प्रकार स्वर एवं ईश्वर दो समान शक्तियाँ हैं। जहाँ इन दोनों महान् शक्तियों का मेल हो जाता है, वहाँ आनन्द का स्रोत उमड़ पड़ता है। यही मानव का परम लक्ष्य होता है, यही वास्तविक आनन्द की स्थिति है और सीधे-सादे शब्दों में यही भक्ति का वास्तविक स्वरूप है।

स्व. राजेन्द्र बाबू के शब्दों में संगीत का महान् गुण है कि वह चित्त-वृत्तियों को शान्त तथा एकाग्र करके श्रोताओं को तन्मय कर देता है। इसीलिए जप, तप और ध्यान से भी अधिक महत्त्व भजन तथा कीर्तन का माना गया है। यदि मानव के जीवन में कोई वस्तु है, जो मानव को विनाशकारी चंगुल से छुड़ाकर अमरता प्रदान करती है और उसे इस चिन्ताकुल जगत् के झगड़ों से ऊपर उठाकर ऐसे लोक में पहुँचा देती है,

जहाँ न कोई मलिनता है, न द्वेष है, न कोई स्पर्धा है, न संघर्ष, तो वह भक्ति का आधार मात्र संगीत ही है।[11]

ज्ञान-विज्ञान के प्रणेता वेदों के संगायनकर्त्ता मुनियों ने संगीत को ही वेद का आधार बनाया और चूँकि बिना श्रद्धा के किसी भी 'तत्त्व' का उपार्जन सम्भव नहीं, अतः भक्ति को संगीत का आधार बनाया गया। यह अत्यन्त प्राचीन विधान है। यदि वेदों का आधार संगीत न होता तो विज्ञान आज बहुत पीछे होता। वेद-वेदांगों में जो संगीत निहित है, वह पूर्ण 'भक्ति' है, जिसे वेदकार ऋषि-मुनियों के आश्रम में अपने आचार्य उपाध्यायों के सान्निध्य में अन्तेवासी (आश्रम के जिज्ञासु शिष्य) 'ॐ सहनानवतु...' आदि मन्त्र के रूप में संगायन करते थे।

अतः प्राच्य काल में विज्ञान के उपार्जन के लिए भक्ति एवं निष्ठा प्रथम नियम था। बिना एकनिष्ठ भक्ति के ज्ञान-विज्ञान एवं प्रगति कदापि सम्भव नहीं। इसीलिए प्रत्येक शिष्य को प्रथमतः भक्तिभावमय होना अपरिहार्य होता था। उसी भक्ति ने काव्य को एवं काव्य ने अपने अन्तर्भूत संगीत को जगत् में प्रकीर्ण किया। यदि भक्ति संगीतस्वरूपा न होती, तो वैदिक मन्त्रों का 'उद्गीथ' न होता; छन्द मात्रा और लय में उनका सृजन न होता। उसी प्रकार आर्य-ग्रन्थगेय शैली में न सृजे जाते। यदि आदि-काव्य 'रामायण' (महर्षि वाल्मीकि कृत) सांगीतिक न होता, तो राम भक्ति-रस के आदि अवतार का पद न पाते।

जिस प्रकार शरीर का स्पन्दन प्राण है, उसी प्रकार संगीत का स्पन्दन भक्ति है और भक्ति का संगीत। संगीत साहित्य को जन्म देता है और उसका प्राण 'भक्ति' में निहित होता है। ज्ञान-गंगा का उद्गम भक्ति है और उसका प्रवाह संगीत। हिन्दी-साहित्य में भक्तियुगीन साहित्य-धारा स्वर्णिम अक्षरों में लिखी जाती है, केवल इसीलिए कि उसमें संगीत का शाश्वत स्वर संचित है। अतएव कहा जा सकता है कि समस्त सचराचर जगत् को भक्ति और संगीत आबद्ध किए हुए है।[12]

भक्ति और संगीत की यह सम्मिलित परम्परा विश्व-साहित्य के प्राचीनतम ग्रन्थ 'ऋग्वेद' से प्रचलित है। हमारे पूर्वज प्रकृति की लयबद्ध गति तथा उसकी विमुग्धकारी छटाओं से प्रभावित थे। इस प्रकृति-नटी के अभिनय के पीछे किसी कुशल कलाकार का हाथ है, ऐसी उनकी मान्यता थी। विभिन्न ऋतुओं का नियमित रूप से चलना, दिन-रात की नियमित

आवृत्ति तथा प्रकृति के ऐसे ही अन्यान्य रहस्यों के पीछे किसी नियन्ता का होना जरुरी है अन्यथा ब्रह्माण्ड की लयमयता का निमित्त कारण और दूसरा कौन हो सकता है? विश्व की आदि-शक्ति के सम्बन्ध में ऐसी ही श्रद्धा से प्रेरित होकर आदिम गायकों ने अपने गीत उसकी प्रशंसा में रचे।

प्राचीन महर्षियों की अजस्त्र एवं अनन्य साधनों के फलस्वरूप हमारे भक्ति-संगीत के प्राचीनतम गीत 'ऋग्वेद' के रूप में आज भी सुरक्षित हैं। प्रकृति की चित्र-विचित्र लीलाओं को अनुभव कर वैदिक गायकों ने जगत् के मूल में विद्यमान शक्ति का साक्षात्कार किया और उसके विभिन्न रूपों के लिए गीत अथवा सूत्र रच डाले। ऋग्वेद का प्रत्येक सूत्र विभिन्न देवताओं की स्तुति में गाया गया गीत है।

भक्ति के स्वयं-स्फूर्त उद्गारों के साथ वाद्य व नृत्य का जुड़ जाना स्वाभाविक है। गीत, वाद्य व नृत्य, तीनों भक्ति के उल्लास को अभिव्यक्त करने के प्रधान साधन हैं। आनन्दातिरेक के समय मुख से उद्गारों का निःसृत होना, हाथों से तालियाँ बजाना तथा समस्त अंगों से अभिनय करना एक स्वाभाविक प्रक्रिया है। संगीत के अन्तर्गत स्वर, लय तथा शब्द तीनों के सम्यक् निर्वाह पर ध्यान देना संगीत-शास्त्र में 'अवधान' कहलाता है और इन तीनों का समुचित संगम ही उत्कृष्ट भाव-संगीत अथवा भक्ति संगीत को जन्म देता है। भक्ति का चरम उत्कर्ष वस्तु के साथ तन्मयता में है—ऐसी तन्मयता, जो आराध्य के साथ ऐक्य-भाव स्थापित करे; ऐसी तदाकारता, जिसमें ज्ञाता, ज्ञेय तथा ज्ञान अथवा गायक, गायन तथा गेय वस्तु का भेद निःशेष हो जाए। संगीत-क्रिया का सर्वोच्च बिन्दु यही 'निर्विकल्प समाधि' है, जहाँ सीमित 'अहं' नष्ट होकर 'जगदात्मा' में विलीन हो जाता है। संगीत के अन्तर्गत देश, काल और जाति का बन्धन नहीं रहता, यह तथ्य सर्वजन-प्रसिद्ध है। संगीत-जगत् में रसिक-श्रोता यह विचार नहीं करता कि कलाकार हिन्दू है अथवा मुसलमान, पण्डित है या कृषक, बूढ़ा है अथवा बालक। संस्कृत में एक उक्ति है—

'गुणाः पूजास्थानं गुणिषु न च लिंगं न च वयः।'

अर्थात् गुणियों में गुण देखे जाते हैं, उनका स्त्री या पुरुष होना अथवा उनकी आयु विचारणीय नहीं। यह अभेद भाव संगीत में जिस मात्रा में देखा जाता है, उतना अन्यत्र नहीं। भक्ति की जो चरम सीमा अद्वैत में पाई जाती है, उसका प्रबल माध्यम आरम्भ से अब तक संगीत रहा है और विश्व के

अन्त तक रहेगा, इसमें किंचित् सन्देह नहीं।[13]

भक्ति की दो विधाएँ हैं–'सगुण' या 'साकार' तथा निर्गुण या 'निराकार'। सगुण भक्ति धारा, जहाँ भक्त ईश्वर के साकार स्वरूप का चिन्तन करता है तथा निर्गुण भक्ति धारा जहाँ भक्त ईश्वर के स्वरूप का ध्यान न करते हुए केवल उसकी सत्ता का चिन्तन करता है। इसका माध्यम 'ॐ' की ध्वनि है और इसकी उपासना प्रणवोपासना कहलाती है। 'ॐ' का केवल गायन ही गायक को तन्मयता प्रदान करता है और श्रोताओं की बिखरी हुई या विकेन्द्रित चित्तवृत्तियों को गायक के स्वर में केन्द्रित कर देता है। इसी 'ॐ' का रूपान्तर आज गायक द्वारा आरम्भ में लगाए गए 'अकार' में देखा जाता है। स्वर में ऐसा तादात्म्य ही 'योग' है और इसी योग के लिए 'नाद-योग' संज्ञा है। आगमों, पुराणों और तन्त्र-ग्रन्थों में इसी की महिमा गाई गई है। कानों से सुनाई देने वाले 'आहत-नाद' से 'अनाहत-नाद' तक पहुँच जाना अथवा नाद के स्थूल रूप से सूक्ष्म रूप तक पहुँच जाना, नाद-योग-साधना की चरम सीमा है।[14]

नाद से बढ़कर मुग्ध तथा वशीभूत करने वाला दूसरा उपाय नहीं। किसी रससिद्ध कवि की उक्ति है–

नास्ति नादन्परो मन्त्रः न देवः स्वात्मनः परः।
नानुसन्धेः परापूजा नहि तृप्तेः परं सुखम्॥

अर्थात् नाद के समान परम श्रेष्ठ दूसरा मन्त्र नहीं, अपनी आत्मा से बढ़कर कोई देव नहीं, नादानुसन्धान से बढ़कर दूसरी उत्तम पूजा नहीं और तृप्ति से बढ़कर कोई सुख नहीं।[15]

इस प्रकार नादोपासना से इह-पर-सुख की और ईश्वर की भी प्राप्ति हो सकती है। श्री आद्य शंकराचार्य ने नाद की प्रशंसा में कहा है–

नादानुसन्धान नमोस्तु तुभ्यं, त्वां साधनं तत्त्वपदस्य जाने।
भवत्प्रसादान् पवनेन साकं, विलीयते विष्णुपदे मनो मे॥

अर्थात् हे नादानुसन्धान! तुम्हें नमस्कार है, (क्योंकि) तुम्हें मैं तत्त्व-पद की प्राप्ति के लिए एक उत्तम साधन जान गया हूँ। तुम्हारे प्रसाद से मेरा मन, पवन (प्राणों) सहित, विष्णुपद (तत्त्व-पद) में विलीन हो जाता है।[16]

भक्ति-संगीत–भगवत प्रेम की प्राप्ति के लिए या मानसिक विकारों का शमन करके जो भजन गाये जाते हैं–'भक्ति-संगीत' कहलाता है। 'भक्ति-संगीत' नाद-योग का ही एक स्वरूप है। ईश्वर-आराधना में शीघ्र सफलता के लिए

भक्ति-संगीत से बढ़कर दूसरा साधन ही नहीं। भक्ति-संगीत के द्वारा जब परमात्मा स्वयं प्रभावित और प्रसन्न हो जाते हैं, तो उनकी अनुकूलता से संसार का ही नहीं, स्वर्ग और बैकुण्ठ का भी सब-कुछ मिल सकता है।

आदि काल से चली आ रही इस परम्परा का प्रमाण हमारे प्राचीन ग्रन्थों में भी उपलब्ध है। 'सामवेद' भक्ति संगीत का प्राचीन संस्करण है। सामगान धार्मिक उत्सवों में किया जाता था। प्राचीन समय का संगीत काव्य छन्द, नाटकादिकों में गाए जाने वाले ध्रुवा गीत, आर्या गीत, प्रबन्ध, वस्तु, रूपक, अष्टपदियाँ, मंचपुष्पांजलियाँ, देवता-स्तोत्र, आरतियाँ, मंगलाष्टकादि गीत इत्यादि के रूप में प्रचलित था। इनकी एक क्रमबद्ध प्रणाली बन गई, जिसे 'मार्ग-संगीत' कहा गया तथा इसे वेदों के समान अपौरुषेय, अनादि एवं मोक्ष-प्राप्ति का साधन माना जाता था। इस प्रकार प्राचीन-काल से ही भक्ति-संगीत धर्म से जुड़ा हुआ है।

भगवान् कृपा-सागर हैं और सुख-निधान भी। उनका स्वरूप ही अव्यय, शाश्वत है; अतः उनसे मिलनेवाला सुख भी शाश्वत है—सदा एकरस, स्थिर रहनेवाला। अतः चिरस्थायी सुख-शान्ति के लिए भक्तिमय संगीत की साधना और उसी के सहारे भगवान् की आराधना परम कल्याणमय मार्ग है।

भक्ति-संगीत में लीन होने पर सहृदय मानव को शीघ्र ही भाव-समाधि का अवर्णनीय, अलौकिक आनन्द-रस प्राप्त होता है। वह सुख केवल उसी व्यक्ति के अनुभव की वस्तु है, शब्दों द्वारा अभिव्यक्ति का विषय नहीं। भक्ति-संगीत के द्वारा संगीत के आनन्द के साथ भाव-रूपी रस का पान भी किया जा सकता है, जो अतुलनीय है। इन दोनों के सम्बन्ध से (भक्ति और संगीत के) शोक-सन्ताप से दूर होकर ईश्वर के निकट शान्त चित्त से बहुत ही सहजता से पहुँचा जा सकता है।

भक्ति-गान में सहज उद्रेक, नवोन्मेष, सद्यः स्फूर्ति, स्वच्छन्दता तथा अनाडम्बर इत्यादि विशेषताएँ स्वयं आ जाती हैं। भक्ति-भाव को उद्दीप्त करने वाली मूल प्रेरणा उसमें निरन्तर व्यक्त रहती है और उसी के द्वारा भाव का विस्तार नियन्त्रित होता है। मूर्त के अन्दर जो अमूर्त एकरसता और सौन्दर्य विद्यमान है, भक्ति-गान के द्वारा कलाकार उसे उद्घाटित कर सकता है।

भक्ति-गीत पवित्र, वन्दनीय तथा अलौकिक शक्ति सम्पन्न होते हैं। भक्ति-गान से सत्य, शिव और सौन्दर्य का अद्भुत समन्वय है। परम तृप्ति

के साथ-साथ उसमें परम आह्लाद भी है। भक्ति-गान में वृत्ति जब ध्येयाकार होती है तो चित्त का आवरण हटता है। मल और विक्षेप समाप्त होते हैं, ज्ञान की प्रकृष्ट दीप्ति होकर आत्म-ज्योति उद्भासित हो उठती है। कलाकार को माधुर्य और सत्य का वैभव उपलब्ध होता है। सत्य के उद्रेक से तार्किक बुद्धि तिरोहित होकर चेतन के साथ तद्रूप होती है; ज्ञाता, ज्ञान और ज्ञेय की त्रिपुटी एक हो जाती है; अनेकता से एकता को बोध होता है और तुरीय पद प्राप्त होता है। यही वह पुण्य-भूमि है, जहाँ समस्त पाप दग्ध हो जाते हैं।[18]

भक्ति संगीत के अन्तर्गत भजन, कीर्तन, संकीर्तन, हरिकथा, कालक्षेप इत्यादि का अन्तर्भाव होता है। भारत के विभिन्न प्रदेशों में प्रादेशिक भाषाओं के सहारे इनका गायन होता है। इनमें स्वरों के साथ शब्दों का महत्त्व होता है और आलाप-तानों का उपयोग अत्यल्प होता है।[19]

भक्तिपरक काव्य को ही भजन कहते हैं। भक्ति-काव्य के आदि, मध्य तथा अन्त में सार, हरिपद, चौपाई, दोहा, सरसी, गीता, मुक्तामणि, श्यामउल्लास, श्लोक, छप्पय तथा शेर इत्यादि प्रायः रहते हैं। छन्द और स्वर की दृष्टि से भक्ति-गीत के लिए कोई बन्धन नहीं है, फिर भी गेय पद स्वर, राग एवं ताल से विभूषित होकर जब प्रस्तुत किए जाते हैं तो उनसे रस की जो अजस्र धारा बहती है, वह अनिर्वचनी होती है।[20]

काव्य पक्ष से अधिक इनमें भाव-पक्ष का बाहुल्य रहता है। प्रत्येक का अपना विशिष्ट स्थान है। किसी में भावों की उच्चता, विचारों की गहनता तथा जीवन की गहन अनुभूति और उसका विश्लेषण विद्यमान रहता है। कोई जीवन व जगत् के बीच बहुत ही सुन्दर सामंजस्य पैदा करता है। किसी में सम्पूर्ण समर्पण तो किसी में मनुष्य मात्र के लिए प्रेरणादायक अपरिमित शक्ति छिपी हुई है।

भजन की परम्परा सभी समाजों में प्रचलित है। व्यक्तिगत रूप से भी भजन गाए जाते हैं और सामूहिक रूप से भी। इनकी व्यवस्था पारिवारिक, वैयक्तिक, सामुदायिक तथा मानवीय अभावों के क्षणों में होती है। बहुत से भजन उस युग के लिखे हुए हैं, जो हिन्दी-साहित्य का स्वर्ण-युग कहलाता है। मीरा, सूर, तुलसी इत्यादि के मानस से प्रसूत यह पुण्य वाणी शत-शत नर-नारियों को भक्ति से आप्लावित करने में पूर्णतया समर्थ है। आज भी मीरा के भाव-प्रणव पदों में प्रेमविह्वल हो 'मेरे तो गिरधर गोपाल, दूसरा न कोइ' की धुन में भक्तों के पैर थिरक उठते हैं और सूरदासजी की

कृष्ण-बाल-लीलाओं के रस से सराबोर हो अपूर्ण आनन्द से आप्लावित हो जाते हैं। भजन भूले-भटकों के मार्ग-प्रदर्शक हैं। इनमें समस्त जीवन का सार रहता है और आध्यात्मिक आनन्द की अनुभूति रहती है। इन भजनों की मूल धुनें अत्यन्त ही प्राथमिक व एकांगी होती है, परन्तु जनता के कंठों पर पहुँचकर उनमें अपूर्व रंगों का निखार आता है। सहस्रों कंठों द्वारा गाए जाने वाले इन भजनों को सुनकर आशा व उत्साह का सागर लहराने लगता है।[21]

पद मुख्यतः कीर्तनकार के द्वारा गाया जाता है, परंतु उसको सस्वर दोहराने के लिए कुछ साथीगण भी होते हैं। भजनों तथा संकीर्तन में तो समस्त जनता साथ देती है। भक्ति-काव्यों में कुछ प्रकार ऐसे भी प्रचार में आए हैं, जिन्हें लोक-धुनों का आश्रय प्राप्त हो जाने से वे साधारण जीवन और हिन्दू संस्कृति का अंग बन गए हैं। 'रघुपति राघव राजा राम' भजन हमारी राष्ट्रीय स्वतंत्रता का घोष मंत्र रहा है। स्वामी समर्थ रामदास जी के द्वारा प्रवर्तित यह भजन विगत सदियों से संतप्त मनों को शान्ति देता आया है और महात्मा गाँधी द्वारा स्फूर्ति और प्रेरणा के स्रोत के रूप में प्रसारित हुआ है।

Lead kindly light वाला खिस्ती भजन भी महात्मा गाँधी को प्रिय था। वे संगीतप्रिय थे व संगीत के मर्मज्ञ भी। उनकी प्रार्थना में हर भाषा के भजनों को स्थान प्राप्त था। उनका कहना था कि जब स्वर-ताल-सहित भजनों का गान होता है, उस समय स्वर, ताल तथा भाव तीनों का संयोग माधुर्य तथा ओज की वर्णनातीत अपूर्व स्थिति उत्पन्न कर देता है। वे निःसंकोच कहते थे कि मेरे सामने आने वाले राष्ट्रीय, सामाजिक और राजनीतिक विकट प्रश्नों की गुत्थी का सुलझाव, मुझे अपनी बुद्धि की अपेक्षा अधिक स्पष्टता व शीघ्रता से, प्रार्थना के द्वारा मिल जाता है। बापू की सरस एवं प्राणवान् प्रार्थना में सम्मिलित हो असंख्य जन मुग्ध एवं ईश्वर ध्यान में लवलीन हो जाते थे। विश्व के महान्-से-महान् व्यक्तियों ने भी प्रार्थना को जीवन का सम्बल बताया है।[23]

कीर्तन-भक्ति-पद में इष्ट के रूप और गुण का 'कीर्तन' होता है। 'कीर्तन', सगुण और निर्गुण दोनों उपासनाओं के लिए आलम्बन रहा है। वल्लभ-सम्प्रदाय ने भी भक्ति-गीतों के स्थान पर कीर्तन को अधिक महत्त्व दिया, क्योंकि शिक्षित तथा अशिक्षित, किसी भी वर्ग के कितने भी विस्तृत समुदाय के लिए उसमें भाग लेना सम्भव है। पद के शुद्ध उच्चारण, राग एवं ताल इत्यादि में पारंगत होना कीर्तनकार के लिए आवश्यक नहीं। वहाँ सरल

स्वरोच्चार तथा समर्पण की भावना से ही व्यक्ति को परम सन्तोष हो जाता है, क्योंकि उसका लक्ष्य इष्ट के साथ तदाकारता एवं तद्रूपता है। ईश्वर का गुणगान कीर्तनादि करने से ही भक्त मोक्ष प्राप्त करता है इसलिए जप, तप और ध्यान से भी अधिक महत्त्व कीर्तन का माना गया है।[24]

नवधा भक्ति योग का अन्तिम उपदेश ईश्वर-प्राप्ति या ब्रह्म में विलीन होना ही है, किन्तु भगवत-भजन, स्तुति-गायन ही सबसे सरल मार्ग है। तुलसीदास कृत 'रामायण' के अरण्यकाण्ड के दोहे एवं 'दासबोध' के दोहों का अवलोकन करने पर निष्कर्ष निकलता है कि नौ भक्तियों में भगवान् का कीर्तन ही सर्वश्रेष्ठ भक्ति है।

बचन कर्म मन मोरि गीत, भजन करै निष्काम।
तिन्ह के हृदयकमल मँह, करौ सदा विश्राम॥16॥
ताल मृदंग हरिकीर्तन। संगीत नृत्यतानमान।
नाना कथनानुसन्धान। तुटोंचि नेदावे॥11॥
करुणा कीर्त्तनाच्या लोटें। कथा करावी घडघडाटें।
श्रोतयांची श्रवणपुटें। आनन्दे भरावीं॥12॥
कम्प रोमांच स्फुरणें। प्रेमाश्रु सहित गाणें।
देवद्वारी लोटांगणे। नमस्कार घालावे॥13॥
पदें दोहडे श्लोक प्रबन्ध। घाटी मुद्रा अनेक छन्द।
वीरभाटींव विनोद। प्रसंगे करावे॥14॥
नाना नवरसिक शृंगारिक। गद्यपद्यांचे कौतुक।
नाना वचने प्रस्ताविक। शास्त्राधारें बोलावीं॥15॥[25]

प्राचीन तथा अर्वाचीन श्लोकों एवं दोहों का निष्कर्ष निकलता है कि ईश्वर तक पहुँचने के लिए या ईश्वर को अपना सर्वस्व अर्पण करने के लिए इष्टदेव का कीर्तन, जो कि संगीत स्वर-युक्त हो, करना ही सर्वश्रेष्ठ है।[26]

इस प्रकार भक्ति की नवविधियों में से सर्वसुलभ और सुगम मार्ग 'कीर्तन' कहा गया है। भक्ति संगीत में कीर्तन का अत्यधिक महत्त्वपूर्ण स्थान है। भगवान् के नाम, गुण तथा महिमा का स्वर, लय व तालबद्ध गायन 'कीर्तन' कहलाता है। वीणा, मृदंग, झाँझ, करताल इसके संगति-वाद्य होते हैं। कीर्तन व्यक्तिगत होता है, अर्थात् एक ही गायक के द्वारा किया जाता है और संकीर्तन सामूहिक होता है। कीर्तन के आदि-प्रवर्तक देवर्षि नारद हैं, जो अपनी महती वीणा के सहारे सदैव भगवान की गुण-गाथा का गान करते रहे

हैं। संकीर्तन का प्रवर्तन करने का श्रेय ब्रज की गोपियों को है, जिन्होंने सारे संसार से निःसंग होकर लोक-लाज और कुल की मर्यादा छोड़कर श्रीकृष्ण के नाम-संकीर्तन से सारी ब्रज-भूमि को आप्लावित किया। गोपियों का सामूहिक गान तथा रास-नृत्य अपनी विलक्षणता रखता है और भारतीय नृत्य की विशिष्ट शैली के रूप में प्रतिष्ठित है।[27]

सभी धर्मशास्त्रों में भगवान् के नाम स्मरण एवं कीर्तन को भगवद्‌भक्ति में सर्वश्रेष्ठ साधन माना है। भगवान कहते हैं कि जिस भक्त की वाणी, नाम संकीर्तन से गद्‌गद हो जाती है, जिसका चित्त नाम स्मरण से द्रवित हो जाता है, जो भावावेश में क्षण-क्षण में रोता है और कभी-कभी हँसता भी है एवं लज्जा छोड़कर उच्च स्वर में मेरा नाम-संकीर्तन करता है तथा नृत्य भी करता है, ऐसा मेरा भक्त समस्त विश्व को पवित्र करता है।[28]

वेद, उपनिषद, पुराण, रामायण, महाभारत आदि सभी धर्म ग्रन्थों में भगवन्नाम और कीर्तन की महिमा भरी पड़ी है। भक्ति में कीर्तन एवं संकीर्तन की श्रेष्ठता सिद्ध होने के कारण आदिकाल से ही संगीत भगवत-प्राप्ति का, देवताओं को प्रसन्न करने का परमानन्द-प्राप्ति का एक प्रमुख साधन रहा है।

भक्ति-संगीत आज के व्यस्त एवं उद्वेगपूर्ण जीवन-पथ पर चलते हुए पथिकों के लिए विश्राम-स्थल है, जहाँ प्रार्थना व भजन द्वारा वह समस्त मन की आशंकाओं व पीड़ा को भूल जाता है। यह निर्बल व दुःखी हृदय का एकमात्र आधार है। कितना भी व्यथित हृदय हो, एक बार भक्तिभाव-रस से पूर्ण प्रार्थना व भजन उसके लिए एक ऐसा शक्ति व तेजपूर्ण केन्द्र है, जिससे सतत निकलने वाला आत्म-शान्ति का सौम्य प्रकाश रोग-ग्रस्त तन में व शोक-सन्तप्त मन में अपूर्व शान्ति व शीतलता का संचार करता है।[29]

भक्ति-संगीत की भारतीय परम्परा

1. वैदिक युग और भक्ति संगीत–भारत में भक्ति संगीत की परम्परा बहुत प्राचीन काल से चली आ रही है। वैदिक युग में यज्ञादिक धार्मिक अनुष्ठानों के समय विभिन्न देवी-देवताों के लिए जो सस्वर मन्त्र गाए जाते थे, वे भक्ति-संगीत का सबसे प्राचीन रूप है। ऋग्वेद के मन्त्र ही जब सस्वर गाए गए तब उन्हें 'सामवेद' कहा गया। 'सामवेद' संगीतमय और भक्तिमय है।

अपूर्व पवित्रता ही इस युग के संगीत की विशेषता थी। स्वर-साधना के

गुण से अभिषिक्त होकर संगीत जीवन को विकास पथ पर ले जाने का प्रमुख साधन बनकर यज्ञों के रूप में प्रस्फुटित हुआ।[30]

2. रामायण और महाभारत काल एवं भक्ति संगीत–रामायण और महाभारत काल में धर्म और संगीत परस्पर अधिक समीप हुए। गीता के समय से भक्ति मार्ग को एक स्पष्ट व स्वतन्त्र स्वरूप प्राप्त हुआ। यह कहा जा सकता है। श्रीकृष्ण ने अपने को प्राप्त करने व मोक्ष प्राप्ति का सरलतम उपाय भक्ति व संकीर्तन को बताया। कृष्ण ने अनेक स्थानों पर भक्ति व कीर्तन शब्दों का प्रयोग किया है। संगीत अपने विशद् निर्मल रूप में कृष्ण की मोहक वेणु निनादित करता हुआ अपने उच्चतम रूप को प्राप्त हुआ।

3. पौराणिक काल एवं भक्ति-संगीत–पुराणों में प्राप्त अनेक स्तोत्र भक्ति संगीत के ही रूप हैं। स्तोत्रों को सस्वर गाने की विधि भी परम्परा-प्राप्त है। मानसिक जप उत्तम माना गया है। और स्तोत्र का सस्वर गान करने के नियम बनाए गए हैं।

पौराणिक काल में भक्ति व कीर्तन को बहुत महत्त्व दिया गया। विष्णु-पुराण में कहा गया है कि "जिस प्रकार अग्नि से स्वर्णादि धातुओं के मल का नाश होता है। उसी प्रकार भक्तिपूर्वक किया हुआ भगवत कीर्तन सभी पातकों का नाश करने का उत्तम साधन है।"

इसी प्रकार गरुड़ पुराण में कीर्तन का महत्त्व इस प्रकार बताया गया है–

यदिच्छिसि परं ज्ञानं ज्ञानाच्च परमं पद्म।
तदा यत्नेन महता कुरू गोविन्दकीर्तनम्।।

अर्थात् आत्मज्ञान तथा आत्मज्ञान से परम-पद पाने के लिए गोविन्द का कीर्तन करो।

श्रीमद्भागवत में नवधा भक्ति में सांग में 'श्रवण कीर्तनं.....निवेदनम्' श्रवण कीर्तन को वरीयता प्रदान की गई है।

पुराणों में तो यहाँ तक कहा गया है कि–

विलज्जते उद्गायति नृत्यते च मद्भक्तियुक्तो भुवनं पुनाति।।

अर्थात् जो लज्जा छोड़कर उच्च स्वरों में गान करता है, नृत्य करने लगता है, ऐसा भक्त समस्त लोकों को पवित्र करता है। यह धर्म, भक्ति और संगीत के सम्बन्ध की चरम सीमा कही जा सकती है।

जैन युग और भक्ति संगीत–इस काल में संगीत को महत्त्वपूर्ण स्थान प्राप्त था। इस युग में मानव जीवन के पंचशील कहलाने वाले पाँच आधार

स्तम्भ केवल ब्राह्मणों के लिए ही नहीं बनाए गए। ये निम्नलिखित हैं–1. सत्य 2. अहिंसा 3. पवित्रता 4. सौन्दर्य 5. अस्तेय।

बौद्ध काल और भक्ति संगीत–दिव्य संगीत इस युग की अपरिमेय शक्ति बना। बौद्ध मन्दिरों में गाई जाने वाली स्तुतियाँ संगीतमय थीं। अनेक बौद्ध ग्रन्थों में इस सम्बन्ध को चित्रित करने वाले अंश प्राप्त होते हैं, जैसे–गुत्थिल द्वारा इन्द्र की स्तुति करना, अश्वघोष द्वारा रचित स्तुतियाँ, पंचशिख द्वारा वीणा के साथ इन्द्र की स्तुति आदि। बौद्ध धर्म की महायान शाखा पर भक्ति का अधिक प्रभाव था।[31] बुद्ध के सिद्धान्तों को गीतों की लड़ियों में पिरोकर उन्हें सुन्दर ढंग से गाया जाता था। बुद्ध के पावन सिद्धान्तों पर आधारित संगीत नैतिकता से पूर्ण होकर अपने बाह्य और आन्तरिक शक्तिशाली रूपों से समन्वित होकर कला के क्षेत्र में अपना एक चिन्ह विशेष छोड़ गया।[32]

मुस्लिम युग और भक्ति संगीत

मुगल काल से पूर्व (7वीं से 10-11वीं शताब्दी) शंकर भक्ति, विष्णु भक्ति की प्रबलता के कारण भक्ति संगीत का धर्म से घनिष्ठ सम्बन्ध रहा। विष्णु भक्त दिव्य प्रबन्धों की विपुल रचनाओं के संगीतबद्ध गान का प्रसार कर रहे थे। विभिन्न भक्ति सम्प्रदायों ने इस सम्बन्ध को और मजबूत किया।

वैष्णवों में रासलीला और राधाकृष्ण केलि प्रमुख आधार थे। इसमें गान व नृत्य को महत्त्व प्राप्त था। जयदेवकृत 'गीतागोविन्द' का इस ओर बहुत योगदान रहा।

मुगलों के आक्रमण से (11वीं शताब्दी) संगीत पर गहरा प्रभाव पड़ा। भारतीय संगीत की पवित्रता और उसके आत्मिक सौन्दर्य को नष्ट करने के प्रयत्न हुए। इसी युग में उत्तरी भारत में भक्ति आन्दोलन तीव्र वेग से बढ़ा। अष्टछाप कवि, गोस्वामी तुलसीदास जी, मीराबाई, सन्त कबीर आदि अनेक भक्त कवियों और महात्माओं का आविर्भाव हुआ। इनके द्वारा भक्ति-संगीत की परम्परा को नवीन जीवन प्राप्त हुआ। संस्कृत-साहित्य से अनभिज्ञ जन-साधारण इन महान् सन्तों के भक्ति-साहित्य के द्वारा अपने प्रियतम परम प्रेमी परमात्मा की आराधना करके अपने जीवन को धन्य करते रहे। चैतन्य महाप्रभु, विद्यापति, चंडीदास आदि भक्त कवियों के गीत भी भक्ति संगीत की शृंखला में आते हैं। इन सभी सन्तों, कवियों ने भक्ति, संगीत व धर्म को इतनी मजबूती से जोड़ा कि भक्ति संगीत उज्जवल रूप में प्रतिष्ठित हुआ

और आज तक है।[33]

शास्त्रीय संगीत में यदि हम भक्ति-धारा के प्रवाह का अध्ययन करें तो ज्ञात होता है कि 'सामवेद' के समान जातिगान भी बहुत पवित्र माना जाता था। 'संगीत-रत्नाकर' में जाति के सम्बन्ध में कहा गया है–

अपि ब्रह्मणं पापाज्जातयः प्रपुन्त्यमूः। ऋचो यजूंषि सामानि क्रियन्ते नान्यथा यथा। तथा सामसमुद्भूता जातयो वेदसम्मिताः॥

संगीत-रत्नाकर, अडयार संस्करण, स्वराध्याय

अर्थात् जातियाँ ब्रह्म-हत्या के पातक से भी मुक्ति दिलाने वाली हैं। जिस प्रकार ऋक, यजुः, साम में परिवर्तन नहीं किया जा सकता, उसी प्रकार साम से उद्भूत जातियों में भी परिवर्तन नहीं किया जा सकता।

इस उद्धरण से प्रतीत होता है कि जातिगान एक पवित्र गान था, जिसके द्वारा भगवत्स्तुति की जाती थी। जाति में प्रयुक्त पदों से भी यही विदित होता है। जाति गायन, शास्त्रीय संगीत के अन्तर्गत रागों के विकास का आधार है। जाति में प्रयुक्त पदों को 'ब्रह्मप्रोक्त' कहा गया है। ब्रह्मप्रोक्त का तात्पर्य है–ब्रह्मा द्वारा कथित व निर्मित। प्रबन्ध युग का सर्वश्रेष्ठ उदाहरण 'गीतगोविन्द' के पद हैं। माधुर्यभाव के उपासक 'गीतगोविन्द' के पदों को बहुत श्रद्धा-भक्ति से गाते हैं। प्रबन्ध-गान के पश्चात् ध्रुवपद का युग प्रारम्भ होता है। ध्रुवपद की रचना भी प्रबन्ध के अंगों के आधार पर की गई है। ध्रुवपद का विषय विष्णु, शिव, राम, कृष्ण आदि की भक्ति और चरित्र-चित्रण भी रहा है। तानसेन, बैजू, रामदास, स्वामी हरिदास, गोविन्द स्वामी आदि महान् ध ध्रुवपद-गायकों की रचनाएँ भक्ति-भावना से ओत-प्रोत हैं। उनमें भारतीय दर्शन के द्वैत, अद्वैत आदि सिद्धान्त पूर्णरूपेण परिलक्षित होते हैं, जिसके आधार पर यह कहा जा सकता है कि ध्रुवपद-गान भक्ति-संगीत की एक सबल धारा है।

तानसेन-कृत निम्नलिखित ध्रुवपद में अद्वैत सिद्धान्त का प्रतिपादन है।

राग सारंग (शूल ताल)

तुम रब, तुम साहेब, तुम ही करतार,
घट-घट पूरन जल-थल भर भार।
तुम ही रहीम, तुम ही करीम,
गावत गुनी गन्धर्व-सुर-नर-सुरतार॥
तुम ही पूरन ब्रह्म, तुम ही अचल खम्भ,

तुम ही जगत-गुरु, तुम ही सरदार।
कहे 'मियाँ तानसेन', तुम ही आप रूप,
तुम ही करत सकल जग को भव-पार॥

इस ध्रुवपद में अद्वैत और भक्ति का समन्वय है—

राग मालकौंस (चौताल)

तेरी गति अति अगाध, बरनी न जात मोसों,
निरंजन निराकार नारायण।
तुही सूर्य, तुही चन्द्र, तुही पवन, तुही पानी,
तुही गगन, तुही सकल नारायण॥
तुही ब्रह्मा, तुही शिव, तुही अगम,
तुही निगम, तुही स्वर्ग, तुही पताल, तुही धरा धारायण।
'तानसेन' के प्रभु, तारबे को तुही एक,
सुमिर-सुमिर भज ले मन पारायण॥

सूरदास-कृत यह अप्रचलित ध्रुवपद भक्तिरस-परिपूर्ण है—

राग केदार (चौताल)

चक्र के धरनहार, गरुड़ के असवार,
नन्द के कुमार, मेरो संकट निवारो।
यमलार्जुन कूँ तार्‌यो, गज-ग्रह ते निस्तारयो,
काली के नथनहार, विपद निवारो॥
गिरिगोवर्धन करपै धारयो, इन्द्र हूँ को गर्व गारयो,
ब्रज के रखनहार, मोहूँ को उबारो।
द्रुपद-सुता की बेर, नेक हूँ न कीनी देर,
अब क्यों अबेर, 'सूर' सेवक तिहारो॥

इसी प्रकार ख्याल-गायकी के युग में सदारंग-अदारंग जैसे महान् ख्याल-रचयिताओं की अनेक रचनाएँ भक्ति-संगीत के अन्तर्गत आती हैं। निष्कर्ष यही है कि ख्याल, टप्पा, ठुमरी, कजरी, चैतनी आदि शास्त्रीय संगीत और लोक-संगीत की परम्पराओं में मदनमोहन, श्यामसुन्दर, भगवान् भोलानाथ, रघुनन्दन, राघव के प्रति प्रेम की भावना व्यक्त करने वाली अनेक रचनाएँ आज भी प्राप्य हैं।[34]

प्राचीनकाल से लेकर आज तक भक्ति-संगीत की अमृतमयी धारा लाखों-करोड़ों अतृप्त और त्रसित जनों को दिव्य जीवन प्रदान करती हुई

चली आ रही है। यदि यह कहा जाए कि संगीत का आविष्कार ही भक्ति-संगीत के रूप में हुआ, तो यह अतिश्योक्ति नहीं होगी। भारतीय साहित्य, कला, संगीत तथा नृत्य का सदा से यह वैशिष्ट्य और अन्तिम लक्ष्य रहा कि कला की साधना तभी सार्थक बनती है, जब उसके द्वारा प्रभु का सान्निध्य प्राप्त हो, उनका अनुग्रह प्राप्त हो। इसलिए भक्त कलाकारों के द्वारा जिन कलाकृतियों का निर्माण हुआ, उनकी समता लौकिक मनोरंजन के लिए निर्मित की गई कलाकृतियाँ कभी नहीं कर पाईं। इसका एकमात्र कारण यही है कि भक्त जब अपना सब कुछ भगवच्च्चरणों में अर्पण कर देता है, तब उस स्थिति में उद्भूत रचनाएँ लोक-रिझाषल व निम्नस्तरीय तत्त्वों से एकदम असम्पृक्त रहती हैं।

भवित-संगीत ऐसे ही भक्तों का संगीत होता है। उसमें वे सारे तत्त्व हैं, जिनसे आत्म-कल्याण के साथ-साथ लोक-कल्याण भी होता है। इसलिए भक्ति-संगीत को सदैव उच्च स्थान प्राप्त हुआ और होता रहेगा। किसी भी देश, काल का वातावरण या समाज का बन्धन इस पर प्रतिबन्ध नहीं लगा सकता। गम्भीर सागर की तरह अनेक उपासना-पद्धति-रूपी पवित्र नदियों के जल को आत्मसात् कर अपनी शान्तिदायक लहरों से साधकों को सदा प्रेरित करता हुआ भक्ति-संगीत सदा अपने पथ पर आगे बढ़ता रहेगा।

संदर्भ

1. भक्ति और संगीत, लक्ष्मीनाराण गर्ग, (निबन्ध संगीत से उद्धृत), पृ. 5
2. हमारा भक्ति संगीत, तुलसीराम देवांगन, (संगीत, जनवरी-1970), पृ. 17
3. रामहि केवल प्रेमपिआरा। आनि लेहु जो जाननहारा।
   रामचरितमानस मयि चानन्ययोगेन भक्तिख्यभिचारिणी।
   गीता, 10/13, 7, 11/54, 14/28
4. शाण्डिल्य भक्ति सूत्र, पृ. 2
5. गीता, 4/6, 7/25, 4/8, 4/13-14
6. श्रीमद्भगवद्गीता, 1/2/6
7. भक्ति और संगीत का पारस्परिक संबंध, ब्रजरानी वर्मा (संगीत, जनवरी-1970)
8. हमारा भक्ति संगीत, तुलसीराम देवांगन (संगीत, जन. 1970), पृ. 18
9. संगीत-1970, पृ. 26, विजय श्रीवास्तव
10. भक्ति और संगीत का पारस्परिक संबंध, संगीत, जन. 1970, पृ. 35
11. संगीत, जन. 1970, पृ. 26.
12. वही, पृ. 28.

13. भक्ति संगीत का उद्गम और विकास, श. श्री परांजपे, पृ. 9.
14. वही, पृ. 11
15. संगीत, जनवरी–1970, डॉ. गोविन्द प्रसाद शर्मा, पृ. 25
16. ईश्वर–प्राप्ति का अमोघ साधन नाद–योग, रामविट्ठलदास, संगीत–1970, पृ. 38
17. वही, डॉ. गोविन्द्र प्रसाद शर्मा, पृ. 25
18. भक्ति और संगीत निबन्ध (संगीत से उद्धृत), लक्ष्मीनारायण गर्ग, पृ. 538.
19. भक्ति संगीत का उद्गम और विकास (संगीत, जन. 1970 से उद्धृत), श. श्री परांजपे, पृ. 13
20. भक्ति और संगीत (निबन्ध संगीत से उद्धृत), लक्ष्मीनारायण गर्ग, पृ. 540
21. सुख, शान्ति व शक्ति का राजमार्ग भक्ति–संगीत (संगीत, जन. 1970), सरला खण्डेलवाल, पृ. 42
22. भक्ति संगीत का उद्गम और विकास (संगीत, जन. 1970), श. श्री, परांजेय, पृ. 13
23. सुख, शांति व शक्ति का राजमार्ग संगीत, सरला खंडेलवाल, पृ. 43
24. भक्ति और संगीत, लक्ष्मीनारायण गर्ग, पृ. 539
25. भारतीय संगीत साहित्य में भक्ति संगीत का योगदान, (संगीत, जन. 1970), मनोहर विनायक राव भागवत, पृ. 30
26. भक्ति संगीत का उद्गम और विकास (संगीत, जन. 1970), श. श्री. परांजपे पृ. 12
27. श्रीमद्भागवत, 11/24/26, 12/3/53
28. सुख, शांति व शक्ति का राजमार्ग (संगीत–1970) सरला खंडेलवाल, पृ. 43
29. मध्यकालीन धर्मों में शास्त्रीय संगीत का तुलनात्मक अध्ययन, जतिन्द्र सिंह खन्ना, पृ. 53
30. संगीत दर्शन, विजयलक्ष्मी जैन, पृ. 118
31. मध्यकालीन धर्मों में शास्त्रीय संगीत का तुलनात्मक अध्ययन, जतिन्द्र सिंह खन्ना पृ. 54
32. संगीत दर्शन, विजयलक्ष्मी जैन पृ. 120
33. हमारा भक्ति संगीत, (संगीत–1970), तुलसीराम देवांगन, पृ. 21

–डॉ. भारती शर्मा
विभागाध्यक्ष संगीत विभाग
महर्षि दयानन्द विश्वविद्यालय
रोहतक

भारतीय संगीत में गुरु-शिष्य परम्परा

इस धरती पर पदार्पण करते ही मानव के साथ विभिन्न सम्बन्ध स्थापित हो जाते हैं–पिता-पुत्र, माता-पुत्र अथवा भ्राता आदि। धीरे-धीरे ये सम्बन्ध सखा, पति, पत्नी तथा सेवक, सेव्य आदि में विस्तृत हो जाते हैं। हमारे भारतवर्ष के प्राचीन मनीषियों, विद्वानों तथा संगीतज्ञों आदि ने इन सभी सम्बन्धों में श्रेष्ठतर व श्रद्धा योग्य स्वीकार किया है गुरू और शिष्य का सम्बन्ध।

गुरू एक सापेक्षिक शब्द है। गुरु का सम्बन्ध सदैव उस 'लघु' के साथ किया जाता है जो गुरु से छोटा होता है, परन्तु वास्तव में गुरु का अर्थ उस व्यक्ति विशेष के लिये प्रयोग होता है, जिससे अन्य व्यक्तियों, को किसी विद्या का, धर्म का, अथवा नीति का वास्तविक ज्ञान प्राप्त हो। जो उस ज्ञान को प्राप्त करता है वह लघु है और वही शिष्य कहलाता है।

गुरुः ब्रह्मा, गुरुर्विष्णु, गुरुर्देवो महेश्वराः
गुरुः साक्षात् परम् ब्रह्मः, तस्मै श्री गुरुवे नमः

भारतय संगीत में गुरु-शिष्य परम्परा का अत्याधिक महत्त्व प्राचीन काल से रहा है। इस शिक्षण पद्धति को गुरुकुल पद्धति भी कहते हैं। विशेष रूप से जिन प्राचीन विख्यात कलाकारों के नाम हमारे हृदय में अभी भी अधिष्ठित हैं वे सभी कलाकार "गुरु-शिष्य परम्परा" के ही प्रतीक थे। संगीत के क्षेत्र में गुरु का महत्त्व सदैव ही अन्य सभी विद्याओं से अधिक रहा है। क्योंकि संगीत वह विद्या है जिसे एकांत में बैठकर किसी पुस्तक से पढ़कर ग्रहण करना असंभव है। उसके विपरीत ही यह विद्या गुरु के सम्मुख सीना-बसीना बैठकर उनके द्वारा उच्चारण की हुई ध्वनि व शब्द के पुनः उच्चारण से ही आ सकती है। अतः संगीत की शिक्षा ग्रहण करने के लिये गुरु के संपर्क की अत्याधिक आवश्यकता होती है। प्राचीन काल में वेदों को ऋषियों के उच्चारण में, मध्यक में ध्रुपद गायन की उच्चारण क्रिया व श्वास

निरोध में तथा आधुनिक काल के ख्याल गायन गुरु की शिक्षा का ही प्रभाव व महत्त्व दिखता है।

संगीत शिक्षा में गुरु की आवश्यकता जितनी अधिक है उतना ही गुरु को खोजना भी एक कठिन कार्य है। एक शिक्षार्थी अपनी अल्प बुद्धि से किसी के गुरुत्व की परख नहीं कर सकता। यही कारण है कि प्रत्येक संगीत सीखने वाले व्यक्ति को वास्तविक 'गुरु' की प्राप्ति भी नहीं होती। गुरु की प्राप्ति केवल उस लगन से ही होती है जैसे ईश्वर के प्रति एक भक्त की। यह उसी प्रकार है-"जिन खोजा तिन पाइया गहरे पानी पैठ"। यदि सच्ची लगन है तो ईश्वर कृपा से अवश्य ही एक अच्छे गुरु की प्राप्ति सम्भव है। गुरु को गुरुत्व प्रदान करता है उसका 'अनुभव'। यह उसके अनुभवों का ही परिणाम है कि वह जानता है कि उसे स्वयं संगीत सीखने के लिए कितनी कठिनाईयों का सामना करना पड़ा है। उन कठिनाईयों से वह अपने शिष्य को दूर रखना चाहता है। शिष्य इस तथ्य को समझने में असमर्थ होता है जिन्हें गुरु पूर्व परीक्षण कर देता है।

साधारणतः गुरु के प्रेम की तुलना पिता के प्रेम से की जाती है। जिस प्रकार पिता अपने पुत्र की शिक्षा-दीक्षा बिना किसी प्रति ग्रहण (Return) की आकांक्षा से प्रेमवश करता है। उसी प्रकार गुरु भी अपने शिष्य को शिक्षा देता है। 'गुरु' अपनी शरण में शिष्य को लेने के पश्चात् उसकी रक्षा उसी प्रकार करता है जिस प्रकार ईश्वर अपने भक्त को अपनी शरण में लेने के पश्चात् उसकी पूर्णरूपेण रक्षा करता है। इसीलिये कहा गया है:- "गुरु गोबिन्द दोऊ खड़े काके लागूं पाय, बलिहारी गुरु आपने जिन गोबिन्द दियो बताय।" कोई भी व्यक्ति जन्म से ही संगीतज्ञ नहीं होता। यह सम्भव है कि उसमें संगीतज्ञ बनने के गुण विद्यमान हों, परन्तु यह गुरु की शिक्षा का ही परिणाम होता है जो उस अविकसित कला को पुष्प का रूप दे देता है, और एक विद्यार्थी को कलाकार के रूप में जन-जन के समक्ष प्रस्तुत करता है।

ज्ञात होता है कि वैदिक युग से ही सभी विद्याओं की शिक्षण पद्धति गुरु-शिष्य परम्परा ही थी। रामायण तथा महाभारत काल में भी गुरु-शिष्य परम्परा से ही सभी विद्याओं की शिक्षा दी जाती थी। प्राचीन काल में जिन विद्यार्थियों को संगीत सीखने की तीव्र इच्छा होती थी, वे किसी गुरु से विधिवत् गंडा बन्धवाकर उनके सहवास में कई वर्षों तक रहकर संगीत की शिक्षा गुरु-शिष्य परम्परा से लेते थे। गुरु गृह में रह कर शिष्य को गुरु की

सेवा में पूर्णरूपेण रत होना स्वाभाविक तथा आवश्यक था। शिष्य को अपनी और गुरु की आजीविका के लिए एक प्रकार की भिक्षा-वृत्ति पर निर्भर रहना पड़ता था। इस सेवाव्रत के पालन द्वारा ही गुरु की कृपा सम्पादित की जाती थी और तभी उनसे विद्या प्राप्त हो सकती थी। इसीलिए कहा गया है–

"हरि के रुठे ठौर है, गुरु रुठे नहिं ठौर।"

उस समय के गुरु शिष्यों की परीक्षा लिया करते थे। संगीत सीखने की प्रबल इच्छा, लगन तथा गुरु-निष्ठा इत्यादि गुणों की कसौटी पर खरा उतरने के पश्चात् ही शिष्य को पसन्द किया जाता था। शिष्य के लिये कभी यह परीक्षा कठोर भी होती थी। इस परीक्षा में सफल होने के बाद ही गुरु भी शिष्य को खुले हृदय से विद्या का ज्ञान देता था,

मध्यकाल में जब संगीत कला मुसलमानों के पास आई तो गुरु-शिष्य परम्परा से संगीत की शिक्षा घरानों में दी जाने लगी। गुरु आश्रमों का स्थान विभिन्न घरानों ने ले लिया। विभिन्न गायन शैलियों के आधार पर कई घरानें बने, जिनमें गुरु-शिष्य परम्परा से संगीत की शिक्षा दी जाती थी।

उनीसवीं शताब्दी के अन्त में बड़ौदा के उस्ताद मौलाबक्ष ने एक संगीत विद्यालय की स्थापना की और उसके पश्चात् कई संगीत विद्यालयों की स्थापना हुई, जिनमें गान्धर्व महाविद्यालय, लाहौर (अब पाकिस्तान) तथा बाद में बंबई, माधव म्यूज़िक कालेज, ग्वालियर, मौरिस म्यूजिक कालेज, लखनऊ तथा प्रयाग संगीत समिति, इलाहाबाद आदि में संगीत की शिक्षा सामूहिक रूप में पाठ्यक्रम के अनुसार दी जाती है। अब तो स्कूलों, कालेजों तथा विश्वविद्यालयों में संगीत को दूसरे अन्य विषयों के समान एक एच्छिक विषय के रूप में पढ़ाया जाता है। इस विद्यालयी संगीत शिक्षा में जो शिक्षण दिया जाता है उससे विद्यार्थी शिक्षक तो बन सकता है, पर एक कलाकार नहीं। इसका कारण है कि स्कूलों, कालेजों तथा विश्वविद्यालयों में संगीत की सामूहिक शिक्षा दी जाती है। 45 मिनट की कक्षा में 30 अथवा 35 विद्यार्थियों को संगीत विषय की शिक्षा दी जाती है। शिक्षक इतने कम समय में प्रत्येक विद्यार्थी की ओर व्यक्तिगत रूप से ध्यान देने में असमर्थ होता है। इसलिये संगीत विषय के विद्यार्थी अपना पाठ्यक्रम तो पूरा कर लेते हैं परन्तु उनको क्रियात्मक संगीत की विभिन्न बारीकियों, स्वर लगाव तथा राग के नियमों की गहराई से ज्ञान नहीं होता। इस पद्धति से संगीत का विद्यार्थी विभिन्न संगीत की उपाधियों-संग विशारद, संगीत प्रवीण, संगीताचार्य तथा बी.ए. व

एम.ए. संगीत और पी.एच.डी संगीत को प्राप्त करके संगीत शिक्षक तो बन जाते हैं परन्तु कलाकार वही विद्यार्थी बनते हैं, जो इन उपाधियों को प्राप्त करने के पश्चात् किसी विख्यात संगीत के गुरु से विधिवत् मन उच्चारण के साथ गंडा बंधवाकर गुरु-शिष्य परम्परा से संगीत के स्वरों की सच्चाई, रागों के धर्म के अनुसार स्वर लगाव तथा रागों के नियमों का तथा बन्दिशों का गुरु के प्रति निष्ठा-भाव तथा गुरु-भक्ति को रखते हुए गुरु के आशीर्वाद के साथ ज्ञान प्राप्त करते हैं। कोई भी गुरु अपने आप किसी शिष्य को कुछ नहीं सिखाता। शिष्य व्यवहार, गुरु-भक्ति, साधना तथा गुरु के प्रति श्रद्धा भाव से विद्या ले लेता है। विद्या दी नहीं जाती, विद्या ली जाती है।

ऐसे अनेक उदाहरण संगीत-जगत में देखने को मिलते हैं। भारत के ऐसे कई महान कलाकार गुरु से सीख कर ही चोटी पर पहुँते हैं, जिनके पिता अथवा परिवार के किसी भी सदस्य को संगीत का कोई ज्ञान नहीं था और कई प्रसिद्ध कलाकारों की संताने भी भटकाव की जिन्दगी जी रही हैं। फिर यह आरोप कैसे सिद्ध किया जा सकता है कि गुरु अपनी विद्या अपने परिवारवालों को छोड़कर दूसरों को नहीं देते। यह बात सत्य है कि शिष्य की अपेक्षा गुरु के पुत्र-पुत्रियों को संगीत का अधिक वातावरण मिलता है जिससे उनको लाभ मिलता है।

सर्वविदित है कि सभी गुरु उदार प्रकृति के नहीं होते। जो होते भी हैं वे भी दूसरी कुछ विशेष बातों अथवा वातावरण के प्रभाव से विद्या प्रदान के इस पवित्र कर्तव्य में कभी-कभी असमर्थ सिद्ध हो जाते हैं।

महाराष्ट्र के प्रसिद्ध गायक स्व. देव जी बुआ तथा उनके शिष्य स्व. बालकृष्ण बुआ इचलकरांजीकर की हकीकत इस विधान का उदाहरण है। स्व. बालकृष्ण बुआ की संगीत में असीम रुचि तथा लगन होने के कारण उस समय के ख्याती-प्राप्त गायक स्व. देव जी बुआ से संगीत शिक्षा लेना आरम्भ किया। देव जी बुआ तो बहुत ही नेकदिल व्यक्ति थे वो तो बहुत प्रेय से संगीत की शिक्षा देते थे, परन्तु दुर्भाग्य की बात यह थी कि उनकी पत्नी बालकृष्ण बुआ से अप्रसन्न रहती थी। परिणाम-स्वरूप बालकृष्ण बुआ को विद्या मिलना कठिन हो गया। गृह-कलह को टालने के लिए जब देव जी बुआ मन्दिर जाते थे तो अपने साथ बालकृष्ण बुआ को भी ले जाते थे और रास्ते में ही शिक्षा देते थे। इस तरह उन्होंने बालकृष्ण बुआ को 300 से भी अधिक बन्दिशें सिखाई। कई उदाहरण ऐसे भी हैं कि अपनी जाति का

न होने के कारण गुरु ने दूसरी जाति के विद्यार्थी को संगीत की शिक्षा नहीं दी। इसका एक उदाहरण इलाहाबाद का है। एक प्रसिद्ध संगीत के गुरु ने विद्यार्थी को सितार की शिक्षा इसलिए नहीं दी कि वो दूसरी जाति का था। संगीत में कई ऐसे भी उदाहरण देखने में आए हैं कि शिष्यों ने गुरु के लिये बड़े-बड़े त्याग किये हैं। इसका एक उदाहरण ग्वालियर के प्रसिद्ध गायक हस्सू खाँ साहब का है। हस्सू खाँ के शिष्यों में दक्षिण भारत के ब्राह्मण शिष्य बाबा दीक्षित थे जो कि बहुत तेज़ दिमाग के थे। उनका यश चारों ओर फैलने लगा था। हस्सू खाँ के परिवार के लोगों को यह बात अच्छी नहीं लगती थी। उन्होंने सोचा कि इस तरह बाबा दीक्षित के बढ़ने से उनके अपने खानदान के व्यक्तियों का यश नहीं बढ़ सकता। इसलिये उन्होंने हस्सू खाँ को बाबा दीक्षित से एक कठोर गुरु-दक्षिणा लेने के लिए मजबूर किया। हस्सू खाँ ने जब बाबा दीक्षित को बुलाकर उस विचित्र गुरु-दक्षिणा का प्रस्ताव उनके सामने रखा तो बिना किसी हिचकिचाहट के बाबा दीक्षित ने उसे स्वीकार कर लिया और हस्सू खाँ के हाथ पर जल छोड़ते हुए प्रण लिया कि केवल मन्दिर और घर को छोड़कर जिन्दगी भर मैं किसी मैहफिल में कभी नहीं गाऊँगा। गुरु के लिये इतना बड़ा त्याग करना हर एक शिष्य के लिये आसान नहीं है। आधुनिक समय में गुरु-शिष्य परम्परा चल तो अवश्य रही है परन्तु सामाजिक एवं अन्य परिस्थितियों के बदलाव के कारण इसका रूप परिवर्तित हो गया है। आधुनिक समय में गुरु गृह में जाकर रहना तो शायद सम्भव नहीं है, परन्तु गुरु के पास जाकर नियमित रूप से ही शिक्षा ग्रहण करने का तरीका आज-कल प्रचार में है।

एक बात की ओर संकेत करना यहाँ उचित रहेगा कि बाहरी आकर्षण के कारण शिष्यों में भी गुरु-निष्ठा की कमी देखने को मिलती है। यह तो सत्य ही है कि संगीत में गुरु-शिष्य ही शिक्षा का सर्वोत्तम ढंग है।

H. K. SALUJA
Principal (Retd.)
Deptt. of Higher Education, Haryana
Former Head P.G. Deptt. of Music

कलात्मक सौंदर्यानुभूति

मानव मूलतः सौन्दर्य प्रेमी है। वह अपने जीवन के हर क्षेत्र में हर पल सुन्दर वस्तुओं को देखना चाहता है। मानव की इस सौन्दर्य भावना से ही कला का उद्‌भव हुआ। प्राकृतिक सौन्दर्य से प्रेरित होकर वह सुन्दर कलाकृतियों का सृजन करने लगा। मानव की भावनात्मक अभिव्यक्ति के कारण कलात्मक सृजन सम्भव होता है। कला मनुष्य का अनुभव है और उसके विचारों एवं भावों को अभिव्यक्त करने का एक माध्यम। समस्त सृष्टिकारी मानवीय क्रियाओं का नाम कला है। मानव अपने मन-मस्तिष्क और शरीर द्वारा जो कार्य चेष्टा के साथ करता है, वही कला है। अतः जिस कृति का सृजनकर्त्ता मानव है वह कला है। प्राकृतिक कला का सृजनकर्त्ता परमात्मा है, जिसकी लीला अपार है। जर्मन कवि गेटे ने इसीलिये बहुत उचित कहा है, ''कला कला है, केवल इसलिये कि वह प्रकृति नहीं है।'' कुछ सन्दर्भों में कला प्रकृति से कमजोर पड़ती है, परन्तु कला का क्षेत्र प्रकृति से बहुत अधिक विशाल है। उसका कारण है कला में कल्पना का अनन्त स्रोत। कभी-कभी कला द्वारा कुछ ऐसे रूप प्रस्तुत किये जाते हैं, जो प्रकृति में कभी नहीं पाये जाते। परन्तु शेक्सपीयर के विचार में कला, प्रकृति का परिष्कृत स्वरूप है।

यद्यपि कला सौन्दर्य से परिपूर्ण होती है, किन्तु सौन्दर्य प्राप्ति उसका लक्ष्य नहीं है। कला यथार्थ की अनुकृति है। जैसे भारत की स्वतन्त्रता की लड़ाई में शहीद हुए वीरों की गाथा को कलाकारों ने चित्रों द्वारा वर्णित किया है। वे चित्र यथार्थ की अनुकृति हैं और उनमें कलाकार ने अपनी कल्पनाओं से घटनाओं का ऐसा चित्रण किया है जो हृदय-विदारक है। इस प्रकार का चित्र मृत्यु का यथार्थ स्वरूप इस प्रकार प्रस्तुत करता है कि यह 'चित्र' कला की श्रेणी में आ जाता है। इसके मुख्यतः दो कारण हैं। पहला यह कि संसार में अत्यन्त सुन्दर चीजें विद्यमान हैं, किन्तु उनका जन्म कला से नहीं हुआ

है। साथ ही प्रत्येक वह कृति, जो कला द्वारा रची गई है अवश्य सुन्दर होगी–यह आवश्यक नहीं है। दूसरा यह कि सौन्दर्य की कल्पना व्यक्तिगत रूचि पर निर्भर करती है। जो वस्तु किसी व्यक्ति की रूचि के अनुकूल होती है, वह उसे सुन्दर दिखने लगती है। अतः सौन्दर्य को प्रत्यक्ष रूप देने का साधन कला है। प्रत्येक कलात्मक रचना से सौन्दर्य का बोध होता है। अतः सौंदर्य की अनुभूति और कला-सृजन एक-दूसरे से घनिष्ठ सम्बन्ध रखते हैं। कोई सुन्दर दृश्य कला-सृजन में प्रेरणा देता है और उस प्रेरणा हेतु कलाकृति के सामने आने पर उसमें सौन्दर्य का एक अनूठा ही रूप झलकता है। जब कलाकार अपनी इस कृति को देखता है तो उसे अत्यन्त आनंद का अनुभव होता है। अपने उसी आनन्दात्मक अनुभव को वह दूसरे के साथ बांटना चाहता है। कलाकार चाहता है कि अन्य लोग भी उस कलाकृति के सौंदर्य का रसास्वादन करके आनन्दित हों। इस प्रकार एक कलाकृति किसी एक व्यक्ति को ही आनन्द नहीं देती, किंतु समाज के अन्य सदस्यों को भी आनंद प्राप्त कराती है, वह एक व्यक्ति की धरोहर न रहकर एक समाज के लिए आनंद का साधन बन जाती है। साथ ही उस कलाकृति से प्राप्त सौन्दर्यानुभूति कलाकार के लिये प्रेरणा का स्रोत होती है, जिसके द्वारा वह अन्य कलाकृतियों का सृजन करता है। इस प्रकार यह कड़ी किसी एक कलाकृति अथवा कलाकार तक सीमित नहीं रहती, किंतु निरंतर चलती जाती है जिसमें विशिष्ट कलाकृति स्वयं कलाकार और अन्य कलाकारों के लिये प्रेरणा का स्रोत बन जाती है। यही कारण है कि कला कभी न थमने वाली क्रिया है, जो मानवीय विकास के साथ-साथ बढ़ती चली आ रही है।

कला शब्द भारतीय भाषाओं में अत्यंत प्राचीनकाल से प्रयुक्त होता आ रहा है। कला शब्द की उत्पत्ति 'कल्' धातु से हुई है। कला का अर्थ है–सुन्दर व मधुर। कला शब्द की सिद्धि 'ला' धातु से होती है, जिसका र्था है–प्राप्त करना। अतः कला का अर्थ सुन्दर को प्राप्त करना है, अर्थात् कला वह मानवीय क्रिया है, जिसका विशेष लक्षण ध्यान दृष्टि से देखना, चिंतन करना, संकलन करना एवं स्पष्ट रूप में प्रकट करना है। इसी अर्थ में प्रयुक्त होने वाला एक और शब्द 'शिल्प', कला शब्द से अधिक प्राचीन है। आंग्ल भाषा का 'आर्ट' शब्द काफी अधिक व्यापक अर्थ रखता है। आर्ट शब्द 'अर' धातु से बना है, जिसका अर्थ है पैदा करना, ठीक करना अथवा बनाना। आंग्ल भाषा में इस शब्द का प्रयोग लगभग तेरहवीं शताब्दी से हुआ।

लैटिन में आर्ट शब्द से तात्पर्य उस शारीरिक और मानसिक कौशल से है, जिसके द्वारा किसी वस्तु का निर्माण किया जाता है। मध्यकाल में इस शब्द का प्रयोग 'कौशल' के पर्यायवाची के रूप में होता था। समयानुसार इस शब्द की व्याख्या अधिक गूढ़ता से की जाने लगी और इसके अन्तर्गत वास्तुकला, मूर्तिकला, चित्रकला, संगीतकला, काव्य आदि का भी विवेचन होने लगा। अतः आर्ट के स्थान पर 'फाइन आर्ट' शब्द का प्रयोग होने लगा, जिसे भारतीय वाङ्मय में 'ललित कला' के नाम से जाना जाता है।

कला मानव के भावों और विचारों को प्रकट करने का माध्यम है। मनुष्य एक सृजनशील प्राणी है और स्वभावतः नई वस्तुओं को जानने के लिये उत्सुक रहता है। ज्ञान प्राप्ति के लिये वह नये-नये ढंग अपनाता है और नवीन वस्तुएं बनाता है। प्राचीनकाल से मनुष्य अपनी आकांक्षाएं, हर्ष और विषाद कला के माध्यम द्वारा प्रकट करता चला आ रहा है। इस विचार से मानव के प्रत्येक कार्य को कला की श्रेणी में रखा जा सकता है। मानव की जितनी क्रियाएं हैं, वे सब कला हैं। कला में प्रेरणा का एक ऐसा स्रोत रहता है, जिसके द्वारा मानव किसी भी कार्य को पूर्ण सफलता से कर सकता है। कला का वैभव ही मानव के भावों को मूर्त रूप देने में है। कला एक ऐसा क्रमिक विकास है, जिसके निम्नलिखित चार चरण हैं–

(1) सर्वप्रथम आंतरिक इच्छा का होना।

(2) उपरोक्त इच्छा को पूर्ण करने के लिए की गई तन्मयतापूर्ण चेष्टा।

(3) इच्छा, चेष्टा और क्रिया का परिणाम कलाकृति।

(4) इस कलाकृति का दर्शक पर पड़ने वाला प्रभाव।

कला मानव का अनुभव है और मानव के भावों और विचारों को प्रकट करने की एक भाषा है, जिसको सम्पूर्ण विश्व के प्राणी समझ सकते हैं।

भारतीय संस्कृति में मोक्ष प्राप्ति के लिये की गई साधना को भी कला माना गया है। इस विषय में सेंट टामस बहुत ही उपर्युक्त विचार लिखते हैं–कला के बिना किसी चीज का उपर्युक्त उपयोग हो ही नहीं सकता अर्थात् कोई भी कार्य जिसमें कला नहीं है, अच्छी तरह किया ही नहीं जा सकता। इस प्रकार हम देखते हैं कि कोई भी कार्य जिसको मानव लगन, चेष्टा, सोच विचार और श्रम के द्वारा करता है, वह कला के अन्तर्गत आता है।

सौंदर्यानुभूति :

मानव सदा से ही सौन्दर्य का पुजारी रहा है। जब किसी कलाकृति के सौन्दर्य को इन्द्रियों एवं आत्मा द्वारा ग्रहण करके मानव आनन्द प्राप्त करता है, तब उसे सौन्र्यानुभूति कहा जाता है, अर्थात् कलागत सौन्दर्य का भावना ही सौन्दर्यानुभूति है। इस विषय में विभिन्न विचारकों के मत इस प्रकार हैं–

बामगार्टन के अनुसार जब हम किसी सुन्दर वस्तु को देखकर उसके आकर्षण से भाव-विभोर हो जाते हैं, तब हमें आनन्द प्राप्त होता है। यह आनन्द-प्राप्ति ही सौन्दर्यानुभूति है। आई॰ए॰ रिचड्र्स के विचारानुसार किसी सामान्य अनुभूति का विकसित रूप ही सौन्दर्यानुभूति है। उनके मतानुसार सौन्दर्यानुभूति एक विशिष्ट अनुभूति नहीं होती। सौन्दर्यानुभूति हमारी अन्य अनुभूतियों का ही विकसित रूप है अर्थात् इसका अन्य अनुभूतियों के साथ गहरा संबंध है। इस मत के विपरीत रोजर फ्राय सौन्दर्यानुभूति को अन्य अनुभूतियों से पृथक् एवं विशिष्ट मानते हैं। उनके विचार में अन्य अनुभूतियों का आनन्दमय होना आवश्यक नहीं है, किन्तु सौन्दर्यानुभूति सदा ही आनन्दमय होती है, इसीलिये वह अन्य अनुभूतियों से विशिष्ट है। वह संगीत के निराकार स्वरूप को शुद्ध कला का आदर्श मानते हैं। डेकार्ट[2] के विचार में जब हमारी आत्मा कला और साहित्य की उत्तम कृति का आस्वादन करती है, तब उसे आनन्द की प्राप्ति होती है। यह आनन्द प्राप्ति ही सौन्दर्यानुभूति है। इस आनन्द प्राप्ति के डेकार्ट ने तीन भेद बताए हैं–(1) ऐन्द्रिक आनन्द, (2) काल्पनिक आनन्द, (3) बौद्धिक आनन्द।[3]

जब कलाकृति के सृजन से भावानुभूति होती है, जो बौद्धिक आनन्द की प्राप्ति है, इसी को उन्होंने सौन्दर्यानुभूति कहा है। एडिसन के विचार में जब हमारी आत्मा कलागत सौन्दर्य की भावानुभूति से प्रभावित होकर एक ऐसे काल्पनिक जगत में पहुंच जाती है, जहां उसे आनन्दानुभूति होती है, तब यही आनन्दानुभूति की अवस्था ही सौन्दर्यानुभूति है। हरमन लात्ज के अनुसार–शारीरिक, मानसिक एवं आत्मिक स्तर की प्रसन्नतादायक अनुभूतियां मिलकर सौन्दर्यानुभूति स्थापित करती हैं। इनके विचार में ये तीनों अनुभूतियां मिलकर जिस नवीन भाव की अनुभूति कराती हैं, वह सौन्दर्यात्मक भाव होता है, जिसे एस्थेटिक इमोशन (Aesthetic emotion) कहा गया है। इस प्रकार हरमन लात्ज ने सौन्दर्यानुभूति के लिए एक नवीन भाव की कल्पना की है।

ह्यूम[4] के विचार में सौन्दर्यानुभूति बुद्धि का गुण नहीं है। उनके अनुसार शुद्ध भावानुभूति ही सौन्दर्यानुभूति है। इसमें विचार, तर्क की गुंजाइश नहीं है। अर्थात् ह्यूम के मत में सौन्दर्यानुभूति के लिए भावों का उद्दीपन काफी है, भावों की तर्क बुद्धि द्वारा व्याख्या की आवश्यकता नहीं है। बर्क के विचार में सौन्दर्यानुभूति का बोध इन्द्रियों, बुद्धि एवं कल्पना–तीनों के माध्यम से होता है। उनके अनुसार सौन्दर्यानुभूति के लिये इन तीनों माध्यमों का योग होना अनिवार्य है। इसमें से किसी एक के भी न रहने से सौन्दर्यानुभूति होना कठिन ही नहीं, अपितु असम्भव है। क्रोचे के विचार में वह इन्द्रिय–ज्ञान जो आत्म चैतन्य से अभिव्यक्तिगत सम्बन्ध रखता है, हमें सौन्दर्यानुभूति करा सकता है।

क्रोचे के अभिव्यक्तिवाद के ठीक विपरीत रूपविधानवादियों का मत है। इस मत को मानने वाले दो प्रमुख चिंतक डेन्मॉनरौस और जे॰ हैम्बिज हैं। इस मत के अनुसार कुछ निश्चित नियमों का अनुसरण ही सौन्दर्यानुभूति करा सकता है। डेन्मॉनरौस के अनुसार रेखा, बिन्दु, कोण छाया, ज्यामितिक आकृतियां और वर्णच्छटाओं द्वारा निश्चित नियमों की व्यवस्थित सहायता से भिन्न–भिन्न प्रकार की प्रयुक्तियों का निर्माण होता है। इन प्रयुक्तियों को इन्द्रियों द्वारा ग्रहण करने से सौन्दर्यानुभूति होती है। इस विचार में रौस ने 'सेट पैलेट' (Set Pallet) पर विशेष बल दिया है। इस सेट पैलेट में मूल्य (Value) और तीव्रता (intensity) के सिद्धान्त के अनुसार अड़तालीस प्रकार की रंग–व्यवस्थाएं हैं, जिनमें से किसी एक का अनुसरण करने पर सुन्दर पदार्थ (प्रयुक्ति) का निर्माण होता है जिसको इन्द्रियों द्वारा ग्रहण करने से सौन्दर्यानुभूति होती है। इसी मत के दूसरे चिंतक हैं जे॰ हैम्बिज। उनके विचार में रंग, रेखा, बिन्दु, छाया आदि द्वारा पैटर्न बनते हैं। ये पैटर्न, जिसमें निश्चित व्यवस्था रहती है, हमें सौन्दर्यानुभूति कराते हैं। इस प्रकार हैम्बिज का सिद्धान्त 'डायनेमिक सिमेट्री' (सुव्यवस्थित सम्मात्रा) के नाम से जाना जाता है।

रकस्टन के विचार में बाह्य प्रभावों के कारण जब हमारी आत्मा विकल दशा में होती है, तो वह बाह्य जगत से कुछ समय के लिए संबंध–विच्छेद कर देती है और एक ऐसे आनन्द का अनुभव करती है जो सुखद होता है। इसी को रकस्टन ने सौन्दर्यानुभूति की अवस्था कहा है।

अभी तक हमने पाश्चात्य विद्वानों द्वारा सौन्दर्यानुभूति के स्वरूप का

अध्ययन किया। अब हम देखते हैं कि भारतीय विद्वानों ने सौन्दर्यानुभूति की व्याख्या किस प्रकार की है। भारतीय चिंतकों ने सौन्दर्य दर्शन की चर्चा रसानुभूति से की है। कालिदास के विचार में आलम्बन के प्रत्यक्ष या परोक्ष रहने पर विकलता का अनुभव होता है, जो हमारी आत्मा को सौन्दर्यानुभूति कराता है। उनके विचार में जो सुन्दर है, वह सर्वदा सुन्दर है और उसे किसी प्रसाधन की आवश्यकता नहीं है। भट्टलोल्लट ने स्थायी भाव की लौकिक अनुभूति को सौन्दर्यानुभूति बताया है। भट्ट नायक ने सौन्दर्यानुभूति को आनन्दात्मक अनुभव बताया है, जिसमें सत्व गुणों की प्रधानता रहती है। उन्होंने सौन्दर्यानुभूति को बौद्धिक आनन्द के रूप में माना है और साथ ही इसमें 'रज' और 'तम' का मिश्रण भी स्वीकार किया है। यहां 'रज' भावात्मकता का द्योतक और 'तम' कल्पना का द्योतक है। अतः हम कह सकते हैं कि भट्ट नायक के विचार में भावनात्मक आनन्द कल्पनात्मक आनन्द और बौद्धिक आनन्द तीनों के मिश्रण से ही सौन्दर्यानुभूति होती है। आचार्य अभिनवगुप्त के मत में जब हम अपने मानसिक चक्षुओं (कल्पना) द्वारा बाह्य जगत के बंधनों से मुक्त होकर चमत्कारपूर्ण आनन्द का अनुभव करते हैं, तब यह आनन्दानुभूति ही सौन्दर्यानुभूति (रसानुभूति) होती है। इस प्रकार हम देखते हैं कि अभिनवगुप्त ने तीन प्रमुख बातों का होना अनिवार्य बताया है, जो इस प्रकार है–

(1) साक्षात्कारात्मिकता प्रतीति अर्थात् रसानुभूति के समय कला वस्तु का मानसिक चक्षु (इमेजिनेशन) के सामने होना। जब कलाकृति हमारी कल्पना के नेत्रों के सामने आती है तो हमारी कल्पना उत्तेजित होकर उसका अनुभव करती है।

(2) निर्विघ्न प्रतीति अर्थात् कलाकृति के सृजन के समय देश–काल की सभी सीमाओं से मुक्ति पाकर मन उस कलाकृति में डूब जाता है, जिससे मानव आनंदानुभूति करता है।

(3) विश्रन्ति रूप या चमत्कारपूर्ण प्रतीति–रसानुभूति के समय हम मानसिक तनावों और चिन्ताओं से मुक्त होकर एक ऐसे आनन्द की प्राप्ति करते हैं, जिससे शान्ति अथवा संतुष्टि का अनुभव होता है।

आचार्य विश्वनाथ[1] ने सौन्दर्यानुभूति (रसानुभूति) को चमत्कारिक अनुभूति माना है, जिसमें चित्त पूरी तरह से लीन हो जाता है। रामचन्द्र गुणचन्द्र के विचार भी इसी प्रकार के हैं। वे चमत्कारिक अनुभूति को ही रसानुभूति

मानते हुए कहते हैं कि करुण रस में दुःख की अनुभूति होती है, जो कलाजन्य होने के कारण आनन्दानुभूति कराता है। इस प्रकार वे आनन्द की अनुभूति के स्थान पर चमत्कारिक अनुभूति को सौन्दर्यानुभूति (रसानुभूति) मानते हैं। आचार्य रामचन्द्र शुक्ल ने हृदय की मुक्तावस्था को ही सौन्दर्यानुभूति की अवस्था माना है। उनके विचार में जब हम किसी प्राकृतिक दृश्य अथवा किसी विशेष कलाकृति का आस्वादन करते हैं, तो हम उससे इतना एक रूप हो जाते हैं कि कुछ समय के लिए हम व्यावहारिक जगत से सम्बन्ध तोड़ लेते हैं। इसी अवस्था में हमें रसानुभूति (सौन्दर्यानुभूति) होती है। श्री हरिवंशसिंह शास्त्री के विचार में स्थूल या सूक्ष्म जगत् में आत्मा की अभिव्यक्ति की अनुभूति ही सौन्दर्यानुभूति है। उनके विचार में जब हमारा ध्यान बाहरी बनावट पर केन्द्रित न होकर परमब्रह्म की ओर आकर्षित होता है, तभी सौन्दर्यानुभूति हो सकती है। उन्होंने सौन्दर्यानुभूति की अवस्था को समाधि की अवस्था में जोड़ा है।

श्री आनन्दकुमार स्वामी के विचार में सौन्दर्यानुभूति आनन्दमयी अवस्था है। उन्होंने सौन्दर्यानुभूति से प्राप्त आनन्द को अन्य सुखों से प्राप्त आनन्द से भिन्न माना है, क्योंकि अन्य (सुखों) आनन्द में इन्द्रियानुभूति की सीमा निश्चित रहती है, किन्तु सौन्दर्यानुभूति से प्राप्त आनन्द की कोई सीमा नहीं रहती। सौन्दर्यानुभूति से प्राप्त आनन्दानुभूति को ब्रह्मानन्द से निम्न माना है।

डॉ॰ नगेन्द्र के विचार में सौन्दर्यानुभूति एक प्रकार की आनन्दमयी चेतना है, जो पदार्थगत सौन्दर्य की अनुभूति से होती है।

पाश्चात्य सौन्दर्यशात्रियों एवं भारतीय आचार्यों द्वारा दी गई सौन्दर्यानुभूति की व्याख्या का विश्लेषण करने से निम्नलिखित तथ्य सामने आते हैं–

सर्वप्रथम प्रायः सभी भारतीय एवं पाश्चात्य विद्वानों ने सौन्दर्यानुभूति को आनन्दात्मक माना है। करुण रस से प्राप्त अनुभूति दुखद होती है, किन्तु इस दुखद अनुभूति में भी सुख एवं आनन्द की अनुभूति होती है। अतः यह सर्वसम्मत है कि सौन्दर्यानुभूति आनन्दात्मक होती है। यहां इस सन्दर्भ में 'आनन्द' की व्याख्या करना उचित होगा। भारतीय संस्कृति में सौन्दर्य दर्शन का सम्बन्ध आनन्दवाद के साथ है। आनन्द को सौन्दर्य-शास्त्र का मूल तत्त्व माना गया है। उपनिषद् में जिस सौन्दर्य का वर्णन किया गया है, उसके मुख्यतः दो लक्षण हैं–प्रकाश और आनन्द। गोचर रूप में वह प्रकाश है और अनुभूति के स्तर पर वह आनन्द रूप है। आनन्द को ब्रह्म की उपमा दी गयी

है। समस्त प्राणी आनन्द से ही उत्पन्न होते हैं, आनन्द द्वारा ही जीवित रहते हैं और अन्त में आनन्द में ही लीन हो जाना चाहते हैं। आनन्द आत्मा का लक्षण है। भारतीय दर्शन में दो अवधारणाएं हैं–समाधि और तन्मयीभाव। समाधि का अर्थ है चित्तवृत्तियों का समीकरण और तन्मयीभाव का अर्थ है विषय के साथ पूर्ण तादात्म्य। यह स्थिति भी एक प्रकार की समाधि की अवस्था है, क्योंकि इसमें ज्ञाता और ज्ञेय का भेद मिट जाता है और दोनों का सम्पूर्ण तादात्म्य हो जाता है। इन दोनों अवस्थाओं में जिस अनुभूति की प्राप्ति होती है, वह आनन्दानुभूति है। अर्थात् जब हमारी आत्मा अनुकूल वस्तु का आस्वादन करती है, तो आनन्द का उद्रेक होता है। आनन्द का विस्तृत विवेचन भारतीय काव्यशास्त्र में किया गया है। अभिनवगुप्त के विचार में प्रत्येक स्थिति में आत्म परामर्श का नाम ही आनन्द है। आनन्द की व्याख्या करते हुए अभिनवगुप्त ने यह आत्मपरामर्श तीन स्तर पर बताया है–(1) भौतिक, (2) काव्य नाट्य आदि, (3) शुद्ध आध्यात्मिक। अभिनवगुप्त के पश्चात् अन्य विद्वानों के भी आनन्द की प्राप्ति इन्हीं तीन स्तरों पर मानी है। अधिकांश विद्वानों ने मत में आध्यात्मिक आनन्द ब्रह्म की प्राप्ति पर होता है, किन्तु सौन्दर्यानुभूति से प्राप्त आनन्द ऐन्द्रिय, मानसिक, आत्मिक एवं काल्पनिक हो सकता है।

दूसरे, कई चिंतकों के मतानुसार सौन्दर्यानुभूति से बौद्धिक आनन्द की प्राप्ति होती है। कुछ विचारकों के मत में यह आनन्द काल्पनिक होता है, अतः सौन्दर्यानुभूति में बुद्धि, कल्पना और भावना तीनों का ही मिश्रण होता है। किसी प्रसंग विशेष में भावना, किसी में कल्पना या किसी में बुद्धि की प्रमुखता रहती है। इसी प्रमुखता के कारण मानव को क्रमशः भावनात्मक, काल्पनिक अथवा बौद्धिक आनन्द की प्राप्ति होती है।

तीसरा तथ्य यह है कि कलाकृति के स्तर के अनुसार ही सौन्दर्यानुभूति होती है, अर्थात् सौन्दर्यानुभूति की अनेक कोटियां होती हैं, जो कलाकृति के स्तर और प्रकृति पर निर्भर होती हैं। डॉ॰ गणपतिचन्द्र गुप्त के अनुसार 'जहां कलाकृति में भावना की प्रमुखता होती है, वहां आनन्द की अनुभूति होती है, किन्तु जहां कल्पना की प्रमुखता होती है, वहां आश्चर्य, कौतूहल या चमत्कार की अनुभूति होती है। इसी प्रकार बौद्धिक, नैतिक एवम् उदात्त तत्वों की प्रमुखता होने पर उसमें उदात्तता की भी अनुभूति मिश्रित रह सकती है।

चौथा, सौन्दर्यानुभूति एक स्वतन्त्र प्रक्रिया है, जिसमें लौकिक भावनाएं सौन्दर्यात्मक् रूप ग्रहण करती हैं।

पांचवां, सौन्दर्यानुभूति में भावक के संवेग (emotions) उत्तेजित हो जाते हैं एवम् कुछ समय के लिये वह लौकिक जगत् से सम्बन्ध विच्छेद कर लेता है।

इस प्रकार हम देखते हैं कि सौन्दर्यानुभूति के स्वरूप की व्याख्या करने में पाश्चात्य और भारतीय विद्वानों के मतों में काफी समानता है। इस विषय का इतना गहन अध्ययन इसी बात का द्योतक है कि सौन्दर्य तत्व मानव जीवन में एक विशेष स्थान रखते हैं और प्रत्येक मानव, जीवन के विभिन्न पहलुओं में किसी न किसी प्रकार सौन्दर्यानुभूति करना चाहता है। यह प्रबल इच्छा ही इसकी महत्ता को दर्शाती है।

सौन्दर्यानुभूति की प्रक्रिया :

सौन्दर्यानुभूति का अर्थ समझ लेने के पश्चात् प्रश्न यह उठता है कि सौन्दर्यानुभूति की प्रक्रिया क्या है? सौन्दर्यानुभूति की प्रक्रिया पर सौन्दर्यशास्त्रियों द्वारा गंभीरता से विचार किया गया है तथा भिन्न-भिन्न चिंतकों ने अपने-अपने मत दिये हैं। पाश्चात्य सौन्दर्यशास्त्रियों एवं भारतीय चिंतकों के मत प्रायः समान हैं। अन्तर केवल यह है कि पाश्चात्य सौन्दर्य शास्त्र में सौन्दर्यानुभूति कलानुभूति के अन्तर्गत की गयी है और भारतीय सौन्दर्यशास्त्र में यह (सौन्दर्यानुभूति) रसानुभूति के अन्तर्गत की गयी है।

सौन्दर्यशास्त्रियों द्वारा सौन्दर्यानुभूति की प्रक्रिया को स्पष्ट करने के लिये विभिन्न सिद्धान्तों की स्थापना की गयी है, जो निम्नलिखित हैं–

1. निर्वैयक्तिकता का सिद्धान्त–निर्वैयक्तिकता के सिद्धान्त को अधि कांश विचारकों ने सौन्दर्यानुभूति की प्रक्रिया में बहुत महत्त्वपूर्ण माना है। विभिन्न विचारकों के मत में एक सामान्य अनुभूति और सौन्दर्यानुभूति में सबसे महत्त्वपूर्ण अन्तर यह है कि सौन्दर्यानुभूति के समय हम स्वार्थ-शून्य होकर कला का आस्वादन करते हैं, अर्थात् हमारे अन्तर में निजी स्वार्थ की भावना का कोई अंश नहीं रहता। हम इस अनुभूति में किसी प्रकार के लाभ-हानि, सार्थकता-निरर्थकता, शुभ-अशुभ, राग-द्वेष आदि भावनाओं की ओर केन्द्रित नहीं होते। वैयक्तिक रुचि एवं स्वार्थ की भावना से मुक्त होकर कलाकृति का अभिव्यंजन करते हैं, जिसमें आनन्द की प्राप्ति होती है। यह आनन्दानुभूति तभी प्राप्त होती है, जब आत्मा निजी स्वार्थ को छोड़कर केवल

कला का आस्वादन करती है।

पाश्चात्य विद्वानों में कान्ट, शापेनहावर, टी॰ एस॰ इलियट आदि और भारतीय चिंतकों में भरत, भट्टनायक, आचार्य रामचन्द्र शुक्ल, डॉ॰ नगेन्द्र आदि ने इस सिद्धान्त पर गहरा चिंतन किया है तथा सौन्दर्यानुभूति की प्रारंभिक अवस्था में निर्वैयक्तिकता को अत्यधिक महत्त्व दिया है। कांट के मतानुसार सौन्दर्यानुभूति के समय हम व्यावहारिक क्षेत्र में वैयक्तिक रूचि से मुक्त रहते हैं। शापेनहावर ने इस वैयक्तिक रूचि को वैयक्तिक इच्छा कहा है। उनके मतानुसार सौन्दर्यानुभूति के समय हम वैयक्तिक इच्छा से मुक्त रहते हैं। टी॰एस॰ इलियट ने इसी सिद्धान्त को 'व्यक्तित्व से पलायन' का नाम दिया है। इलियट के अनुसार निजी स्वार्थ के त्याग से कलाकार का व्यक्तित्व हीन नहीं होता, अपितु उसकी कला एक व्यापक रूप प्राप्त कर लेती है, जिसको अन्य व्यक्ति भी उसी रूप में ग्रहण करते हैं, जैसी वह वास्तव में है।

भारतीय चिंतकों में भरत, भट्टनायक आदि के विचार में भावकत्व की प्रक्रिया के अन्दर श्रोता, पाठक अथवा द्रष्टा कलानुभूति के आस्वादन में इतना लीन हो जाते हैं कि वे अपने निजी स्वार्थ, सुख-दुःख, लाभ-हानि की सीमाओं की ओर ध्यान केन्द्रित नहीं करते, अर्थात् स्वार्थहीन भावना होने से ही सौन्दर्यानुभूति की प्राप्ति हो सकती है। निज स्वार्थ में डूबा मानव हृदय कला की बारीकियों और खूबसूरती की ओर कभी भी आकर्षित नहीं होगा। अतः सौन्दर्यानुभूति की प्रक्रिया में निर्वैयक्तिकता का सिद्धांत अत्यन्त महत्त्वपूर्ण है।

2. समानुभूति का सिद्धान्त—सौन्दर्यानुभूति का दूसरा महत्त्वपूर्ण सिद्धान्त है समानुभूति का सिद्धांत, जिसे अंग्रेजी में 'थ्योरी आफ इम्पेथी' कहा जाता है। मनोविज्ञान में समानुभूति के सिद्धांत पर विस्तृत चिंतन किया गया है। मानव मस्तिष्क अपने पूर्व अनुभवों द्वारा, संस्कारों द्वारा एवम् दिन-प्रतिदिन किए गए अनुभवों के कारण अपने हृदय एवं मस्तिष्क में ऐसी क्षमता रखता है, जिस कारण वह किसी विशिष्ट स्थिति का स्वयं अनुभव न करते हुए भी, उस विशिष्ट स्थिति से होने वाले अनुभव को महसूस कर सकता है। जब कोई कलाकार किसी कलाकृति की सृष्टि करता है, तब उसके हृदय में उत्पन्न विभिन्न भाव एवं अनुभव कला के माध्यम से कलाकृति में ढल जाते हैं और जब प्रेक्षक उस कलाकृति का आस्वादन करता है और उन्हीं

भावों तथा अनुभवों की अनुभूति करता है, जो कलाकार के हृदय में उठे होते हैं, तब कलाकार एवं प्रेक्षक के मध्य तादात्म्य स्थापित हो जाता है। इसी तादात्म्य को समानुभूति कहते हैं। अर्थात् जब हम किसी कलाकृति की ओर ध्यान केन्द्रित करते हैं तो उस कलाकार के अनुभवों एवं भावों में हम अपने अनुभव और भावों का बिम्ब देखते हैं। ऐसी स्थिति में कलाकार और प्रेक्षक की अनुभूतियों का साधारणीकरण हो जाता है, जिससे प्रेक्षक को आनन्दानुभूति होती है। यहां यह बता देना उचित होगा कि समानुभूति, सहानुभूति से भिन्न है। सहानुभूति में मूलतः दया का भाव रहता है और विषय एवं विषयी में तादात्म्य स्थापित नहीं होता। समानुभूति में विषय और विषयी में तादात्म्य स्थापित होता है, दोनों की भावनाओं का एकीकरण हो जाता है।

इस सिद्धान्त का सर्वप्रथम वर्णन थ्योडोर लिप्स ने अपने ग्रन्थ 'हाऊमेस्थेटिक' में किया। लिप्स के अनुसार समानुभूति के दो प्रकार होते हैं–भावात्मक समानुभूति और अभावात्मक समानुभूति। भावात्मक समानुभूति का सम्बन्ध कला से है। कला सृजन की प्रेरणा और कलानुभूति हमें भावात्मक समानुभूति से ही होती है।

इस सिद्धान्त को मान्यता देने वाले दूसरे चिंतक विलहेल्म वोरिंगर ने अपने ग्रन्थ 'एबस्ट्रेक्शन एवं इम्पेथी' में समानुभूति के सिद्धान्त का संबंध रूपात्मक अथवा आकृतिमूलक कलाओं (प्लास्टिक आर्ट्स) के साथ अधिक बताया है। श्रव्य और अमूर्त कलाओं के साथ कम। सूक्ष्मतापूर्वक सभी दृष्टिकोणों को विचार में रखते हुए यह कहना ही अधिक उचित होगा कि इस सिद्धांत का संबंध सब प्रकार की कलाओं से सामान्य है। जब हम एकाग्र मन से किसी करुण धुन को सुनते हैं अथवा किसी विरहिणी की दशा का हाल किसी कविता की पंक्तियों में पढ़ते हैं तो मन में अनायास उन्हीं भावों का उद्दीपन होने लगता है जो कलाकार (संगीतज्ञ, कवि) अपनी कल्पना से धुन अथवा कविता में प्रस्तुत करना चाहता है। इसलिये इस सिद्धांत का संबंध सभी कलाओं से एक समान है। यद्यपि यह अलग बात है कि आकृतिमूलक कलाओं में कलाकृति नेत्र के सामने रहती है और श्रव्य एवं अमूर्त कलाओं में कलाकृति मानसिक पट पर उभरती है, जिससे हम अपने आंतरिक नेत्रों से देखते हैं।

समानुभूति की प्रक्रिया में तीन अवस्थाएं होती हैं। सर्वप्रथम किसी कलाकृति को देखकर उसके अनुरूप हमारे शरीर में गति और विकार पैदा

होता है। दूसरी हमें किसी न किसी प्रकार के भाव अथवा संवेग की अनुभूति होती है। तीसरी इसी अनुभूति को जब हम कलाकृति में देखते हैं तब हमारे भावों का और (कलाकृति के माध्यम से) कलाकार के भावों का तादात्म्य हो जाता है, जिससे हमें आनन्दानुभूति होती है, जो सौन्दर्यानुभूति का मूल तत्व है।

3. मानसिक अन्तराल का सिद्धान्त–सौन्दर्यानुभूति का तीसरा महत्त्वपूर्ण सिद्धान्त है 'मानसी दूरी' का, जिसे अंग्रेजी में 'थ्यौरी ऑफ साइकिकल डिस्टैंस' कहा गया है। इस सिद्धान्त को एडवर्ड बुतलो ने स्थापित किया। यह सिद्धान्त निर्वैयक्तिक और समानुभूति के सिद्धान्त से ही उपजा हुआ प्रतीत होता है। क्योंकि उपरोक्त दोनों सिद्धांतों से हम कलाकृति में लीन हो जाते हैं, किन्तु उसका मूल्यांकन नहीं कर सकते। कलाकृति का मूल्यांकन करने के लिये 'अन्तराल' अथवा 'दूरी' का होना जरूरी है, जो कि कलावस्तु से प्रभाता की मानसिक दूरी है। कलास्वादन के समय हम कलावस्तु से कल्पनात्मक दूरी का अनुभव करते हैं। इस मानसिक दूरी के कारण हम कला की सराहना करते हैं, किन्तु उस पर अपना अधिकार सर्वथा नहीं करना चाहते। हम आनंदित होकर उस कलाकृति पर चिंतन करते हैं, किन्तु उसकी प्राप्ति के लिये नहीं सोचते। इस चिंतन में किसी प्रकार के सामाजिक, आर्थिक अथवा व्यावहारिक लाभ को नहीं देखते। इस प्रकार कला की सराहना हम मानसिक अन्तराल के कारण ही कर सकते हैं। इस अन्तराल में हम अपनी व्यावहारिक चेतना को निष्क्रिय करके कलाकृति को ग्रहण करते हैं और अपने व्यक्तिगत प्रयोजनों से मुक्त रहते हैं। बुतलों के अनुसार इस मानसिक दूरी का अधिक मात्रा में होना उचित नहीं है, क्योंकि ऐसी स्थिति में कृत्रिमता एवं निरर्थकता के भाव उत्पन्न होने लगते हैं। मानसिक अंतराल के लुप्त होने से हम कलाकृति का वास्तविक आस्वादन नहीं कर सकते। आदर्श-स्थिति वही है जिसमें मानसिक अन्तराल कम से कम रहे, किन्तु लुप्त न हो जाए। ऐसी स्थिति में हम कलाकृति का वास्तविक रूप अनुभव कर सकते हैं, उसका मूल्यांकन कर सकते हैं।

यह सिद्धान्त भारतीय विद्वान आचार्य रामचन्द्र शुक्ल के 'हृदय की मुक्तावस्था' के सिद्धान्त के समान है। आचार्य शुक्ल के अनुसार मुक्तावस्था में हृदय स्वार्थ-संबंधों और राग-द्वेष की भावनाओं से ऊपर उठकर अपनी सत्ता को लोक-सत्ता में लीन कर लेता है। ऐसी अवस्था में शुद्ध और मुक्त हृदय द्वारा ही मानव कलाकृति को ग्रहण करता है।

4. भाव-प्रेषण का सिद्धान्त–इस सिद्धान्त के समर्थक टालस्टाय हैं। इस सिद्धान्त के दो पहलू हैं। सर्वप्रथम कलाकार और प्रेषक की भावनाओं का तादात्म्य और दूसरे प्रेक्षक की अपने व्यक्तित्व की सीमाओं से मुक्ति। अर्थात् सौन्दर्यानुभूति के समय प्रेक्षक और कलाकार में भावात्मक तादात्म्य स्थापित हो जाता है और दूसरे प्रेक्षक अपने व्यक्तित्व की पृथकता की भावना से मुक्त हो जाता है। वह कलाकृति में ही अपने व्यक्तित्व को देखता है। अपने व्यक्तित्व के पृथक् अस्तित्व को थोड़ी देर के लिये भूल जाता है। तादात्म्य की स्थिति के पश्चात् अपने व्यक्तित्व का कलाकृति से एकीकरण करना प्रेक्षक के लिए कठिन कार्य नहीं है। प्रेक्षक को किसी विशेष चेष्टा करने की आवश्यकता नहीं होती। यह प्रक्रिया स्वयं ही हो जाती है। हमारे विचार में यह सिद्धान्त पूर्ववर्णित सिद्धान्तों का ही रूपान्तर है।

5. समन्वयात्मक सिद्धान्त–इस सिद्धान्त के अनुसार सौन्दर्यानुभूति कोई एक क्रिया न होकर विभिन्न क्रियाओं का पारस्परिक समन्वय है। इस सिद्धान्त के समर्थकों में विशेष उल्लेखनीय नाम हरमन लात्ज और आई॰ ए॰ रिचर्ड्स के हैं। हरमन लात्ज के अनुसार सौन्दर्यानुभूति की तीन प्रक्रिया होती है। सर्वप्रथम हमारी इन्द्रियां किसी कलाकृति की ओर आकर्षित होती हैं। इन्द्रियों के आकर्षित होने के कारण हमारा मन भी कलावस्तु की ओर आकर्षित होता है। द्वितीय स्थिति में हमारी बुद्धि इन्द्रियों द्वारा की गई अनुभूति का संस्कारों, अनुभूतियों एवं स्मृतियों के आधार पर विश्लेषण करती है, जिससे हमें प्रसन्नता का अनुभव होता है। तीसरी स्थिति में बुद्धि द्वारा किये गये विश्लेषण से हमारी आत्मा सौन्दर्य की अनुभूति करती है, जो आनन्दात्मक होती है। इस प्रकार सौन्दर्यानुभूति एक क्रिया न होकर तीन अवस्थाओं की प्रक्रिया है, जो ऐन्द्रिय स्तर, बौद्धिक स्तर और आत्मिक स्तर पर होती है। रिचड्र्स ने सौन्दर्यानुभूति की छह अवस्थाएं बतायी हैं। वास्तव में ये छह अवस्थाएं हरमन लात्ज द्वारा दी गई तीन अवस्थाओं की ही विस्तृत प्रक्रिया है।

इस प्रकार हमने सौन्दर्यानुभूति की प्रक्रिया का अध्ययन किया। इस प्रक्रिया पर विचार करने से यह स्पष्ट होता है कि पाश्चात्य विद्वानों और भारतीय चिंतकों के मत प्रायः समान हैं। डॉ॰ गणपतिचन्द्र गुप्त ने दोनों मतों का तुलनात्मक अध्ययन इस प्रकार किया है–

पाश्चात्य मत	भारतीय मत
1. ऐन्द्रिय बोध	ऐन्द्रिय बोध
2. अर्थ बोध	अर्थ बोध
3. बिम्ब ग्रहण	भावना
4. निर्वैयक्तिकता	साधारणीकरण
5. स्वतन्त्र बिम्बों का उदय	आस्वादन
6. सामंजस्य	अभिव्यक्ति

उपरोक्त दोनों मतों को देखने से यह स्पष्ट होता है कि दोनों मतों में प्रक्रिया प्रायः समान है, नाम प्रयोग चाहे भिन्न हैं।

सौन्दर्य के उपादान :

सौन्दर्यानुभूति की प्रक्रिया समझ लेने के पश्चात् यह जानना आवश्यक हो जाता है कि सौन्दर्य के उपादान कारण क्या हैं? वे कौन से तत्व हैं जिनके कारण कलावस्तु से सौन्दर्यानुभूति होती है। कला के इन तत्वों के बारे में विभिन्न चिन्तकों ने अपने-अपने मत दिये हैं। प्रायः सभी विद्वानों ने एक से मत दिये हैं। और उन्होंने मुख्यतः दो प्रकार के तत्व बताए हैं–सर्वप्रथम वे जो कला की विषयवस्तु से जुड़े होते हैं, जिनको हम आन्तरिक भी कह सकते हैं। तत्पश्चात् कला की रूपरेखा सज्जा से जुड़े हुए तत्व, जिन्हें हम बाह्य तत्व भी कह सकते हैं। यद्यपि अधिकतर चिंतकों ने तत्व के बारे में गहन चिंतन किया है, किन्तु इस संदर्भ में टी॰ एम॰ ग्रीन का अध्ययन प्रत्येक दृष्टिकोण से विशिष्ट एवम् स्पष्ट है। उन्होंने कला के मुख्यतः दो तत्व माने हैं। उनके मत में इन्हीं दो मानदण्डों से प्रत्येक कला के स्तर का पता लगाया जा सकता है। ये दो मानदण्ड 'डेप्थ' (Depth) और 'ब्रेड्थ' (Bredth) के हैं। कोई भी कला इन दोनों पर ही निर्भर करती है। 'डेप्थ) से अभिप्राय वस्तु की गहनता से है, अर्थात् कलाकृति की विषयवस्तु (Subject) के प्रत्येक पक्ष पर कलाकार का गहन अध्ययन व अवलोकन। यह पक्ष कलाकार की प्रतिभा, दूरदर्शी दृष्टिकोण, सूक्ष्म अवलोकन पर निर्भर करता है। 'ब्रेड्थ' से अभिप्राय वस्तु की विस्तृति से है, अर्थात् उसकी निवारक शैली से है, उसके व्यापक धरातल से है। व्यापक धरातल किसी कलाकृति को उच्च स्तर का बना देता है। व्यापक धरातल कभी-कभी कलाकार के खोखलेपन और अवलोकन की कमी को भी सामने ला देता है। इसलिये कोई भी कलाकृति तभी महत्त्वपूर्ण की श्रेणी में आती है, जब वह कला के

मापदण्ड पर उच्च स्तर की हो। कलाकृति तभी महान और महत्त्वपूर्ण है, जब उसमें ऐसे अनेक प्रसंग हों जिससे कलाकार की प्रतिभा, मान्यताओं, आदर्शों और मूल्यों को उभारने और प्रत्यक्ष रूप में लाने के लिए कला के रूपविधान में क्षमता हो। इसलिये कलाकार के उपादानों अथवा तत्वों को इन दो श्रेणियों में विभक्त करना उचित होगा—मूल्य विधान तत्त्व एवम् रूपविधान तत्त्व।

मूल्य विधान तत्व कला की अन्तर्वस्तु से संबंधित है। यह अन्तर्वस्तु वह विषय अथवा प्रसंग है, जिसे कलाकार अपनी कला के माध्यम से समाज के अन्य सदस्यों तक पहुंचाना चाहता है। कला की विषयवस्तु कलाकार के मन में उठ रहे विचारों, भावों से प्रेरित होती है। जो कलाकृति हमें आनन्द, प्रेरणा, सार्थकता, संपूर्ति, सन्तोष की अनुभूतियां देती है, वह मूल्यवान कलाकृति होती है। अर्थात् जिस वस्तु से हमें किसी भी प्रकार की संपूर्ति होती है, वही हमारे लिये मूल्यवान है। प्रत्येक मानव की मूल्यवान वस्तु की व्याख्या पृथक्-पृथक् है। जो एक के लिये मूल्यवान है, वह दूसरे के लिये उतनी मूल्यवान नहीं होती। इसी प्रकार जो समाज के एक वर्ग के सदस्यों की मान्यताएं हैं, जिनके आधार पर मूल्य निर्धारित किये जाते हैं वही मान्यताएं दूसरे वर्ग के समाज के सदस्यों के लिये भिन्न भी हो सकती है। इन मूल्यों को हम किसी समाज अथवा देश की विशेष परिस्थितियों के आधार पर निर्धारित करते हैं। ये विशेष परिस्थितियां समाज अथवा देश के वातावरण, संस्कृति, सभ्यता, दार्शनिक और आर्थिक परिस्थितियां हैं, जो उस वर्ग के सदस्यों के 'मूल्यों' को निर्धारित करती हैं। जब कलाकार अपनी कलाकृति के माध्यम से जीवन के सूक्ष्म दृष्टिकोणों को प्रदर्शित करता है, तब वह कलाकृति मूल्यवान हो जाती है। वह किसी भी घटना को प्रदर्शित कर सकता है। वे घटनाएं अथवा अवस्थाएं जो मानव जीवन के अधिक निकट हैं, जो सच्चाई एवम् यथार्थता के निकट हैं, उन घटनाओं एवं अवस्थाओं का अनुरूप चित्रण अथवा प्रदर्शन मानव मस्तिष्क पर एक अमिट छाप छोड़ जाता है। अतः हम कह सकते हैं कि कलाकृति में जब उन 'मूल्यों' का वर्णन किया जाता है, जो मनुष्य जीवन के अति निकट है, तो वह कलाकृति मूल्यवान हो जाती है। इसलिये सौन्दर्य सामग्री में कलाकार के उद्देश्य (theme or aim) का बहुत महत्त्वपूर्ण स्थान होता है। विशेष उद्देश्य को प्रदर्शित करने के लिये कलाकार जिन उपादानों को अपना माध्यम बनाता है,

वह उसके रूपविधान के अन्तर्गत आ जाते हैं।

उद्देश्य का चयन हो जाने के पश्चात् समस्या यह उठती है कि किस-किस तत्त्व का आश्रय लेकर अपनी कला के प्रसंग को प्रदर्शित करता है। अतः रूपविधान के मुख्य तत्त्व इस प्रकार हैं–कल्पना, बिम्ब, प्रतीक, लय एवं माध्यम। अब इन सबका संक्षिप्त विवरण दिया जा रहा है।

ललित कलाओं के रूपविधान तत्वों में 'कल्पना' का स्थान सर्वोच्च है। कल्पना के कारण ही कलाकार नित नवीन सृजन करता है और अपने उद्देश्य को नवीन रूपविधान में बांधता है। अतः कल्पना को कलाकार की सृजनशक्ति कहना अधिक उचित होगा। कल्पना आंग्ल भाषा के 'इमेजिनेशन' का पर्याय है। कल्पना का अर्थ एक ऐसी मानसिक शक्ति से है जिसमें अदृश्य को दृश्य बनाने की क्षमता है, अर्थात् एक ऐसी अद्‌भुत शक्ति जो अप्रत्यक्ष वस्तुओं के बिम्बों को प्रत्यक्ष करती है। कल्पना से हम अपने मन में उठे भावों को मूर्त रूप देते हैं। अतः ललित कलाओं में, उद्देश्य के तय होने के पश्चात् उसे मूर्तित करने में सबसे अधिक प्रभावशाली तत्व कल्पना का है।

मनोवैज्ञानिकों के मतानुसार कल्पना के दो भेद हैं–पुनर्निर्मायक (रिप्रोडक्टिव) कल्पना और रचनात्मक (क्रिएटिव) कल्पना। पुनर्निर्मायक कल्पना में घटी हुई घटनाओं एवं अनुभूतियों को स्मृति द्वारा मानसिक बिम्बों में बदला जाता है। इस कल्पना का स्मृति के साथ घनिष्ठ संबंध रहता है रचनात्मक कल्पना पूर्वानुभूत वस्तुओं का, जिन्हें स्मृति ने अपने कक्ष में सुरक्षित रखा है, उनका नवीन रूपों में सृजन करती है। इस कल्पना में नूतन निर्माण की क्षमता होती है, जिसे हम प्रतिभा कह सकते हैं। यह रचनात्मक कल्पना ही ललित कला के क्षेत्र में नवीन कृतियों का सृजन करती है। इस प्रकार हम देखते हैं कि कल्पना के दो भेद हैं, जिनमें प्रथम सीढ़ी पर स्मृति द्वारा सुरक्षित बिम्ब है, जिनके आधार पर नूतन कृतियों का निर्माण किया जाता है, और जिसे हम रचनात्मक कल्पना कहते हैं। कल्पना के इस क्षेत्र में ललित कलाओं की सभी प्रकार की कृतियां शामिल होती हैं।

रचनात्मक कल्पना में कलाकार की अपनी मौलिकता रहती है। जब तक मौलिकता नहीं होगी, तब तक नूतन सृजन की कल्पना भी नहीं होगी। अतः मौलिकता और कल्पना का घनिष्ठ संबंध है। मौलिकता के कारण ही कलाकार अपने पूर्वानुभूत बिम्बों को नूतन कृति में ढालना चाहता है। अन्तर केवल इतना है कि मौलिकता का संबंध चिंतन से है और कल्पना का संबंध भावना से है। कल्पनाशील कलाकार मौलिक चिंतन के आधार पर स्वतन्त्र

निर्णय कर नवीन कृति बनाता है। कल्पनाशील कलाकार प्रत्येक वस्तु का सूक्ष्म अवलोकन करता है, ताकि अपने मस्तिष्क में उस वस्तु का एक चित्र बना सके। इस मानसिक चित्र के आधार पर कलाकार नवीन तत्वों, पात्रों आदि की सृष्टि करता है। कल्पना अपनी वस्तु को सजीव चित्रों में प्रस्तुत करती है। कल्पनाशील कलाकार देश–काल की सीमाओं में बंधा नहीं होता, भले ही ये देश–काल की सीमाएं उसके लिए आधारशिला का कार्य करती हैं, किन्तु अपने मन और मस्तिष्क की उड़ान के समय वह पूर्णतः स्वतन्त्र होता है। यही कारण है कि कलाकार द्वारा प्रदर्शित कृति से समाज के अन्य सदस्य प्रभावित हो जाते हैं, किन्तु किसी सामान्य व्यक्ति द्वारा अपने भावों और अनुभवों के प्रस्तुतीकरण से अन्य लोग इसलिए आकर्षित नहीं होते, क्योंकि उसमें कल्पना का वह स्तर नहीं होता। अतः कल्पना द्वारा कलाकार अदृश्य को दृश्य बनाने की क्षमता रखता है। यह एक प्रतिभासम्पन्न, अद्‌भुत शक्ति होती है, जिसमें पूर्वानुभूति के आधार पर (स्मृति) मानसिक स्तर पर नवीन चित्र बनाए जाते हैं।

ललित कलाओं के प्रमुख तत्वों में दूसरा महत्त्वपूर्ण तत्त्व 'बिम्ब' का है। कला सृजन को समर्थ कलाकार अपनी अप्रत्यक्ष सहजानुभूतियों को बिम्बों द्वारा ही आकार दे पाता है। बिम्ब का प्रमुख कार्य अनुभूत वस्तु का प्रस्तुतीकरण है। संसार में नित नवीन मानव अनेक वस्तुओं और विषयों का सामना करता है। चक्षु के सामने से वे वस्तुएं एवं विषय हट जाने पर मानव मस्तिष्क में अपना चित्र बनाते हैं। जो वस्तुएं और विषय हमें आकर्षित नहीं करते हैं, उनको हम भूल जाते हैं। किन्तु, जो वस्तु अथवा विषय हमें आकर्षित करते हैं, उनका हमारे मस्तिष्क पर एक चित्र अंकित हो जाता है। अवकाश के समय हम उस वस्तु अथवा विषय के बारे में सोचते रहते हैं और उसके रूप एवं गुण के बारे में अनेक मानसिक चित्र बनाते हैं। यह काल्पनिक चित्र ही 'बिम्ब' कहलाते हैं। कला के क्षेत्र में वही 'बिम्ब योजना' महत्त्वपूर्ण है जो हमारी कल्पना शक्ति को उत्तेजित करती है और हमें कला सृजन के क्षणों में अधिक भावानुभूति प्रदान करती है। जिस बिम्ब योजना में कल्पना शक्ति को उत्तेजित करने और भावानुभूति प्रदान करने की क्षमता नहीं होती, वह बिम्ब कलात्मक दृष्टि से महत्त्वपूर्ण नहीं है। सामान्य व्यक्तियों की तुलना में कलाकार अधिक प्रतिभा सम्पन्न, सूक्ष्मदर्शी, दूरदर्शी और संवेदनशील व्यक्ति होता है। अतः कलाकार किसी चित्ताकर्षक वस्तु अथवा विषय को अत्यधिक सूक्ष्मता के साथ ग्रहण करता है और कला सृजन के समय उस विशेष वस्तु अथवा विषय को शब्दों, वर्णों, रेखाओं,

स्वर-संवादों के माध्यम से विभिन्न प्रकार के रूपविधान में बांधता है।

कलाकार की बिम्ब योजना 'सामान्य' न होकर 'विशेष' होती है, क्योंकि कला का सम्बन्ध विशेष से ही है, सामान्य से नहीं। अतः बिम्ब-विधान कला का क्रिया-पक्ष है।

बिम्ब का आविर्भाव कल्पना से होता है। जब कल्पना मूर्त रूप धारण कर लेती है, तब बिम्बों की उत्पत्ति होती है। अतः बिम्बों की सृष्टि के समय कल्पना का विशेष योगदान होता है। कल्पना विशेष रूप से अग्रसर होकर दो प्रकार के कार्य करती है—पहला, वह स्मृति के कक्ष में सोए हुए बिम्बों को प्रत्यक्ष उपलब्ध अनुभूतियों से जगाती है और दूसरा, तत्पश्चात् उन बिम्बों को कला के सांचे में ढालती है। यों तो स्मृति के कक्ष में सोए हुए बिम्ब प्रत्येक मानव के पास होते हैं, किन्तु जैसाकि पहले कहा जा चुका है कि कलाकार विशेष प्रतिभासम्पन्न, सूक्ष्मदर्शी, दूरदर्शी तथा संवेदनशील व्यक्तित्व वाला होता है। इसलिये कलाकार में यह क्षमता होती है कि वह 'कल्पना' के माध्यम से स्मृति के कक्ष में सुरक्षित बिम्बों को कलाकृति में प्रस्तुत कर सके। अतः यह स्पष्ट हो जाता है कि स्मृति का बिम्ब योजना में विशेष स्थान है। स्मृति पर ही बिम्ब योजना निर्भर करती है। अतीत में हुई घटनाओं को स्मृति द्वारा ही दोहराया जाता है। उन घटनाओं अथवा प्रसंगों का बिम्ब भी सहृदय चित्त स्मृति द्वारा ही बनाता है और स्मृति के कक्ष में ही यह बिम्ब सुरक्षित रहते हैं। जब कोई नई प्रेरणा कलाकार को कला-सृजन के लिए उत्तेजित करती है तब स्मृति के कक्ष में सुरक्षित ये बिम्ब फिर से कलाकार के मानसिक पट पर उभर आते हैं। इन बिम्बों को कल्पना द्वारा मूर्त रूप प्रदान किया जाता है।

बिम्ब निर्माण के कई कारण हो सकते हैं। जैसे—किसी मानसिक धारणा से बिम्ब का निर्माण अथवा किसी दृश्य के आधार पर। प्रत्येक व्यक्ति में बिम्ब योजना भिन्न होती है। इस बिम्ब योजना में सूक्ष्मदर्शी होने के अतिरिक्त रुचि, मूल्यों और प्रतिभा का भी विशेष स्थान होता है। प्रत्येक मानव की रूचि उसके मूल्यों और प्रतिभा से संबंधित बिम्ब योजना उसके मानसिक पट पर आविर्भाव होती है। अतः भिन्न-भिन्न व्यक्तियों में भिन्न-भिन्न प्रकार के बिम्बों को धारण करने की शक्ति होती है। प्रतिभा और रूचि के अनुसार प्रत्येक कलाकृति में व्यक्ति-भेद और रूचि-भेद नजर आता है। दो कलाकृतियां, जो हमें एक-सी सौन्दर्यानुभूति कराती है, किन्तु अगर उनका सूक्ष्मता से विश्लेषण किया जाए तो वह बिम्ब योजना में भिन्न होंगी, क्योंकि यह बिम्ब योजना व्यक्ति विशेष की रूचि एवं प्रतिभा पर

निर्भर करती है।

रूपविधान तत्वों में तीसरा महत्त्वपूर्ण तत्त्व 'प्रतीक' का है। जिस प्रकार कल्पना मूर्त रूप धारण करती है, तो बिम्बों की सृष्टि होती है। उसी प्रकार बिम्बों को प्रयोग में लाने पर निश्चित अर्थ देने से 'प्रतीक' का निर्माण होता है। प्रतीक का क्षेत्र अत्यन्त विस्तृत है। प्रतीक की सार्थकता किसी विचार अथवा अवधारणा में मानी जाती है। जीवन के प्रत्येक क्षेत्र में विभिन्न पहलुओं में प्रतीक का प्रयोग होता है। बिम्ब भी बार-बार प्रयोग में आने से प्रतीक बन जाते हैं।

प्रतीक का हमारी संस्कृति से घनिष्ठ सम्बन्ध है। बचपन से ही हम जिस वातावरण में पलकर बड़े होते हैं, उसमें हमें प्रतीक बोध होता है। जैसे-गीदड़ कायरता का प्रतीक है। यह प्रतीक बोध हमारा व्यक्तिगत अनुभव नहीं है, किन्तु मान्यता प्राप्त प्रतीक है। इसलिये भिन्न-भिन्न समुदाय के सदस्यों के लिये प्रतीक भिन्न होते हैं। यही नहीं, एक ही प्रतीक भिन्न-भिन्न व्यक्ति अपने पूर्वानुभव के कारण अलग-अलग अर्थ में ग्रहण करते हैं।

कला के क्षेत्र में प्रतीकों का सम्बन्ध सामाजिक दृष्टिकोण से ही न होकर व्यक्ति विशेष से भी है। कलाकार अपने प्रतीक, अपनी रूचि और मूल्यों के आधार पर बनाता है। इसलिये कई बार ऐसा देखने में आता है कि कलाकार प्रतीकों द्वारा जो अर्थ बताना चाहता है, उसे ग्रहण करने वाला अपनी सूझबूझ, रूचि और योग्यता द्वारा अलग-अलग ढंग से ग्रहण करता है। कला-जगत के प्रतीक अन्य क्षेत्रों, जैसे-विज्ञान, धर्म आदि से भिन्न होते हैं। इन प्रतीकों का विश्लेषण भी सौन्दर्य दृष्टि से होना चाहिये, क्योंकि कला के क्षेत्र में प्रतीकों का निर्माण कलाकारों द्वारा किया जाता है, न कि सामान्य मनुष्य द्वारा। कलाकार अपने अनुभवों को अभिव्यक्त करने के लिये प्रतीकों का सहारा लेता है। इसलिए कला जगत के प्रतीक कोई निर्धारित अर्थ नहीं रखते। इस क्षेत्र के प्रतीकों में कलाकार तथा भावक दोनों ही एकमत होते हैं, तभी भावक को सौन्दर्यानुभूति होती है। किन्तु जहां कलाकार और भावक एकमत नहीं हो पाते हैं, वहां वह कलाकृति भावक को सही स्तर पर सौन्दर्यानुभूति नहीं करा पाती, क्योंकि भावक कलाकार के अनुभवों को समझने में असमर्थ रह जाता है। कई बार भावक कलाकार द्वारा वर्णित प्रतीक का सही अर्थ तो समझ नहीं पाता, किन्तु कलाकृति से उत्पन्न संवेगों और भावों से ही आनन्दानुभूति करता है। इसलिये कला जगत के प्रतीक केवल अर्थबोध तक सीमित न रहकर भावक के मन में भी कल्पना क्रिया

को उत्तेजित करते हैं।

कला के तत्त्वों में एक और महत्त्वपूर्ण तत्त्व है 'लय'। सामान्यतः लय का सम्बन्ध संगीत कला से ही जोड़ा जाता है, किन्तु लय का एक व्यापक अर्थ होता है–लीन होना। अर्थात् एक खण्ड का दूसरे खण्ड में मिल जाना। सृष्टि की प्रत्येक वस्तु में लय विद्यमान है। रात-दिन लय का ही कारण है। ऋतु-चक्र, समस्त पशु-पक्षी और समस्त मानव वर्ग इस लय में बंधा हुआ है।

ललित कलाओं में लय का मुख्य उद्देश्य गतिमयता उत्पन्न करना है। संगीत और काव्य में यह लय सापेक्ष होती है किन्तु चित्रकला, मूर्तिकला तथा वास्तुकला में यह दिक्सापेक्ष होती है। चित्रकला में यह रेखाओं के संतुलन, दिशा, रंग-योजना में रहती है। मूर्तिकला में यह वस्तु की आन्तरिकता में रहती है। वास्तुकला में यह भवन के अंग-सन्निवेश में रहती है।

काव्य और संगीत दोनों में ही भावोत्पत्ति के लिये लय का महत्त्वपूर्ण स्थान हैं। काव्य में लय से छंद बनते हैं। वर्णों और मात्राओं का सुबुद्धि से प्रयोग छन्द बनाता है जो भावों को उत्पन्न करने में सहायक होता है।

इसी प्रकार संगीत में भी लय का बहुत अधिक महत्त्व है। संगीत में लय का प्रयोग प्रायः दो अर्थों में होता है। पहला बिलम्बित, मध्य और द्रुत गति से है। ये गतियां भी भाव उत्पन्न करने में सहायक होती हैं और दूसरा लय का प्रयोग छन्द के अर्थ में होता है। प्रत्येक स्वर समुदाय में स्वरों में एक आन्तरिक गति रहती है। किस स्वर पर कितनी विश्रान्ति अथवा कटाव दिया जाए कि वह ऐसे छन्द उत्पन्न करे जो सुनने में मीठा हो।

इसलिए लय एक ऐसा तत्त्व है जो सभी ललित कलाओं में प्रयोग माध्यम को सन्तुलित ढंग से मिलाता है जिससे पर्याप्त और उच्च स्तर की सौन्दर्यानुभूति हो सके।

रूपविधान के तत्त्वों में एक और महत्त्वपूर्ण तत्त्व है 'माध्यम'। माध्यम के कारण ही कल्पना बिम्ब और प्रतीक मूर्त रूप प्राप्त करते हैं। सभी ललित कलाओं के माध्यम पृथक्-पृथक् हैं। काव्य का माध्यम शब्द है। यह श्रव्य और पाठ्य कला है। चित्रकला का माध्यम रंग-रेखाएं हैं। मूर्तिकला का माध्यम मिट्टी, छेना आदि है। वास्तुकला का माध्यम ईंट, गारा आदि है। चित्रकला, मूर्तिकला और वास्तुकला तीनों ही दृश्य कलाएं हैं। इन तीनों ललित कलाओं में कलाकृति वस्तु अथवा पदार्थ के रूप में उभरती है। इन कलाओं में सौन्दर्यानुभूति नेत्र के सामने कलाकृति के होने पर होती है। किन्तु

संगीत में कलानुभूति श्रव्य होती है। संगीत का माध्यम स्वर और लय है। ये स्वर और लय गेय है, अतः संगीतकला श्रव्यकला है। इसमें कलाकृति का मानसिक चित्र बनता है। स्वर और लय के द्वारा मस्तिष्क पर बने चित्र हमें आनन्दानुभूति कराते हैं। कोई कला वर्णों और रेखाओं की सुव्यवस्थित योजना पर आधारित है, तो कोई कला शब्द और अर्थ के प्रभाव पर, अन्य कला स्वर और लय की मधुरिमा पर। कलाओं के माध्यम चाहे भिन्न हैं, किन्तु लक्ष्य सौन्दर्यानुभूति कराना है। इसलिये कलाकार को इन माध्यमों का प्रयोग कुशलता से करना होता है, जिससे वह कलाकृति के रूपविधान को सजीव रूप दे सके। वही कलाकृति उच्च स्तर की होती है, जिसमें कलाकार अपने भावों को श्रोताओं अथवा भावकों के मन तक पहुंचा सके और उन्हीं भावों का भावकों के मन में भी संचार कर सके। अतः प्रत्येक ललित कला को रूपविधान में बांधने के माध्यम अलग-अलग हैं। इन माध्यमों का उचित प्रयोग कलाकार की प्रतिभा पर निर्भर करता है। अतः निष्कर्षतः हम कह सकते हैं कि कला सृजन के समय प्रत्येक कला से सम्बन्धित माध्यम ही उसके रूपविधान को प्रत्यक्ष रूप देने में महत्त्वपूर्ण तत्त्व बन जाते हैं।

अतः कलात्मक सौन्दर्यानुभूति की प्रक्रिया एवं उपादानों के अनिवार्य तत्वों की ही सौंदर्य के मूलाधारों द्वारा सौन्दर्यानुभूति की प्राप्ति हेतु चेष्टा की जाती है।

संदर्भ :

1. सौन्दर्य बाजपेई, पृ. 117
2. सौन्दर्य, बाजपेई, पृ. 118
3. बैस्टर्न एस्थेटिक्स

–Prof. Anupam Mahajan
Faculty of Music and Fine Arts
University of Delhi

SIGNIFICANCE OF MUSIC EDUCATION IN CONTEMPORARY SOCIETY

The essence of good education is that it liberates human mind from narrow prejudices, facilitates the ability of learning to learn, enables learning to apply knowledge to solve real life problems; helps in learning to fully develop and actualize our potential, and guides in learning to live in social harmony with sound ethical values. "Education is a systematic process through which a child or an adult acquires knowledge, experience, skill and sound attitude. It makes and individual civilized, refined, cultured and educated. For a civilized and socialized society, education is the only means. Its goal is to make an individual perfect. Every society gives importance to education because it is a panacea for all evils. It is the key to solve the various problems in life[1]. In the words of Rabindranath Tagore, education enables the mind to find out the ultimate truth which gives us the wealth of inner light and love and gives significance to life. It is generally agreed that the ideal of education is the full development of the human personality and one of the main functions of education is to transmit the cultural heritage of society to its future generations.

Keeping in view that broad purpose of education stated above in this article, I propose to highlight the relevance and importance of music education in the present scenario. In this context the philosopher and writer Alfred North Whitehead has expressed the view: "Culture is the activity of thought and receptiveness to beauty and human feelings... what we should aim at producing is men who possess both culture and expert knowledge in some special direction. Their expert knowledge will give them the ground to start from and their culture will lead them as deep as philosophy and as high as art[2] .

Music education is a field of study associated with the teaching and learning of music. Training in music and other related performing arts is a common practice from junior to secondary level in most countries of the world. Because music is considered as essential component of human culture and behavior like language, music is the unique ability that distinguishes human beings. The number of institutions imparting education in music at all levels in India has rapidly increased, ranging from the primary schools to the highest professional and educational levels. The subject of music education has, therefore, assumed considerable importance, yet relatively little has been written on the subject and much lesser has been discussed and debated than it deserves.

As we all know throughout the Vedic period learning was based on oral instructions in the *Gurukula* system. In this system the teacher-pupil relationship was the most significant factor in teaching and learning. The position of *Guru* was unique and highly elevated. The disciple got considerable personal attention from his teacher. There used to be a prolonged and intense personal relationship between *Guru* and *Shishya.* A *Guru* was more than a teacher. He was the tutor, mentor and preceptor. As stated by Professor Narayan Menon, "Above all, it was the communion between *Guru* and *Shishya,* built up with understanding and mutual respect through practice and precept that is the essence of *Gurukula* system[3].

With the political and social changes during the medieval times, the system of education also underwent a gradual change. The medieval period forms a crucial phase in the history of India. It was during this period that the Mughal Empire in all its grandeur rose to great height and then plunged down to decline and decay. During later medieval period, due to political instability the musicians of North-India shifted to various native states, and in course of time, the artists were given patronage by the rulers of these states, where they practiced intensively and developed their unique styles and identity. In due course, these styles of *Gayaki* acquired the status of *Gharana*.

The teachers of these *Gharanas* got inspiration from their common tradition and followed a style which was unique to their *Gharana*. They taught one or very few students at a time through teacher-disciple method. The teachers laid emphasis on various aspects of music like emotional expression and accuracy of note production, etc. Rigorous practice was an important element in the learning process. The disciples served their teachers, travelled with them, and attended musical sittings along with them, which enabled them to listen to the art of other musicians. In their own musical sittings, teachers often gave opportunity to their disciples to sing along with them or independently. They would sometimes commend a good performance, or reprimand, if the disciple did not come up to their expectation.

In modern times, Music education is passing through an exciting phase in India. There is enormous growing interest in learning of Music in all the sections of the society, which is evident from the increasing number of students and teaching institutions. It is getting transformed into a formal and institutionalized process.

By and large, contemporary pattern of music education consists of large groups of students undergoing formal instruction and appearing in Board and University examinations. Simultaneously the traditional training of *Gharana* system continues to co-exist with some linkages with formal system of education. The popularity of Indian classical music in the West is also a new phenomenon. It has generated greater interest and curiosity among them. Their desire to know more about Indian music has led to its internationalization.

The change in the structure and process of music education in the contemporary situation as described above has caused several problems for which imaginative solutions have to be explored. One set of problems arises from the large number of students in the class rooms, the rigid time frame of the academic year, compulsions for completing the syllabus, pressure on the students for passing the examinations, and non-residential character of most of the institutions. These factors lead to an impersonal relationship between the teacher and taught and inadequate attention to individual needs of the students. There is often greater emphasis on teaching than on learning, and on passing the examination rather than the development of talent.

Another set of problems arises from the diverse motivations of the students, varied commitment of teachers, multifarious influences and demands on them in the modern complex society, the impact of mass media, the high mobility of people and wide exposure to various styles of music.

The growth of modern technology is bound to make an impact on teaching methodology and educational systems. Distant education is becoming increasingly popular all over the world. The West is continuously making progress in the realm of music teaching. The latest audio-visual aids and internet based information technology devices that are now being extensively utilized in education also deserve our attention.

Keeping in view the above mentioned contemporary situation and emerging trends, it is now necessary for us to consider the key issues which are relevant for determining a desirable pattern and emphasis in music education. The first issue is distinction between training and education. Training refers to development of specific skills, whereas education provides a broad foundation of knowledge, suitable attitudes and values for the development of total personality. Today, the question before educationists is how much emphasis should be given to these two aspects of learning.

Another important issue is of theory vs. practice, which has probably been debated since the earliest times. The proponents of practice feel that traditions acquired directly through practice and passed on orally from *Guru* to *Shishya* and sufficient for retaining the purity and richness of the art. On the other hand, the proponents of theory argue that in the absence of theoretical knowledge the objectives of formal music education cannot be fully achieved. This controversy has often divided musicians and musicologists into conflicting schools of thought, but the fact remains that both are interdependent and equally relevant. Without practice music cannot exist, without theory it cannot grow.

One more issue around which clarity is needed is the difference between music as a vocation as contrasted with a learned profession. A vocation can be practiced at a lesser level of skill and knowledge, whereas a professional requires a combination of higher level of knowledge with superior skills. By definition, a learned professional is based on a well-developed body of knowledge, long duration of systematic training, a code of ethics and recognition by the society. At the elementary and the school levels vocational orientation may be adequate, but at higher levels that orientation of a learned profession will be more relevant for music education.

The two major elements in a learned professional are knowledge and skill. Knowledge refers to information, concepts and theories, which can be imparted through reading, lectures and audio-visual aids. Skill consists of the ability to perform, and apply knowledge to specific problems. It is developed through practice and learning by doing. For the development of music education on sound lines, both these elements are equally important. Hence, it is necessary to develop knowledge through more systematic study and research to advance its frontiers and to give it greater philosophical depth. At the same time, it is necessary to emphasize excellence in the development of skill through rigorous practice following the best traditions, and encouragement of creativity and innovation.

Keeping in view the above analysis and discussion, I feel that the need of the time is to give serious thought to evolve such teaching methods, which should meet the contemporary requirements and achieve the aims and objectives of education. For this, probably we will have to find ways and means of combining the best elements of the various systems of education. It has been rightly said that "Our problem today is to provide students of music with teachers and teaching methods, which will given them the most precious part of the *Gurukula* system, without its chores, also give them a general education, so that the student of music is a developed individual and a practical and useful member of the community." This means that the musical education will have to be placed in the perspective of a wide education in the humanities without resulting in any dilution of standards[4].

The perceptive observation about music education stated above has become much more relevant in the contemporary education system. The increasing emphasis on education as a means of obtaining jobs in economically lucrative sectors and commercialization of education has led to narrowing the perspective and purpose of education. Leading thinkers and educationists have been stressing the need for broadening education and making it inter-disciplinary and holistic that would include aesthetics, humanities and social sciences in the realm of higher education. It is a distressing to note that in spite of such strong recommendations by educationists to the authorities, financial provisions and facilities for education in music and fine arts is being reduced. It is, therefore, important that education policy makers and institutional heads at all levels of education recognize the significance of music education and ensure its proper place in learning and development of the personality and potential of the present and coming generations of students.

References:

1. *Meaning, Nature and Aims of Education,* johnparankimalipworldpress.com, posted on March 26, 2012.
2. *The Aims of Education and other Essays,* Alfred North Whitehead, Macmillan Company, 1929.
3. "Guru Shishya Relationship" by Prof. Narayan Menon, *Aspects of Indian Music,* Edited by Dr. Sumati Mutatkar, Sangeet Natak Academy, New Delhi, 1987, page 104
4. *Aspects of Indian Music,* edited by Dr. Sumati Mutatkar, Sangeet Natak Academy, New Delhi, 1987, page 6.

-Prof. Najma Parveen Ahmad
Former Dean and Head,
Faculty of Music and Fine Arts
University of Delhi

प्राचीन संस्कृत ग्रन्थों का भारतीय संगीत में महत्त्व

प्राचीन संस्कृत ग्रंथों का अवलोकन करने से पूर्व संस्कृत शब्द के अर्थ को जानना अनुचित न होगा।

"संस्कृत" शब्द से तात्पर्य, परिष्कृत, सुरचित, सुनिर्मित, सुसम्पादित, तैयार किया गया अथवा सुसज्जित किया गया, परिष्कृत या अत्यंत परिमार्जित भाषा संस्कृत भाषा आदि से है।

संस्कृत के शब्दिक अर्थ में जब हम संगीत को खोजते हैं, तो संगीत की दृष्टि से लगभग सभी अर्थ सार्थक होते हैं। देववाणी संस्कृत को भाषाओं में मुख्य, मधुर और अत्यंत परिष्कृत होने का गौरव प्राप्त है।

"भाषासु मुख्या मधुरा दिव्यागीर्वाण भारती
सस्माद् हि काव्यं मधुरं, तस्मादपि सुभाषितम्"

पुराविदों के अनुसार संगीत कला तथा शास्त्र का उद्‌भव स्वयंभू परमेश्वर से हुआ है। भारतीय परम्परा के अनुसार नटराज शिव नृत्य कला के आदि स्त्रोत हैं। भगवती सरस्वती गीत तथा वाद्य की प्रवर्तिका है, तथा भगवान कृष्ण स्वयं वेणुवादक है, अतः हमारे संगीत का आदिम स्त्रोत संस्कृत ग्रंथों में होना स्वाभाविक ही है। प्राचीन भारतीय संस्कृति तथा संगीत के मौलिक अन्वेषण के लिए संस्कृत साहित्य तथा संगीत के ग्रंथों का करावलम्ब नितांत आवश्यक है, यह तथ्य निर्विवाद है। मूल रूप से साहित्य तथा संगीत के ग्रंथों की निर्मिती संस्कृत में हुई है।

संगीत के इतिहास में कला तथा शास्त्र दोनों का विवेचन आवश्यक है। संगीत का माध्यम नाद है, और यही नादात्मक कलाकृति प्रस्तुत करने के लिए तत्सम्बद्ध नियमों का अनुसरण आवश्यक है। नृत्यकला को ललित विज्ञान कहकर कालीदास ने संगीन के द्विविध पक्ष का संकेत किया है। संगीत कला मुख्यतः प्रयोगात्मक कला है, तथापि उसका विज्ञान पक्ष भी

उपेक्षणीय नहीं। शास्त्र का कार्य, निगमात्मक प्रणाली से सिद्धान्तों की स्थापना कर कला को स्थायित्व तथा प्रतिष्ठा प्रदान करना है। लक्ष्य तथा लक्षण में सामञ्जस्य स्थापना शास्त्र का प्रधान उद्देश्य है, जो हमें प्राचीन संस्कृत ग्रंथों से उपलब्ध होता है।

संगीत की उत्पत्ति के विषय में जानने के लिए वेद एकमेव आदिम स्त्रोत न हैं। वैदिक युग भारत के सांस्कृतिक इतिहास में प्राचीनतम युग माना जा सकता है। भारत की सांस्कृतिक उपलब्धियों का सर्वप्रथम रूप इसी युग के वाङ्मय में उपलब्ध है। वैदिक वाङ्मय का गौरव इस बात में है, कि संसार की प्राचीनतम संस्कृतियों के सम्बन्ध में अमूल्य सामग्री उससे उपलब्ध होती है।

वैदिकयुग से अभिप्राय उस काल खंड से है, जिसमें चार वेदों तथा उसके विभिन्न अंगों का विस्तार हुआ है। प्राचीन आचार्यों के अनुसार वेद वाङ्मय की ईकाई है, जिसके अंतर्गत विनियोग भेद के कारण ऋक्, यजु, साम तथा अथर्व का पृथक् संहिता के रूप में निर्माण हुआ है। मीमांसाकार जैमिनी के अनुसार ऋक् उन छन्दोबद्ध मन्त्रों का नाम है, जिनमें अर्थानुकूल पादों की व्यवस्था है। इन्हीं ऋचाओं पर जो गान निबद्ध है, उसके लिए साम संज्ञा है। "गीतिषु सामाख्या" इस प्रकार गेयरूप में सर्वप्रथम ऋग्वेद की ऋचाओं का ज्ञान ही सम्मत है। स्तोत्र मन्त्रों की विशेषता उनके गान में निहित है। जिसमें स्तोभाक्षरों की संख्या का विवरण महत्त्वपूर्ण है। जो सामगायन की विधि दर्शाता है। गीत प्रबन्ध एवं सांगितिक शब्दावली का प्रयोग-जैसे गीत प्रबंधों के लिए ऋग्वेद में गीति, गाथा, गायत्र, तथा साम के नाम से पाया जाता है। सामों में वरिष्ठसाम बृहत्साम के प्रधान प्रकरण के कर्ता को गीता में साक्षात् ईश्वर को कहा गया है।

"बृहत्साम तथा साम्नां गायत्री छन्दसामहम् (भ. गोता)"

सामों का गान विशिष्ट छन्दोबद्ध तथा धार्मिक एवं लौकिक प्रसंगों पर किए जाने का उल्लेख है, उसी प्रकार इनके गानें के भिन्न सवन भी कहे गए हैं। सामों के विशिष्ट गानकाल के विषय में विभिन्न सामविशेषों का नामोल्लेख हुआ है

यथा–

रथन्तरसाम – त्रिवृस्स्तोमो वसंत ऋतु

बृहत्साम – पंचदशस्तोमो – ग्रीष्मऋतु

वैरूप साम – सप्तदशस्तोमों – वर्षाऋतु आदि।

यह विवरण सामों की गान प्रणाली का ऋतुओं से सम्बन्ध दर्शाता है, तथा छन्दोबद्ध मन्त्रों के गान से ताल प्रणाली का तत्कालीन समय में प्रयोग स्वयं सिद्ध होता है। इसी समय बद्धता को पश्चात् कालीन ग्रंथकारों ने अतिविकसित राग प्रणाली में अपनाया ऐसा कहने में प्रत्यवाय नहीं है।

सामगायक बृहत साम द्वारा ऋचाओं वाले स्तुति पाठों से और वाणी से भी इन्द्र का ही गान करते हैं।

साम स्वरों का विकास – साम स्वरों के विकास को निर्दिष्ट करते हुए साम गान की प्रणाली का भी बोध होता है। विभिन्न शाखाओं के अनुसार साम के मन्त्रों का गायन होता था जो गुरु मुख से सीखा जाता था। यही परम्परा संगीन के पाठन में अधुना तक चली आ रही है। साम गान में प्रयुक्त सात स्वरों के लिए प्रथम, द्वितीय, तृतीय, चतुर्थ, मन्द्र, कृष्ट एवं अतिस्वार ये अभिधान है। अन्य वेदों के अनुयायियों द्वारा गान के अंतर्गत इन्हीं स्वरों का न्यूनाधिक मात्रा में प्रयोग किया जाता रहा है।

पुष्पसूत्र के अजातशत्रु कृत भाष्य से ज्ञात होता है कि सामगान में शाखानुसार न्यूनाधिक स्वरों का प्रयोग होता था। गान प्रायः पांच या छः स्वरों तक सीमित था। केवल दो सामों का गायन ही कौथुमशाखा के अंतर्गत सप्त स्वरों में होता था।

ईसवी की आरम्भिक शाताब्दियों में कई ऐसे संस्कृत ग्रंथ हुए हैं, जिनमें तत्कालीन संगीत सम्बन्धित अनेक तथ्य सामने आते हैं। सामगान के विधिनियम के सम्बन्ध में ब्राह्मण ग्रंथों से पर्याप्त परिचय प्राप्त होता है। सामगान से प्राचीन संगीत का ज्ञान होता है, जिसे पश्चात्कालीन ब्राह्मणग्रंथ, उपनिषद, पुराण, रामायण, शिक्षा आदि में विचार भेद के साथ वर्णित किया गया है। साम स्वरों के विकास तथा गान प्रणाली के विषय में शिक्षा ग्रंथों की (पाणिनी शिक्षा, याज्ञवल्क्य शिक्षा माण्डूकी शिक्षा नारदीय शिक्षा) की अहं भूमिका है। नारतीय शिक्षा में साम तथा लौकिक गान के स्वरों" में सामंजस्य स्थापित किया गया है, इन स्वरों के सम्बन्ध में जो स्पष्टीकरण शिक्षा ग्रन्थों में पाया जाता है, वह स्वर विकास के लिए इन ग्रंथों का अमूल्य योगदान है। ना. शि. के अनुसार स्वरों का क्रम मगरेसाधनिप, इस प्रकार कहा गया है।

गान्धर्व कला, जोकि वैदिक काल से पल्लवित होती रही, रामयण काल

से लेकर पुराण काल तक शास्त्र प्रतिष्ठा को प्राप्त कर चुकी थी। इसके अंतर्गत स्वर, श्रुति, पद, ताल, वाद्य आदि अंगों की सम्यक् मीमांसा उस काल में होने लगी थी, इस सम्बन्ध में निःसन्दिग्ध प्रमाण, उन आदि काव्यों से होती है, जो मूल रूप से संस्कृत भाषा में उपलब्ध है। इस प्रकार संगीत की आरम्भिक अवस्था के ज्ञान के लिए ये ग्रंथ निःसंदेह महत्त्वपूर्ण है। संगीत को जाननें के लिए रामायण का महत्त्वपूर्ण स्थान है। रामायण की उद्‌भावना आदि कवि वाल्मिकी के द्वारा हुई। वाल्मिकी के अनुसार रामायण का निर्माण गेय काव्य के रूप में हुआ है। जीवन के हर क्षेत्र सुख-दुख, आमोद-प्रमोद युद्ध में हुई जीत-हार, जीवन मरण आदि सभी में संगीत का प्रयोग होता था। पवन, अग्नि, वायु तथा देवी-देवताओं की प्रशंसा में यज्ञयागदि कर्मों में तथा स्तुति गीतों में संगीत सर्वत्र व्याप्त था।

शौनककृत, ऋक् प्रातिशाख्य के अनुसार संगीत के स्वरों के लिए पारिभाषिक संज्ञा यम है। शौनक के अनुसार यम के अंतर्गत उन्हीं स्वरों का अंतर्भाव है, जो एक दूसरे से श्रवण-योग्य अन्तर पर स्थित है। यम रूप में केवल श्रवण गोचर नाद रूप स्वीकृत किए जाने के कारण संगीत के प्रमुख सात स्वरों के अतिरिक्त सूक्ष्म स्वरांतरों का समावेश उनमें होता है "सप्त स्वरा ये यमास्ते"। पृथग्वा ये सूक्ष्म स्वरांतर कालांतर में श्रुतियों का बोध कराते हैं, यह कहना अनुचित नहीं होगा।

शौनक के भाष्य में उवट (ई11) ने गांधर्व वेद में स्वरों के नाम तथा क्रम को इस प्रकार कहा है—षड्ज, ऋषभ, गंधार, मध्यम, पंचम, धैवत, निषाद। साम संगीत की संज्ञाएं तथा क्रम कृष्ट, प्रथम, द्वितीय, तृतीय, चतुर्थ, मन्द्र तथा अतिस्वार्थ है। उवट के अनुसार मुख्य सात स्वरों के अतिरिक्त अन्य सूक्ष्म स्वरातरों का समावेश यम में होता है, अथवा "स्वरेभ्यः पृथग्भूता अन्ये यमाः स्वरेषु वर्तन्ते। एतेषां मृदुत्वंतीक्षत्वं चेति वेदितव्यम्"। ध्वनियों की श्रुतिगोचर उच्चनीचता से इन स्वरों के स्थान का निर्धारण होता है। तौत्तिरीय प्रातिशाख्य पर भाष्य करते हुए टीकाकार ने इसके अवरोही क्रम के प्रति संकेत किया है। इनके उच्च और नीचे होने के संकेत भी इस ग्रंथकारों ने दिए हैं। स्वरों के विकास में शिक्षा ग्रंथों का अमूल्य योगदान रहा है तथा स्वर, ग्राम, मूर्छना, राग-तान आदि का विवेचन भी उपलब्ध है। नारदी-शिक्षा के अनुसार स्वरोत्पत्ति के विषय में निम्न प्रमाण पाए जाते हैं।

"कंठादुत्तिष्ठते षड्जः शिरसस्त्वृषभः स्मृतः

गांधारस्त्वनुनासिक्य उरसो मध्यम स्वरः
उरसः शिरसः कंठादुत्थितः पंचमः स्वरः
ललाटद्धैवतं विद्यान्निषादं सर्वसन्धिजम्"

माण्डूकी शिक्षा के अनुसार सामगान में सप्तस्वरों का प्रयोग प्राप्त होता है "सप्त स्वरास्तु गीयन्ते सामभिः सामगैर्बुधैः" इसी प्रकार तत्कालीन समय में गाए जाने वाले साम स्वरांकन के उदाहरण स्वरूप ताक्ष्य प्रथम नामक सामसंहिता तथा गान दोनों रूपों में निम्न देखा जा सकता है।

ऋचा – 3321 3121 3121 31213 3123 1 21
त्यभुषु वाजिन देवजुत सहोवान तरूतार ँ रथानाम्।।
121 3 1 12123 1 2 9213121
अस्प्टिनेमि पृतनाजमाशु ँ स्वस्तये ताक्ष्यमिहाहुवेम।।
सामन्।।
5 4 5 2 2 2 5 1र2र 3
ओऽष्म् ।। त्यमूषु।। वाजि।। नाऽ2345म्।। दैवजु ता234म्।।
सानिऽरे ।। सासासा। मऽम। गमऽगऽरेऽसा। ममम गऽमऽगऽरे।
5 र आ 2 । 2 2345
सहोवानंता ।। रुता3 ।। रथानाम्।।
सास्तगमप । मऽमग। मऽगरेसा

साम के गान ग्रंथों में स्वरांकन के रूप में 1 से लेकर 7 अंकों तक का प्रयोग पाया जाता है। इनका स्थान अक्षरों के ऊपर तथा मध्य में दोनों स्थानों पर दिखाई देता है। इन अंकों में से 7 अंक कृष्ट अर्थात् उच्चतम स्वर के लिए प्रयुक्त होता है तथा अंक 1,2,3,4,5,6, क्रमशः प्रथम, द्वितीय, तृतीय, चतुर्थ मन्द्र तथा अतिस्वार के लिए प्रयुक्त किए जाते हैं। इन स्वरों की शुद्ध तथा विकृत अवस्था अंकों के विशिष्ट स्थान पर निर्भर मानी जाती है। इनके अतिरिक्त कुछ अन्य चिन्हों का प्रयोग गान ग्रंथों में पाया जाता है।

उपर्युक्त संहिता को देखते हुए ऋचाओं के गान के सम्बन्ध में प्रमाण मिलते हैं, जो आगे चलकर संगीत के विकास क्रम के लिए सहायक बने। प्राचीन वाङ्मय संस्कृत में उपलब्ध होने से उस पर अनेक विद्वानों ने (भाष्यकारों ने) अपनी टीका से स्पष्टीकरण किया है, जिसमें मतांतर भी पाए जाते हैं, किन्तु सभी ग्रंथकारों ने संगीत के लिए सप्त स्वरों को स्वीकार किया है। संगीत जगत् में यह स्पष्टीकरण अमूल्य योगदान है।

प्रत्येक ग्रंथ की अपनी विशेषता है, जो संगीत के विकास के साथ नया ज्ञान प्रदान करता है। विकास के इस क्रम में रामायण का विशेष स्थान है। रामायण भारत का प्राचीन महाकाव्य है, जिसकी रचना गेय काव्य के रूप में आदि कवि वाल्मिकी के द्वारा हुई है। रामायण के अनुष्टुप छन्द की रचना ही संगीत मूलक होने के सम्बन्ध में उल्लेख महाकाव्य में पाए जाते हैं, जिसका गायन वीणा की लय के साथ योग्य स्वर तथा शब्दावली में किया जाना विहित है। संगीत कला के साथ शास्त्र पक्ष का प्रकर्ष उस समय हुआ था इस सम्बन्ध में प्रबल प्रमाण रामायण में उपलब्ध हैं।

रामायण के समय संगीत का पर्याप्त प्रचलन था, जीवन के हरक्षेत्र – पूजा-पाठ, सुख-दुख, आमोद-प्रमोद, युद्ध में हुई जीत-हार, जीवन-मरण आदि सभी में संगीत प्रयुक्त होता था। शास्त्र के विकास के साथ-साथ जन-जन में जन संगीत प्रवाहित होता था। संगीत के गेय रूप में जातिओं के अतिरिक्त राग प्रणाली के अस्तित्व के सम्बन्ध में संकेत रामायण में प्राप्त होते हैं। संगीत शास्त्र के लिए गान्धर्व संज्ञा थी, जिसके अंतर्गत् गीत तथा वाद्य दोनों का अंतर्भाव था। गान कुशल, वादित्र कुशल तथा नर्तकों को राज्याश्रय प्राप्त था। गीत, वाद्य तथा नृत्य में प्रयुक्त होने वाली विभिन्न संज्ञाओं का विकास हो चुका था, जो संस्कृत शब्दावली में उपलब्ध होता है। जैसे गीत प्रबंधों का उल्लेख, गीति-गाथा गायत्र तथा साम के नाम से पाया जाता है। स्वर के लिए यम, वाद्य के लिए तूर्य आदि संज्ञाएँ आरम्भिक ग्रंथों मे प्रयुक्त ही गई हैं।

रामायण की तरह महाभारत का भी संगीत की दृष्टि सें महत्वपूर्ण स्थान है। महाभारत का वृहत कलेवर प्राचीन आख्यानों तथा उपाख्यानों के समावेश से निर्मित होता चला आ रहा है। ये लौकिक उपादान अनेक युगों की सांस्कृतिक चेतना से संवालित वीर गीतों के रूप में जन जीवन में रहे हैं। तथा उनका प्रसार, मागध, सूत, चारण आदि लोक गायकों के द्वारा चला आ रहा है। तत्कालीन जीवन में इन कलाकारों का महत्त्वपूर्ण स्थान रहा है। वैदिक काल से लेकर जिन गाथाओं का गान, यज्ञ तथा अन्य लोकोत्सवों पर किया जाता रहा, वह इसी देशी संगीत की प्रतिनिधी रही।

महाभारत काल मे साम तथा गान्धर्व दोनों का विपुल प्रचार था। सामगीतों के अंतर्गत् रथन्तर एवं बृहत्साम का विशेष प्रचलन था। इस समय में गेय प्रबंधों कें अंतर्गत साम, गाथा, तथा मंगल गीतियों का प्रामुख्य से उल्लेख

पाया जाता है। स्मृति ग्रंथों से ज्ञान होता है कि ऋक्, गाथा, पाणिका नामक गीतों को ब्रह्मोक्त माना गया है। गीत, वाद्य तथा नृत्य तीनों का प्रचलन था, इस सम्बन्ध में प्रचुर प्रमाण उपलब्ध हैं। ये ग्रंथ हमारी प्राचीन धरोहर हैं, जो संस्कृति और संगीत के साथ जीवन के हर पक्ष का अवलोकन कराती है।

संगीत के ग्रंथों का अवलोकन करने से पहले कई ऐसे संस्कृत के ग्रंथ हुए हैं जो तत्कालीन संगीत का निर्देशन करते हैं।

पाणिनी की अष्टाध्यायी ऐसी ही कृतियों में से एक है। अष्टाध्यायी संस्कृत साहित्य की अमूल्य रचना है। यह केवल व्याकरण शास्त्र न होकर तत्कालीन समाज के चेतना का परिचायक है। प्रचलित लक्ष्य को दृष्टिगत करके उन्होंने जिस लक्षण ग्रंथ की रचना की है, उससे तत्कालीन संगीत विषय का ज्ञान होता है। वैदिक संगीत के सम्बन्ध में कई नवीन जानकारी इस ग्रन्थ से प्राप्त होती हैं। सामवेद के गायकों में उद्गता तथा प्रतिहर्ता का उल्लेख है। यज्ञों में वैदिक पाठ एवं गान, उदात्त अनुद्गत तथा स्वरित स्वरों में किए जाने का उल्लेख है। गीत के लिए गीति तथा गेय शब्द का उल्लेख हुआ है। पाणिनी के कतिपय सूत्रों में वीणा का उल्लेख है। वृन्दवादन के लिए तूर्य शब्द का प्रयोग पाया जाता है। चारों प्रकार के तत-अवनद्ध घन और सुषिर वाद्यों का उल्लेख इसमें पाया जाता है। तात्पर्य यह कि पाणिनी के समय में वैदिक संगीत विकसित होकर अपने उत्कर्ष पर था।

बौद्ध तथा जैन ग्रन्थों में भी संगीत के प्रचुर प्रमाण उपलब्ध हैं। बौद्ध कालीन साहित्य में उपलब्ध संगीत विषयक सामग्री का व्यक्तिकरण भारत की प्राचीन शिल्प एवं चित्र कला में उपलब्ध है। तक्षशिला तथा वाराणसी प्रमुख विद्या के केन्द्र थे। जिनमें संगीताध्यापन का कार्य होता था। गीत वाद्य तथा नृत्य का प्रचुर प्रयोग होता था तथा इनको समाज में आदर प्राप्त था। जैन ग्रंथ ठाणांगसुत्त के संस्कृत टीकाकार अभयदेव के अनुसार इस ग्रंथ में स्वरों से उद्भूत होने वाली इक्कीस मूर्च्छना, तथा एकादश अलंकारों का विवरण था। स्वरों की उत्पत्ति, सप्तस्वरों का प्राणियों की ध्वनि से सम्बन्ध, स्वरों का मानव-स्वभाव से सम्बन्ध, ग्राम-मूर्च्छनाएं, मीन के गुणदोष, वाद्य आदि का उल्लेख पाया जाता है। स्वर के लिए घोष संज्ञा थी।

स्मृतिग्रंथों का भी प्राचीन भारतीय जीवन में गौरवपूर्ण स्थान रहा है। स्मृति ग्रंथों का निर्माण किसी न किसी मात्रा में सूत्र ग्रंथों पर होने के कारण उनका वैदिक परम्परा से सम्बन्ध कहा जा सकता है। और इस सूत्र रूप में संगीत

सम्बन्धी पर्याप्त उल्लेख प्राप्त होते हैं। वैदिक संगीत के साथ लौकिक संगीत का परिपोषण उस समय में बराबर होता है। जिन सूत्रग्रंथों में संगीत सम्बन्धी उल्लेख मिलते हैं, उनमें आपस्तम्ब धर्म सूत्र, गोपिल गृहयसूत्र, सांख्यायन गृहयसूत्र, पारस्करगृहयसूत्र, आदि हैं। याज्ञवल्क्य स्मृति में नादोपासना की विलक्षण महिमा बनाई गई है। यह उपासना जो कि सामगीत लौकिक गीत तथा वीणा नाद से सम्भाव्य है अंततोगत्वा शब्द ब्रह्म भी साधिका बताई गई है।

महर्षि याज्ञवल्क्य के अनुसार सामगान के अतिरिक्त ऋक्, गाथा आदि चार प्राचीन गीत तथा उपरान्तक, उखोप्य आदि सप्तगीत नादानुसंधान के श्रेष्ठ साधन कहे गए हैं। गान्धर्व के श्रुतिजाति ताल वीणा आदि तत्वों का निरंतर अनुसंधान करने वाला व्यक्ति एकाग्रचित्र होकर परमपद को प्राप्त कर सकता है।

संस्कृत साहित्य के आरम्भिक काल के साथ पुराण वाङ्मय का निकट सम्बन्ध है। संगीत की दृष्टि से प्रमुखतः तीन पुराणों का उल्लेख किया जा सकता है, जिनमें कुछ नवीन तथ्यों कों उजागर किया है। हरिवंश पु. वायुपुराण तथा मार्कण्डेय पुराण।

हरिवंश से स्पष्ट होता है, कि वैदिक तथा लौकिक संगीत की द्विविध धारा इस समय समानान्तर रूप से प्रचलित थी। वैदिक के अंतर्गत सामगान तथा लौकिक के अंतर्गत गान्धर्व का समावेश होता था।

"गानप्रभाषंसचक्रे गन्धर्वाणामशेषतः। अन्येषां चैवविप्राणां गानं ब्रह्मप्रभाषितं"

अर्थात् सृष्टि के निर्माण पर गान की द्विविध परम्परा का प्रवर्तन हुआ। एक गंधर्वो के लिए तथा दूसरा यज्ञयागादि करने वाले विप्रवर्ग के लिए। हरिवंश के श्रीकृष्ण केवल सफल बंशी वादक ही नहीं, वरन् एक विशिष्ट गीत शैली तथा नृत्यप्रणाली के प्रवर्तक हैं। हरिवंश में गान्धर्व का विवरण विशेष रूप में मिलता है। गान्धर्व के अंतर्गत गीत, वाद्य तथा नृत्य तीनों कलाओ का समावेश है। लोकोत्सवों के अंतर्गत संगीत के सामूहिक पक्ष का चित्रण हुआ है। गीत तथा नृत्य के साथ हाथ से ताल देने की प्रथा का प्रचलन था। सामूहिक संगीतायोजन में छालिक्य गान का प्रमुख एवं अनिवार्य स्थान था जिसमें विविध वाद्यों का सहयोग था।

छालिक्य के पर्याय स्वरूप छलितक, छालिक, छलिन आदि संगीत प्रकारों का वर्णन संस्कृत वाङ्म में अन्यत्र हुआ है। गान्धर्व के अंतर्गत

छालिक्य तथा आसारित नामक विशिष्ट गीतों का प्रचलन उस समय था। षङ्ज तथा मध्यम ग्राम के अतिरिक्त गान्धार ग्राम का प्रचलन रहा हो ऐसा श्लोकों से ज्ञात होता है। वायु पुराण में संगीत सम्बन्धी कतिपय मान्यताओं का निरूपण पौराणिक प्रणाली से तथा कतिपय तथ्यों का विवरण संगीत शास्त्र के आधार से हुआ है। सामगान की विशिष्ट महिमा इस पुराण में निर्दिष्ट है। सप्त स्वरों की गणना के बाद मध्यम ग्राम षङ्जग्राम की मुर्च्छनाओं का परिगणन हुआ है, जो प्रायः अशुद्ध तथा अपूर्ण है। गान्धारग्राम की मूर्च्छनाओं के नाम से तीन नामों का उल्लेख प्राप्त होता है। अलंकारों के विषय में उस पुराण में वर्णन प्राप्त होता है। गीतों के अंतर्गत मद्रक, अपरान्तक तथा उत्तर नामक गीतों का विवरण स्वरों तथा कलाभावों के अनुसार किया गया है।

संगीत की साम तथा गान्धर्व दोनों प्रणालियों के सम्बन्ध में मार्कण्डेय पुराण में महत्त्वपूर्ण सामग्री प्राप्त होती है। गान्धर्व का व्यवसाय शूद्रजनोचित होने के सम्बन्ध में स्मृतिकालीन मान्यता इस पुराण में भी पाई जाती है। गान्ध र्व के आचार्यो में नारद तथा तुम्बरू के अतिरिक्त कम्बल तथा अश्वत्तर का उल्लेख इस पुराण में प्राप्त होता है। सरस्वती की आराधनाओं से गान्धर्व का ज्ञान इन्होंने प्राप्त कर लिया था। सरस्वती साहित्य तथा संगीत की अधिष्ठात्री होने के सम्बन्ध में सर्वप्रथम उल्लेख इसी पुराण में उपलब्ध है। गान्धर्व के अंतर्गत सप्त गीतकों का सम्बन्ध मुख्यतः पद रचना से है। तन्त्रीलय से समन्वित इन्हीं सप्त गीतों के द्वारा कम्बल तथा अश्वतर नागकुलीन भ्राताओं ने महेश्वर को प्रसन्न करलिया था, इस कथा का उल्लेख इस पुराण से होता है। गान्धर्व के अंतर्गत जाति तथा राग दोनों का प्रचलन इस पुराण से प्रमाणित होता है। वाद्यों के अंतर्गत वीणा तथा वेणु का प्रमुख स्थान था, और इनका वादन लौकिक तथा पारमार्थिक दोनों कार्यो के लिए होता रहा है, ऐसा उल्लेख है। इस प्रकार पुराण काल तक आते आते कई ग्रंथकारों के भाष्य संस्कृत में उपलब्ध हैं, जो संगीत सम्बन्धी रहस्योद्‌घाटन करते हैं।

अन्यग्रंथों में संगीत

पूर्णरूपेण संगीत पर ग्रंथ प्रतिपादित करने से पूर्व कुछ अन्य नाट्य के ग्रंथों में संगीत का उल्लेख प्राप्त होता है, जिनमें भास, शूद्रक एवं कालिदास के नाम उल्लेखनीय हैं। इन ग्रंथों में नाटय में संगीत का प्रयोग, संगीत से सम्बन्धित शब्दावली तथा वाद्यों का उल्लेख होता है, जो देववाणी से प्रतीत

संस्कृत के माध्यम से ही ज्ञात होता है।

भारतीय संगीत के विषय में सर्वप्रथम सर्वांगीण एवं प्रामाणिक सामग्री प्रस्तुत करने वाला ग्रंथ भरत का नाट्यशास्त्र है। संस्कृत में रचित यह ग्रंथ साहित्य एवं संगीत का यह वृहतकोष है। यद्यपि यह ग्रंथ मुख्यतः नाट्य के शास्त्र पर आधारित है। किन्तु उस समय संगीत नाट्य से भिन्न नहीं था, भरन कालीन समय में नाट्य में संगीत का उतना ही प्रयोग होता था, जो नाट्य को आगे ले जाने में मददगार था। निर्णयसागर संस्करण के अनुसार इस ग्रंथ में उपअध्याय है, जिसमें से 28 से 37 अध्याय पूर्णतः संगीत के लिए वर्णित है, छठे तथा उन्नीसवे अध्याय में नाट्य तथा संगीत से सम्बन्धित रसाध्याय का वर्णन है। रस, छन्द, भाषा, वेषभूषा, रंगमंच, अभिनय, संगीत, वाद्य, नृत्य आदि के विषय में विस्तृत जानकारी इस ग्रंथ से प्राप्त होती है। इस ग्रंथ की अभिनवगुप्त रचित टीका में नाट्य शास्त्र सहित पश्चात् कालीन (अभिनवगुप्त के समय तक के) सभी संगीतज्ञों के मतों को प्रस्तुत किया है। जिनमें कश्यप दुर्गशक्ति याष्टिक, कोहल, भट्टमातृगुप्त, विशाखिल दत्तिल, आङ्गिरस, मतंग, उत्पलदेव, नारद, नन्दिकेश्वर आदि अनेक संगीताचार्यो के मतों को प्रस्तुत किया गया है। संस्कृत में लिखी हुई यह अभिनव टीका संगीत सम्बन्धी विषयवस्तु को समझने में सरल एवं विशद है, जो तत्कालीन समय के संगीत तथा उसके विकास को समझने के लिए अमूल्य देन है।

नाट्यशास्त्र के अंतर्गत नाट्य तथा गान्धर्व दोनों का विवरण प्रस्तुत हुआ है। गान्धर्व का सम्बन्ध गंधर्व से है, जो वैदिक काल से लेकर गानकला में विशारद रहे हैं गान्धर्व के तीन अंग-स्वर-ताल तथा पद कहे गए हैं जिनसे संगीत से सम्बन्धित सभी विषयों का विस्तार होता है। स्वरों के विकास में भरत ने सप्त स्वरों के साथ अंतर और काकली स्वरों का उल्लेख किया है। श्रुतियों के उत्कर्ष तथा अपकर्ष को बताने के लिए श्रुतिदर्शन विधान में प्रमाण श्रुति से अन्तर बताया है। मूर्च्छना, तान जाति-जातिराग, ग्रामराग, जाति तथा वाद्य से रस निष्पत्ति, वर्ण-अलंकार, गीति, नाट्य में प्रयुक्त होने वाले ध्रुवा गीतों के अतिरिक्त प्राचीन आसारित वर्धमान आदि सप्तगीत, चतुर्विधि वाद्य एवं उनका विस्तार, ताल, गायक एवं वादकों के गुणावगुण आदि सभी विषयों का विस्तृत वर्णन है, जो नाट्यशास्त्र में देखा जा सकता है।

अत्याधिक विकसित संगीत के इतिहास को जानने के लिए नाट्यशास्त्र के पश्चात् उपलब्ध होने वाला ग्रंथ मतंग का बृहद्देशी है। बृहद्देशी इस नाम

से ही प्रतीत होता है, कि इस ग्रंथ में देशी संगीत का वर्णन होगा। बृहद्देशी की रचना संस्कृत में हुई है। इसमें मार्गी तथा देशी दोनों संगीत का वर्णन है। राग को सर्वप्रथम पारिभाषिक रूप में प्रतिष्ठित करने में मतंग की अहं भूमिका है। प्राचीन संगीत के वर्णन के साथ-साथ मूर्च्छना के सम्बन्ध में मतंग ने द्वादशस्वर मूर्च्छना का उल्लेख करते हुए प्रबंधाध्याय में प्रबन्ध का वर्णन किया है।

मूल ग्रंथों के संगीत को जानने के लिए टीकाकारों तथा टिप्पणीकारों की अंहभूमिका रही है। संगीत जगत में अनेक भ्रांत मान्यताएँ आचार्य अभिनव भारती से स्पष्ट होती है। आचार्य अभिनव की दृष्टि सर्वथा वैज्ञानिक प्रतीत होती है। उन्होंने प्रमाण पूर्वक सिद्ध किया कि चतुःश्रुतिक त्रिश्रुतिक और द्विश्रुतिक स्वर ही क्रमशः उदात्त अनुदात्त और स्वरित हैं। रस के सम्बन्ध में आचार्य अभिनव गुप्त का अभिव्यंजनावाद ही प्रमाण माना जाता है।

विकास के क्रम में हम जब आगे की ओर देखते हैं तो इस समय तक आते-आते अनेक भाषाएँ विकसित हो चुकी थीं, अनेक भाषाएँ विकसित होते हुए भी संगीत के ग्रंथों की रचना में संस्कृत भाषा ही प्रयुक्त होती रही है। लगभग ग्यारहवीं शताब्दी में नान्यभूपालरचित भरतभाष्यम् की रचना हुई, जिसमें जाति के विषद वर्णन के पश्चात् रागों का विस्तृत वर्णन है। स्वरों की विकृतावस्था का उल्लेख भी इस ग्रंथ से होता है।

गुप्त साम्राज्य की इतिश्री हो जाने के बाद भारत में अनेक स्वतंत्र राज्यों की स्थापना विभिन्न राजवंशों द्वारा हुई, जिनमें चालुक्यवंश के ख्याततंतामा एवं विद्वान शासक महाराज सोमेश्वर हुए हैं, जिन्होंने प्रसिद्ध विश्वज्ञान कोष, जिसे मानसोल्लास (अथवा अभिलषितार्थ चिंतामणी) कहते हैं की रचना की इसमें संगीत के लिए महत्त्वपूर्ण दो अध्याय हैं इस ग्रंथ को विशुद्ध हिन्दु संस्कृति का उपहार कहे, तो अत्युक्ति नहीं होगी। प्रबंधों का अत्यन्त विस्तृत वर्णन इस ग्रंथ में दिया गया है, जिससे राग के गायन में प्रबन्ध का कैसा रूप प्रयुक्त होता था, इसका भी ज्ञान होता है। प्रबंध के चार भाग उद्ग्राह ध्रुव, आदि सोमेश्वर के समय में थे यह मानसोल्लास में वर्णित प्रबंधों के रूपों को देखने से विदित होता है।

लगभग बारहवीं शताब्दी में रचित संगीत चूडामणि, कवि चक्रवर्ती राजा जगदेवकमल्ल के नाम से रचित खंडित अवस्था में था, जिसमें रागोत्पत्ति बताने के लिए उदाहरण स्वरूप राग दिए हैं: जैसे–

"उत्पत्तिमेषां वक्ष्यति स्वरजातिय(म) नन्तरं
सधनीधममागाग मप पासरि तातत:
रक्तगान्धारं (र:
रक्तगान्धार रागों यं मार्गरागस्तुकथ्यते
धधा पपापगागासगसगामप इत्यथौ(सौ)
मार्गराग(ग:)" (सं.चूडामणि)

प्रबन्ध प्रकरण में 101 प्रबन्ध तथा तालाध्याय में 101 प्रबन्ध तालों को सलक्षण बताते हुए तीन प्रकार की द्रुत, विलम्बित तथा मध्यलय बताई है।

बारहवीं शताब्दी तक आते आते संगीत का तथा उसमें प्रयुक्त होने वाले रागों तालों प्रबंधों का पर्याप्त विकास हो चुका था लगभग सभी ग्रंथकारों ने अपने समय के तथा प्राचीन समय के संगीत का निदर्शन करते हुए ग्रंथ की कुछ न कुछ विशेषता दी है। संगीत कला के इतिहास की दृष्टि से जयदेव कृत गीत गोविन्द अत्यन्त महत्त्वपूर्ण रचना है। इस ग्रंथ में जो गीत लिखे हैं उनके रागों तथा तालों को संक्षिप्त रूप से शास्त्रीय शब्दों में प्रकट किया गया है। ये पद तत्कालीन समय में प्रचलित प्रबन्ध का सर्वश्रेष्ठ उदाहरण है।

"नितािम्बिनी चुम्बित वक्त्र. पद्म: शुकद्युति: कुण्डलवान् किरिटी
संगीत शालां प्रविशन् प्रदोषे मालाधरो मालव रागराज:

तेरहवी शताब्दी के आरम्भ में संगीत के क्रियात्मक तथा शास्त्रीय रूप पर विस्तृत एवं महत्त्वपूर्ण ग्रंथ संगीत रत्नाकार शार्ङ्गदेव के द्वारा लिखा गया। शार्ङ्गदेव का संगीत रत्नाकर सर्वांगीण और विषय प्रतिपादन की दृष्टि से भारतीय संगीत का आकार ग्रंथ है। प्राचीन संगीत से लेकर शार्ङ्गदेव के समय तक की विस्तृत संगीत विवेचना तथा प्राचीन ग्रंथकारों के नामावली के साथ उनके संगीत सम्बन्धी विचार प्रस्तुत किए हैं। इस ग्रंथ की विषय वस्तु इतनी विस्तृत, और संगीत की दृष्टि से उपयोगी है, कि आज तक इस ग्रंथ के अध्ययन के बिना संगीत का शास्त्र एवं प्रायोगिक दोनों पक्ष पूर्ण नहीं हो सकते, इस ग्रंथ की कल्लिनाथ एवं सिंह भूपाल की टीकाओं से संगीत में हो रहे परिवर्तन को स्पष्ट रूप से जाना जा सकता है। लगभग शार्ङ्गदेव के समकालीन एक जैन आचार्य हुए है जिनके विषय में उनके संगीत समय सार नामक ग्रंथ से एवं सिंह भूपात्य कृत टीका से ज्ञात होता है। आलाप्ति ठायों का विस्तृत विवेचन इस ग्रंथ से होता है।

तेरहवीं शताब्दी के अंतिम समय तक संगीत पर इस्लाम का प्रभाव शुरू

हो गया था जिसके फलस्वरूप संगीत में परिवर्तन शुरू हो गया। संगीत दो धाराओं में बट गया, यद्यपि मध्यकाल में भी संगीत के संस्कृत के ग्रंथों की निर्मित होती रही। किन्तु उसके साथ अन्य भाषाओं में भी सृजनात्मक कार्य होता रहा। लगभग अठारहवीं शताब्दी तक हमें संगीत के संस्कृत ग्रंथ मिलते हैं, जो हमारी प्राचीन धरोहर को समृद्ध करने में महत्त्वपूर्ण हैं।

Dr. Sunanda Pathak

Asso. Professor, Mata Sundri College

University of Delhi.

AIR Artiste & Play Back Singer

MILITARY MUSIC — AN INSTRUMENT OF INSPIRATION

It is an absolute truth that these is no human being who has not been stirred by music – be it singing, playing musical instruments and even dancing to the sound created by taping of feet of a belle. It is, because, music is part of nature and the most appealing to emotions.

For Stone Age men, about 20,000 years ago, cracking of bones and stones created tunes which made their routine likely. In earlier times, man also copied birds – chirping or pinging. Church music of Christians, songs in Jewish synagogues and chanting of prayers and mantras in Hindu Temples are all indications of music being a part of human spirituality. Indian music started with the recitation of the Shlokas by the Vedic sages. It is well known that entire **Sama** Veda was transmitted through a series of musical notes. Sounds of music were used for meditation, and since a soldier's job, to engage in battle, also involved serious continued engagement, music became an essential part of a soldier's life.

Special music was developed for the soldiers marching to the battle field. While engaged in battle, it provided confidence to them. Nationalistic songs and martial music have been inspiring soldiers to martyrdom since centuries. The battle of Mahabharat commenced with the sound of a conch shell. Rana Pratap's fighting spirits, when adversities surrounded him in the Battle of Haldighati in June 1576, were rejuvenated by his court minstrels, who with their ballads, reminded him of the strengths of our culture of note giving up in difficulties. The charge of the Light brigade was lead by military drummers playing the brigade's song and the last soldier of the Brigade, continued fighting till the drummers continued playing the familiar tune. Similarly, nations have their anthems to motivate and inspire their citizens for national cause. Martial music was not only limited to the Army, it also become a part of social life. Heroic songs were sung by musicians who roamed about from village to village, entertaining, and telling people heroic deeds of their ancestors and *heros*.

Unique feature of military music was that it was developed to be song jointly by a body of men. It was almost **a bin** to an 'Aarti' song in an Hindu temple or a mass song in a Church. This lead to regiments of the Army to hake their own regimental songs. A regimental song, in essence, acts as a great mobilizes and excites soldiers to offer their best energies, including sacrificing their likes, in order to earn renown and glory for their regiment, the essential part of military music is motivation – thc most important asset for soldiers.

Music plays an important part in soldier's life as it energises in him boldness and reignites his assurances. To quote a few examples: A regiment of the Indian Army was put through a test of Marching 175 kms. The commanding officer of the regiment was, obviously, conscious of likely failures in the test. But soon a soldier amongst the marches, started singing the song – Bol Hari Bol Hari Bol Hari Bol and the entire column on the march picked up the tune quickly and marched on it successfully without a single soldier falling out. These was a 'Music Wing' in Netaji's Azad Hindi Force or (INA) who adopted inspiring songs such as 'KADAM KADAM BADHAYE JA, KHUSHI KE GEET GAYE JA' and 'VATAN KI RAAH MAIN VATAN KE NAUJAWAN SHAHEED HON'. Thousands of young students from Bangladesh, during the Bangladesh liberation was of 1971, marched on song : 'AMAR SONAR BANGLA AMI TUMHAKE BHALO BHASHI' I had the privilege on opportunity to participate in that war and I found it absolutely stirring listening to that form and the song, presently, was adopted as the national anthem of Bangladesh. My own regiment, the farmhouse 'RAJPUTANA RIFAL', has its own motivating regimental song: "RAJ RIF KE VEER HUM, KAAL KE BHI KAAL HAIN, KUDTE HAIN YUDH MAIN TO, KARTE BHOOMI LAL HAIN" I find spiritual strength in military music. It echoes sentiments which inspire soldiers towards sublime courage. and supreme sacrifice. It is a powerful mode of consolidating thousands efforts into one and attaining the assigned mission. Hence, music in the army is not for entertainment along; motivation through music is an equally powerful element. A soldier gains strength, courage and confidence by every tune of material music.

We are all familiar With brass and Pipe bands of the Indian Army as these bands perform every year on the 'Republic Day' and 'Beating the Retreat' function, which are almost like a fusible of military music. Military bands of various kinds have been used for thousands of years. In ancient times, bands and drums lead the attaching armies to battle. So long as the drums gave familiar sounds, army continued fighting. The modern kind of military bands have their origin in France and Germany in the year 1600. Britian adopted military bends from them in the year 1700. Indian Army in hesitated the system form the British Army.

Military Bands, as we know them today in the Indian Army, are of two types: 'Brass Bands' and 'Pipe Bands'. Brass Bands consist of a wide selection of Brass instruments. They are authorized and attached to regimental centers and headquarters and other static military units and often play in sit down position. These are generally used for ceremonial occasion. Some time they also play to entertain members of the public.

Similar in character to Brass Bands are Pipe Bands. Pipe Bands owe their origin to Scotland and Ireland. These generally consist of Bagpipers and Drums. Pipe Bands play marches for soldiers to march on their time. Pipe Bands are authorized and generally found with fighting units of the Indian army like the infantry Battalions. They accompany the battalion, where takes it goes, including the battle field.

Another musical instrument, which has been part of armies since many a century, is the bugle. It is a brass Wind instrument that plays only a small range of notes. Bugles were used, in earlier times, when these were no radio sets and telephones, to control movements of soldiers and pass orders on battle fields. Various notes, denoting different orders were used. Even today, bugles are used in daily routine of regiments like sounding 'reveille' - morning bugle call to woken soldiers and start the day and `retreat' – a signal for retirement to quarters. Bugles are also used on ceremonial occasions to sound arrival of dignitaries as also to sound 'Last Post' while paying homage to martyrs in wreath laying ceremonies.

There is also enough of people's music, songs and dances which spring from every day life of diverse India. These songs are varied in nature, since Indian soldiers hail from every nook and corner of the country. Same are to preserve the memory of local events or legends and this type have survived in the Army for centuries. Others are stories such as these pertaining to 'Rana Pratap', 'Jhansi Ki Rani' etc; Wedding songs, romantic songs of various communities and work songs linked to routine in the Army. These songs in the Army are generally sung Unaccompanied, but, sometimes are accompanied with music instruments like the 'Harmonium, 'Tabla', 'Sarangi' or soldiers own innovation, involving use of their daily use items. Hence, folk music and folk tunes are very common in military music and these is enormous interest to preserve tolk songs of the past and to create new oncs enshrined in customs and traditions in various areas to which the soldiers belong.

Hence, Army and the music are inseparably linked in an emotional relationship – a relationship which has inspired soldiers to unhesitatingly go to martyrdom. Military music has become a highly developed art and has become a motivational force for the soldiers.

By

-Lt Gen O.P. Kaushik,

PVSM, AVSM, VSM, M - in - D

(Former VC, Maharshi Dayanand University, Rohtak)

Aesthetical Elements in the Musical forms of Karnatak Music

Karnatak Music is a very rich system of music with inexhaustible possibilities in various aspects. Musical forms constitute one of these aspects and the compositions (Musical forms) are matchingly of a very rich Variety. One speciality of Karnatak Music is that it is one system of music that is closely attached to divinity and many saint composers have proved that music is a positive road to salvation. With its commitment to divinity all compositions in Karnatak Music are supposed to address God Almighty in some form or other, making Karnatak Music essentially sacred in nature. All composers big and small have addressed Lord Almighty in one of his thousands of names and forms in their compositions and end the composition with surrender to Him. In the ancient times this sort of devotional approach seems to have been the only concern of all composers and attention to nuances and niceties of classical music were nominal. The Tamil saints of those days (before 7th century A.D.) have poured out lots of composition which were sung by themselves and some others more as a source of appealing to the Almighty than as a sophisticated piece of music.

It took some centuries for music to emerge to a place of special notice and sophistication Jayadeva of the 12th Century gave the world a legacy of 24 widely popular compositions called Ashtapadis. These Ashtapadis with one opening line and 8 following verses (Ashta means eight and hence the name Ashtapadis) are celebrated even today as the first efforts ever towards a musical composition with traceable disciplines. The Ashtapadis were composed by Jayadeva of Orisaa and they are sung particularly in religious congregations almost throughout India, ofcouse, in various tunes understood and appreciated in various parts of the country. Any researcher on the topic of aesthetic appeal in musical compositions can safely start his work with an analysis of Ashtapadis.

As the case with most other compositions in Karnatak Music Ashtapadis too have lyrics with a link to divinity, describing the various activities of the celestial love episodes between Lord Krishna and Radha. Jayadeva seemed to have a bold departure from the convention that all musical composition should essentially be devotional in tone, but the puranic episodes of Lord Krishna are of a rich variety. It was an instance of Lord Maha Vishnu taking an incarnation in human beings. The mostly widely known of the nine Rasas the mostly widely known Rasa to human being is Sringara Rasa and the human incarnation of Lord Krishna too indulged in Sringara Rasa, maintaining, of course, His super human privileges here and there. Jayadeva's Ashtapadis have lyrics portraying the happenings between Lord Krishna and Radha and other Gopis which were basically romantic but they still maintain a trace of devotion, as per tradition in the filed of music compositions but their wide inter regional popularity can be linked to the fact that the lyrics of Ashtapadis mainly deal with the Romantic happenings between Lord Krishna and Radha and it is understood and enjoyed by common man though it is in unfamiliar Sanskrit language Jayadeva has succeeded in maintaining a standard of aesthetics even while dealing with intensively romantic happenings between the divine pair without sounding obscene. Starting with. Ashtapadis, musical compositions emerged from successive composers and the next stage was reached by Saint Purandara Dasa of 15th Century and his compatriates collectively called Dasakootas. There seems to have been a gap of a century or two after Jayadeva and Purandara Dasa made a name as a popular composer only in the 16th Century. Another popular composer from Andhra Pradesh who preceded Purandara Dasa lived in 14th Century but his compositions were unearthed and brought to light only in the 20th Century Purandara Dasa and his compeers stuck to the tradition that music compositions should be essentially devotional. Compositions of Annamacharya were also soaked in devotion to Lord Venkateswara, though there are portions here and there depicting the romantic happenings between Lord Venkateswara and the Goddess Alarmelmanga.

The awareness for classical music has been rather low in earlier centuries and it emerged slowly only by the time of Purandara Dasa to grow to great heights during the subsequent centuries. There should be a minimum level of awareness for classicism for aesthetics of arts to flourish. Purandara Dasa is called Sangeeta Pitaamaha because he seems to have realized the greatness of Karnatak Music and he is credited with the great task of discovering fundamental lessons in classical music starting from Sarali Varisai and proceeding to Janta Varisai Alankaaram, gitam etc. Gitams sound like too elementary in knowledge of music today which has since grown towards varnams and kritis which became prominent by the time of musical Trinity Tyagraja, Muthuswamy Dikshitar and Syama Sastry by whose time musical compositions had reached a high level of sophistication achieved because of aesthetic appeal in them. At a sophisticated level any work of art learns to obey a certain rules of grammar and this level had not been reached during the days of Purandara Dasa, though his compositions gained wide popularity through congregational singing. Group singing enjoys freedom in grammar that can be highlighted only in individual presentation.

We have thus arrived to a stage where compositions of Karnatak Music have gained a recognition not found hither to. Classic musical compositions from this time onwards began to be composed under regulations of grammar and aesthetics. Awareness for aesthetic sophistication in rhyme and rhythm which was rather too low in the earlier centuries has reached a substantial level after the 17th Century. Early Tamil composers like Tirugnana Sambandar did have some awareness for rhyme and rhythm but is was not comprehended by the common man and in this respect the situation had improved a lot from 17th Century by which time the common man's familiarity with niceties had improved remarkably. One most important requirement for classical compositions came to be dvitiyaakshara Prasa which stipulates that the second letter in Pallavi and Anupallavi of a song should rhyme. The concept of Pallavi, Anupallavi and charanam had itself become prominent only during the days of the Trinity and music compositions of the earlier centuries were sung only in a congregations where strict rules were not cared for. The construction of a composition with Pallavi

Anupallavi and charanam has come to stay till today. But there have been days when many composers went on to compose multi charanams after a line or two of Pallavi. This might have been an inspiration from the Jayadeva's Ashtapadis which are hailed as first attempts in any musical composition.

Any discussion in Karnatak Music cannot sustain without a detailed study of the compositions of the Trinity which have become the role model for Karnatak Music today. The environment during the days of the Trinity was one in which appreciation for any good attempt in arts was available readily. After various levels of public recognition the status of Karnatak Music can be said to have reached a new high during the period of the Trinity. The Kriti format which underwent many changes got consolidated only during the Trinity age. Before this period it was all keertana and devotional singing and only from this period serious attention to music compositions began to be given. Scholars identified the Pallavi Anupallavi Charana format for a song of serious classical music which also began to be governed by aesthetic rules and every composition of the Trinity bore accommodation to gramatic conventions under which Kritis of Karnatak Music began to be heard and appreciated. Songs in Karnatak Music were no longer mere verses set to music by different singers in their own ways but were of a fixed format intended by the composer himself. Many beautifications to musical compositions came into practice. More prominent among the beautifications were dvityaakshara Praasam , Anuprasam, Yatis, Raga mudra, Madhya-makala Sahityam etc. Tyagaraja further enriched his compositions with scope for sangatis which beautified the compositions with rich variety. Tyagaraja's mother tongue was Telugu but he lived all his life in the heart of Tamilnadu and his language naturally was influenced by Tamil Language that reigned supreme everywhere around him. There are quite a few instances of Tamilised Telugu in Tyagaraja's compositions. For example in the Kriti Venu Gaana loluni in Kedaragaula he has said " Drishti Chuttiveyuchu" which is mentioned in Andhra Pradesh as "Drishti Teeyinchadam" and "Sutti Podaradu" in Tamil Language. Influenced by this experience Tyagaraja has used "chutti" (Sutti) veyuchu "sounding rather outlandish for native Andhras.

But the popularity of Tyagaraja's compositions was so extensive that even people of Tamilnadu came to think that classical songs should be only in Telugu and not in Tamil. For a long time songs in Tamil Language were considered fit only for light and lighter classical music and Tamil songs were sung only towards the post Pallavi end of music concerts. The Tamil enthusiasts made many efforts like starting a movement of Tamil Isai Sangam and their efforts bore some fruit and classical compositions in Tamil were saved from total negligence. Muthuswamy Dikshitar had no such problems because he chose Sanskrit as the media franca but his compositions did not get the ready response like Tyagaraja's songs in Telugu which was a spoken language but Sanskrit as the queen among languages had an immediate spark of scholarliness and Dikshitar's kritis commanded a respect and popularity of their own. Dikshitar was a past master in enriching his kritis with a scholarliness that was natural to Sanskrit. Beautifications like Prasa, Anupraasa, yati and astonishing methods of including Raga Mudra abound in Dikshitar kritis which deserve a special mention worthy of some discussion at this juncture. In the famous Sankarabharana Kriti "Akshaya linga Vibho" Dikshitar has worked wonders using the letter "Ksha" in astonishing anuprasa

Daksha Sikshana Dakshatara Sura
Lakshana Vidhi Vilakshana Lakshya
Lakshana Bahu Visakshana Sudha
Bhakshana Guru Kataaksha Veekshana

engaging the Sanskrit letter "Ksha" in repeated anuprasams is a marvelous achievement that is bound to impress and surprise the commoner and scholar alike. Saint Tyagaraja has also attempted a similar feat in his Kriti "Lakshanamulugala" in Suddha Saveri exploiting the beauty of the same letter "ksha" Dikshitar has reached great aesthetic heights in the Madhyama Kala Portion of his Kriti "Narasimha Aagachcha" in Mohanam where the letter "Ra" occurs in everyword. Effective rendering of this portion with the sounds of the letter "Ra" in plenty creates a picture of the ferocious anger of Lord Narasimha. Dikshitar has done the marvel of creating a dramatic scene Lord Narasimha taking out the life of the Asura Hiranya kasipu.

Dikshitar has worked wonders in the art of introducing Raga mudra also. It is an art of introducing the name of a raga in the lyrics of the song. Introducing the names of ragas like Kalyani, Mohana etc is comparatively easy but Dikshitar has achieved the marvel of introducing names of Ragas Like "Navaroj" which sounds like a word in urdu language and not Sanskrit. But Dikshitar has worked wonders in the song Hastivadanaaya in the madhyamakala portion with the wording guruguha samaana varojase (guruguha samaana varojase). Such a magic is possible only in Sanskrit and only for a master composer like Muthuswamy Dikshitar. These are only a few examples of the master strokes of Muthuswamy Dikshitar whose compositions are learnt, sung and taught with great respect right from the day they were composed.

There is one more ornamentation that has come to stay with Karnatak Music compositions i.e " yamakam" which is the technique of using words or phrases with more than one meaning in quick succession. Spoken languages like Telugu give more opportunities for usage of yamakams but Dikshitar has used yamakam in Sanskrit also as in the phrase Daksha Sikshana Daksha Tyagaraja too has reveled in yamakam in songs like "saketa niketana" where the part of the word 'sake' is used in brilliant yamakam as saketa niketana saake nanaleda. Similarly, he has used the combination "raaka" throughout the charanam.

Another Ornamentation noticeable in Dikshitar's Kritis is the two yatis Gopuchcha and Srotovaaha. A classical example is seen in the famous Ananda Bhairavi Kriti " Tyagaraja yoga Vaibhavam" where the Pallavi is rounded off with the formation of words like Tyagaraja yoga vaibhavam in the gopuchcha order.

Tyagaraja yoga vaibhavam.

Agaraja yoga vaibhavam

Raja yoga vaibhavam

Yoga vaibhavam

Vaibhavam

Bhavam

Vam

The converse process called srothovaaha yati is seen in the last phrase of the Kriti as

sam

Prakasam

Svaroopa Prakasam

Tatwa svaroopa prakasam

Sakala Tatwa svaroopa prakasam

Shivasaktyadi sakala tatwa svaroopa Prakasam.

Dikshitar also revelled in Madhyamakaala Sahitya while Tyagaraja is credited as inventor of Sangatis which are provisions for incorporating the creative ability of an artiste by exhibiting varieties in one and the same line of music. The Sangatis sometimes help to enhance the lyrical appeal in the song. The resourcefulness of saint Tyagaraja is also seen in the rich variety of tempos in which his compositions lend themselves to be presented. The third Trinitarian Syama Sastry's speciality lies in his creating a new status to svarajatis. His Bhairavi Svarajatis has eight charanas each of them successively starting from the notes SRGMPDNS. Syama Sastry also seems to have had a rich imagination in rhythmic aspects. He is said to have been the father of Viloma Chapu which is a converse of Misra Chapu in which seven rhythmic units are arranged as 3+4. In viloma chapu the rhythmic arrangement is 4+3 which calls for extra command over laya in the performer.

The musical Trinity has thus established their supermacy as composers with a richness of appeal titillating the sensations of listeners, either literate or lay. The aesthetic elements sampled above were a feast to well informed listeners while the commoners too were carried away by the general musical excellence of the compositions. The Trinity inspired subsequent generations of composers like Patnam Subramanya Iyer, Ramnad Srinivasa Iyengar, Maha Vaidyanatha Iyer and the like. Saint Tyagaraja's influence traversed through generations to inspire Papanasam Sivan, the most famous Tamil Composer of 20th Century. He followed Tyagaraja's style in most of his compositions and has experimented novelties too in Kritis like " Kaa vaa vaa" Marugavava, shanmuga va va in the famous Kriti in Varaali. Another brilliant descendent was Mysore Vasudevachar who was so much influenced by Tyagaraja that he composed songs in chaste Telugu in preference to his mother tongue Kannada. Other shining examples of this genre have been Patnam Subramanya Iyer and Poochi Sriivasa Iyengar who chose to compose many kritis in Telugu and not even a single one in their mother tongue Tamil.

The Kriti format got consolidated during the Trinity era and it was nurtured and nourished by brilliant composers of subsequent generation. Apart from Kritis many other forms of music emerged during the Trinity era and the varieties are still growing. Varnams, Jaavalis & Tillanas were the other major forms that gained popularity. Varnams are supposed to bc composed mainly for highlighting the raga bhava. The composers of 19th Century carried this mission rather too far and composed varnams that aimed to nurture the raga bhava at the cost of all other aspects of aesthetic appeal. Varnams have sahitya and svara portions, the latter intended to serve us models for singing Kalpana svaras. Many composers of those days have ventured composing varnams in Telugu inspite of their poor command over the language. The patterning of varnam singing was itself one of total neglect to lyrical aspects and such tradition of varnam singing has been handed down through generations to survive till 21st century. As if to give a regenuiation to varnams some highly creative composers like Lalqudi Jayaraman, Balamurali Krishna and T.R.Subramanyam of 20th Century have composed Varnams with due clarity of lyrics and high creativity in svarams. The Varnam composers of yester years made it a habit to utilize romantic verbiage like jaavalis in varnams but the total disregard for sahityam while composing or singing varnams was such that the prevalence of romance in the wordings of the varnams went unnoticed and the situation with concurrent varnams is far better because the modern composers did not follow the practice of highlighting the Sringara Rasa in the lyrics of Varnams. One great improvement brought about by 20th Century Varnam composers is that the pattern of singing varnams gives due deference to lyrical effects which were not totally sringara oriented but were in praise of some godhead or other, in keeping with the general practice in any Karnatak composition. The svara portions in the varnams of 20th century composers can be said to be sparkling with intelligence compared to the pedestrian style of composers of yester years. Modern Varnam composers had the courage and intelligence to take up varnams even in Hindusthani ragas like Dvijavanti Hamirkalyani, Brindavana Saranga, Behag etc. In short varnams which emerged as classical pieces intended for the learners in the previous centuries have now become items of great aesthetic pleasure both to the singers and listeners. Varnams can thus be called to have entered a new lease of life in 20th century with versatility in appeal.

Another variety of compositions which has reached newer heights of excellence from the 20th Century is the Tillana. It is again the same Lalqudi Jayaraman who has composed Tillanas bristling with creative intelligence not to be seen in Tillanas of the earlier century. Hereto Lalqudi Jayaraman has explored the beauty and aesthetics of north Indian Ragas like Desh, Bagesri Mand etc. Tillanas are supposed to employ Mridangam solfas which are intended for highlighting rhythmic excellence. Composing lilting music with mridangam solfas is a great gift given to geniuses like Lalqudi Jayaraman who has had no equal for some centuries until today. Exercises in laya had always been considered on area of strife and rivalry and earlier musicians were always hesitant to go deeper into the sphere of laya, afraid of loosing melodic richness. Celebrated laya experts like Kanjivaram Nayana Pillai wasa terror not only for vocalists but also for mridangists and the laya expertise of those days was more a show of terror than aesthetic joy. From such a scene the Tillanas of Lalqudi Jayaraman have emerged as meteors in melodic beauty, combining rhythmic intricacies with the rich melody that has become an aesthetic joy not experienced so far.

Jaavalis and Padams are two more types of compositions that have come into active vogue from the 18th Century. Kshetrajna of Andhra Pradesh is known as father of Padams which are compositions soaked in Sringara Rasa in appropriate slow tempo, making them the favourite choices in dance concerts. In Sringara rasa mention has been made in ancient texts that composers can deal with Gaurava Sringara and Pachchi Sringara.

The latter is the depiction of romantic adventures rather too openly, bordering on obscenity and Gaurava Sringara is the narration of romantic happenings in a language of restraint with appeal to the taste of learned and commoner. Kshetrajna Padams were widely sung in Tamilnadu also though they were in Telugu. The undesirable effects of obscene portion of the lyrics were luckily not understood by the Tamilian audience and thus Padams can straight away be closed as compositions not intended for aesthetic joy but for kindling raw instincts though the Veena Dhanam school was maintaining an appreciable level of Ragabhaava and melodic nuances in their rendition of Padams.

Jaavalis are miniature versions of Padams with the same type of romantic lyric rendered in faster and catchy tempo. Because of the ever popular sringara rasa involved in them, many composers with limited knowledge of Telugu wrote Jaavalis that were acceptable to the commoner because of the rhythmic lilt and catchiness of lyric. Jaavalis proved a welcome relief from the seriousness of classicism in kritis and they provided a welcome titillation to the minds of lay listeners because of their dwelling upon the mundane happenings between the man and woman in moods of love, anger and surrender.

Karnatak Music is an oceanic subject with endless possibilities and it gives room to inexhaustibly rich varieties of compositions evoking various rasas. Though Bhakti rasa is considered inseparable with Indian music the aesthetic joy provided to performers and listeners is something unique that is not to be found in the music of most countries of the world. A unique distinction of Indian music, particularly Karnatak Music is the branch called Manodharma Sangita which is distinctly different from the music in the varieties of compositions discussed so far. All compositions emanate from the imagination of a composer to whom all performers show their regard by performing the compositions as originally intended by the composer, singing all the compositions is mainly the reproduction of the creativity of the composer. Performers are not denied the privilege of presenting music of their own creation called collectively as Manodharma Sangita. There are varieties in Manodharma Sangeeta also, the more prominent headings being Raga alapana, Kalpana savara, Niraval, Tanam and Pallavis . No other system of music in this world provides such a rich variety of exhibiting individual creativity. Raga alapana is traversing the possibilities in a raga within limits of grammatical rules. Ragaalapana has no lyric and it can therefore be called a sort of absolute music built on combination of sounds emerging from the creativity of the performer, this great conception of raga alapana called alap in Hindusthani music is a unique feature in Indian music not to be found elsewhere in the world. An expert alapana singer can evoke moods in the listeners with his alapana without lyrics. Alapana is the art of traversing the notes grammatically fixed for the raga and some ragas offered immense possibilities of alapana. Karnatak Music history includes the names of Sankarabharanam Narasayya, Todi Sitaramayya, Narayanagaula Kuppaiyaar etc. These vidwans specialized in the alapana of respective ragas without any assistance of melodic or rhymic instruments so much that they were famous for singing alapana of those ragas for days on end. The combination of notes and the possibilities in every raga is supposed to evoke one of the nine rasas. Effective alapanas in ragas like Mukhari associated with pathos have brought tears in the eyes of the listeners. Raga alapana occupied a special place not only music platforms but also in drama theatres. Famous drama actors like late S.G. Kittapa were very famous in creating various moods among the listeners though neither the singer nor the listeners had any deep knowledge of classical music. Many senior musicians approach raga alapana as if they were starting a penance and this sort of forgetting one self in the practice of an art form was called "Naada yoga" which was reaching state of mind above enjoyment of aesthetic pleasure. Saints like Tyagaraja and Purandara Dasa have proved that practice of Naadayoga can lead the human souls to ultimate salvation and this is again a situation existent only in Indian music and nowhere else in this world.

All branches of Manodharma Sangitam cannot be said to have the sacred effect of raga alapana.

Effective raga alapana is a level of experience that is not acquired by formal learning. Great authors of musicological works have spoken high about vaadi-samvaadi effect of enhancing harmony. An effective alapana should naturally exploit the consonant pairs of notes prescribed for a raga and a basically sweet and pleasant voice is essential for an elevating raga alapana. That there is divinity in Indian music is proved by the fact that there have been many famous raga alapana experts without technical knowledge of the grammar of the raga. Great vocalists like Madurai Pushpavanam and naga-svaram artiste like Rajaratnam Pillai were able to do mesmerizing alapana though their grammatical knowledge was not sound.

All branches of Manodharma Sangitam cannot be said to have the sacred effect of Raagalapna. Taanam for instance, is raga alapana with an under current of rhythm, it can create an enthusiastic listening but not the chastening effect of great alapana. Taanam is an art of weaving musical phrases with rhythmic effect and all human beings lend to react to rhythm more readily than to melody and taanam has thus come to stay as an important branch of Manodharma Sangeeta. Combining rhythmic effect with melody is a great art that again is a gift of God that is not achieved by formal learning. Books mention different varieties of taanam and ghanam is a type of taanam using a voice production possible only with highly gifted voices. A few specialists in that type of singing have been given titles like ghanam Krishna Aiyar and ghanam Seenayya. The former was also a famous composer of Padams in Tamil. Among the instruments Veena is found fittest for effective play of taanam and this is mainly because of the facility provided in that instrument for showing rhythm prominently. Raagalapna has absolutely no lyric and it uses only a few syllables like Ta, da, ri, na and it relies mainly upon effective voice production and creativity in presentation. Taanam makes use of more syllables again meaningless, like taa nam, tahanam, nomta , dhimta etc. Viruttam singing is a sort of alapana made of meaningful lyric though not with talam. If the lyrics are in Tamil it is known as virutham singing , if the lyrics are in Sanskrit it is called slokam singing and Padhyam singing if in Telugu. The lyrics help to heighten the mood in presentation and the effect will be great if the performer has thorough knowledge of the language.

The peak point in Manodharma Sangita is the art of Pallavi singing. Pallavis are short pieces of lyrics arranged in a rhythmic pattern different from that of a Kriti. Pallavis in the earlier centuries were used mainly as weapons to terrorize the accompanists and there are lot of anecdotes highlighting this situation. Like varnams and Tillanas, Pallavis too acquired a new artiste's status in the renderings of legends of 20th Century Lalqudi Jayaraman and T.R. Subramanyam. The Pallavis of yester years were composed with the main object of making it difficult for accompanists to follow and aesthetic appeal was forgotten. There was thus a time when audiences took time off to go to the canteen during the Pallavi Phase of the concert and this made Pallavi singing itself a forgotten art. The situation has since improved, thanks to the few Pallavi maestros of 20th Century Late Madurai Mani Iyer made a big name for singing Kalpana Svaras and he made Pallavis attractive with a splash of Kalpana svaras in various ragas. The quality of the Pallavis composed in 20th century improved mainly because of the spread of knowledge in musicology and the consequent use of techniques like employment of the yatis and tactful employment of mridangam patterns. During Mahavaidyanatha Iyers days when the Karnatak Music concert format can be said to have been consolidated, Ragam-Tanam- Pallavi occupied the pride of place consuming about two hours of the total duration of about five hours. In the biography of Mahavaidyantha Aiyar many Pallavis rendered by him in his concerts have been listed. The lyrics of the Pallavi occupy one full page in a printed book. The audience of 21st Century don't have the patience to sit for five hours which was the normal concert duration in those days. In the early 20th century the profession of a musician was respected by people and music concerts were conducted in large numbers. The concert format was attractively modernized by Ariyakkudi Ramanuja Iyengar who made it a habit to sing a large number of compositions in rich variety with an apology of allotment of time for Ragan – Tanam- Pallavi also. Even this shortened versions of Ragam-Tanam – Pallavi was slowly losing importance and there were some decades in latter 20th Century when music concerts without Pallavi was common. Certain well meaning sabhas and organizations like sruti music magazine got awakened to the worsening situation and sponsored exclusive Ragam –Tanam – Pallavi concerts to remind people about the listening pleasure of Pallavis. The situation improved gradually and Pallavis got included in most concerts of 21st Century. Pallavis by maestros of 21st Century are no longer riddled with terrorizing rhythmic exercises as before and they are items enjoyable to the common man with aesthetic renderings of intelligible lyrics and intelligent technical nuances. Pallavis with appeallings lyrics related to specific occasions and personalities are in vogue today much to the satisfaction of all levels of audiences. Popular artistes are using Hindusthani ragas to attract wider attention and Pallavi singing is steadily progressing towards its original place of pride.

"Niraval" which is called "Bol Alap" in Hindusthani music was similarly in a pitiable condition in the 19th and early 20th Century because most of the leading musicians had no knowledge of Telugu in which language Tyagaraja's Kritis were in wide usage. Level of education among musicians has since improved and Niraval in kritis and Pallavis have begun to be aesthetically satisfying. Kalpana svaras are another branch of Manodharma Sangeetam which profoundly exists only in Karnatak Music. Kalpana svaras were also intended only for heightening Ragabhaava in the earlier decades and intelligent and aesthetic sensitivity was introduced in Kalpana svaras since advent of a B.A.(Hons) musician Late G.N. Balasubrmaniam who shot up to fame in the middle of 20th Century. Dr. M. Balamuralikrishna, Lalqudi Jayaraman and T.R. Subramanyam were leading lights in Kalapana svaras sparkling with intelligence. Kalpana svaras can also be said to have reached great heights of receptivity and appeal in the 21st Century and the situation continues to improve. Kalpana svaras of the earlier centuries were supposed to be concerned more with Raga Bhaava and a group of Vidwans who branded themselves as laya experts specialized in arithmetical involvements while delivering Kalpana svaras during which climax they cared very little for grammar or Raga Bhaava and were concerned only with arithmetical correctness with landing into the chosen musical phrase. Even composers of varnams were guilty of total negligence to lyrics and aesthetics handling of Raga Bhaava. Intelligence is linked with spectacular landing of Kalpana svaras got introduced only after middle of 20th Century and that healthy trend is continuing.

One great advantage in 21st Century is that majority of the students of music are well up in education and a good number of teachers too are matchingly literate. This situation was pitiably absent in yester years and teaching and learning of music were based entirely upon customs and habit under the glorious name **Sampradaaya.** Intelligent thinking has been introduced in Karnatak Music only after middle of 20th Century and the situation has reached a happy optimum level today. It is indeed a fact that Almighty cannot be realized entirely through intelligence and Indian thinking is convinced that music is a divine subject and should be approached as **"Naadopaasana"** Scientific and technological advancement depends entirely on intelligence and music exists in these circumstances in an approach of multiple levels. Link with divinity has been too deeply imbibed in Indian music and it is bound to be rewarded with divine blessings in all times to come.

Prof. Radha Venkatachalam
Faculty of Music & Fine Art
Delhi University
Delhi

हरियाणा का लोकसंगीत

मनुष्य के लिए तन की पुष्टि एवं मन की तुष्टि दोनों ही अनिवार्य हैं। मन, तन पर शासन करता है, अतः इसका उत्फुल्ल एवं स्वस्थ रहना और भी आवश्यक है। शरीर की मजबूती के लिए जितना महत्त्व पौष्टिक आहार का है, उतना ही महत्त्व मन की प्रसन्नता के लिए मनोरंजन का भी है। वस्तुतः मनुष्य की मनोरंजनात्मक वृत्ति ही उसे पशु से अलगाती है।

मनुष्य की इस सहज एवं स्वाभाविक प्रवृत्ति को रेखांकित करते हुए श्री रामवृक्ष बेनीपुरी ने लिखा है कि "जब मनुष्य के पेट में भूख खांव-खांव कर रही थी, तब भी उसकी आँखें गुलाब पर टंगी थीं, टंकी थीं। उसका प्रथम संगीत निकला जब उसकी कामिनियाँ गेहूँ को ऊखल और चक्की में कूट-पीस रही थीं। पशुओं को मारकर-खाकर ही वह तृप्त नहीं हुआ, उसकी खाल का बनाया ढोल और उसके सींग की बनाई तुरही। मछली मारने के लिए जब वह अपनी नाव में पतवार का पंख लगाकर उसे जल पर उड़ाए जा रहा था, तब उसके छप-छप में उसने ताल पाई, तराने छेड़े, बांस से उसने लाठी ही नहीं, बाँसुरी भी बनाई।"[1] इस कथन से सिद्ध होता है कि संगीत अनादिकाल से ही मानव-जीवन का अभिन्नांग रहा है।

परिभाषा–संगीत के विविध आयामों पर दृष्टिपात करने से पहले इस के स्वरूप को जान लेना नितान्त आवश्यक है। संगीत रत्नाकर में कहा गया है-गीतं वाद्यं तथा नृत्यं त्रयं संगीतमुच्यते[2] अर्थात् गीत, वाद्य तथा नृत्य के मंजुल मेल को संगीत कहते हैं।

डॉ. शरच्चन्द्र परांजये ने भी प्रकारान्तर से संगीत की ही परिभाषा दी है। उनका कहना है कि 'संगीत एक त्रिवेणी है, जिसमें गीत, वाद्य तथा नृत्य तीनों सरिताओं का मधुर संगम है।'[3]

संस्कृत के प्राचीन ग्रंथों के अनुसार जो सम्यक् प्रकार से अर्थात् स्वर, ताल, शुद्धाचरण एवं शुद्ध भावमुद्राओं सहित गाया जाए वही संगीत है। शास्त्र की उक्ति है-'सम्यक् प्रकारेण यद् गीयते तत्संगीतम्।'

संगीताचार्य राम अवतार वीर की मान्यता है कि संगीत विभिन्न ध्वनियों को मिलाने वाली वह कला है, जिसके द्वारा मनोभावों के प्रदर्शन में रोचकता, माधुर्य एवं सुन्दरता आती है। संगीत की परिभाषा केवल मानवीय गायन तक ही सीमित नहीं वरन् इसके अन्तर्गत पशुओं की विविध बोलियाँ, पक्षियों की चहचहाट तथा वायु की सनसनाहट आदि भी सम्मिलित की जाती है। इसके द्वारा मानव तथा पशु-पक्षियों की विभिन्न बोलियों के अतिरिक्त किसी प्रदेश के प्राकृतिक वातावरण की मनोरम छटा का भी प्रतिबिम्ब दिखाई देता है।[4]

संगीत के मर्मज्ञ श्री कृष्णचन्द्र शर्मा के मतानुसार 'संगीत प्रकृति के झरनों व पहाड़ों का उल्लास, नदियों के कल-कल बहते पानी का यौवन, पक्षियों की चहचाहट और अपने वक्ष को काटकर मैदानों को उपजाऊ मिट्टी बाँटने वाली घाटियों का विरह तथा जीवन के रेगिस्तान में अपने सूनेपन को प्रेयसी या ईश्वर के दीदार से भरने की खोज में अमरत्व की तलाश करते हुए मानव, बांसुरी, बीन, वीणा और सारंगी के सुरों का आलम है।[5]

श्री अरविन्द की दृष्टि में संगीत मूलतः एक आध्यात्मिक कला है और यह सदैव धार्मिक भावनाओं तथा आन्तरिक जीवन से जुड़ी रही है। इसे स्पष्ट करते हुए उन्होंने लिखा है :

In fact, there is no other art except music which can particularise so well this mystic feeling of identity of self with devine, the reason being the suppleness liveliness of the medium of music, the sound. Religious thinkers discovered the potentiality of sound, they made use of it to express their relation to God.[6]

वस्तुतः संगीत ईश्वर-भक्ति तथा मोक्ष-प्राप्ति का सुगम साधन है।[7] इसमें भारतीय संस्कृति के तीनों शाश्वत मूल्य - 'सत्यं, शिवं, सुन्दरम्' अन्तर्निहित है। अतः उसे मानव की मुक्ति-गाथा का प्रथम प्रणव कहा जा सकता है।

संगीत का महत्त्व–भारत के प्राचीन शास्त्रों में ठीक ही कहा गया है–'गानात् परतरं न हि' अर्थात् संगीत से बढ़कर कुछ नहीं।[8] भारतीय संगीतकला अपनी प्राणवत्ता और रसमयता के लिए विश्व में विख्यात है। इसकी शक्ति विलक्षण है। दीपक राग से बुझे हुए दीपकों में बिना प्रयत्न प्रकाश भर देना, मेघराग से बरसात का दृश्य उपस्थित करना, अपनी स्वर-लहरी से समस्त जड़चेतन को वशीभूत कर लेना संगीत की ही शक्ति है। विक्षिप्त मस्तिष्क भी उससे सुख और शान्ति पाता हैं अपनी इच्छानुसार देवी-देवताओं को अपने निकट बुला लेना संगीत की ही शक्ति का परिणाम

है। प्राचीन युग में सामगीतों की स्वर-लहरी ऐसा करने में समर्थ रही है।[9]

कहा जाता है कि संसार का सर्जन भी संगीत से हुआ है और इसका संहार भी संगीत से होगा। सृष्टि का कोई ऐसा कोना नहीं, जहाँ इस का माधुर्य न बिखरा हो। वस्तुतः सृष्टि के कण-कण में संगीत के स्वर व्याप्त हैं। यहाँ तक कि पशु-पक्षी एवं जीव-जन्तु भी संगीत के प्रभाव से मन्त्रमुग्ध से हो जाते हैं। देव-दानव, यक्ष-गन्धर्व सभी तो संगीत का आनन्द लेते रहे हैं। शिव-शंकर का डमरू, नारद का इकतारा, विद्या की अधिष्ठात्री मां सरस्वती की वीणा, गीता के गायक भगवान कृष्ण की बाँसुरी, इस तथ्य के परिचायक है।[10]

भर्तृहरि ने साहित्य, संगीत और कला से विहीन मनुष्य को बिना पूँछ और सींगों का साक्षात् पशु माना है।[11] सुप्रसिद्ध दार्शनिक डॉ. राधाकृष्णन के अनुसार संगीत किसी भी संस्कृति एवं सभ्यता की आत्मा है।[12] सुसंस्कृत व्यक्ति के रूप में संगीत की कुछ दीक्षा लेना परम आवश्यक है। संगीत केवल जनमानस का रंजक ही नहीं अपितु मनुष्य की सुख-दुःखात्मक भावोंमियों के प्रकटीकरण एवं प्रेषणीयता का सशक्त साधन है।13

डॉ. राजेन्द्र प्रसाद ने संगीत के महत्त्व को रेखांकित करते हुए लिखा है कि 'संगीत, नाटक और नृत्य तीनों मिली-जुली कलाएँ हैं। संगीत का आरम्भ आदिकाल से ही है। सामवेद संगीत का भण्डार है। जिस प्रकार इस कला की उन्नति हमारे पूर्वजों ने की है, वह आज भी एक अद्‌भुत चीज है। राग-रागनी का आविष्कार, समय के साथ उनका सम्बन्ध और हृदय पर प्रभाव डालने की शक्ति का अनुभव वह भी कर सकता है, जिसको संगीत-शास्त्र का कोई ज्ञान नहीं है। संगीत में भी सभी प्रकार के रस पाए जाते हैं और कलाकार का श्रेय इसी में है कि जिस भाव या रस का वह संचार करना चाहता है, सुनने वाले के हृदय में उसका संचार कर दे।"[14]

भारतीय संस्कृति में संगीत को आत्म-शुद्धि का सर्वोत्तम साधन माना गया है। संगीत-कला ने विभिन्न धर्मों की गायकी तथा साहित्य को आत्मसात् किया है। इसीलिए भारतीय मनीषियों ने संगीत को आत्मा की आन्तरिक अनुभूति की सहज अभिव्यक्ति मानकर 'अध्यात्म विद्या' या मुक्ति-मार्ग की संज्ञा दी है।[15]

वस्तुतः संगीत-कला तथा आत्मा एक-दूसरे में प्रतिबिम्बित होते हैं। संगीतकला का मुख्य लक्ष्य जनरंजन ही नहीं, भव-रंजन करना भी है, जो

सांसारिक क्रिया-कलापों से निर्लिप्त परमात्मा से तादात्म्य कराता है। संगीतकला मोक्षदायिनी पवित्र गंगा की शीतल धारा के समान है जो मनुष्य के तन और मन को निर्मल कर देती है।

संगीत का उद्‌भव-निस्सन्देह संगीत का जन्म सृष्टि के साथ ही हुआ होगा। रिमझिम-रिमझिम बरसती बरखा, झर-झर गाते झरने, कल-कल निनादिनी सरिताएँ, पंचम स्वर में मधुर आलाप भरती कोयल, नृत्य में मग्न पीहू-पीहू करते मोर, वेदपाठी वटुकों की भाँति संवेत् स्वर में गूंजती दादुर-धुनि, गुनगुनाते भंवरे, चटकती कलियाँ, सनसनाती वायु आदि सभी प्राकृतिक उपादान ही तो संगीत के मूल स्रोत हैं। परन्तु संगीत की उत्पत्ति को निश्चयपूर्वक चिह्नित कर पाना असम्भव है।

किसी भी कला के उत्स की जानकारी हमें वेदों से ही मिलती है, क्योंकि लिखित रूप में हमारे ज्ञान के प्रमाणिक-स्रोत वेद ही हैं। पर इसका अर्थ यह कदाचित् नहीं कि वेदों से पूर्व वह कला थी ही नहीं। वैदिक काल से पूर्व आदिम जातियों में गीत, संगीत एवं नृत्य का प्रचुर प्रचलन था। प्रेम, श्रम, युद्ध, अन्तेष्टि, ईश्वर-भक्ति एवं जीवन के नाना क्रिया-कलापों तथा लोकोत्सवों से सम्बद्ध विविध गीतों में तत्कालीन संस्कृति का ताना-बाना बुना हुआ था।16 कालान्तर में इसी सुदृढ़ पृष्ठभूमि पर वैदिक संस्कृति का उदय हुआ तथा लोकप्रचलित गीत-संगीत का परिष्कार करके वैदिक ऋषियों ने उन्हें वेद-मन्त्रों के रूप में सहेज लिया।

चारों वेद छन्दोबद्ध श्लोकों में लिखे गए हैं। इन श्लोकों को संगीतात्मक स्वर-लहरियों में गाया जाता था। वैदिक ऋषि, विद्वान तथा संन्यासी गा-गाकर उनका उच्चारण किया करते थे क्योंकि उनकी रचना संगीत के आधार पर हुई थी।17

इतिहास साक्षी है कि वैदिक संस्कृति में संगीत का महत्त्वपूर्ण स्थान था। ऋग्वेद में गीत, वाद्य एवं नृत्य का पदे-पदे उल्लेख मिलता है। ऋग्वेद के शांखायन ब्राह्मण के अनुसार इन तीनों शिल्पों (कलाओं) का प्रयोग प्रायः संयुक्त रूप में होता था।

"त्रिवृद्धै शिल्पं नृत्यं गीतं वादितमिति।" (16-5)

ऋग्वेद में दुन्दुभि (जयतामिव दुन्दुभिः 1-28-4), वाण (वाणस्य चोदयापविम् 6-51-1) वीणा, तूणव आदि वाद्यों का उल्लेख है तो सामवेद में वेणु (10-135-7) वीणा (2-34-13) और कर्करि (2-43-3) आदि

वाद्यों के प्रयोग की चर्चा है।18

अथर्ववेद में संगीत-परम्परा के प्रचलन का उल्लेख इस प्रकार हुआ है-

यस्यां गायन्ति नृत्यन्ति भूम्यां मर्त्या ब्यैलवाः।
युध्यन्ते यस्यामाक्रन्दो यस्यां वदति दुन्दुभिः।।
(अथर्ववेद, काण्ड-12, सूक्त 1, मन्त्र 41)

इस मन्त्र में गीत, वाद्य तथा नृत्य की सामूहिक ध्वनि का उल्लेख मिलता है। ब्लूमफील्ड के अनुसार सामगान का अधिष्ठान लौकिक संगीत-ध्वनियों में है। सामगान के पाश्चात्य अन्वेषक फेल्बर के अनुसार सामवेद में लोकगीतों के प्रभावशाली तत्त्व विद्यमान है। तथा यज्ञविधियों की प्रभावात्मकता की वृद्धि के लिए युद्ध-गीत जैसे लोकगीतों का गान सामगान के साथ प्रचलित था।19

ऋग्वेद में अनेकत्र 'साम' के गायन का उल्लेख है। एक मन्त्र के अनुसार साम के गायन से समस्त नभोमण्डल प्रतिध्वनित हो उठता था:

"गायत साम नभन्यं यथा वैः।" (ऋग्वेद 1/173/1)

सामवेद तो है ही संगीत का वेद। बृहदारण्यकोपनिषद में 'सा च अमश्चेति तत्सामः सामत्वम्' (1-3-22) वाक्य से 'सा' का अर्थ ऋक् और 'अम' का अर्थ गान बताकर साम का व्युत्पादन किया गया है।[20] संगीत की दृष्टि से सामवेद सर्वोत्कृष्ट है। श्रीमद्भगवद्गीता में भगवान कृष्ण ने 'वेदानां सामवेदोऽस्मि' कहकर स्वयं को सामवेद बताया है। वस्तुतः सामवेद वह उत्तुंग शिखर है, जिससे निकलकर संगीत की पयस्विनि भारतभूमि को अद्यावधि प्लावित करती रही है।21

वेदों के उपरान्त रामायणकाल में सम्पूर्ण समाज संगीत की दिव्य आभा से आलोकित हो रहा था। नर-नारियों का जीवन संगीत के देदीप्यमान सूर्य की ज्योतिर्मय रश्मियों से प्रकाशमान हो रहा था। संगीतोत्सवों का सार्वजनिक आयोजन किया जाता था। धनी-निर्धन सभी संगीत के स्वरों में ईश्वरोपासना करते थे। धार्मिक कृत्यों में संगीत का प्रयोग अनिवार्य समझा जाता था। सप्तर्षियों के आश्रमों में राम को दिव्यगंध के अनुभव के साथ-साथ तूर्य-घोष तथा मंगल-गीतों की ध्वनि भी सुनाई पड़ी। ऋषि भारद्वाज के आश्रम में भरत के स्वागतार्थ चारों ओर देवताओं की दुन्दुभि का मधुर स्वर सुनाई दिया। देव-गंधर्व गाने लगे और सब ओर वीणा की स्वर-लहरी गूंजने लगी। तत्कालीन ऋषि-मुनि संगीत की दैवी शक्ति से भली-भाँति परिचित थे और

वे अपनी रचनाओं द्वारा शिष्यों को उसकी शिक्षा दिया करते थे।[22]

महाभारत में संगीत-प्रचलन के प्रचुर प्रमाण मिलते हैं। अर्जुन के जन्मोत्सव पर अप्सराओं के नृत्य-गान तथा गन्धर्वों के गायन-वादन का विस्तृत वर्णन है। नारद की तपस्या से प्रसन्न होकर शंकर भगवान ने उन्हें यह वरदान दिया था कि गायन-वादन में उनके समान तेजस्वी, तपस्वी एवं कीर्तिमान और कोई नहीं होगा।[23] कुशल नर्तक एवं संगीतज्ञ श्रीकृष्ण की बांसुरी का चमत्कार इसी युग की महान उपलब्धि है। उस समय के सर्वश्रेष्ठ वीणावादक अर्जुन ने बृहन्नला नाम से विराट-भूप की सुपुत्री उत्तरा को संगीत की शिक्षा दी थी।

महाभारत में लिखा है कि इन्द्र ने अर्जुन को संगीत सीखने के लिए उत्प्रेरित किया थाः

वदितं देवविहितं नृलोके यन्न विद्यते।
तदर्ज्जयस्व कौन्तेय श्रेयो वै ते भविष्यति।।

अर्थात् हे अर्जुन, तुम देवों से सम्पादित वाद्य बजाना सीखो। यह मृत्युलोक में प्राप्त नहीं होगा। इससे तुम्हारा बड़ा कल्याण होगा।

इसके उपरान्त तो संगीत कला उत्तरोत्तर विकसित होती रही और मध्यकाल में भक्त-कवियों का कंठाभरण बनकर जनमानस में बस गई।

शास्त्रीय संगीत और लोकसंगीत-शास्त्रीय संगीत और लोकसंगीत की दोनों धाराएँ वैदिककाल से निरन्तर समानान्तर चली आ रही हैं। स्वर्गीय श्री देवीलाल सामर के अनुसार शास्त्रीय संगीत और लोकसंगीत एक वृक्ष की दो शाखाएँ हैं, न कि दुमंज़िले मकान की पहली और दूसरी मंजिल। संगीत की ये दोनों विकास-दिशाएँ स्वतन्त्र हैं तथा दोनों ही प्रौढ़ संगीत-शैलियों के दो विकसित स्वरूप हैं। शास्त्रीय संगीत के प्रेरणास्रोत व्यक्ति और शास्त्र हैं, तथा शास्त्र के नियमों में बँधा हुआ शास्त्रीय संगीत स्वतंत्रतापूर्वक विचरने का अधिकारी नहीं है। लोकसंगीत का प्रेरणास्रोत जनमानस है। उसका विकास और संचरण-क्षेत्र अधिक विस्तृत है।[24]

शास्त्रीय संगीत के मूल रागों की जननी लोकसंगीत ही है, तथा उसी के आधार पर शास्त्रीय संगीत की राग-रागिनियों का महान् भवन अवस्थित है। जिस तरह शास्त्रीय संगीत का प्रेरक लोकसंगीत है, उस तरह लोकसंगीत का प्रेरक शास्त्रीय संगीत नहीं है। शास्त्रीय संगीत यदि लोकसंगीत की ओर आमुख होता है तो उसकी लोकप्रियता बढ़ती है, उसका भावपक्ष सजीव और

रसमय बनता है, परन्तु यदि लोकसंगीत शास्त्रीय संगीत की ओर झुकना है तो शास्त्र के बोझ से वह अपने गुणों को खो बैठता है।[25]

शास्त्रीय संगीत केवल इने-गिने लोगों के लिए है, जबकि लोकसंगीत बहुसंख्यक जनमानस की बपौती है। लोकसंगीत कंठकंठानुगत मौखिक परम्परा है यह पढ़ने की अपेक्षा सुनने से सीखा जाता है।[26] लोकोत्सवों में बिखरी लोकसंगीत की भाव-भीनी स्वर-लहरियाँ समस्त परिवेश को रस-सिक्त कर देती हैं, जबकि शास्त्रीय संगीत धनाढ़यों के धन के तरह पहरेदारों की निगरानी में उसांसें भरता रहता है।

हरियाणा का लोकसंगीत-हरियाणा की संगीत-परम्परा बहुत प्राचीन तथा बड़ी समृद्ध है। इसे रेखांकित करते हुए हरियाणा के प्रसिद्ध संगीतज्ञ श्री कृष्णचन्द्र शर्मा ने लिखा है कि हमारे लोकगीत और लोकधुनें ऋग्वेद से लेकर बीसवीं शताब्दी तक के इस महिमामण्डित भूमि के समस्त इतिहास का दर्पण हैं– गीता के अमर सन्देश, परिवारवाद को छोड़ स्त्री-सम्मान के लिए लड़ा गया महाभारत का युद्ध, धर्मनिरपेक्ष जीवन-दर्शन का सन्देश, स्थानेश्वर मन्दिर में नृत्यलीन हजारों कत्थक नृत्यांगनाओं के घुंघरुओं का संगीत, प्राची सरस्वती का स्वर्गतुल्य इतिहास, सन्त-सूफियों की अश्रुयुक्त और प्रेरक जीवन-गाथायें, यौधाओं का शौर्य, पानीपत की सारंगी, रोहतक का नगाड़ा, वीर कर्ण की दानवीरता, द्रौपदी का अनन्य सत्य और राधा-कृष्ण का युगों तक गाया जाने वाला अविस्मरणीय आन्तरालिक प्रेम - सभी कुछ तो इस भूमि की वेदमयी, संगीतमयी कला और गाथामयी धरोहर का अंग है।[27]

अध्ययन की सुविधा के लिए हरियाणा के लोकसंगीत को इस प्रकार विश्लेषित किया जा सकता है: (क) लोकगीतों में संगीत, (ख) लोकनाट्यों में संगीत, (ग) लोकनृत्यों में संगीत तथा (घ) लोकगाथाओं में संगीत।

लोकगीत–लोकगीतों का कोई ओर-छोर नहीं है। इनकी अजस्र धारा युग-युगों से प्रवाहमान है। हमारे अतीत की कड़ियाँ, भविष्य की आशाएँ और आज की अनुभूतियाँ इस अमीय धारा की अक्षय थाती हैं। ये गीत स्वर-संयोजन, पद-लालित्य, शब्दाडम्बर एवं अर्थ-चमत्कार की पेचीदगियों से कोसों दूर हैं। ये अन्तरमन की गहन अनुभूतियों से स्पन्दित होते हैं, इसलिए श्रोताओं की हृदयतन्त्रियों को अनायास ही झंकृत कर देते हैं।

इस तथ्य को उजागर करते हुए पं. रामनरेश त्रिपाठी ने लिखा है कि "ग्राम-गीत प्रकृति के उद्गार हैं। इनमें अलंकार नहीं, केवल रस है। छन्द

नहीं, केवल लय है। लालित्य नहीं, केवल माधुर्य है। ग्रामीण मनुष्यों के स्त्री-पुरुषों के मध्य में हृदय नामक आसन पर बैठकर प्रकृति गान करती है। प्रकृति के वे ही गान ग्राम-गीत हैं।"[28]

डॉ॰ गौतम शर्मा व्यथित का मत है, "लोकगीत जनमानस के भावपुत्र हैं। ये युग की सांस्कृतिक धरोहर और भावलोक का आगामी युगों में प्रतिनिधित्व करते हैं। इनमें सहज जीवन की सच्ची, अनूठी तथा सहज छाया मिलती है। वास्तविकता इनकी आत्मा है। लोक की तीनों मूल पूरक अभिव्यक्तियाँ - गीत, संगीत तथा नृत्य - इनके सहज सौन्दर्य एवं सरसता को बढ़ाती हैं। इनमें यथार्थ की मिट्टी की गंध, सामान्य जन के पसीने की महक एवं जनमानस का स्पन्दन गतिमान रहता है। प्रणय की सिन्दूरी आभा, उनकी ऊष्मा तथा मिठास गुनगुनी धूप में महकती है।"29

लोकगीतों की अस्मिता को उजागर करते हुए करतार सिंह 'शमशेर' ने अपने लेख 'ढोलियाँ का देश' में लिखा है, "गीत, मनुख दे अन्दरले दी तसवीर है, जो बंसरी विच बोलदा है, सारंगी विच झरनाट छेड़दा है। तबले विच उमाह भरदा है। झांजर विच खड़कदा ते घुंगरूओं विच टणकदा है अते हासिआं विच छलकदा है। अथरूआं विच तरदा है। इह मनुख दा महान जज़्बा गोरी दी अडी विच गभरू दी छाती विच धकड़दा है। उह लय विच बेंझे आपणे अंगणतराशे बोल सुण के आप झूम उठदा है। गीत इक मस्ती है। गीत इक पिआर दी आवाज, गीत किसे दी पाज़ेब दी छणकार, किसे मिज़राव दी टुणकार है। गीत भैणां भरावां, दिओरां ते भरजाईयां, हीरां ते रांझिआं दी मिलवीं अवाज़ है। गीत इक महान कोमल कला है।"[30]

लोकगीत किसी भी देश-प्रदेश के चिरसंचित लोकविश्वासों की अमूल्य निधि हैं और लोकादर्शों के अक्षय भण्डार हैं। इन लोकगीतों में ही जनमानस की मर्मान्तक एवं हृदयस्पर्शी भावनाओं का उद्रेक होता है। जीवन का ऐसा कोई क्षेत्र नहीं, जहाँ इनका रंग न छिटका हो, भावलोक की कोई कन्दरा नहीं, जो इनसे अछूती हो, हृदय का ऐसा कोई उद्‌गार नहीं, जो इनमें अनुस्यूत न हो। वस्तुतः समग्र लोकजीवन अपनी तिक्त एवं मृदुल अनुभूतियों के साथ इन लोकगीतों में व्यंजित हुआ है। यदि यह कहा जाए कि मानव-मन की एक बस्ती इन गीतों में बसी है, तो कोई अत्युक्ति नहीं होगी, क्योंकि मनुष्य के सुख-दुःख, अश्रु-हास, उसके प्यार-मुहब्बत की रंगीन बातों तथा टीसभरी व्यथा-कथाओं से इन गीतों का ताना-बाना बुना जाता है।

लोकजीवन के चप्पे-चप्पे में, लमहे-लमहे में, पोर-पोर में लोकगीत रचे-बसे हैं। करुण रस के गीतों की टोन बड़ी मार्मिक होती है। इन गीतों को जीवन्तता प्रदान करने का सर्वाधिक श्रेय नारी-जगत को दिया जा सकता है। भारतीय स्त्री ही अधिकांश लोकगीतों की कवयित्री ऋषिका है। उस मंगल्यानी गंवारिन के सुरीले कंठ की अमृत-ध्वनि गीतों के रूप में मूर्त है। इस मंगलमयी गीतकारिणी की भाषा के अनेक रूप है, किन्तु उनमें छिपे हुए अर्थों का रूप एक है।[31]

लोकगीतों का रचना-विधान बड़ा लचीला होता है। अतः इन गीतों को अपने परिवेश एवं परिस्थितियों के अनुकूल ढलने में कभी कोई संकोच नहीं हुआ। लोकजीवन के संघर्ष और लोकमानस की प्रवृत्तियों के अनुरूप ये गीत निरन्तर अपना पथ, पाथेय एवं परिधान बदलते रहे हैं। समय-समय पर आवश्यकतानुसार इनके कथ्य और कथन-शैलियों में नित्य नए-नए मोड़ आते रहे हैं, और आगे भी आते रहेंगे। विगत के प्रति मोह एवं आगत के प्रति आकर्षण होने के कारण, इन गीतों में परम्परित मूल्यों एवं नवीन उद्भावनाओं का अद्भुत सामंजस्य है। इन लोकगीतों में जहाँ एक ओर सदियों से चले आ रहे पुराने संस्कारों, आदर्शों एवं तीज-त्योहारों का बर्णन मिलता है, वहीं दूसरी ओर अधुनातन वैज्ञानिक आविष्कारों से लेकर राजनीतिक आन्दोलनों तक का लेखा-जोखा भी देखा जा सकता है।

संस्कार गीत – संस्कारों से संस्कृति बनती है। अतः यहाँ सबसे पहले संस्कार गीतों पर ही विचार किया जा रहा है। वैसे तो हमारी संस्कृति में सोलह संस्कारों का उल्लेख है, परन्तु मुख्यतः जन्म-संस्कार, विवाह-संस्कार एवं मृत्यु-संस्कार का ही निर्वाह किया जाता है।

हरियाणा में पुत्री-जन्म पर कोई गीत नहीं गाया जाता, जबकि पुत्र-जन्म को हर्षोल्लास के साथ उत्सव के रूप में मनाया जाता है। इस अवसर पर बधाइयाँ बंटती हैं तथा विभिन्न प्रकार के गीत गाए जाते हैं। सब से पहले देवी-देवताओं की स्तुति के गीत गाए जाते हैं। एक स्तूतिपरक गीत के बोल प्रस्तुत हैं:

पाँच पतासे पानां का बिड़ला ले श्याम जी पै जाइयो जी
जिस डाली म्हारे श्याम जी बैठे, वा डाली झुग ज्याइयो जी
झुक बी जाइयो न्यो बी जाइयो वा डाली फल ल्याइयो जी
पाँच पतासे पानां का बिड़ला ले देवी पै जाइयो जी

जिस डाली म्हारी देवी बैठी वा डाली झुक ज्याइयो जी
झुक बी जाइयो न्यो बी जाइयो वा डाली फल ल्याइयो जी

इसी प्रकार विविध देवी-देवताओं के नाम से ले-लेकर गीत की कड़ियों को आगे बढ़ाया जाता है। इसके बाद पारिवारिक सम्बन्धों में माधुर्य घोलने वाले गीतों की झड़ी सी लग जाती है। कोकिलकंठी रमणियों का संवेत्-स्वर फूट पड़ता है:

पायां मैं पैंजणियां लाला छुन्नक-छुन्नक डोलैगा
दाद कहके बोलैगा दादा की गोदी खेलैगा
पायां मैं पैंजणियां लाला छुन्नक-छुन्नक डोलैगा
ताऊ कह के बोलैगा, ताई की गोदी खेलैगा
पायां मैं पैंजणियां लाला छुन्नक-छुन्नक डोलैगा।

विवाह-गीत-विवाह-संस्कार सामाजिक जीवन का सिंहद्वार है। इससे केवल दो प्राणी ही एकप्राण-द्विगात की स्थिति में नहीं आते, अपितु दो परिवारों में भी पारस्परिक सौहार्द का सूत्रपात होता है। यही नहीं, इस अवसर पर सभी सगे-सम्बन्धी, परिजन-पुरजन पुलकित हो उठते हैं। आबालवृद्ध स्त्री-पुरुष सभी में हर्षोल्लास की लहर दौड़ जाती है। वर और वधू दोनों ही पक्षों के यहाँ चहल-पहल का वातावरण होता है।

विवाहोत्सव का श्रीगणेश तो सगाई से ही हो जाता है। हर नवयौवना की चिरसंचित साध होती है कि उसे उसके अनुरूप जोड़ी का वर मिले। उसकी इस कामना को एक लोकगीत में इस प्रकार गाया जाता है।

दादा देस जांदा परदेस जाइए, म्हारी जोड़ी का वर ढूँढिए।
लाडो देस जांदा परदेस जाँगा ढूँढ्या सै फूल गुलाब का।।

सगाई की शुभ बेला पर देवी-देवताओं के स्तवन के साथ अनेक मंगलगीतों की गूँज सुनाई पड़ती है। इस अवसर के गीतों में सुख-समृद्धि की आकांक्षा से परिपूर्ण यह गीत स्त्रियों द्वारा बहुत ही मधुर स्वरों में गाया जाता है-

हरी-हरी गांडल सदा ए संरगी, लटक मंडेरे आई बे
किसके ल्योगे साल-दुसाले कोणै छैल सिपाही बे
रमलु के ल्यांगे साल-दुसाले, बदलु छैल सिपाही बे

इसी प्रकार कुटुम्ब के अनेक नवयुवकों का नाम ले-लेकर इस गीत को बढ़ा लिया जाता है।

विवाह की तिथि निश्चित हो जाने पर लड़का या लड़की के मामा को उनके माता-पिता व्यक्तिगत रूप में स्वयं निमंत्रित करने जाते हैं। हरियाणा में इस प्रथा को भात न्योतना कहा जाता है। भात के गीतों में बहन-भाई के प्यार का झरना फूट पड़ता है। बहन अपने भाई को मिश्री के कूज्जे और मथुरा के पेड़ों से न्योतती है, क्योंकि उसे विश्वास है कि उसका हजारी बीरा मोहर-अशरफियों से अपनी बहन के सम्मान को बढ़ाएगा और उसे सारे समाज में उजली कर देगा।

अब हंसते-गाते विवाह का शुभ दिन भी आ पहुँचता है। लड़के के विवाह में बारात जानी होती है। इसलिए उसके घर एक दिन पहले ही ठाठ-बाट लग जाते हैं। भाती आते हैं, उत्कंठा से प्रतीक्षा करती हुई बहन उनके शुभागमन पर उनकी आरती उतारती है और उनके स्वागत में भात के गीत गाए जाते हैं। संवेत् स्वर फूट पड़ता है—

आज सीमा मैं रे बीरा उजली
आया मेरी मां का जाया बीर,
हीरेबन्द ल्याया चूंन्दड़ी।
ओढूँ तो हीरे-मोती झड़ पड़ैं
डिब्बे धरूँ तो ललचै जिया
हीरेबन्द ल्याया चून्दड़ी।

इसके बाद घुड़चढ़ी के अवसर पर अनेक रसभीने गीत गाए जाते हैं। बारात वधू-पक्ष के यहाँ पहुँच जाती है। लड़की के मन में अपने भावी पति को देखने की उत्कंठा होती है। इसलिए वह अपने दादा से उसके दर्शन करने की विधि पूछती है। द्वाराचार या ढुकाव अथवा तोरण चटकाने के अवसर पर इस भावना से अनुप्राणित गीत के बोल गूंजते हैं:

लाडो पूछै बाबा से, ओ बाबा!
मैं किस बिध देखण जाऊँ
　　　　　　रंगीला आ उतरया बागां मैं
हाथ डालडिया फूलां की, है लाडो!
मालणिया बण कर जाओ
　　　　　　रंगीला आ उतरया बागां मैं
बोल गया बतलाए गया बागां मैं
म्हारी नूरचढ़ी बनड़ी कै नज़र लगाए गया बागां मैं

इसके बाद जब बारात जीमने लगती है, तो कोकिलकंठी कामिनियाँ सरस गाली-गीत या सीठणें गा-गाकर समस्त परिवेश को रोमांचित कर देती हैं। जिन्हें सम्बोधित करके ये गाली-गीत गाए जाते हैं, उन में से कुछ तो इन्हें इतनी तन्मयता से सुनते हैं कि भोजन करना भी भूल जाते हैं, हाथ का कौर हाथ में ही रह जाता है, मानो उन्हें मन्त्र से कील दिया गया हो। बानगी के रूप में एक गाली-गीत के कुछ बोल इस प्रकार हैं-

आंगण बीच जी पीपली बरातियों जी
पीपली पै बैठ्या जी मोर, मोर बिचारा के करै
थारी माय ने लेग्ये चोर, भड़वे झयान के जी राज।

कभी-कभी व्यक्तिगत रूप में नामोल्लेख के साथ ये गीत गूंजते हैं, जैसे-

चकले मैं राच्छ घलाद्यो री चकले मैं
बारू नै पीस्सण ला द्यो री चकले मैं।
पीस्सैगा मोटा मारूँगी सोटा
चलते का पाड़ूँ लंगोटा री चकले मैं

इसके बाद फेरे पड़ते हैं, तदुपरान्त बिदाई बेला आ पहुँचती है। बिदाई के गीत इतने मार्मिक होते हैं कि जिन्हें सुनकर सब की आँखें डबडबा आती हैं। वस्तुतः इन में करुण-रस साकार हो उठता है; जैसे-

ले रे बाबुल आपना मैं चली हूँ सजन के देस रे
भाइयाँ नै दिए महल दुमहले, हमनै दिया परदेस रे
काहे को ब्याही विदेस रे लक्खी बाबुल मेरे
हम हैं रे बाबुल मुण्डेरे की चिड़ियाँ
कंकरी मारे उड़ जाएँ रे लक्खी बाबुल मेरे
हम हैं रे बाबुल चौणे की गैय्यां
हांको जिधर हंक जाएँ रे लक्खी बाबुल मेरे

मृत्यु-संस्कार—मृत्यु को हमारे यहाँ अशुभ माना जाता है। अतः इस अवसर पर मृतक के सगे-सम्बन्धी शोक-ग्रस्त होते हैं। असामयिक मौत पर विलाप के हृदय-विदारक स्वर श्रोताओं को करुणा-विगलित कर देते हैं। हां, वयोवृद्ध सुख-सम्पन्न व्यक्ति की मृत्यु को जश्न की तरह मनाया जाता है तथा इस अवसर पर सुखद गीत भी गाए जाते हैं।

फाल्गुन के गीत—लोकजीवन की अनुरक्ति प्रायः प्रेम एवं श्रृंगारिक

भावनाओं में ही अधिक होती है। अतः मदमाते यौवन का ललाम चित्रण यहाँ के लोकसाहित्य की प्रमुख प्रवृत्ति कही जा सकती है। यही कारण है कि यहाँ के लोकगीतों में विरह एवं मिलन के प्रसंगों का मार्मिक चित्रण देखने को मिलता है। श्रृंगार का विलास बसन्त की मस्त बहारों में मुखरित हो उठता है। प्रकृति की पुलक के साथ ही नर-नारियों के हृदय में भी कामांकुर प्रस्फुटित होने लगते हैं। नवयौवनाओं की तो बात ही क्या फाल्गुन का जादू वृद्धाओं को रसीली चटको-मटको बना देता है। उनके पाँव नवोढ़ा छमकछल्लो की तरह थिरकने लगते हैं, देह-यष्टि लरजने लगती है तथा हृदय के उद्‌गार इन स्वरों में फूट पड़ते हैं—

छोरे मारूँगी, मरोड़ा देही तोड़ गडूँगी रे।
ज्यब आज्यागा तेरा जाऊ हाँडी रोड़ गडूँगी रे।
इसी गज़ब की बहू बणूँगी ज्यब सोल्हा सिंगार करूँ।
गाबरूआं मैं रुक्का पड़ज्या बुढ्यां तक भी मार करूँ।

फाल्गुन के मस्त महीने में संयोग एवं वियोग दोनों ही प्रकार के गीतों की गूँज सुनाई पड़ती है। आनन्द की उमंगों से आप्लावित सौभाग्यवती स्त्रियों के लिए इससे बढ़कर राग-रंग का सुनहरा अवसर और नहीं होता। हर्षोल्लास से उनका अंग-अंग नाचने लगता है तथा उनके हृदय की मार्मिक अनुभूतियाँ गीत के मधुर बोलों में इस प्रकार अभिव्यक्ति होने लगती है—

फागण के दिन चार री सजनी, फागण के दिन चार।
मध जोबन आया फागण मैं, फागण भी आया जोबन मैं।
झाल उठैं सैं मेरे मन मैं, जिनका वार न पार री सजनी।
फागन के दिन चार री सजनी, फागण के दिन चार।।
प्यार का चन्दन महकण लाग्या, गात का जोबन लहकण लाग्या।
मस्ताना मन बहकण लाग्या, प्यार करण नै त्यार री सजनी।
फागण के दिन चार री सजनी, फागण के दिन चार।
गाओ गीत मस्ती मैं भरकै, जी ज्योओ सारी मर-मर कै।
नाचण लागो छम-छम करकै, उठण द्यो झंकार री सजनी।

जिन सधवाओं के प्रियतम घर होते हैं, उन पर तो फाल्गुन के उन्माद का रंग देखते ही बनता है, किन्तु जिनके हमजोली परदेस गए हुए हैं, वे वियोग-व्यथित प्रोषितपतिकाएँ मन ही मन बिसूरती रहती हैं। प्रियतम का बिछोह उन्हें बिच्छू की तरह डंक मारता है। पिया बिना सूनी सेज सूली-सी

लगती है। चान्दनी से नहाई दुधिया रातों में चंचल रमणियों के मनोरंजनात्मक पदाघात उन्हें जानलेवा-से प्रतीत होते हैं। उनके विरह-विदग्ध अन्तर्मन की टीस गीत के बोलों में इस प्रकार मूर्त हो उठती है–

ज्यब साजन री परदेस गए, मस्ताना फागण क्यूँ आया।
ज्यब सारा फागण बीत गया, तै घर मैं साजन क्यूँ आया।।
छम-छम नाचैं सब नर-नारी, मैं बैठी दुखां की मारी।
मेरे मन मैं ज्यब अन्धेर मच्या, तै चाँद का च्यान्दण क्यूँ आया।
ज्यब साजन ही परदेस गए, मस्ताना फागण क्यूँ आया।।
इब पी आया जी खिल्या ना, ज्यब जी आया पी मिल्या ना।
साजन बिन जोबन क्यूँ आया, जोबन बिन साजन क्यूँ आया।
मन की तै अरथी बन्धी पड़ी, आँख्याँ मैं लागी हाय झड़ी।
ज्यब फूल मेरे मन का सूक्या, जलमार्या फागण क्यूँ आया।
ज्यब साजन ही परदेस गए, मस्ताना फागण क्यूँ आया।।

सावन के गीत–इस मास में प्रकृति की छटा का अपना ही रंग होता है। रिमझिम-रिमझिम पड़ती सावन की फुहारों में धरती हरी हो जाती है तथा इस पर छिटकी लाल-लाल तीजें ऐसी मोहक लगती हैं जैसे हरे मखमल पर बिखरी मणियाँ। दादुर-धुनि, मोरों की प्यकू-प्यकू, कोयल की कूक और चंचल चपला से आलिंगित कजरारे बादलों की गर्जना से लोकमानस रोमांचित हो उठता है तथा विरह-मिलन के मिश्रित उद्गार सावन के इन्द्रधनुषी गीतों में फूट पड़ते हैं।

निदाघ से संतप्त हरियाणा के नर-नारी मुंह बाए सावन की मन्द-मन्द बयार एवं ठण्डी-ठण्डी फुहारों की प्रतीक्षा करते हैं तो सासरे (सुसराल) में महिलाएँ अपने घर से आने वाली कोथली की उत्सुकता से बाट जोहती हैं। प्रतीक्षा के पलों में वाणी फूट पड़ती है तथा नाई को दोषी ठहरा कर भला-बुरा कहा जाता है–

नीम्बा के निम्बोली लागी, सामणिया कद्‌य आवैगा।
मरियो री ओह् दीप्पा नाई, कोथली कद्‌य ल्यावैगा।।

नाई को फुर्सत नहीं, तो क्या? भाई को तो बहन का ध्यान है। मां की अनुपस्थिति में तो उसका दायित्व और भी बढ़ गया है। इसी लिए वह अपनी मौसी से बहन के लिए कोथली तैयार करने का अनुरोध करता है–

मीट्ठी तो करदे री मोस्सी कोथली, सामण आया री गूंजता

जांगा री बेब्बे कै देस, मींहा नै री झड़ ला दिया।

बरसात की परवाह न करते हुए, उल्लसित मन से नद-नदियों को पार कर उछलता-कूदता भाई जब प्रतीक्षारत बहन के यहाँ पहुँचता है तो उसे अनमनी देख कर दुःख का कारण पूछता है। बहन कारण बताती है और भाई तुरन्त उसका समाधान निकाल कर उसे आश्वस्त करता है-

किसीयां के दुःख म्है बेब्बे दूबली
किसीयां नै बोल्लै सैं बोल, सामण आया ए गूंजता
सासड़ के दुःख म्है रे बीरा दूबली
नणदी नै बौल्लै सैं बोल, सामण आया रे गूंजता
नणदी नै भेजांगे बेब्बे सासरै
सास्सु नै चक लेगा राम, सामण आया ए गूंजता।

सावन आया तो नवेली तीज भी लाया। सर-सरिताओं के लहलाते कूलों पर, बाग-बगीचों में झूल-पंजाली पड़ गए। रंग-बिरंगी पींघ-पाटड़ियों पर सावन की महिमा मुखरित हो उठी। झूलते-झूलाते रंगीले-सजीलजे कली-कुसुमों पर छबीले-रसीले भ्रमर मंडराने लगे।

झूलों पर इठलाती गाती तितली-धर्मी रमणियों के रुनुक-झुनुक करते आभूषण एवं खनखनाती चूड़ियों का मधुर संगीत अनायास ही युवकों के मन को बेंध लेता है। वे अपने मर्माहत हृदय की प्रतिक्रिया इस प्रकार अभिव्यक्त करते हैं-

तीजां का त्योहार रुत सै सामण की।
खड़ी झूल पै मटकै छोरी बामण की।।
क्यूं तों ऊँची पींघ चढ़ावै,
कदे पड़के नायड, तुडावै,
याह् लरज-लरज के जावै डाली जामण की।
तीजां का त्योहार रुत सैं सामण की।।

देखिए एक नाटकीय दृश्य जिसमें नायक झूलने वाली कोमलांगी को सचेत ही नहीं करता अपितु उसे पींघ से गिरते ही धरती पर पड़ने से पूर्व ही किस प्रकार अपनी भुजाओं में भर कर आनन्द लेता है-

रै सुण झूलण आली तेरी लिकड़ रही रमझोल
पहला झोट्टा आया फेर दूजा बी आया
ना तीजे म्है गया लखाया दिया उप्परे तैं घूंघट खोल

गाफ्फी भर छोहरे नै ठाल्यी कुल पन्दरा सिर का तोल
रै सुण झूलण आली तेरी लिकड़ रही रमझोल

इस मस्ती भरे मौसम में किसी रूपयौवना के हृदय में आनन्द की हिलोरें उठ रही हैं तो किसी प्रोषितपतिका का हिया बिन पिया विरहव्यथा से व्याकुल है। इसका प्रियतम वादाशिकन निकला, सावन में आने की कह कर भी नहीं आया। प्रतीक्षा करते-करते आधा सावन बीत गया। चारों ओर रंगीली तीज की धूम मच गई। पर उसे आज भी हताश ही होना पड़ा। बेचारी अपने मन को जिस किसी तरह समझाने का प्रयत्न करती है। अपने अंगों को मैले-कुचैले वस्त्रों में छिपाती हैं पर यौवन तो उसका इतना प्रबल शत्रु हो गया है कि छुपाए नहीं छुपता। मन मसोस कर रह जाने के अतिरिक्त वह और कर भी क्या सकती है-

सामण का महीना मेघा रिमझिम रिमझिम बरसै
मन नै समझाऊँ तो बी बैरी जोबन तरसै
तीजां के दिनां की तो थी आस बड़ी भारी
ऐसे म्है बी ना आए मैं पड़ी दुखां की मारी।

राष्ट्रीय भावना से अनुप्राणित गीत–राष्ट्र की रक्षा एवं इसके बहुमुखी विकास से सम्बद्ध प्रत्येक कार्य में हरियाणा के लोगों ने शानदार भूमिका निभाकर अपनी अमिट छाप अंकित की है। इसके रण-बांकुरों की वीरता का सिक्का बहुत पुराना है। यहाँ तक कि मनुस्मृति में भी इनके पराक्रम को रेखांकित किया गया है।[32]

लोकजीवन का प्रत्येक कार्य-व्यापार इसके लोकगीतों में रूपायित होता है। अतः लोकगीतों की स्वर लहरियों में गुंथ कर ही राष्ट्रीय भावना लोकमानस में तरंगायित होती है। इससे स्पष्ट होता है कि राष्ट्रीय आन्दोलनों के संचालन एवं सम्पन्नता की कहानी भी लोकगीतों में अनुस्यूत रहती है।

यह एक ऐतिहासिक तथ्य है कि सन् 1857 (सं. 1914) के विद्रोह में राव तुलाराम के नेतृत्व में हरियाणा के सिंह सपूतों ने शत्रु को छठी का दूध दिलवा दिया था। उनके शौर्य और साहस को द्विगुणित किया था इस लोकगीत ने-

सुणो फौज, 'अहीरवाल' आज मेरे भाई।
माता जन्मे एक बार दुबारा नाहीं
यो छत्रीं की नाक डटो रण मांही

तम सिर की सांग्य बणल्यो छाती ढाल।
हिया करल्यो बज्जर का देह करो दिवाल।
आज झगड़ा मंडग्या दीन पै चौदा की साल।।

बहुत लम्बे संघर्ष के बाद हमें स्वतन्त्रता मिली। स्वतन्त्रता-प्राप्ति के बाद भी देश पर अनेक संकट आए। कभी चीन को चिनगारी लगी तो कभी पाकिस्तान ने चैन नहीं लेने दिया। हमारे वीर सेनानियों ने तो अपने कर्त्तव्य को निभाया ही, पर लोकजीवन में भी इसकी तीव्र प्रतिक्रिया हुई। नवयुवकों की तो बात ही क्या, नवप्रणीता युवतियों की वाणी भी फूट पड़ी-

बरछी तीर कटारी ल्यादे पैने मुंह की सेल।
ले चल साजन मनैं भी फौज मैं गेल।
चीनी दुश्मन खाउ्या पहाड़ पै धन लूटै।
बीर-मरद को साथ मोरचा ज्यब टूटै।
भर-भर गैलण गेरुंगी मैं मोटरां मैं तेल।
ले चल साजन मनैं भी फौज मैं गेल।।

भक्ति-संगीत

भक्त और भगवान में सान्निध्य स्थापित करने का सब से सशक्त साधन संगीत ही है। आध्यात्मिक उपासनाओं में प्रयुक्त कीर्तन, भजन आदि भक्ति के रूपों में सदा संगीत की प्रधानता रहती है। भगवान कृष्ण को तो तन्मय होकर नाचते-गाते भक्तों का हृदय-स्थल ही अपने निवास के लिए सर्वोत्तम जगह लगती है। पद्मपुराण में उन्होंने कहा है:

नाहं वसामि बैकुण्ठे, योगिनां हृदये न च।
मद्भक्ता यत्र गायन्ति तत्र तिष्ठामि नारदः।।

भगवत्-प्रेम की प्राप्ति के लिए, मानसिक विकारों का शमन करके जो भजन गाए जाते हैं, उसे भक्ति-संगीत कहा जाता है। संगीत का महान् गुण है कि वह चित्तवृत्तियों को शान्त तथा एकाग्र करके श्रोताओं को तन्मय कर देता है। यही कारण है कि कीर्तन-मण्डलियों में ईश्वर-प्रेम की संगीतधारा प्रवाहित रहती है। हरियाणा का एक ऐसा ही भक्तिगीत प्रस्तुत है।

सत्संग मैं मैं कैसे जाऊँ, घर की दुबध मिटै कोन्या।
हे मेरे बिछड़े राम मिलैं कोन्या।
चूल्हे की आग्य, रामजी पाणी तै बुझा द्यूँ

दिल की आग्य बूझै कोन्या, हे मेरे बिछड़े
नाली का पानी रामजी बन्धे तैं डाट यूँ
दिल की झाल डटै कोन्या, हे मेरे बिछड़े
गायां के बच्छडू रामजी जेवड़े तै बाँध द्यूँ
दिल का साँड बन्धै कोन्या, हे मेरे बिछड़े ...

हरियाणा के संगीत का फलक बहत व्यापक है। यहाँ के लोकनाट्यों, लोकनृत्यों, लोकगाथाओं एवं प्रकीर्ण गीतों में इसके अनेक रूप विद्यमान हैं, जिसके सम्यक् अनुशीलन के लिए एक स्वतन्त्र बृहद ग्रंथ की रचना अपेक्षित है।

सन्दर्भ-सूत्र

1. डॉ॰ पूर्णचन्द शर्मा, हरियाणवी साहित्य और संस्कृति (1990), पृ॰ 39-40
2. सुरेशचन्द्र बन्धोपाध्याय (अनुवादक) संगीत रत्नाकर, पृ॰ 5
3. डॉ॰ शरच्चन्द परांजपे, संगीत बोध, पृ॰ 175
4. राम अवतार वीर, भारतीय संगीत का इतिहास (1996), पृ॰ 17
5. कृष्णचन्द्र शर्मा, कविसूर्य लखमीचन्द (2001), पृ॰ 63
6. Gowri Kuppuswami &. Hari Haran, Readings on Music and Dance. P. 25
7. गीतं वाद्यं च नृत्यं च नाट्यं विष्णुकथा मुने।
   यः करोति स पुण्यात्मा त्रिलोक्योपरि संस्थित। (स्कन्दपुराण)
8. Of all the sixty four branches of Fine Arts the first one is music happens to be the best, foremost and one of the most ancient of all the sixty four branches of the fine arts. Nothing is higher than music.
   – Anil Baran Ganguly, Sixty Four Arts in Ancient India (1962), P. 8
9. डॉ॰ श्यामनारायण पाण्डेय, नाट्यालोचन (1996), पृ॰ 111
10. गीतेन प्रीयते देवः सर्वज्ञः पार्वती पतिः।
    गोपी पतिरनन्ततोऽपि वंश ध्वनि वंशगतः।
    सामगीतिरतो ब्रह्मा वीणासक्ता सरस्वती।
    किमन्ये यक्षगंधर्व देवदानव मानवाः।
    – शार्गदेव, संगीत रत्नाकर (1942), पृ॰ 7
11. साहित्य संगीत कला विहीनः।
    साक्षात् पशु पुच्छ-विषणहीनः।।
    – भर्तृहरि नीतिशतक, श्लोक 12
12. डॉ॰ सुनीता शर्मा, भारतीय संगीत का इतिहास (1996), पृ॰ 25
13. Music is the inalienable birthright of the soul. His thoughts, his emo-

tions, his joy and sorrow, his hope and despair, his gratitude, all find expression, as they should in music peculiarly built to voice the same. Music was ever meant to express and not marely to please.

– Cultural Heritage of India Vol. III, P. 567-68

14. डॉ॰ राजेन्द्र प्रसाद, संस्कृत और संस्कृति (1962), पृ॰ 79
15. In ancient Indian culture put music on a special plane. Music was viewed as a creation of devine agency. It was the finest of the arts. It was given a status of Adhyatma Vidya' a pathway of self-reealization. Prof. V.K. Aggrawal, A critical Study of Foreign Authors on Indian Music, Page 13
16. There was a great variety of songs among the primitive tribes. There were songs for dance and feasts, for funerals and wild processions, for war and chase. There were love songs, songs of labour, songs in praise of the nature and the supernatural, and the like and the themes of their songs were woven round the trifle and simple events of daily life.
– Swami Prajnanand, Music Among Primitive Tribes.
17. राम अवतार वीर, भारतीय संगीत का इतिहास (1996), पृ॰ 43
18. डॉ॰ नगेन्द्र (सम्पा॰), भारतीय साहित्य, संस्कृति एवं कला (1972), पृ॰ 408
19. अंजू शर्मा, ब्रज संस्कृति में संगीत (1996), पृ॰ 18
20. कल्याण, वेदकथांक (जनवरी–फरवरी 1999), पृ॰ 171
21. अंजु शर्मा, ब्रज संस्कृति में संगीत (1996), पृ॰ 30
22. डॉ॰ सुनीता शर्मा, भारतीय संगीत का इतिहास (1996), पृ॰ 53
23. डॉ॰ धर्मावती श्रीवास्तव, प्राचीन भारत में संगीत (1967), पृ॰ 67
24. देवीलाल सामर, लोकधर्मी प्रदर्शकारी कलाएँ (1968), पृ॰ 19
25. देवीलाल सामर, लोकधर्मी प्रदर्शकारी कलाएँ (1968), पृ॰ 21
26. Typically folk music lives in oral tradition. It is learned through hearing rather than reading. - Encyclopaedia Britanica, P. 466
27. श्री कृष्णचन्द्र शर्मा, कविसूर्य लखमीचन्द (2001), पृ॰ 15–16
28. रामनरेश त्रिपाठी, कविता कौमुदी, भाग–5 (संवत् 1986), पृ॰ 1
29. डॉ॰ गौतम शर्मा व्यथित, हिमाचल प्रदेश : लोकसंस्कृति और साहित्य (1950), पृ॰ 102
30. सन्तोख सिंह धीर, लोकगीतां बारे (1954), पृ॰ 95–96
31. डॉ॰ त्रिलोचन पाण्डेय, कुमाऊँ का लोकसाहित्य (भूमिका), पृ॰ 3
32. कुरुक्षेत्रांश्च मत्स्यांश्च पांचालांशूरसेनजान्।
दीर्घाल्लघूंश्चैव नरानग्रानीकेषु योजयेत्।। – (मनुस्मृति 7/193)

डॉ. पूर्णचन्द्र शर्मा, पूर्व प्रोफेसर

हिन्दी–विभाग,

महर्षि दयानन्द विश्वविद्यालय, रोहतक–124001

पाश्चात्य संगीत

विश्व में आज संगीत की दो प्रमुख प्रणालियां प्रचलित हैं। (1) **पाश्चात्य संगीत प्रणाली**–जो आज विश्व के संपूर्ण पश्चिम प्रदेश में तथा कुछ पूर्वी प्रदेश में भी प्रचलित हो गई है।

2. पौवीत्य संगीत–प्राचीन समय में कई पूर्व के देशों में यह संगीत प्रचलित था। यह प्रणाली अत्यंत प्राचीन भी है। किन्तु आधुनिक काल में इसका प्रचलन सीमित हो चुका है। पूर्व के कई देशों ने वर्तमान समय में पाश्चात्य संगीत को अपना लिया है।

भारतीय संगीत इस प्रणाली का सर्व प्राचीन व महत्त्वपूर्ण संगीत है जो आज भी प्रचलित है। इस संगीत का उद्‌गम वेदों से माना जाता है जिसका न्यूनतम काल 5000 वर्ष माना जाता है। आज का प्रचलित शास्त्रीय संगीत वैदिक संगीत का ही विकसित तथा परिष्कृत रूप है। भारतीय संगीत दो प्रमुख पद्धतियों में विभक्त है–

(1) कर्नाटक (2) हिन्दुस्तानी। इनके स्वरों के नाम में विभिन्नता होने पर भी दोनों रागदारी संगीत हैं। भारतीय संगीत के श्रोताओं को पाश्चात्य संगीत अव्यवस्थित तथा बेसुरा लग सकता है। लेकिन पाश्चात्य संगीत के भी अपने नियम तथा स्वरों की व्यवस्था है। गायन विधायें भी हैं, अपना शास्त्र तथा विकास क्रम भी है। जिन्हें समझने पर उस संगीत के प्रति जो भ्रान्त धारणायें हैं उनका समाधान हो सकता है। प्रत्येक संगीत का अपना एक निजी सौन्दर्य होता है। उसकी अनुभूति करने के लिये कानों का अभ्यास करवाना आवश्यक है।

प्राचीन युग

पाश्चात्य संगीत का मूल आधार चर्च का संगीत है। चर्च में सामूहिक गान धार्मिक साहित्य पर किया जाता है जिनका गायन ग्रीक संगीत के मोड्स कहे जाने वाले चार रागों पर आधारित था। क्रमशः इन मोड्स की संख्या

बढ़ाई गई। इस गायन को प्लेन सांग (plain song) के नाम से जाना जाता है जो आज भी कई गिरजाघरों में गाया जाता है। पोप ग्रेगरी (546-600 ई०) ने इन गीतों को सुव्यवस्थित किया। यह चर्च का प्लेन सांग ग्रीक के प्राचीन मोड्स पर निर्मित है जिनका प्रचलन पाइथागोरस व अरिस्टोटल के द्वारा किया गया। ये मोड्स सात प्रकार के थे। जिनमें एक मोड् लोक्रियन (Locrian) जोड़ा गया जिसे गान के योग्य नहीं समझा गया। इस प्रकार आधुनिक पाश्चात्य संगीत का उद्गम काल 500 ई० माना जा सकता है।

प्लेन सांग-इसे ग्रेगरियन चाट भी कहा जाता है। सर्वप्रथम इस संगीत में चार मोड्स का व्यवहार होता था। क्रमशः मोड्स की संख्या में वृद्धि हुई। प्लेन सांग का नाम 13वीं सदी से प्रचलित किया गया। प्राचीन काल में इसे ग्रेगरिन चांट के नाम से ही जाना जाता था। यह एकल गान बिना वाद्यों के संगत के, स्वतंत्र लय में गाया जाता था। धार्मिक स्तोत्रों का गान लय हीन ढंग से किया जाता था। प्रमुख गायक के गाने के पश्चात् अन्य एकत्रित जन समूह स्वेच्छानुसार लय में तथा पृथक-पृथक आधार स्वर में प्रमुख गायक का साथ देते थे। आधार स्वर निश्चित न होने के कारण तथा प्रत्येक की कंठ स्वर की विभिन्नता के कारण स्वतंत्र लय में गाया जाने वाला यह गान कुछ अव्यवस्थित सा था। इस तरह की विभिन्न कंठ ध्वनियों से लय हीन अनिबद्ध गान को पोलीफोनी कहते थे।

पोली का अर्थ है-अनेक तथा फोनी ध्वनि को कहते हैं। प्लेन सांग में स्वतंत्र लय का अर्थ है शब्दों के ह्रस्व या दीर्घ रूप के अनुसार लय को बढ़ाया या घटाना अर्थ है। वैदिक मंत्रों में शब्दों के महत्त्व के समान इनके भी शब्द, अर्थ तथा लय का समन्वय था। पर वैदिक काल से ही भारतीय संगीत में व्यक्ति विशेष को प्रधानता दी जाती है। प्रत्येक ऋत्विक को गान का विशिष्ट विभाग दिया जाता था। उपगाता मंत्रों का गान नहीं करते थे। इसके विपरीत पाश्चात्य संगीत में सदैव सामूहिक गान व प्रार्थना को महत्त्व दिया जाता है। क्रमशः आठ मोड्स में चार मोड्स पुनः जोड़े गये। गिरजाघरों के गायन की भाषा लैटिन थी। इस समय तक हारमनी का उदय नहीं हुआ था।

मध्य युग

कई कंठ ध्वनियों में विभिन्न आधार स्वरों पर गाये जाने पर गायन में स्वभावतः कोई समानता नहीं हो सकती थी। इस ध्वनि भेद को सुव्यवस्थित

करने के लिये चार प्रकार की स्त्री पुरुष ध्वनियों को स्थान दिया गया जो निम्नलिखित हैं।

बास (Bass), आल्टो (Alto), टेनर (Tenor) तथा सोप्रानो (Soprano)

1. बास (Bass)-यह पुरुषों के मन्द्र सप्तक की गंभीर ध्वनि है।

2. आल्टो (Alto)-यह स्त्री कंठ की सबसे मन्द्र ध्वनि है। तथा पुरुष का मध्यम से तार का कृत्रिम ध्वनि। इन दोनों के बीच एक ध्वनि बारीटोन (bariton) भी होता है जो पुरुष के मध्य सप्तक की ध्वनि है।

3. टेनर (Tenor)-मध्य सप्तक की स्त्री ध्वनि। पुरुषों की अतितार कृत्रिम ध्वनि।

4. सोप्रानो (Soprano)-स्त्री की या बालकों की उच्चतम कृत्रिम कंठ ध्वनि। इन चारों ध्वनियों का सप्तक में स्थान निश्चित किया गया जिससे कि गायन के स्वरों में कुछ व्यवस्था हो। इन ध्वनियों का सप्तक (octave) निश्चित था। टेनर को प्रमुखता इसलिये दी जाती थी कि वह अपनी गंभीर ऊँची तथा भावपूर्ण आवाज से मूल गीत को यथावत् गाने का क्रम जारी रखता था जब कि अन्य गायक स्वेच्छा से गीत का परिवर्तन या परिवर्द्धन कर सकते थे। प्राचीन पोलीफोनी में टेनर ध्वनि युक्त व्यक्ति मूल गीत का पोषक होता था। इसे सुव्यवस्थित पोलीफोनी का नाम दिया गया। इसका विकास मध्य युग में माना जाता है। इन चार ध्वनियों में गाये जाने वाले स्तुति परक गायन में टेनर ध्वनि वाला व्यक्ति मौलिक गीत या स्तोत्र को उसके मौलिक धुन में उच्च ध्वनि में गाया करता था। शेष वृन्द अपनी-अपनी कंठ ध्वनि से गीत के शब्द व धुन को अपनी कल्पनानुसार विस्तार कर गा सकते थे। यह विस्तार एक समय पर एक ही व्यक्ति द्वारा संभव था। इस प्रकार हम यह मान सकते हैं कि हारमनी का विचार भी इस दोहरे गाने के अभ्यास पर निहित था। इसका भी प्रारम्भ मध्य युग है।

टेनर गायक को मूल गीत का अभ्यास तो करना ही पड़ता था पर शेष सामूहिक गायक या वृन्द को भी परिवर्धित कल्पना के लिये पूर्वाभ्यास तथा रूपरेखा निश्चित करना आवश्यक था। इस कारण भी पाश्चात्य संगीत में स्वर लिपि का अत्यंत महत्त्व है। संभवतः प्रारंभ से ही समूहगान में व्यक्ति विशेष के गान को सुव्यवस्थित करने के लिये पाश्चात्य संगीत में स्वर लिपि को महत्त्व दिया गया। जिस प्रकार नाटक में संभाषण (dialogue) पहले लिखा जाता है उसी प्रकार समूहगान में प्रत्येक विशिष्ट गायकों की भूमिका

अथवा कल्पनारचित गान को भी पहले ही तय किया जाता होगा तथा उसे लिपिबद्ध भी किया जाता होगा। इस लिपि की प्रमुख भूमिका गीतों को भविष्य के लिए सुरक्षित रखना है। पाश्चात्य संगीत में वादक तथा गायक स्वरलिपि के बिना अपनी कला का प्रदर्शन नहीं करते हैं। प्राचीन युग के चर्च गायन के आठ मोड्स में हेनरी नाम नामक संत (monk) ने चार अन्य नये मोड्स का परिचय कराया। इस प्रकार प्राचीन पाश्चात्य संगीत का चर्च गान 12 मोड्स (जो प्रायः हमारे राग के समान है) में गाया जाने वाला सामूहिक गान था।

प्राचीन चर्चगीत के पश्चात् सारी ललित कलाओं में (वास्तु, चित्रकला, साहित्य) एक क्रान्तिकारी परिवर्तन आया। इस काल को रैनेसेन्स के नाम से जाना जाता है। रैनेसेन्स (Renainsance) काल की अवधि 1500-1700 ई० के पूर्वार्द्ध तक की मानी जाती है। इस युग में वाद्य को (ऑर्गन, organ) संगीत में स्थान दिया गया। लेकिन इस युग में भी कंठ संगीत की ही प्रधानता थी। पूर्व कथित चार प्रकार की स्त्री पुरुष ध्वनियों का स्वर सप्तक निश्चित किया गया। संगीत गिरजाघरों के अतिरिक्त अन्य सामाजिक स्थानों पर तथा विशिष्ट घरों में छोटी बैठक (chamber concert) की तरह भी सुना जाने लगा। पर गीत अधिकतर धार्मिक ही था। इसी युग के अंत में पौराणिक तथा अन्य लोक कथाओं की प्रस्तुति ओपेरा (opera) के रूप में आरंभ हुई।

रैनसेन्स के बाद का युग बरोक काल (Baroque) कहलाता है। इसका समय 1600-1759 ई० तक का है। इस युग की विशेषता वाद्यों का समुचित प्रयोग थी। वाद्यों का एकल वादन भी बरोक काल में प्रारंभ हुआ। इसी युग में गायक विद्वान बाक् (Bach) ने की बोर्ड (key board) में समान्तराल स्केल का प्रयोग किया जो सर्वमान्य नहीं हुआ। इस युग के ओपेराओं में कलात्मक नृत्य नाटिका को अपनाया गया। इस काल में पोली फोनी व हारमनी दोनों ही की अत्यधिक अनावश्यक तथा अव्यवस्थित दशा थी। क्योंकि संगीत में विषम गति, जटिल अलंकार तथा स्वेच्छा से गायन का विस्तार अनियमित ढंग से हो रहा था। धार्मिक संगीत से निकलने के पश्चात् संगीत के स्वरूप में अत्यधिक कलात्मक सौन्दर्य लाने के लिये नियमों की व्यवस्था ठीक तरह से नहीं हुई। पर बरोक् काल के अंत तक क्रमशः संगीत का नियमित गठन शास्त्र के अंतर्गत किया जाने लगा।

इसके बाद के समय का नाम क्लासिकल युग (classical age) है

जिसमें शास्त्रीय, शुद्ध तथा गंभीर व सरल रचनाओं की प्रधानता थी। बरोक् काल का संगीत अति अलंकृत था। ध्यान देने योग्य तथ्य यह है कि पाश्चात्य संगीत में गीतों की बढ़त, हारमनी व पोलीफोनी रचनायें गीतों के साथ-साथ लिपिबद्ध तथा पूर्वरचित होती थी। इन सारे गीतों का प्रत्येक अंश एवं पद, विभिन्न कंठ ध्वनि के अनुरूप लिपिबद्ध किये जाते थे। तथा प्रत्येक वादक तथा गायक को उसका विभाग लिख कर दिया जाता था जो प्रथा आज भी प्रचलित है। यदि किसी गायक या वादक को तत्काल कोई कल्पना के उपज को प्रस्तुत करना हो तो उसका क्षेत्र अति सीमित था क्योंकि सारे समूह गान तथा वादन की व्यवस्था बिगड़ने का भय रहता था। क्लासिकल युग का समय 1760 से 1830 ई० तक माना गया है। इसमें गायन तथा वादन को एक नियमित सुचारु रूप दिया गया।

इसके बाद का काल रोमांटिक युग है। जैसे नाम से ज्ञात होता है इस काल में कलात्मकता के भाव तथा रसों की भी परिपूर्ण प्रधानता थी। इसका समय 1830 से 1900 ई० तक का है। इसमें गायन का भाव, कला तथा रस के पक्ष का विकास किया गया। यह क्लासिकल समय के बौद्धिक तथा शुष्क शास्त्रपूर्ण गायन के विरोध में लिया गया कदम था। इसमें मनुष्य की सामान्य भावनाओं का प्रदर्शन सरल रीति से तथा स्वाभाविक मधुर गीतों से किया गया।

इस युग के साहित्य, काव्य, कला तथा इमारतों में सौन्दर्य को महत्त्व दिया गया। इस प्रकार पाश्चात्य संगीत गिरजाघरों में धार्मिक गान के रूप में 500 ई० में प्रारंभ होकर 1900 ई० तक की लंबी यात्रा तय करने के उपरान्त अपने सर्वांगीण विकास को प्राप्त हुआ। इस संगीत के विकास में यूरोप के प्रदेश-जर्मनी, इटली, स्पेन, फ्रांस आदि विभिन्न देशों का सहयोग व प्रभाव दिखाई देता है। पाश्चात्य संगीत के इस संक्षिप्त इतिहास से यह ज्ञात होता है कि इस संगीत का आधार ग्रीक मोड्स ही थे। पाश्चात्य संगीत भी मूलतः रागदारी संगीत ही था जो भारतीय संगीत के समान अति प्राचीन नहीं कहा जा सकता। पर इस संगीत ने विश्व के सारे प्राचीन संगीत का अस्तित्व मिटा दिया है तथा इसका प्रभाव आज भारतीय सुगम संगीत में भी देखा जा सकता है। पाश्चात्य संगीत के मौलिक तत्व, कतिपय प्रमुख प्रयोग, पारिभाषिक शब्दों का अर्थ तथा स्वरलिपि पद्धति को जानना संगीत के विद्यार्थी के लिये उचित है क्योंकि आज विश्व में भारतीय रागदारी प्रणाली के अतिरिक्त

हारमनी युक्त संगीत की एकमात्र प्रणाली पाश्चात्य संगीत है।

साउंड-(ध्वनि) यह सर्व विदित तथ्य है कि संगीत का आधार ध्वनि है। पाश्चात्य संगीत में साउंड वैज्ञानिक रीति से किसी वस्तु के कंपन से उत्पन्न होता है। ध्वनि को श्रवण योग्य बनाने के लिये तीन तत्वों का होना आवश्यक है। कंपन उत्पन्न करने वाली वस्तु, कंपन से उत्पन्न ध्वनि को वहन करने वाला तत्व (वायु, जल, या गैस) जो ध्वनि को श्रवण तक पहुँचाये। तीसरा महत्त्वपूर्ण अंग है श्रोता। कोई भी ध्वनि माध्यम के बिना यात्रा नहीं कर सकती। ध्वनि का वाहक माध्यम होने पर भी उसको सुनकर समझने वाली श्रवणेन्द्रिय का होना अत्यंत आवश्यक है। बाद की तीन विशेषतायें–उच्च नीचता, छोटा-बड़ापन तथा जाति अथवा गुण दोनों ही इस संगीत में माने जाते हैं। जो इस प्रकार हैं।

पिच (pitch)-ध्वनि की उच्च नीचता से संगीत के स्वरों का निर्माण होता है। पाश्चात्य संगीत में इस ध्वनि भेद को पिच कहते हैं। इस pitch का आधार कंपन संख्या है। किसी भी तार की लंबाई पर उसकी कंपन संख्या निर्भर करती है। कंपन संख्या के साथ ध्वनि का तारत्व बढ़ता है।

इन्टेन्सिटी (intensity)-यह नाद के छोटे बड़ेपन से संबद्ध है। इसका कंपन संख्या से संबंध नहीं है। कंठ में जोर लगाकर उसी स्वर को बलपूर्वक गाना अथवा बलपूर्वक आघात करना, या तारों को छेड़ना इंटेन्सिटी का आधार है। मृदु ध्वनि या धीमी ध्वनि तथा जोरदार ध्वनि जब एक ही स्वर में हो तो वह ध्वनि को छोटा या बड़ा बनाता है। परन्तु पिच पूरी तरह कंपन संख्या से संबद्ध है। मन्द्र स व तार 'स' एक ही स्वर होने पर तार की कंपन संख्या मन्द्र स से दुगुनी होगी। मन्द्र स को धीमे स्वरों से या ऊँची आवाज में गाना इंटेन्सिटी है। इसमें स्वर तथा उसका स्थान परिवर्तन या कंपन संख्या का परिवर्तन नहीं होता है।

टिंबर (Timbre)-यह नाद की जाति अथवा गुण से संबद्ध है। इसमें प्रत्येक गायक या वाद्य की ध्वनि के भिन्न रूप को सुना तथा पहचाना जा सकता है। यह कंपन के माध्यम की भिन्नता के कारण कंपन तरंगों के उठान तथा पतन में आने वाली भिन्नता से ध्वनि के गुण में परिवर्तन आता है। कंठ ध्वनि में प्रत्येक व्यक्ति के कंठ यंत्र की भिन्नता से पृथक पहचानी जाती है। पाश्चात्य संगीत में इसे टोन कलर भी कहते हैं।

टोन (Tone)-यह शब्द दो अर्थों में प्रयोग होता है। निश्चित कंपन से

युक्त संगीतोपयोगी ध्वनि को टोन कहा जाता है।

टोन का प्रयोग अंतराल को सूचित करने के लिये भी किया जाता है। यह प्रमुखतः तीन तरह का होता है। सेमी टोन, माइनरटोन तथा मेजर टोन का इंटरवेल। इनके बारे में इंटरवेल के अंतर्गत आगे लिखा जायेगा।

नोट्स (Notes)–नोट्स स्वर को कहते हैं। टोन किसी भी संगीतोपयोगी निश्चित ध्वनि को कहते हैं। पर टोन को विशिष्ट स्वर का नाम दिये जाने पर नोट कहा जाता है।

भारतीय संगीत की भांति इस पाश्चात्य संगीत में भी 7 शुद्ध तथा 5 विकृत स्वर होते हैं। विकृत स्वर कोमल या तीव्र हो सकता है। नोट्स के पूरे नाम इस प्रकार है–डो रे मी फा सोल ला ही डो।

C D E F G A B C	(संक्षिप्त नाम)
स रि ग म प ध नि सं	(भारतीय स्वर)
1 2 3 4 5 6 7 8	(संख्या सूचक नाम)

डो रे मी आदि स्वर नामों को सोल्पागियों कहते हैं। संक्षिप्त में सोल्फा भी कहते हैं। इन स्वरों को देखने पर हम समझ सकते हैं कि इनका स्केल या सप्तक आठ स्वरों का होता है। इन स्वरों की स्थिति कीबोर्ड या पियानो में इस प्रकार है।

चित्र

पाश्चात्य संगीत में पियानों का अधिक महत्त्व है। इससे स्वरों को समझाना भी सरल है। पियानो, हारमोनियम, आरगेन सब में स्वरों की दो रंग की पट्टियां होती हैं। एक–बड़ी सफेद पट्टियां जो पूरे वाद्य में होती हैं। दूसरा सफेद पट्टियों के बीच काली छोटी पट्टियां। ये तीन व दो के समूह में लगी होती है। तीन काली पट्टियों के पहले की सफेद पट्टी सदैव F (म) होता है। दो काली पट्टियों के समूह से पहले को सफेद पट्टी का C माना जाता है।

प्रथम स्वर C से दूसरे c^2 तक केवल सफेद पट्टियों को बजाने पर शुद्ध स्वरों का आरोह–स रि ग म प ध नि स। प्राप्त होगा। इन स्वरों को नेचुरल (प्राकृतिक) शुद्ध स्वर मानते हैं। यही इनका मेजर स्केल है। मध्य की काली पट्टियां विकृत स्वरों की हैं। फ्लैट व शार्प नोट दोनों प्रत्येक काली पट्टी से क्रमपूर्वक निकाला जाता है। कहने का तात्पर्य यह है कि प्रत्येक काली पट्टी अपने से पहले वाली सफेद पट्टी के स्वर का तीव्र

स्वरूप माना जाता है। वही काली पट्टी अपने बाद वाली सफेद पट्टी के स्वर का तीव्र स्वरूप माना जाता है। इस प्रकार प्रत्येक काली पट्टी एक स्वर के तीव्र स्वरूप तथा दूसरे स्वर के कोमल स्वरूप का नाम धारण करता है। इसका प्रदर्शन पाश्चात्य संगीत के प्रधान वाद्य पियानो के चित्र द्वारा प्रस्तुत है।

अर्थात् काली पट्टियों की ध्वनि समान होने पर भी उनसे उत्पन्न स्वरों के नाम (तीव्र व कोमल) भिन्न हैं।

चित्र

F (म) नोट के बाद वाली काली पट्टियों से आरंभ करने पर स्वरों के स्वरूपानुसार नाम इस प्रकार हैं–

(1) F# (शार्प) तथा G b (फ्लैट) (मे-प)
(2) G# (शार्प) तथा A फलेट b (पं-ध)
(3) A# (शार्प) तथा B फलेट b (धं-नि)
(4) C # (शार्प) तथा D फलेट b (सं-रि)
(5) D # (शार्प) तथा E फलेट b (रि-ग)

इस प्रकार पांच विकृत स्वर वाली काली पट्टियां क्रमशः तीव्र व कोमल बन जाती है। दो पृथक स्वरों का नाम प्रत्येक काली पट्टी को दिया गया है। पहली वाली काली पट्टी F (म) तीव्र भी है तथा G (प) कोमल भी है। यही क्रम अन्य काली पट्टियों के साथ भी है। पाश्चात्य संगीत में हमारे अचल माने जाने वाले स्वर स, व पंचम भी कोमल व तीव्र हो जाते हैं।

एनहारमनिक–जो स्वर एक होने पर भी दो नाम से पुकारे जाते हैं उन्हें एनहारमनिक् (enharmonic) कहते हैं। प्रत्येक काली पट्टी दो स्वरों का नाम धारण किये हुए हैं। इसलिये ये एनहारमनिक् स्वर है।

हारमनिकस् (Harmonics)–जब हम किसी तार या बाजे को एक निश्चित आधार स्वर में छेड़ते हैं तो उस स्वर के साथ सूक्ष्म रूप से कुछ अन्य स्वरों को भी सुना जा सकता है। इन्हें स्वयं मू स्वर भी कहते हैं। कोई भी कंपन से उत्पन्न होने वाली ध्वनि अकेली नहीं होती है। ध्यान देकर सुनने पर हमें उस स्वर के साथ उससे संबंध रखने वाले स्वर भी सुनाई पड़ते हैं। जैसे तानपूरे का मन्द्र षड्ज यदि पूरी तरह मिलाया गया हो तो गांधार स्वर सुनाई पड़ेगा। यह गांधार स्वर स्वयं भू स्वर है जो हमारे मिलाने

या छेड़ने के कारण अपने आप उत्पन्न होता है। इसी प्रकार आधार स्वर को बदलने पर कई अन्य स्वरों की प्राप्ति होती है। इन स्वयं भू स्वरों को हारमनिकस् का नाम दिया है। इन्हीं स्वरों के कारण सप्तक का निर्माण शुद्ध रूप से होता है इन्हें ओवरटोन्स (overtones) भी कहते हैं। वास्तव में तार छेड़ने पर या कंठ ध्वनि से स्वर लगाने पर ध्वनि की उत्पत्ति कंपन से होती है। यह ध्वनि या स्वर जो हमें मोटे तौर से सुनने पर एक निश्चित अकेला स्वर लगता है पर वास्तव में कंपनों के द्वारा उत्पन्न ध्वनि या कंठ स्वर अन्य स्वरों का एक मिश्रण है जिसमें एक स्वर की प्रधानता होती है। शेष स्वर सूक्ष्म होते हैं जिन्हें अतिशय ध्यानपूर्वक सुनने की चेष्टा करने पर सुनाई पड़ सकते हैं। ये प्रच्छन्न स्वर हारमनिक्स है। इनके कारण ही नाद की जाति अथवा गुण (टिंबर) का भास होता है। जैसे पूर्व ही बताया गया है पियानो की सफेद पट्टियां शुद्ध या नेचुरल स्वर है। जिस सफेद पट्टी के आगे या पीछे काली पट्टी आती है वह क्रमशः तीव्र या कोमल बनती है। दो स्थान पर काली पट्टियाँ नहीं है।

B तथा E नोट के पास काली पट्टी नहीं होती है। B (नि) स्वर तथा E (ग) स्वर के पास सफेद ही है। इसलिये B फ्लेट बन सकता है तथा E (ग) भी फ्लैट (कोमल) बन सकता है। इन्हें तीव्र बनाना हो तो नेचुरल सफेद पट्टी का उपयोग करना पड़ेगा इस प्रकार पाश्चात्य संगीत में 7 शुद्ध तथा 5 विकृत स्वर संख्या में तथा नाम से 10 विकृत स्वर होते हैं।

इंटरवेल या अंतराल (Interval) पाश्चात्य संगीत के अंतराल की अत्यधिक महत्त्वपूर्ण भूमिका है। इंटरवेल एक स्वर से दूसरे स्वर तक के मध्य की दूरी को कहते हैं। ये नियत इंटरवेल ही स्केल का निर्माण करते हैं जिन्हें हम भारतीय ग्राम से तुलना कर सकते हैं। जिस प्रकार भारतीय ग्राम का निर्माण स्वरों की श्रुति संख्या से होता है इसी प्रकार पाश्चात्य संगीत में स्केल का निर्माण नियमित अंतरालों से होता है। पाश्चात्य संगीत में स्केल आठ स्वरों से बनता है। अर्थात् स से सं तक सात अंतरालों से स्केल का निर्माण होता है। इनके अंतरालों में सर्वप्रथम हम परफेक्ट इंटरवेल को लेते हैं। परफैक्ट इंटरवेल आरंभिक स्वर से चौथा पांचवां तथा आठवें स्वर के बीच के अंतराली को परफैक्ट इंटरवेल कहा जाता है। यदि प्रधान या आरंभिक स्वर स हो तो उससे चौथा स्वर 'म' पांचवां स्वर 'प' तथा आठवां स्वर तार 'स' के बीच का अंतराल परफैक्ट इंटरवेल कहलायेगा। इसके

अतिरिक्त पाश्चात्य संगीत में तीन तरह के इंटरवेल होते हैं। जिन्हें स्टेप या टोन के नाम से भी जाना जाता है। ये हैं-मेजर माइनर व सेमी टोन का अंतराल।

मेजरटोन-मेजर टोन का अंतराल सबसे बड़ा अंतराल होता है। मेजर का अर्थ है प्रमुख या बड़ा। मेजर टोन के इंटरवेल की लंबाई 9/8 होता है। स्वरों का परस्पर संबंध या अंतराल का नाप मेजर अंतराल में सबसे बड़ा है। इसे व्होल टोन (whole tone) या व्होल स्टेप (whole step) भी कहा जाता है। स्केल के निर्माण में इसका महत्त्व है।

माइनर टोन या इंटरवेल-यह मेजर से छोटा है पर दोनों में बहुत कम अंतर होने के कारण स्केल की रचना में इसे भी टोन का अंतराल ही कहा जाता है। इसका परिमाण 10/9 है। यह A से B तथा E से G के बीच आता है।

सेमीटोन–सेमीटोन का अंतराल पाश्चात्य संगीत में सबसे छोटा माना जाता है। इसे हाफ स्टेप भी कहते हैं। इसका माप 16/15 होता है। सेमी टोन का अंतराल स्केल के अनुसार बदलता है। डायाटोनिक स्केल, क्रोमाटिक स्केल तथा समानंतरालीय स्केल आदि तीनों में इसका माप अलग है। प्राकृतिक स्वर से प्राकृतिक (दूसरे) स्वर तक का अंतराल मेजर होता है।

जिस प्रकार श्रुतियों का विभाजन स्वरों में तीन प्रकार से होता है उसी प्रकार पाश्चात्य संगीत में भी अंतराल तीन प्रकार के होते हैं। पर पाश्चात्य संगीत में कोई भी स्वर अचल नहीं होता है।

स्केल-आठ स्वरों की नियमित अंतराल युक्त रचना को स्केल कहा जाता है। इसे हम अपने सप्तक या प्राचीन ग्राम के साथ तुलना कर सकते हैं। एक ऑक्टेव (सप्तक) में आठ स्वरों का आरोह क्रम से एक निश्चित अंतराल के साथ किया जाये तो वह स्केल कहलाता है। स्केल का पहला या आरंभिक स्वर टोनिक (Tonic) या फंडामेंटल (Fundamental) अर्थात् प्रमुख स्वर कहलाता है। स्केल प्रधानतः दो प्रकार के होते हैं-मेजर तथा माइनर स्केल। ये दोनों स्केल पाश्चात्य संगीत के प्रयोगात्मक (pratical) संगीत में उपयोग किये जाते हैं। इन दोनों स्केल में अंतराल में भिन्नता है। पर दोनों स्केल में दो तरह के अंतराल-टोन व सेमीटोन होता है। इसलिये पाश्चात्य संगीत में मेजर व माइनर स्केल दोनों ही डायाटोनिक (दो टोन वाला) स्केल के अंतर्गत आते हैं।

D डायाटोनिक स्केल–यदि सफेद पट्टियों में c से लेकर c^2 (सं) तक के आठ स्वर बजाये जाय तो जो स्केल की रचना होगी वह c का डायाटोनिक मेजर स्केल कहलायेगा जिसका अंतराल इस प्रकार होगा

C (tonic) C to D - व्होलटोन या स्टेप (स–रि)

2 सैकेण्ड - D-E–व्होल टोन (रि–ग)

3 थर्ड– E-F– सेमीटोन या हाफ स्टेप (ग–म)

4 फोर्थ– F-G व्होल टोन (म–प)

5 फिफ्थ– G-A व्होल टोन (प–ध)

6 सिक्स्थ– A-B व्होल टोन (ध–नि)

7 सेवन्थ– B-C सेमी टोन (नि–स)

मेजर स्केल में दूसरा तथा छठवाँ मेजर इंटरवेल है। तीसरा और सातवां माइनर इंटरवेल तथा पहला, चौथा, पांचवा तथा आठवां इंटरवेल परफैक्ट इंटरवेल है। प्रत्येक मेजर स्केल का इंटरवेल आरोह तथा अवरोह में इसी क्रम से आयेगा। मेजर स्केल 15 प्रकार के हैं। जो कि प्रत्येक टोनिक स्वर को मूर्च्छना क्रम से बदलने पर बनता है। जैसे–C नेचुरल, C तीव्र तथा, C कोमल (B नेचुरल) आदि। C नेचुरल के मेजर स्केल में आठों स्वर शुद्ध होते हैं।

C तीव्र के मेजर स्केल में सारे स्वर तीव्र तथा C कोमल के मेजर स्केल में सारे स्वर कोमल होते हैं। पर कई विद्वान (प्राचीन) मेजर या माइनर की संख्या 12 मानते हैं। अर्थात् सात शुद्ध स्वर तथा पांच विकृत स्वर मिला कर 12 स्वरों में से प्रत्येक स्वर को टोनिक या प्रारंभिक स्वर बना कर आरोह अवरोह करना 12 या 15 स्केलों का निर्माण करती है। जिसमें C व F का कोमल नहीं होता है। यह पहले बताया जा चुका है कि सफेद पट्टियों का एक दूसरे से अंतराल टोन का होता है। मेजर स्केल में प्रत्येक स्केल का नाम उसके प्रारंभिक स्वर से जाना जाता है। जैसे A से प्रारम्भ होने पर वह A मेजर स्केल है। मेजर स्केल का अंतराल–टोन, टोन सेमीटोन, टोन, टोन टोन, सेमीटोन जो सर्वथा परिवर्तित नहीं हो सकता है। मेजर स्केल को हर्षोल्लास युक्त, सुखद तथा आनंदपूर्ण माना जाता है। स्केल के अंतरालों को उनके संख्या तथा उनके मेजर या माइनर होने के अनुरूप दिया जाता है। यहाँ पर यह ध्यान रखने योग्य है कि सेमीटोन के अंतराल को इस कार्य के लिए माइनर का नाम दिया जाता है। जैसे तीसरा अंतराल सेमीटोन का है तो उसे

माइनर थर्ड कहा जायेगा। उसी प्रकार पांचवें बड़े अंतराल को मेजर फिफ्थ (Fifth) कहा जाता है।

माइनर स्केल–माइनर स्केल तीन प्रकार के हैं-नेचुरल, हारमोनिक् तथा मेलाडिक माइनर स्केल। प्रत्येक के 15 प्रकार उनके स्वरों पर आधारित होते हैं। इनमें नेचुरल माइनर स्केल प्रधान है। इसके अंतराल इस प्रकार हैं।, टोन, सेमीटोन, टोन, टोन, सेमीटोन टोन टोन।

C-D,	D-E,	E-F,	F-G,	G-A,	A-B,	B-C
स रि,	रि ग,	ग-म,	म-प	प-ध	ध-नि,	नि-स
टोन,	सेमी	टोन	टोन	से॰	टोन	टोन

इसके भी अंतराल का परिवर्तन नहीं होता है पर मूर्च्छना की तरह प्रत्येक माइनर स्केल का आरंभिक स्वर बदलता है तथा उसके निश्चित अंतराल के बाद का कोमल या तीव्र स्वर आता है। माइनर स्केल को उदास, तथा गंभीर स्केल माना जाता है। C माइनर स्केल हमारे जौनपुरी से मिलता है। C स्वर की मेजर या माइनर स्केल प्रमुख होता है। C मेजर स्केल हमारे बिलावल जैसा होता है। मेजर स्केल से माइनर स्केल बनाने का आसान तरीका मेजर स्केल के 6 स्वर का मूर्च्छना है। डायाटॉनिक स्केल ही पाश्चात्य संगीत का मूल स्केल है जिसमें से मेजर व माइनर स्केल का निर्माण होता है। इनमें भी टोन तथा सेमीटोन दो तरह का अंतराल होता है।

क्रोमाटिक स्केल–स्केल आठ स्वरों का आरोहात्मक रचना बताया गया है। लेकिन क्रोमोटिक स्केल एक ऐसा सप्तक (स्केल) है जिसमें शुद्ध सात तथा विकृत पांच स्वरों को प्रविष्ट किया गया है। स्वभावतः इसमें सारे स्वरों के बीच का अंतराल सेमीटोन ही हो सकता है। पर इसका सेमीटोन समान नहीं होते हैं। इसमें मेजर स्केल के बड़े अंतरालों के मध्य कोमल स्वरूप को प्रविष्ट किया जाता है। मेजर इंटरवेल 10/9 तथा 9/8 के होते हैं। इनको विभाजित करने पर जो सेमीटोन मिलेगा, वह अंतराल समान नहीं हो सकता है। न वह स्वाभाविक सेमीटोन 16/15 के बराबर भी हो सकता है। इसलिये इन सेमीटोन को क्रोमोटिक सेमीटोन कहा जाता है। क्रोमोटिक स्केल के 12 स्वर इस प्रकार हैं–

F, F#, G, G#, A, A#, B, C, C#, D, D# E.

समानांतरलीय सप्तक या टेंपर्ड स्केल (Equal tempered scale)–जैसा कि नाम से विदित होता है इस स्केल के सारे स्वरों के

अंतराल समान होते हैं। ये गणित रीति से सप्तक का विभाजन सात समान कृत्रिम सेमीटोन के अंतराल में किया गया है। स्वरों के स्वाभाविक या प्राकृतिक अंतरालों को हारमनी की सुविधा तथा किसी भी स्वर को टोनिक बनाकर बजाने के लिए यह सप्तक रचा गया है। आधुनिक पियानों, हारमोनियम, आरगेन तथा अन्य स्थिर परदे वाले वाद्यों में इस स्केल का उपयोग किया गया है। यह गायक की संगत, वादक तथा संगीत निर्माणकर्त्ता को किसी भी स्वर से प्रारंभ करने की सुविधा प्रदान करता है। इसमें सच्चे स्वर की प्राप्ति नहीं होती है। प्रत्येक स्वर अपने यथार्थ सुर से अल्पाधिक ऊँचा या नीचा होने के कारण अभ्यस्थ कानों को बेसुरा लगता है। इसमें प्रत्येक स्वर का अंतराल सेमीटोन होता है जो डायाटोनिक या क्रोमोटिक स्केल के सेमीटोन से भिन्न है। षड्ज पंचम भाव से सप्तक बनाने पर स से ऊपर का सं दुगुना न होकर कुछ बढ़ जाता था। इसी प्रकार षड्ज मध्यम भाव से सप्तक बनाने पर तार सं का अंतराल कम हो जाता था। इस स्केल का निर्माण 16वीं ई० में किया गया। पर कई पाश्चात्य देशों ने इसके स्वरों को बेसुरा मानकर इसे नहीं अपनाया। पर 19वीं सदी में इसकी अन्य विशेषताओं को ध्यान में रखकर इसका प्रचलन किया गया। पियानों व हारमोनियम जो आजकल शास्त्रीय संगीत के साथ संगत करने का काम करता है। उसमें यही समानंतरालीय सप्तक के स्वर होते हैं। भारतीय संगीत के स्वर सूक्ष्म श्रुतियों से बनते हैं जो राग विशेष के साथ सूक्ष्म रूप से ऊँचा या नीचा हो जाता है इसलिये हारमोनियम अपने संगीत के लिये उपयुक्त नहीं माना जा सकता है। पाश्चात्य संगीत के विद्वान भी समानांतरालीय स्केल के स्वरों को शुद्ध नहीं मानते हैं।

जस्ट इंटोनेशन (Just intonation)–जब वाद्यों को षड्ज पंचम या षड्ज मध्यम भाव से निर्मित स्वरों पर मिलाया जाता है तब उसे जस्ट इंटोनेशन कहते हैं। इस शब्द का अर्थ है–यथार्थ स्वरों पर मिलाना। इसके अंतराल शुद्ध व प्राकृतिक माने जाते हैं। इन अंतरालों को कृत्रिम तरीके से कम या अधिक नहीं किया जाता है। स्वरों के संवाद को कायम रखते हुए जब वाद्यों को मिलाया जाता है या उस स्वर को कंठ से अभ्यास किया जाता है तो वह जस्ट इंटोनेशन है।

इसमें C (स) से अन्य स्वरों का अंतराल इस प्रकार होगा।

C, D, F, F, G, A, B, C

1	9/8	5/4	4/3	3/2	5/3	15/8	2

यह C (स) से अन्य स्वरों तक के अंतराल का परिमाण है। C को एक मान लिया जाये तो C से D (रि) का इंटरवेल 9/8 होगा, C से E (ग का अंतराल 5/4 होगा इत्यादि।

प्रत्येक स्वर की सप्तक (स्केल) में अन्य स्वरों से परस्पर दूरी मेजर, माइनर व सेमीटोन है।

स	रि	ग	म	प	ध	नि	स
C	D	E	F	G	A	B	C
9/8	10/9	16/15	9/8	10/9	9/8	16/15	

मोड्स–आठ स्वरों के अन्य सप्तकों को मोड्स नाम दिया जाता है। जो मेजर या माइनर स्केल के अंतर्गत नहीं आते हैं। ये मोड्स ग्रीक संगीत से गिरजाघरों के गीतों में उपयोग किया जाता था। चार मोड्स की रचना पाइथागोरस तथा उनके अनुयायी शिष्यों द्वारा किया गया। जो इस प्रकार हैं डोरियन, अयोनियन, लीडियन एवं फ्रीजियन। ये स्केल से अति प्राचीन हैं। वस्तुतः मेजर व माइनर स्केल को क्रमशः अयोनियन तथा एओलियन (Ionian and Aeolian) के आधार पर ही बनाया गया। ये प्रायः हमारे रागों के समान हैं। इनमें आठ स्वर होते हैं। इन मोड्स को सुव्यवस्थित, अरिस्टोटल के शिष्य अरिस्टेक्सनेस ने किया। चर्च ने इन मोड्स को अपनाया तथा विस्तृत किया। इसमें गाये जाने वाले गीत प्लेनसांग या ग्रेगरियन चांट भी कहलाये। इन्हें चर्च मोड्स भी कहा जाता है। प्रमुख मोड्स सात हैं। अयोनियन (Ionian) डोरियन (Dorian) फ्रीजियन (Phrygian) लीडियन (Lydian) मिक्सोलीडियन (Mixolydian) एओलियन (Aeolian) तथा लोक्रियन (Locrian) लोक्रियन का प्रत्यक्ष गायन में प्रयोग नहीं होता था। उसका शास्त्रीय ढंग से केवल निर्माण किया गया था।

ग्रीक मोड्स अवरोहात्मक थे। मध्ययुग में चर्च ने अपने मोड्स को आरोहात्मक स्वरूप दिया। ये सातों मोड्स आठ स्वरों से क्रमशः आरंभ तथा अंत होते थे। जैसे–अयोनियन मोड् C (स) से c (स) तक था। चर्च मोड्स आरोहात्मक होने के कारण ये ग्रीक मोड्स से कुछ अलग थे। ये मोड्स 17 ई० तक प्रचलन में थे। उसके बाद पाश्चात्य देशों ने मेजर स्केल तथा माइनर स्केल की पद्धति को अपनाया।

इस प्रकार सारे विश्व के संगीत का आधार ग्राम (स्केल) व मूर्च्छना

पद्धति का ही विभिन्न स्वरूप था। स्केल को फ्रेंच में गामे (gamme) इटालियन में गाम्मा (gamma) तथा स्पानिश में गामा (gama) कहा जाता है जो ग्राम का अपभ्रंश ही प्रतीत होता है।

पाश्चात्य संगीत के कतिपय पारिभाषिक शब्द

पाश्चात्य संगीत का मूल स्वरूप गिरजाघरों में शाम (psalm) की किताब तथा अन्य इसाई धार्मिक किताबों के साहित्य का गायन था। यह गान अधिकतर सामूहिक कहा जा सकता है। कोई भी गायक समूहगान का नेतृत्व करने के लिये गाया करता था जिसे सार्वजनिक रूप से उपस्थित प्रार्थी समूह दोहराता था। इस प्रकार चर्च गायन विविध कंठ स्वर में गाया जाता था। यही गायन हारमनी, पोलीफोनी आदि का आधार बना।

हारमनी–हारमनी का शब्दार्थ है सुखद सुरीला संवाद। जब चर्च गायन में विविध कंठ स्वरों का एक साथ, एक ही समय में प्रयोग किया गया तो हारमनी अर्थात् विविध प्रकार के स्वरों का मिश्रण कर्णप्रिय तथा मनमोहक लगने लगा। सर्वप्रथम चर्चगायन एकल स्वर में, बिना किसी वाद्य के, स्वतंत्र लय में (शब्दों के दीर्घ व ह्रस्व उच्चारण) गाया गया। विविध कंठ स्वरों के कारण पोलीफोनी का अव्यवस्थित रूप सामने आया। चर्च के गाने मेलोडी (राग) पर ही आधारित थे। जब इस गायन के मध्य में कोई प्रमुख गायक अपने इच्छानुसार शब्द व अर्थ को भावपूर्ण रूप से उच्च या नीचे स्वर में दोहरा कर या उस साहित्य से संबद्ध किसी दृश्य का वर्णन करने का प्रयास मूल गान के साथ ही किया तो सरल हारमनी की उत्पत्ति हुई। अर्थात् मूल गायन एक स्वर में, राग में सामान्य गति से चलता रहता था। मध्य में दूसरे कंठ स्वर में साहित्य या राग की बढ़त करने का अभ्यास ही हारमनी का जन्मदाता है। यही प्राचीन अभ्यास केवल कंठ स्वरों में सीमित था समय के साथ वाद्यों में विभिन्न स्वर में संगत करने की चेष्टा की गई। आधुनिक काल में मूल गायन में स्वर गुच्छों के संगत करने को हारमनी कहा जाता है। स्वर गुच्छ को कार्ड्स कहा जाता है। तीन संवाद युक्त स्वरों को एक साथ या एक के बाद एक यदि बजाया जाय तो उसे कार्ड्स (chords) कहते हैं। यह स्वर गुच्छ तीन या तीन से अधिक स्वरों का हो सकता है। प्रमुख कार्डस का उदाहरण इस प्रकार है–सगप, गपध, पनिरे आदि। गायन के साथ इस प्रकार के स्वर गुच्छों का गायन के अनुरूप स्वर से बजाया जाता है। पर मूल गीत मेलोडी में ही होता है। मेलोडी के बिना हारमनी का

अस्तित्व नहीं है। एकल गान में वाद्य से हारमनी का प्रयोग किया जा सकता है। पाश्चात्य संगीत के विद्वानों के अनुसार तानपूरे के साथ गाना भी हारमनी कहा जा सकता है। हारमनी का कार्य है गायन में वैचित्र्य उत्पन्न करना। हारमनी में स्वरों की रचना क्रमबद्ध रूप से अर्थात् सप्त स्वरों का क्रमबद्ध रूप से नहीं माना जायेगा। इारमनी प्रधान गायन के लिये मेलोडी में रचे हुए गीत की आवश्यकता है। हारमनी एक साथ तीन या तीन से अधिक स्वरों को बजाने को कहते हैं। कार्ड्स को बिना गीत के बजाने पर कई भावों का प्रदर्शन बाह्य रूप से हो सकता है। तीन चार स्वरों को एक साथ गाना संभव नहीं हो सकता है। गायन के साथ दूसरा संपूर्ण भिन्न राग या गीत में अन्य स्वर में गाया जा सकता है। पर इसके लिये एक से अधिक गायक या वाद्य के संगत की आवश्यकता है। कंठ गायन के साथ वाद्य में कार्ड्स बजाया जा सकता है तथा इस प्रकार हारमनी का प्रयोग हो सकता है। विभिन्न कंठ स्वरों से गायन को पोलीफोनी तथा मूलगीत के साथ अन्य कंठ स्वरों से या वाद्यों से सर्वथा भिन्न गीत पूरे गीत के साथ गाया जाय तो वह काउंटरपाइंट कहलाता है। नोटेशन (स्वरलिपि) में हारमनी को लंब रूप से लिखा जाता है। जिसे वर्टिकल (vertical) स्वरूप कहते हैं।

काउंटर पाइंट (counter point)–इसमें संपूर्ण गीत का गायन एक या दो स्वर में गतिमान रहता है। उसके साथ-साथ अन्य कंठ स्वर या वाद्य से अन्य कोई गीत किसी दूसरे राग, लय या पदों में यदि उसी वक्त दूसरे सुर में गाया जाय तो उसे काउंटर पाइंट कहते हैं। स्वरलिपि में काउंटर पाइंट को गीत के साथ-साथ लिखने के कारण इसे हारिजोन्टल (horizontal) स्वरूप कहते हैं। कहने का तात्पर्य यह है कि हारमनी में स्वर गुच्छ या कार्ड्स एक ही समय में बजाए जाने के कारण उन्हें ऊपर से नीचे एक के बाद एक लिखा जाता है जबकि काउंटर पाइंट संपूर्ण गीत के साथ चलने के कारण उसे समानांतर रूप से लिखा जाता है। काउंटर पाइंट कंठ या वाद्य दोनों में प्रयोग हो सकता है। इसके लिये भी मूल धुन की आवश्यकता होती है।

मोनोफ्रोनी (monophony)–जब गायन एक ही कंठध्वनि में एक ही गीत को, बिना किसी संगत या कार्ड्स के किया जाये तो वह मोनो फोनी है। मोनो का अर्थ है अकेला या स्वयं। इसमें बढ़त या कल्पना के बिना यथावत् गीत को प्रस्तुत किया जाता है।

होमोफोनी (homophony)–इसमें एक प्रमुख गायक गायन का नेतृत्व करता है। अन्य जन उसका अनुकरण करते हैं। इसमें कार्ड्स का सख्त नियम है। अथवा सामूहिक रूप से एक ही लय में विभिन्न गीतों को गाने की क्रिया होमोफोनी है। विभिन्न धुनों का गायन एक ही लय में कार्ड्स के साथ गाना होमोफोनी है।

पोलीफोनी (polyphony)–पाश्चात्य संगीत में पोलीफोनी अति प्राचीन काल से है। यह काउंटर पाइंट, हारमनी आदि का आधार है। पाश्चात्य संगीत सामूहिक गान पर आश्रित है। यह विभिन्न कंठध्वनियों द्वारा विभिन्न लय में विभिन्न गीतों का मिश्रित गायन है। पर इसमें एक मूल गीत होता है जो कि टेनर सुर वाला व्यक्ति ऊँची आवाज में परिष्कृत मूल रूप के गीत का गायन करता है। भारतीय संगीत में वैदिक काल से आज तक व्यक्ति विशेष के स्वतंत्र गायन को महत्त्व दिया है। वृंदगान का शास्त्रीय संगीत में अपेक्षाकृत महत्त्व नहीं के समान है। पर पाश्चात्य संगीत में अधिकतर सामूहिक गान का महत्त्व है। पोलीफोनी को प्राचीन रूप में प्रत्येक व्यक्ति स्वेच्छानुसार गाया करता था। गायन का मूल स्वरूप एक होने पर भी लय व आधार स्वर पर ध्यान नहीं दिया जाता था। इनकी प्रार्थना भी सामूहिक रूप से ही होती है। भारतीय संस्कृति के अनुसार ईश्वर आराधना प्रत्येक व्यक्ति की अपनी होती है। उसी प्रकार गायन में भी व्यक्ति विशेष को अपनी इच्छानुसार अन्य किसी बाधा के गाने की पूरी स्वतंत्रता दी गई है। पाश्चात्य देश में भी पोलीफोनी में प्रत्येक व्यक्ति स्वेच्छानुसार बिना किसी बंधन के गा सकता था। आधुनिक काल में पोलीफोनी भी पूर्व निबद्ध होता है।

मेडोली–हारमनी में यदि तीन या चार क्रमहीन स्वरों को एक साथ बजाया या गाया जाता है तो मेलोडी में सात स्वरों के क्रमिक स्वरूप से निर्मित रचना होती है। मेलोडी का मूल तत्व राग से मिलता है। यह मोड्स या स्केल के स्वरों पर आधारित होता है। इसमें हारमनी जैसा स्वरों का मिश्रण नहीं होता है। प्रत्येक स्वर के समुचित विकास पर ध्यान देकर स्वरों के सौन्दर्य को बढ़ाया जाता है। इसमें अंत:मन के भावों को प्रदर्शन स्वयं हो जाता है। मेलोडी का प्रमुख गुण उसकी मधुरता है। इसमें स्वरों के क्रमिक रचना द्वारा एक आकृति की रचना की जाती है। जिसके अनुभव से श्रोता को उस विशिष्ट आकार (राग) का परिचय हो जाता है। संक्षेप में मेलोडी

पाश्चात्य संगीत में व्यवहृत राग है।

स्वरलिपि

पाश्चात्य संगीत प्रधानतः सामूहिक गान होने के कारण इसमें प्रत्येक व्यक्ति का या वाद्यों का अपना-अपना समय, गीत व संवाद का एक नियम होता है। जिस प्रकार नाटक में पात्रों की विभिन्न भूमिका, संभाषण आदि होता है, जिसे अभ्यास करने के लिये लिखित रूप में पात्रों को पहले ही दे दिया जाता है उसी प्रकार पाश्चात्य संगीत के एक गीत प्रयोग में किये जाने वाले संपूर्ण गायन को सुव्यवस्थित रूप से लिपिबद्ध कर प्रत्येक गायक या वादक अपने सामने एक स्टेण्ड पर अपने हिस्से का गायन लिखित रूप से रखता है तथा उसी का अनुकरण करता है। यह आधुनिक काल में स्वरलिपि का प्रयोजन है गीतों को या वादन के बंदिशों को सुरक्षित रखने का एकमात्र साधन स्वरलिपि है। पाश्चात्य संगीत में स्वरलिपि का अत्यधिक महत्त्व है। संगीत के शिक्षा का प्रथम पाठ स्वरलिपि को पढ़ने का होता है। इसलिये पाश्चात्य संगीत के स्वरलिपी पद्धति को जानना आवश्यक है। स्वरलिपि को नोटेशन कहा जाता है। स्टाफ नोटेशन वहां की प्रचलित स्वरलिपि है।

स्टाफ नोटेशन (Staff notation)–स्टाफ नोटेशन की रचना 5 समानंतर रेखाओं तथा उनके मध्य के रिक्त स्थानों से की जाती हैं। प्रत्येक रेखा तथा उनके मध्य के रिक्त स्थान में स्वरों को लिखा जाता है। स्वरों का सामान्य चिन्ह O इस तरह होता है। ये स्वर क्रमशः रेखा पर तथा उसके मध्य के स्थान पर लिखे जाते हैं।

इस चित्र के अनुसार पांच समानंतर रेखायें तथा उनके मध्य चार स्थान प्रत्येक स्वर के लिये खींचा जाता है। इनमें से प्रत्येक रेखा तथा उसके मध्य का स्थान क्रमबद्ध स्वरों को प्रस्तुत करते हैं। इन पांच रेखाओं के आरंभ में पांचों रेखाओं को घेरकर एक चिन्ह 𝄞 इस तरह का बना हुआ है जिसको ट्रेबल क्लेफ कहा जाता है। ऊपर का नोटेशन के चित्र में कोई स्वर नहीं लिखा गया है। यह चित्र स्टाफ नोटेशन का स्वररहित चित्र है। जिसमें केवल

ट्रेबल क्लेफ (treble clef) का चित्र दर्शाया गया है।

ट्रेबल क्लेफ का कार्य है गान या स्वर के स्थान व सप्तक को नियत करना या दिखाना। यह दूसरी रेखा को पूरी तरह गोलाकार होकर आच्छादित करता है। ध्यान से देखने पर यह अंग्रेजी का बड़ा अक्षर G की तरह दिखता है। इसलिए इसे g क्लेफ भी कहते हैं। पाश्चात्य संगीत में C स्वर का महत्त्व है। पियानो की दो काली पट्टियों के पहले की सफेद पट्टी C (स) है। इसे मध्य C कहते हैं। ट्रेबल क्लेफ वाले इन लाइनों में मध्य C (स) के नीचे के 'E' ग को सबसे नीचे वाली रेखा में रखा जाता है। अर्थात् स्टाफ का प्रारंभ हमारे मन्द्र ग से शुरू होता है।

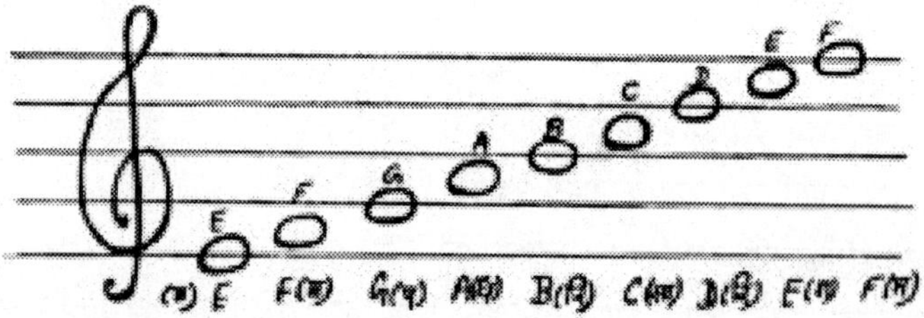

इस प्रकार ट्रेबल क्लेफ वाले स्टाफ में 9 मूल स्वरों को स्थान दिया जाता हे जिसका स्थानांतरण नहीं होता है।

चित्र नं. 2 में पाश्चात्य संगीत के 9 शुद्ध मूल स्वरों का स्थान 'O' इस गोलाई के रूप में दिखाया गया है। ये 9 स्वर E (ग) से आरंभ होकर F (म) स्वर पर अंत होते हैं। E, F, G, A, B, C, D, E, F (ग म प ध नि स रि ग म) ये स्वर क्रमशः रेखा पर आरंभ होते हैं तथा रेखाओं के बीच के स्थान में रेखा के बाद वाला स्वर लिखा जायेगा जैसे E यदि रेखा पर लिखें तो उसके बाद का स्वर 'F' पहले दो रेखाओं के बीच के स्थान पर लिखा जायेगा। इसमें C का स्थान तीसरी व चौथी रेखा के बीच है। इस C को मिड्ल (मध्य) C कहा जाता है। स्टाफ स्केल में F से ऊपर का या E से नीचे का स्वर लिखना हो तो क्रमशः छोटी रेखा तथा रिक्त स्थान दिखाया जायेगा। देखिये चित्र नं॰ 3 स्टाफ के ऊपर या नीचे छोटी-छोटी रेखायें अतिरिक्त स्वर को दिखाने के लिये खींची जाती हैं। वह लेड्जर लाइन कहलाती है।

मध्य C से ऊपर के स्वर E से आरंभ होकर ट्रेबल क्लेफ के चिन्ह के स्टाफ में लिखे जाते हैं।

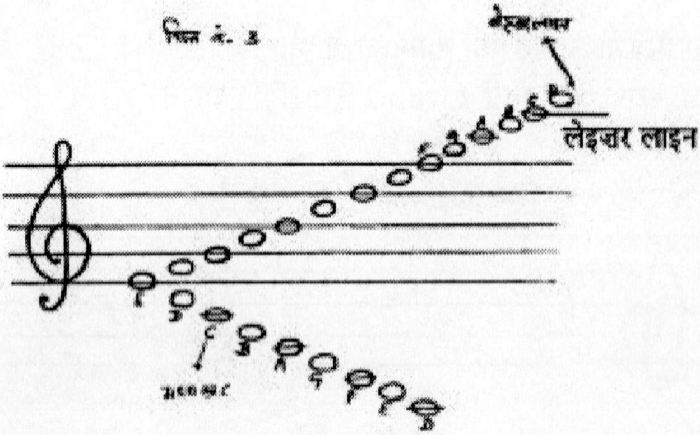

यह ट्रेबल क्लेफ मध्य के C (स) से ऊपर के स्वर के लिये लगाया जाता है जिसमें C या D के लिये स्टाफ की लकीरें, जिन्हें स्टेव कहा जाता है नहीं हैं। मध्य के C (स) के नीचे के स्वरों को लिखने के लिये बास क्लेफ का चिन्ह स्टेव के आरंभ में लगाया जाता है। वह चिन्ह 𝄢 इस प्रकार का होता है। यह स्टाफ के चार रेखाओं पर बनाया जाता है। इसे F क्लेफ भी कहते हैं क्योंकि दो बिंदु F स्वर के रेखा के ऊपर व नीचे लगाये जाते हैं।

बास क्लेफ का स्वर सहित चित्र नं॰ 4

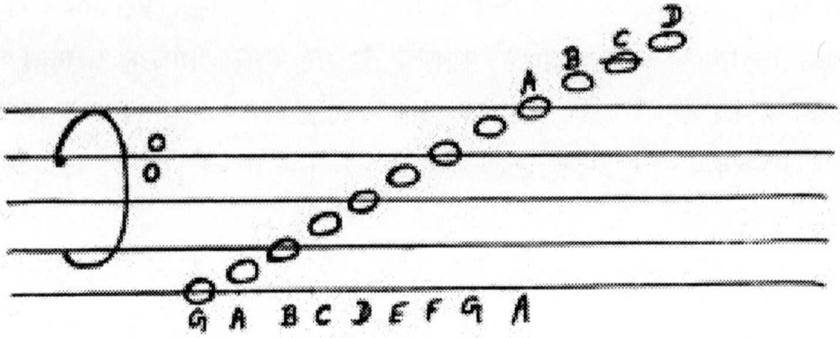

यह मध्य स (c) के नीचे के स्वर है। मध्य स का स्थान दिखाने के लिये इसे ऊपर तीन स्वर B, C, D बढ़ाकर दिखाया है जो आवश्यक नहीं है। कभी कभी इन दोनों क्लेफ को मिलाकर लिखा जाता है। उसे ग्रांड क्लेफ कहते हैं। इन दोनों क्लेफ को मिलाने के लिये इसी तरह बास क्लेफ

को तीन स्वर बढ़ाकर ट्रेबल क्लेफ के साथ जोड़ दिया जाता है। यह अधिकतर पियानो संगीत के काम आता है।

(ग्रांड स्टाफ का चित्र Grand Staff) चित्र नं॰ 5

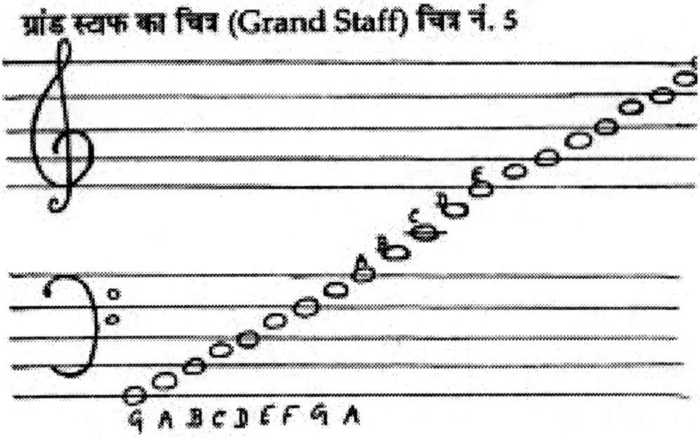

बास क्लेफ तथा ट्रेबल क्लेफ को मिलाने के लिये B, C, D तीन स्वरों को बास क्लेफ के ऊपर बढ़ाया गया।

मात्रा का काल परिमाण तथा उन्हें लिखने का तरीका।

पाश्चात्य संगीत में स्वरों के सामान्य चिन्ह O में ही परिवर्तित काल का परिमाण दिखाया जाता है। ताल के मात्राओं के विभाग को स्टेव के ऊपर खड़ी रेखा खींच कर विभागों को दिखाया जाता है जिन्हें बार लाइन कहते हैं। एक विभाग में कई मात्रा हो सकती है। पर सबसे अधिक प्रचलन चार मात्राओं के विभाग का है। चार मात्राओं में 1/32 स्वर अर्थात् 32 स्वर तक लिखा जा सकता है। इसके लिये सरल तरीका स्वरों के चिन्ह परिवर्तन है जो इस प्रकार है–

1. पूर्ण स्वर (व्होल नोट) का चिन्ह O, यह 4 मात्रा के बराबर है।

1/2 आधा स्वर (हाफ नोट) का चिन्ह या = है = 1/2

1/4 चौथाई स्वर (क्वार्टर नोट) का चिन्ह ♩ या = है = 1/4

1/8 आठवां स्वर (एयट्थ नोट) का चिन्ह ♪ या = है।

1/16 सोलहवां स्वर (सिक्सटीन्थ नोट) या = है।

1/32 बत्तिसवां स्वर (थर्टीसेकंड्थ नोट) या = है।

जैसा कि चित्र में दिखाया गया है पूर्ण स्वर को छोड़ कर शेष स्वरों के लिये O गोलाई के बाईं ओर (नीचे) तथा गोलाई के दाई ओर (ऊपर) एक रेखा जोड़ी गई है। जिसे स्टेम कहते हैं। इस स्टेम से स्वरों के 'पिच' का ज्ञान होता है। स्टाफ की पांच रेखाओं में से तीसरी रेखा पर या उससे ऊपर के स्वर दर्शाने के लिये नीचे के स्टेम वाले चिन्ह लगाते हैं। अर्थात् B (नि) C (सं) D (रिं) E (गं) तथा F (मं) के स्वरों को लिखने के लिये नीचे स्टेम (𝅗𝅥) वाले चिन्ह लगाते हैं। इसी प्रकार तीसरी रेखा से नीचे के स्वर के लिये ऊपर के स्टेम वाले (♩) स्वर लिखा जाता है। स्टाफ नोटेशन की रेखाओं को स्टेवस् (staves) कहते हैं। जो कि बहुवचन है। स्टाफ को चार या अधिक भागों में विभक्त करने वाली लाइन को बार लाइन कहते हैं।

नोटेशन में स्वर तथा मात्रा का

एक विभाग में एक पूर्ण स्वर तथा दो आधी मात्रा वाले स्वर आते हैं।

एक विभाग में (बार में) चार चौथाई स्वर, क्वार्टर नोट आते हैं।

एक बार लाइन में आठ 1/8 मात्रा के स्वर आते हैं। इन्हें मिलाकर भी लिखा जाता है।

1/16 मात्रा का स्वर सिक्स्टीन्थ नोट

जैसे कि पहले बताया जा चुका है कोमल स्वर का चिन्ह b

तीव्र स्वर के चिन्ह #

नेचुरल स्वर का चिन्ह ♮

जिस स्केल में जो स्वर सर्वदा कोमल लगता है उसके लिये b यह चिन्ह उस स्वर वाले रेखा या स्थान में क्लेफ के बाद लगाते हैं। उसी प्रकार तीव्र (शार्प) स्वर के चिन्ह भी प्रारंभ में ही लगाते हैं। पर यदि स्वर का प्रकार गीत में परिवर्तित होता हो तो उस स्वर के आगे शार्प, फलेट या नेचुरल का चिन्ह लगाते हैं।

चित्र न० 7

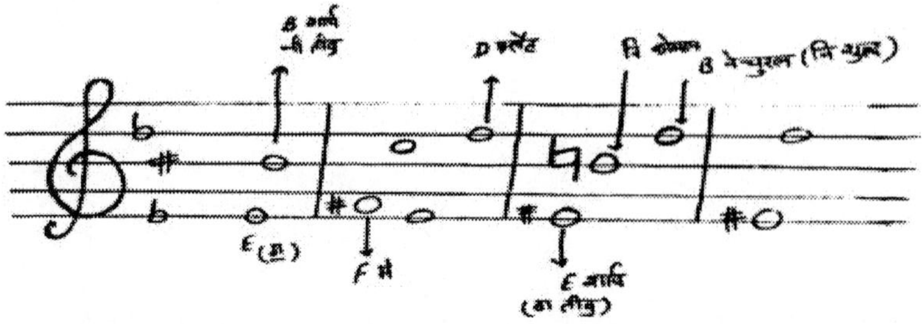

क्लेफ के तुरंत बाद में D (रि) की लाइन में यदि कोमल (फलेट) का चिन्ह b लगाया जाय तो उस पूरी लाइन को D (रि) कोमल (फलेट) ही समझा जायेगा। यदि बीच में बदलना हो तो उस बार में उस स्वर के आगे दूसरे स्वरूप का चिन्ह लगाना पड़ेगा। जैसे B शार्प (नी तीव्र) को शुद्ध करने के लिये उस बार के नी के आगे '♮' शुद्ध का चिन्ह लगा है।

इस प्रकार पाश्चात्य संगीत की स्वर लिपि हमारी स्वरलिपि से अधिक जटिल है। किन्तु पाश्चात्य संगीत में स्वरलिपि को सीखना तथा उसे देख कर वादन या गायन करना अनिवार्य है।

पाश्चात्य संगीत, भारतीय संगीत जैसा प्राचीन नहीं है। इसका उद्‌गम गिरजाघरों के धार्मिक संगीत के रूप में हुआ तथा तब इसका आधार प्राचीन ग्रीक संगीत के मोड्‌स (राग) थे। इसका आधार सामूहिक गान होने के

लेखन

एक विभाग में एक पूर्ण स्वर तथा दो आधी मात्रा वाले स्वर आते हैं।

एक विभाग में (बार में) चार चौथाई स्वर, क्वार्टर नोट आते हैं।

एक बार लाइन में आठ 1/8 मात्रा के स्वर आते हैं। इन्हें मिलाकर भी लिखा जाता है।

1/16 मात्रा का स्वार स्किस्टीन्थ नोट

एक ... में 16 स्वर $\frac{1}{16}$ मात्रा वाले आते हैं।

कारण इसके विकास क्रम में हारमनी, काउंटर पाइंट, पोली फोनी का प्रादुर्भाव होना स्वाभाविक ही है। इसे वैज्ञानिक एवं बौद्धिक संगीत कह सकते हैं। भाव या रस की पुष्टी तथा आध्यात्मिक साधना की इस संगीत के सीमा में आना असंभव सा है।

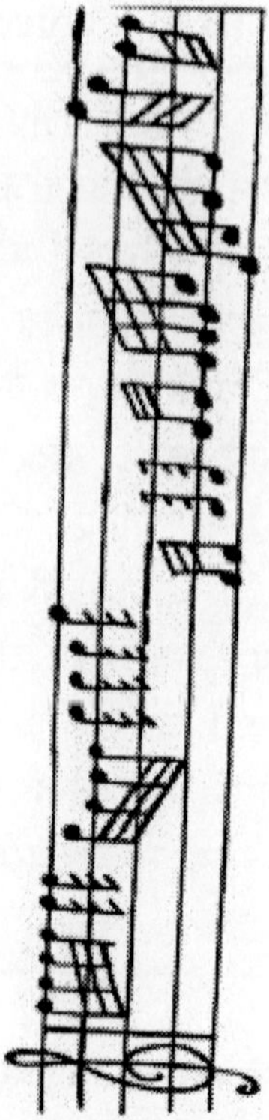

आज कल भारतीय संगीत में भी पाश्चात्य संगीत का अत्यधिक प्रभाव पड़ रहा है। पाश्चात्य संगीत के अच्छे गुणों को अपनाना भारतीय संगीत के लिये अपेक्षित है। सुगम संगीत में वैचित्र्य लाने के लिये पाश्चात्य संगीत के तत्वों का प्रवेश मान्य है। परन्तु शास्त्रीय संगीत में इस संगीत को प्रविष्ट करना सर्वथा अवांछनीय है।

–प्रो. विजय लक्ष्मी
संगीत एवं ललित कला संकाय
दिल्ली विश्वविद्यालय
दिल्ली

आवाज की गुणवत्ता (Voice culture)

Voice culture एक अच्छी आवजा के लिए जिम्मेदार कारकों की खोज करने की दिशा मे एक अध्ययन है। "आवाज" जब सही पिच, अच्छी गुणवत्ता के साथ ध्वनि या सांगीतिक स्वर पैदा करती है तभी सर्वश्रेष्ठ संगती की उत्पत्ति होती है। वॉयस संस्कृति को मानव कंठ के उपयोग करने का विज्ञान भी कहा जा सकता है। "एक गायक की आवाज" ही श्रोताओं से सांगीतिक विचारों को व्यक्त करने का व संवाद करने का एकमात्र साधन है इसलिए इसे हमेशा सुमधुर रखना चाहिए। वॉइस कल्चर इसकी गुणवत्ता में सुधार करने में मदद करता है। आवाज ही एकमात्र प्राकृतिक वाद्य है जिसको की सही पिच, सही लय, आवाज की शुद्धता व एकरूपता एवं सही तकनीक का उपयोग करके सुधारा जा सकता है।

"संगीत रत्नाकर" में 'सरीरा' एक शब्द है 'सरीरा' एक 'प्राकृतिक आवाज' है। किसी भी नियमित रूप से अभ्यास के बिना एक प्रतिभाशाली आवाज को संदर्भित करता है।

Sanskrit Sholok:

Vidhyadanena tapasa bhaktiya va parvatipateh
Prabhuta bagyavibhavah susariram avaptate

(Sangeet Ratnakar)

(संगीत रत्नाकर)

आवाज को सही प्रशिक्षण व विधि से एक अति सुन्दर और मधुर ध्वनि में बदला जा सकता है।

गायन के किसी भी प्रकार के लिए, एक-एक उपयुक्त आवाज, आवाज की जरूरत है। एक अच्छे आवाज की महत्त्वता को नजर-अंदाज किया जा सकता है।

"बृहदारण्यक उपनिषद" में कहा गया है कि एक अच्छे आवाज को सुनकर लोग उन्हें देखने के लिए रूक जाते थे। दरअसल एक गायक अपने

सांगीतिक परिपक्वता का प्रदर्शन केवल अच्छी आवाज के लिए कर सकता है।

भारतीय संगीत में इस कंठ साधना कहा गया है। वॉइस कल्चर यह शब्द पश्चिमी संगीत का है। अतीत में, भारतीय शास्त्रीय गायक द्वारा आवाज को महत्ता नहीं दिया गया है। भारतीय संगीत की प्राचीन ग्रंथों में केवल नाट्यशास्त्र, नारदीय शिक्षा एवं संगीत रत्नाकर में इसकी चर्चा की गई है वो भी आवाज के 'गुण-दोष' के रूप में।

वॉयस संस्कृति, अपने पूरे शरीर का उपयोग एक संगीत वाद्य के रूप मं करने की वैज्ञानिक जानकारी देता है, साँस लेने के लिए, सही ढंग, जीभ का स्वर उच्चारण मे सही विधि को लेने का सही ढंग, आवाज की गूंज एकरूपता, भावनाएँ, आवाज का लचीलापन, आवाज में स्पष्टता, अभिव्यक्ति, अनुनाद के बारे में अध्ययन है।

आवाज बोलने और गायन दोनों के लिए प्रयोग किया जाता है। गायन के लिए आवाज उत्पादन की लकनीक और अधिक जटिल है। गायन की मांसपेशियों पर और अधिक नाजुक नियंत्रण की आवश्यकता है। सांस के प्रभावी निरंत्रण, लचीला भाषण, अंगों, प्रतिध्वनिकारकों के समायोजन, व्यापक रेंज, मानसिक धारणा, आदि के मुँह के आकार शब्दों का प्रभावी उच्चारण, अलग tempos या गति के लिए आवाज का समायोजन, प्रस्तुति की मांग की पृष्ठभूमि के रूप में मात्रा या आयाम को नियंत्रित करना, स्वर उच्चारण यह गायक की कल्पना शक्ति के विकास और सुधार के लिए बहुत महत्त्वपूर्ण है। इन्हीं द्वारा आवाज को प्रशिक्षित किया जा सकता है।

बड़े गुलाम अली खान जी ने कहा कि आवाज सिर्फ भगवान से एक रेडीमेड उपहार नहीं है, उसे 'संगीत साधना' द्वारा नियंत्रित और आवाज को सुधारना और प्रभाशाली बनाना पड़ता है।

आवाज को चुने गए गायन शैली और प्रकार के अनुसार ही प्रशिक्षित किया जाना चाहिए। उदाहरण के लिए शास्त्रीय, सुगम संगीत, लोक संगीत, पाश्चात्य संगीत, फिल्म संगीत इन प्रत्येक प्रकार की आवाज उत्पादन की एक अलग शैली है। पुरुष और महिला की आवाज की बनावट भी अलग है तो, प्रशिक्षण शैली भी अलग होनी चाहिए।

संगीत का प्राकृतिक वाद्‌य केवल आवाज है। हर व्यक्ति अद्वितीय है, तो हर आवाज भी हालांकि हरेक वयक्ति दूसरे व्यक्ति से भिन्न है उनकी व्यक्तिगत सीमाएँ हैं, आवाज ही केवल ऐसा वाद्‌य है जो कि सही पिच, सही लय, टोन से सुधारा व सुसंस्कृत किया जा सकता है। भारतीय संगीत राग पर आधारित है। कर्नाटक संगीत भिन्न है, हिन्दुस्तानी संगीत में हर घराने की आवाज प्रशिक्षण अलग है। उनकी अपनी अनूठी शैली है। सुमधुर और कोमल आवाज फिल्म संगीत के लिए आवश्यक है। लेकिन सबसे अच्छी आवाज लचीली आवाज को ही माना गया है।

यह एक बहुत ही महत्त्वपूर्ण तथ्य है कि सफल गायक होने के लिए एक प्रभावी और प्रभावशाली आवाज होना बहुत जरूरी है। यही कारण है कि, वॉइस कल्चर एक गायक के लिए बहुत महत्त्वपूर्ण होता जा रहा है एक दिल्चस्प बात यह है कि यह अन्य पेशेवरों के लिए भी उपयोगी है। जो की प्रभावशाली आवाज के साथ संबंधित है जैसे सार्वजनिक वक्ता, अभिनेता, शिक्षक आदि

वॉइस् कल्चर का वैज्ञानिक पहलु एवं चिकित्सा पहलु आवाज स्वच्छता बनाए रखने और आवाज विकृति से बचने के लिए है। वॉइस कल्चर आवाज की गुणवत्ता में सुधार करने के लिए पारंपरिक और वैज्ञानिक तरीके अपनाता है इसकी वैज्ञानिक विधियों को हमारे भारतीय शास्त्रीय संगीत की परम्पराओं अनुभवजन्य पद्धति के साथ ही अपनाये जाना चाहिए। जो की वर्तमान परिप्रेक्ष में हरेक गायक के लिए अनिवार्य हो गई है।

उल्लेख विचार से इसे इन हिस्सों में विभाजित किया जा सकता है।

1) वॉयस संस्कृति क्या है?
2) संगीत के अध्ययन और गायन अध्ययन में अंतर।
3) वॉइस कल्चर में अन्य विषयों के योगदान।
4) एक संगीत वाद्‌य के रूप में आवाज और उसकी महानता।
5) आवाज को प्रभावशाली गाने की आवाज के रूप में परिवर्तित करना।
6) आवाज की उत्पत्ति का विज्ञान।
7) वैज्ञानिक दृष्टि में एक आवाज की गुणवत्ता क्या है?
8) वॉयस संस्कृति की मूल बातें।
9) वॉयस संस्कृति का लाभ।
10) वॉइस कल्चर का महत्त्व और आवश्यकता।

1. Voice culture /आवाज सांस्कृति क्या है?

कई आवाज विशेषज्ञों और संगीत वैज्ञानिकों ने इस तरह विभिन्न तरीके से वॉइस कल्चर/आवाज संस्कृति को परिभाषित किया है।

2. Pro. B. R. Deodhar (बहुमुखी संगीत विशेषज्ञ)

वह वॉइस कल्चर/आवाज संस्कृति विज्ञान के रूप में स्वीकृत है।

3. Dr. Ashok D Ranade (सम्मानित विद्वान संगीतकार)

वॉइस कल्चर/आवाज संस्कृति के प्रति इनका दृष्टिकोण शरीर क्रिया विज्ञान, मनोविज्ञान, ध्वनिकी में विभिन्न शाखाओं और योग शारीरिक रचना इन निष्कर्षो पर आधारित है।

4. Dr. S. A. K. Durga (आवाज विशेषज्ञ और ethnomusicologist)

वॉइस संस्कृति पारंपरिक तरीकों के साथ विज्ञान है।

5. Prof. Dr. T. Unnikrishanan (आवाज विशेषज्ञ)

यह ज्ञान की एक शाखा है जो सही आवाज उत्पादन की तकनीक के साथ संबंधित है।

6. Ananth Vaidhnathan (आवाज विशेषज्ञ)

वॉइस कल्चर संस्कृति मानव गायन आवाज की प्राकृतिक क्षमता का ताला खोलती है।

गायन आवाज को समझने के वैज्ञानिक तरीके

7. Dr. Prakash Bhominathan (स्पीच पैथोलॉजी, श्री रामचंद्र विश्वविद्यालय, चेन्नई विभाग में संकाय/faculty at the Department of Speech Pathology, Sri Ramchandra University, Chennai)

उन्होंने कहा कि संस्कृति या Culture मूल रूप से विकास या प्रशिक्षण को दर्शाता है।

गाने की आवाज में विशेष रूप से तीन महत्त्वपूर्ण पहलू हैं।

1) ध्वनि या आवाज उत्पादन में शामिल शारीरिक प्रणालियाँ।

2) व्यक्ति की दिमागी अवस्था, सीखने और जो कुछ वह सीखा उसमें उसकी अपनी भागीदारी और उसे आवाज में पेश करने का विश्वास एवं इच्छा।

3. रचनात्मक क्षमता अनिवार्य रूप से पहले दो पहलुओं का संगीत प्रशिक्षण के साथ संबंध।

2. गायन अध्ययन और संगीत के अध्ययन में अन्तर

संगीत के अध्ययन और गायन अध्ययन दो अलग बातें हैं। संगीत के अध्ययन के संगीत का विज्ञान रागों, रचनाओं और जटिल लय पैटर्न आदि लेकिन गायन की विभिन्न शैलियों की आवाज उत्पादन ओर प्रस्तुति के सही तरीके के साथ गायन अध्ययन के प्रशिक्षण की विविधता शामिल है।

गायन अध्ययन	संगीत अध्ययन
1. आवाज उत्पन्न होने की वही तकनीक का अध्ययन	1. राग का विज्ञान
2. आवाज की स्पष्टता	2. रागों की विभिन्नतायें
3. आवाज की शुद्धता	3. रचनाऐं
4. आवाज की सही उछाल व उठान	4. जटिल ताल पैटर्न के अध्ययन

वॉइस कल्चर गायन अध्ययन के साथ संगीत अध्ययन भी है।

आवाज समृद्धि के पारंपरिक और वैज्ञानिक तरीके

पारंपरिक	वैज्ञानिक
1. कंठ साधना	1. शारीरिक क्रिया विज्ञान
2. योग	2. भौतिकी/ध्वनिकी
	3. मनोविज्ञान

3. वॉइस कल्चर में अन्य विषयों के योगदान

वॉइस कल्चर में पाँच महत्त्वपूर्ण कारक हैं।

1. फिजियोलॉजी या एनाटॉमी
2. भौतिकी/ध्वनिकी
3. मनोविज्ञान
4. योग
5. संगीत

वॉइस संस्कृति वास्तव में एक विज्ञान है और सभी तकनीकों और व्यायाम शरीर क्रिया विज्ञान के बारे में गहराई से अध्ययन के बाद विकसित किया गया है जिसमें शामिल हैं-शरीर रचना विज्ञान, मनोविज्ञान, भौतिकी, योग और संगीत

फिजियोलॉजी या एनाटॉमी

फिजियोलॉजी आवाज कैसे काम करता है के बारे में है। एक गायक "आवाज" के फिजियोलॉजी की मूल बातें पता होना चाहिए। तभी वे नियंत्रित और "संगीत फार्म" या गायन शैली के अनुसार आवाज का विस्तार कर सकते हैं।

एनाटॉमी आवाज या आवाज बॉक्स के कुछ हिस्सों में हैं। एक पेशेवर गायक को आवाज की इन बुनियादी शारीरिक रचना देखभाल और बनाए रखने के बारे में पता होना चाहिए।

Larynx
Pharynx
Trachea
Esophagus
Spinal column
Diaphragm
Vocal Folds or Vocal Cords

भौतिकी/ध्वनिकी

यह आवाज बॉक्स के रूप में काम करता है इस बारे में है आवाज बॉक्स या गला की गुणवत्ता फैसला करता है। रबड उपास्थि के साथ आयोजित एक कीप के आकार का अंग है। यह मुखर रस्सियों और गले की मांसपेशियों को घरों और के आधार जोड़ता एक एयर ट्यूब गर्दन ट्रेकिआ है। फेफड़ों से हवा ध्वनि उत्पन्न करने के लिए मुखर तार 'शारीरिक कारकों' ऐसे मुखर पथ की लंबाई (हाठों को गला से दूरी) और मुखर तार के रूप में आवाज की सीमा निर्णय लेता है।

मनोविज्ञान

एक 'गायक' की मानसिक स्थिति सही होगी तो वह सर्वश्रेष्ठ प्रदर्शन दे सकता है क्योंकि अगली महत्त्वपूर्ण बात एक कलाकार की मानसिक फिटनेस है। सफल प्रदर्शन की आवाज और असफलता के कई विकारों मनोवैज्ञानिक कारणों की वजह से है। मन के सभी नकारात्मक पहलुओं से छुटकारा पाने के लिए सकारात्मक सोच मंच प्रदर्शन में बहुत जरूरी है।

योग

भारतीय संगीत हमेशा 'प्राणायाम' और 'योग' के साथ जुड़ा हुआ है। उचित योग तकनीकों आवाज विकारों के लिए उपचार के रूप में इस्तेमाल

किया जा सकता है। सभी योग तकनीकों के एक विशेषज्ञ के कुशल मार्गदर्शन में अपनाया जाना चाहिए। आज 'योग' भारतीय शास्त्रीय संगीत के लिए वॉइस संस्कृति का एक बहुत ही महत्त्वपूर्ण और अनिवार्य हिस्सा है। यह बहुत कुशलतापूर्वक 'सांस लेने की तकनीक' और विभिन्न सांस लेने के व्यायाम को शामिल किया गया। उचित श्वास के बिना कोई भी लंबे 'आलाप' और भारतीय शास्त्रीय संगीत में 'तान' नहीं गा सकते हैं योग इस बात के लिए बहुत उपयोगी है। यह एक साथ शरीर और मन पर काम करता है।

संगीत

गायकों के लिए आवाज संस्कृति केवल संगीत पर आधारित है। हर अनुसंधान और वॉइस प्रशिक्षण से पता चलता है कि 'अच्छा संगीत' पेश करने के लिए आवाज का समुचित उपयोग होना चाहिए।

4. एक संगीत वाद्य के रूप में आवाज और उसकी महानता

Voice और एक संगीत वाद्य के रूप में अपनी महानता

हमारे संस्कृत साहित्य 'आवाज' में संस्कृत साहित्य परिभाषित आवाज बहुत खूबसूरती से वर्णन किया गया है। संस्कृत ग्रंथ Aitereya Aranyaka deyvi बीन या परमात्मा वीणा सरिता बीन या शारीरिक वीणा के रूप में आवाज का वर्णन है। नारद शिक्षा सरिता बीन के स्थान पर gatra बीन (शारीरिक वीणा) शब्द का उपयोग करता है। गले पर विचार की या बीन के रूप में संस्कृत विचार भी भारतीय साहित्य में स्वीकार कर लिया गया है।

5. आवाज को प्रभावशाली गाने की आवाज के रूप में परिवर्तित कैसे करें?

वॉइस बोलने और गायन दोनों के लिए प्रयोग किया जाता है जो एक शारीरिक अंग द्वारा निर्मित है। गायनों में एक अत्यधिक कुशल विकसित मांसपेशी की सजगता की आवश्यकता है। गायन में बहुत मांसपेशियों की शक्ति की आवश्यकता नहीं होती। इसमें मांसपेशी समन्वय की आवश्यकता है।

लचीलापन/Flexibility

अनुनाद/Resonance

मुँह आकार/Mouth Shape

गायन रेंज/Vocal range
Inflection
निरूपण/Enunciation
phrasing
स्पीड/Speed
आवाज की पहुच/Volume
सुनवाई/Hearing
कल्पना/Imagination

इस बारे में (1937) में Dr. Mario Marifiotti की पुस्तक Caruso's method of voice production: the scientific culture of the voice में आवाज उत्पादन सिद्धांत के बारे में बताया है।

आवाज की उत्पत्ति का विज्ञान

बोलने और गायन के आवाज के उत्पादन से संबंधित मावन शरीर के सभी मुख्य अंगों की शारीरिक रचना और शरीर विज्ञान में, गायन में कहीं अधिक जटिल समन्वय और कार्यात्मक क्षमताओं की जरूरत है। आवाज उत्पादन में शरीर के हिस्सों को शरीर की मांसपेशियों और कंकाल प्रणाली के कई अन्य भागों से जुड़े हैं। हमारे पूरे शरीर और शरीर में मांसपेशियों में तनाव आवाज को प्रभावित करती है।

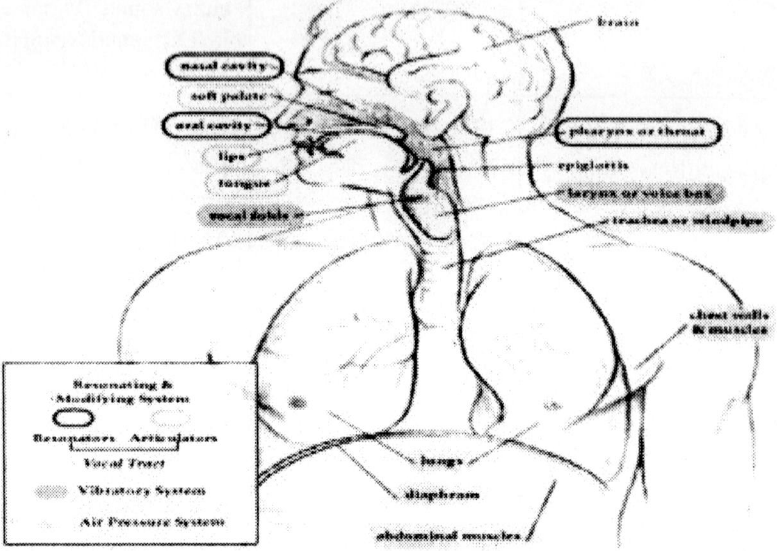

आवाज की उत्पत्ति में कंठ की बनावट की भूमिका

Pranali/System	Kanth ke vibhinn hisse/ Voice Organ	Awaz utpadan mein yogdaan/Role in Voice production
वायु दबाव प्रणाली/Air Pressure System	डायाफ्राम, छाती की मांसपेशियों, पसलियों, पेट की मांसपेशियों, ट्रेकिआ, फेफड़े Diaphragm, chest muscles, ribs, abdominal muscles, Trachea, Lungs	मुखर परतों कम्पन करने के लिए हवा को नियंत्रित करता है। Provides and regulates air pressure to cause vocal folds to vibrate
Kampit ya थरथानेवाला सिस्टम/ Vibratory System	आवाज बॉक्स (गला) गायन सिलवटों/Voice Box (larynx) Vocal folds Voical cords	ध्वनि तरंगों को हवा के दबाव में परिवर्तित करने पर ध्वनि की पिच भिन्न हो जाती है। ध्वनि की पिच को नियंत्रित करता है। /Vocal folds vibrate, changing air pressure to sound waves producing "voiced sound" which is frequently described as a "buzzy sound" Varies pitch of sound/Regulates pitch of sound
Awaz ki gung ki pranali/Resonating System	मुखर पथ गले (ग्रसनी), मौखिक गुहा, नाक गुहा, साइनस, पेट Vocal tract: throat (pharynx), oral cavity, nasal cavities, sinuses,	एक व्यक्ति ki आवाज "Buzzy ध्वनि" में बदल जाता है। आवाज की 'लय' ko baravbar karta hai/Changes the "buzzy sound" into a person's recognizable voice. Regulate abdomen the 'timbre' texture of voice.
Modifying System-Atriculators	मौखिक गुहा (दांत, मसूड़ों, गाल, हार्ड	Ye awaz ko संशोधित karta hai./Changes the

	तालु), होंठ, जीभ, कोमल तालु,/Oral Cavity (teeth, gums, cheeks, hard palate), lips, tongue, soft palate, pharynx	phonated vowel to consonants. They modify the voiced sound. The articulators produce recognizable words Regulate language.
Sunne wal indreya/ Sensory Input, receiving System	कान, sunne wali सभी इंद्रियों/Ears, all sense organs	Hearing, listening Perceiving
Master Organ	Mastisk/Brain	सभी नज्ब और मोटर कार्य का विनियमन और समन्वय, मेमोरी/Regulation and Coordination of all Sense and Motor Functions, Memory

The Larynx-गला, बिंदु से नीचे, श्वसन, गर्दन इलाकों में तैनात हैं। क्योंकि इस स्थान की, गला निगलने, बोलने श्वास मे एक महत्त्वपूर्ण भूमिका निभाता है। इन कार्यों में से किसी एक या सभी के साथ हस्तक्षेप गला को नुकसान या उसके ऊत्तकों को नुकसान पहुचा सकता है।

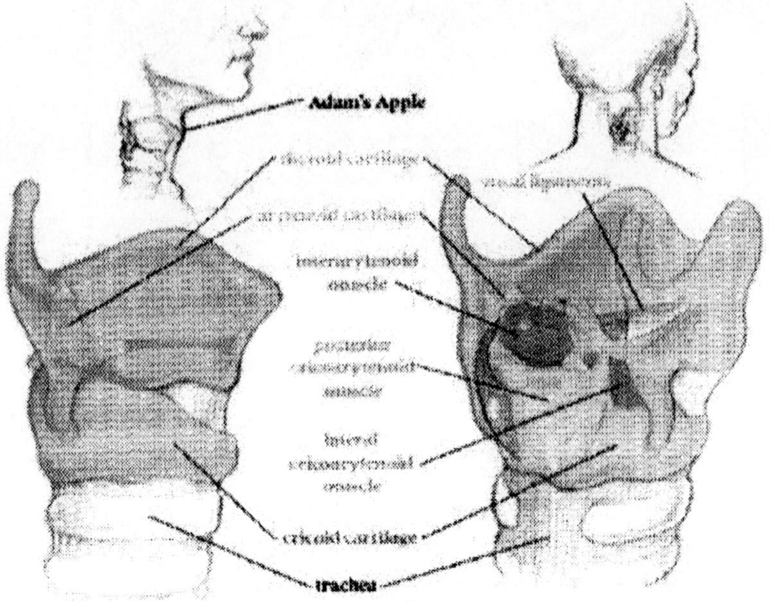

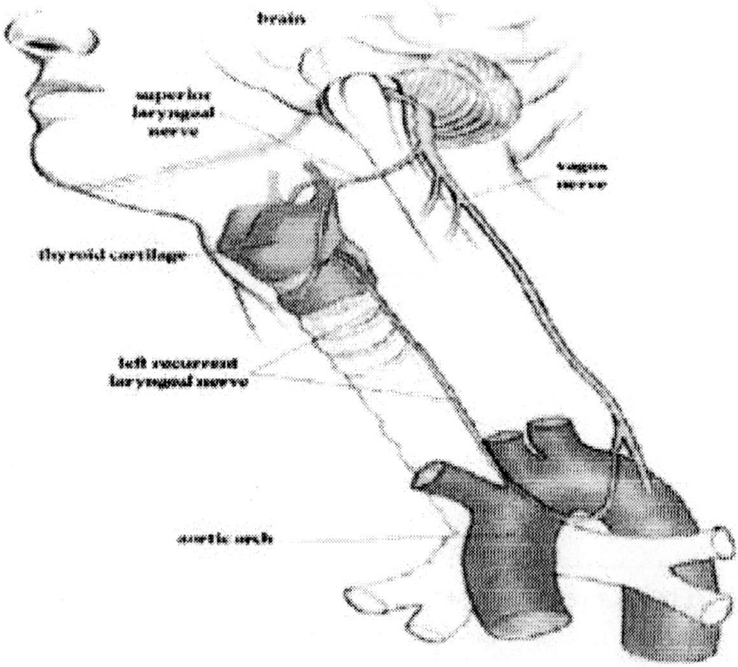

13

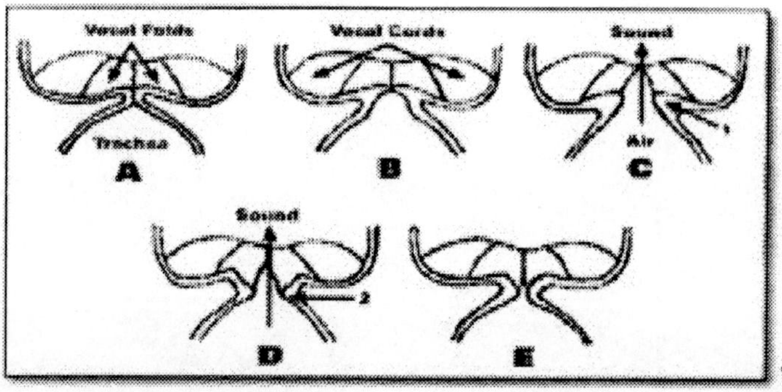

14

ध्वनि उत्पादन

1. मुखर डोरियों Vocal cords (आवाज उत्पादन) शब्दोच्चार से पहले तुरन्त बंद हुआ।
2. साँस छोड़ने के दौरान वायु दबाव से फेफड़ों से हवा के नीचे विकसित करता है।
3. हवा की दबाव के साथ अलग

4. मुखर डोरियों Vocal cords निचले छोर तक
5. मुखर डोरियों Vocal cords फिर एक साथ

आवाज का वैज्ञानिक चक्र

यह डायाफ्राम ध्वनि उत्पादन के दौरान (Vocal chord cycle) मुखर कम्पन चक्र दिखाता है।

Concept of Voice

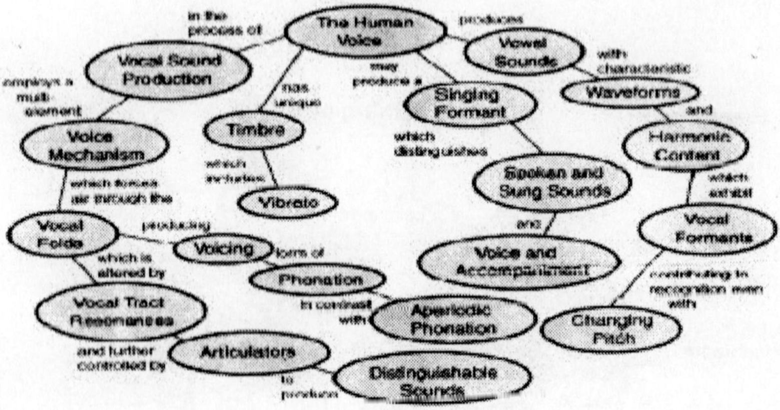

श्वसन प्रणाली

आवाज फेंफड़ों से आ रही हवा द्वारा गले में कम्पन से उत्पन्न होता है, जो कम्पन मुँह और नाक में अनुनादों द्वारा संशोधित किया गया है। आवाज को इसलिए तीन प्रणालियों द्वारा निर्धारित है।

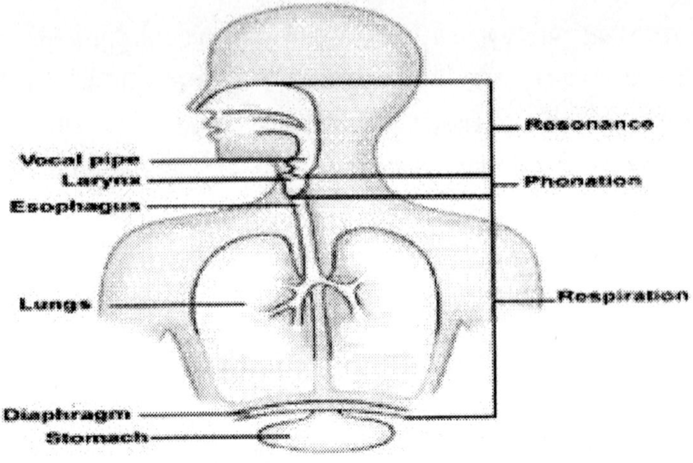

आवाज को तीन प्रणालियों द्वारा निर्धारित किया जाता है।

1. हवा जो फेंफड़े, डायाफ्राम और छाती की मांसपेशियों में शामिल है।
2. मुखर तार (वोकल कार्ड) द्वारा गले मे कम्पन पैदा करता है।
3. यही गूंज आवाज की टोन बदल देगा।

गायन में से इन तीन प्रणालियों का अच्छी तरह नियंत्रण और उपयोग करना पड़ता है।

गायन में साँस प्रणाली

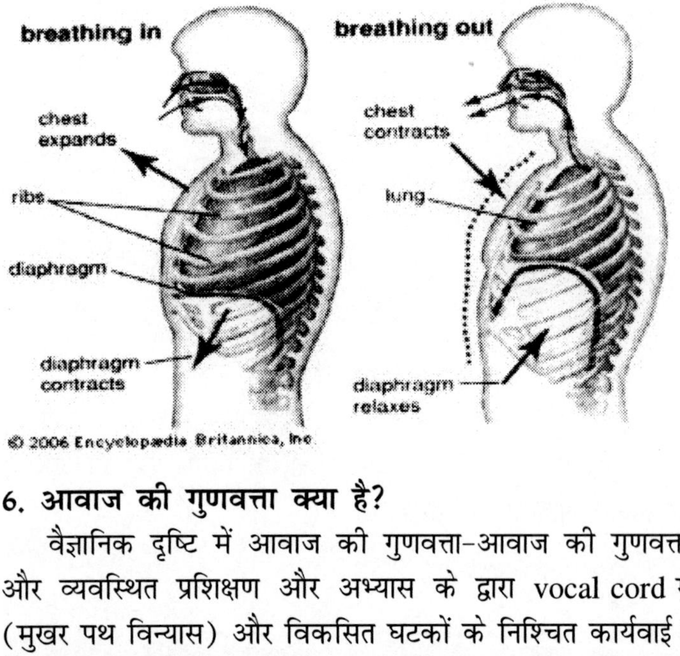

Figure-8

6. आवाज की गुणवत्ता क्या है?

वैज्ञानिक दृष्टि में आवाज की गुणवत्ता-आवाज की गुणवत्ता वैज्ञानिक और व्यवस्थित प्रशिक्षण और अभ्यास के द्वारा vocal cord मुखर अंगों (मुखर पथ विन्यास) और विकसित घटकों के निश्चित कार्यवाई का नतीजा है। शारीरिक स्वास्थ्य आवाज की गुणवत्ता, ताकत, और आंदोलन को प्रभावित करता है, आवाज की गुणवत्ता वैज्ञानिक और व्यवस्थित प्रशिक्षण और अभ्यास के द्वारा वोकल कार्ड मुखर अंगों (मुखर पथ विन्यास) और विकसित घटकों के बुनियादी समारोह की एक संयुक्त कार्यवाई का नतीजा है।

आवाज की पहचान या निदान/Diagnosis of voice

आकर्षित आवाजः प्रयास के बिना उच्च स्वर लगाना चिल्लाहट नहीं होना चाहिए।

आत्मविश्वासी आवाजः स्थिर पिच और उठान सही स्तर का।

मधुरः पिच और उच्चारण में अच्छे संबंध।

खुली आवाज-

गुंजायमानः पिच को देखते हुए अभिव्यक्ति

कर्कशः शोर घटक की उपस्थिति harmonics का अभाव

दबी हुई आवाजः बंद आवाज

सांसों का आभावः Breathy:

गाने मे नाक का प्रयोगः nasal:

सप्तकों में गाने की उपलब्धि/(पिच रेंज)

पिच स्तरः

आवाज की प्रबलता

गायक की मानसिक स्थितिः पिच स्तर और लय में अचानक परिवर्तन

शब्द एवं स्वरों की स्पष्टताः अच्छा स्पष्टोच्चारण

आवाज की गुणवत्ता को कम करने वाले तत्व/Defectin (Reducing) factors of voice quality

हवा का स्तर/एयर क्वालिटी

नमी

शोर

स्पीकर श्रोता दूरीः

हार्मोनल परिवर्तनः

तनाव या थकान

गायक की बढती उम्र

एलर्जी और संक्रमण/infections

मानसिक डर व उत्तेजना

हाइड्रेशन/Hydration

अत्यधिक दवाओं का सेवन

7. वॉइस संस्कृति की मूल बातें

गायन के लिए आवाज संस्कृति के लिए चार बुनियादी दिशा निर्देशों में शामिल हैं।

वॉइस प्रशिक्षण के बुनियादी कदम

अभ्यास/रियाज

सांस नियंत्रण

अच्छे संगीत सुनने का अभ्यास

मानसिक और शारीरिक स्वास्थ्य

8. वॉइस कल्चर के लाभ, महत्त्व और जरूरत

- मानव आवाज एक गाने की आवाज है।
- एक व्यक्ति जिसे स्वाभाविक रूप से प्रतिभाशाली आवाज संगीत की क्षमताओं की भेंट मिली हो उसे कंठ के बनावट की भी जानकारी होनी चाहिए।
- गायन और आवाज के बीच के अन्तर समझना (बोलना, हँसना, रोना, चिल्लाना) और गाने क आवाज में अन्तर।
- आवाज के लिए उपयोगी विषय संबंधित कार्यशालाओं के विषय में जानकारी।
- आवाज के विकारों से बचना
- गायन ध्वनिकी जानकारी
- गायन का मनोविज्ञान
- योग और गायन
- गायन स्वास्थ्य
- वॉइस चिकित्सा मे वैकल्पिक चिकित्सा की जानकारी
- आवाज उत्पादन के फिजियोलॉजी और एनाटॉमी के प्रयोग की जानकारी
- वॉइस की देखभाल और स्वच्छता।

वॉयस संस्कृति मूल रूप से आवाज की गुणवत्ता मे सुधार के लिए वैज्ञानिक और पारंपरिक तरीकों का एक संयोजन है। यहाँ सुझाव है कि वॉइस कल्चर के सभी नए तरीके पारंपरिक तरीकों के साथ प्रयोग करने चाहिए। हमारे हिन्दुस्तानी शास्त्रीय संगीत में पहले से ही आवाज प्रशिक्षण की पारंपरिक विधियाँ बहुत समृद्ध हैं। अगर इन पारंपरिक विधियों में कंठ साधना के साथ वैज्ञानिक तकनीक भी अपनाई जाए तो इसके परिणाम बहुत ही अच्छे हो सकते हैं। वॉइस कल्चर का उद्देश्य खूबसूरती से गाना व आवाज को विकारों से मुक्त रखना है।

प्रो बी.आर.देवधर की टिप्पणी है:- "किसी भी देश में विज्ञान के

सिद्धान्त एक ही हैं।" इसलिए आवाज प्रशिक्षण के वैज्ञानिक तरीकों को आवाज प्रशिक्षण प्रणाली पर और सुधार करने के लिए वर्तमान समय में अनुभवजन्य तरीकों के साथ सावधानी से शामिल किया जा सकता है।

गायन के शिक्षक और आवाज विशेषज्ञ को खुद के आवाज उत्पादन की सही जानकारी होनी चाहिए और उसे उसकी आवाज पर पूरा नियंत्रण होना चाहिए क्योंकि सही तरीकों का वर्णन करने के लिए एक अच्छी गुणवत्ता की आवाज गायन के लिए आवश्यक है।

Antarojjvalagatih gambhiro bahuranjakah (rangitah)
Sravyo misrakritirmisra ityasouvuttamo bavet
शारंगदेव - संगीत रत्नाकर/Sarandeva Sangita Ratnakar.

मानव की आवाज एक संगीतकार के अनुसार एक नाजुक, सटीक संगीत यंत्र है। "नारद शिक्षा" में शब्द "गात्र बीन" Gatra-वीन (शारीरिक वीणा) का उपयोग किया गया है। संस्कृत ग्रंथ "Aitereya Aranyaka" में 'सरीरा बीन' Sarira या 'दिव्य बीन' Deyvi vin या के रूप में आवाज का वर्णन किया गया है।

हर मनुष्य को यह "Sarira बीन" या 'आवाज' प्राप्त है लेकिन गायन संगीत में सर्वश्रेष्ठ बन जाता है।

इसलिए कहा गया है:'

गीतं वाद्यम नित्यं इति संगीत मुच्चती

कुछ सुझाव आवाज की प्रशिक्षण के लिए

'तानपुरा' को सुनना आवाज की प्रशिक्षण का एक अनिवार्य हिस्सा है।

'स्वर', 'मात्रा' और 'तानपुरा' का लय क समझदारी।

'तानपुरा' को सुनने के बाद सही 'पिच' का पता लगाना और आवाज के अनुसार 'स्केल' तय करना 'सा' लंबे समय तक गाना।

स्थिर आवाज

'अन्य' 'Swaras' शामिल करने से पहले 'सा' 'पा' 'सा' संवाद का अभ्यास महत्त्वपूर्ण है।

'खरज-साधना' से शुरू करें और 'मध्य' और 'Taar' सप्तक का अभ्यास भी करें।

धीरे-धीरे संगीत के अन्य तत्वों को भी शामिल करना चाहिए।

"तार सप्तक की साधना"

" आलाप"

"Taan"

अलंकार मीड गमक, खटका, मुरकी आदि

अपने 'आवाज' की विश्लेशणात्मक विश्लेषण क्षेत्र में सुधार के लिए बहुत महत्त्वपूर्ण है।

संदर्भ

1. Voice Culture-S A K Durga, pg no 144
2. Tradition of Hindustani music Monorma Sharma. pg no 104
3. Between two tanpuras By Vamana Hari Desapande pg no 170-172
4. Interview taken on 30th oct 2011
5. Interview taken on 30th oct 2011
6. Interview taken on 30th oct 2011
7. Interview taken on 30th oct 2011
8. Interview taken on Nov 2010
9. Interview of Dr T unnikrishnan
10. Caruso's method of voice production : the scientific culture of the voice pg no -69, 86, 115.
11. Singing : The Physical Nature of the Vocal Organ, by Professor Frederick Husler and Yvonne Rodd
12. www.voiceproblem.org/an atomy/learning.php
13. www.voiceproblem.org/anatomy
14. wikipedia.org/wiki/Vocal_folds
15. www.upmc.com/Services/.../VoiceCenter/.../Anatom of the Larynx
16. hyperphysics.phy-astr.gsu.edu/hbase/music/vowel.html
17. The voice production - How to sing in tune www.singintune.org/voice-production.
18. The voice production - How to sing in tune www.singintune.org/voice-production.
19. Interview taken from Dr Manjiree Gokhlee

–डॉ. भारती शर्मा

विभागाध्यक्ष संगीत विभाग

महर्षि दयानन्द विश्वविद्यालय

रोहतक

Journey of Music towards Therapy and Medicine

'How do you pass your time? Isn't it difficult to live alone? You should not have allowed your son to go abroad!' says one lady to another.

'Well it is a matter of his interest and career. How could I stop him? Regarding me, I was never worried. Me and my music. It energizes me to work. It cheers me up and I never feel that I am alone,' answers the other lady.

In another conversation a young girl asks her friend, 'Why are you carrying this big transistor to canteen? We will just have tea and come back.'

'Oh yes, but you know I will not be able to enjoy the tea, without this transistor. This is my best friend because the songs keep me aroused and don't let me feel dull and bored,' replies the friend carrying her best friend to the canteen.

The author has many such experiences to quote, when music has been reported to be essential for life and so is true about almost every reader. There is no doubt, music cheers up in the dull, boring, monotonous moments and in one's difficult, melancholic circumstances; helps fight loneliness; adds dynamism to life; adds colour to life making it more lively, easy and enthusiastic. It is relaxing and acts like any other stress buster as experienced and often quoted by many.

Music seems to be as old as may be the life or prana. It has been used differently in different ages. Its types include a wide variety and are multipurpose. The present article is an aggregation of the ideas, facts and studies/experiments relating to its journey from the means of improving/ facilitating performance in industry to become an alternative medicine or healing method.

Promila Batra, Prof. & HOD, Department of Psychology, Maharshi Dayanand University, Rohtak, Haryana

Music in industry :

In psychology, use of music was first studied to understand its effects on performance in industry, particularly to fight the monotony in jobs like line assembly, cigar making etc. Monotony has been found to negatively affect the performance and efficiency. So do a variety of unfavourable environmental conditions, which seem to have increased in every organization in this era of competition. The stresses and attitudes of ambitious people in this Speed age ultimately lead to a slowdown of the employee's activities and production. This allegedly increases turn over, promotes high absenteeism, and generally contributes to burnout. There is no doubt that people generally prefer pleasant surroundings and that when attention is paid to creating a favourable environment they may report lesser burnout; thus reporting better output. The problem of increasing production and also making work more pleasant, as early as in 1930, was successfully dealt with by introducing music into the worksites. Earlier during 1800s workers used to sing the songs to counteract the negative effects of monotony and by 1930s, introduction of music in industry had become very frequent and common as it improved both the productivity and the morale of the employees.

Williard Kerr (1945) has been a pioneer in this area for conducting a series of field experiments in different factories. Recogni zing the need for basic research in order to clear up the maze of anecdotes by a few studies till then on the subject, he carried out four specific experiments on the introduction of music in actual industrial conditions in highly controlled manner. The concluding generalization was that music during repetitive factory work resulted in a slight increase in production.

The first experiment was conducted in the Paper Capacitator Department of a modern factory and lasted a little less than two months. On music days a varied musical program was broadcast to all 197 employees at the following times: 9 to 9:15, 10:15 to 10:35, 11:30 to 12:00, 12:00 to 12:30, 1:30 to 1:45, and 2:45 to 3:10 and also at the beginning and at the end of the shift. The subjects in this experiment were 64 women operators, 90 percent of whom had been accustomed for at least five months to music in the department. The accustomisation to music made it possible to test the effect of music rather than the effect of a change. To avoid the effect of suggestion, the subjects were not told that they were taking part in an experiment. The music was not given everyday and the reasons were explained.

Kerr collected data for each of forty days on there operations-roll assembly, winding, and can assembly. In the roll assembly operation, quantity was +0.75% better and the net good yield was +0.57% better; but the quality of work reduced and the scrap page was 9.89% greater with music. Therefore, the 'net good yield, which is a combination of quality and quantity was taken as a measure. In these terms, overall production improved by approximately 0.5 to 1 percent with music. For the winding operation, quantity was 1 percent better, but scrap page was 14 percent greater. Kerr found it impossible to obtain a net good yield value for this operation. In the can assembly operation, quantity had increased by +0.43 %.

The second experiment lasted much longer i.e. for 107 days and was conducted on the employees working on a straight hourly rate. Again music was played at the same periods of the day as in the first experiment. There were three days of music, then three days without music. Three kinds of music were broadcast, but on no two days in any three day circle was the same type used. The first kind consisted of a variety program, the second was 'sweet' music, and the third type was "peppy".

Six measures of production were obtained for 'no music' and the various types of music. Once again Kerr found none of the obtained differences to be statistically significant. The quantity of crystals finished was greatest with peppy music, but the quality was poorer than with variety or sweet music.

There were no consistent differences on the basis of type of music, but a production increase was found when the average for 56 music days was compared with that for 51 no music days. Scrappage was lower on music days than on no-music days. The average increase was much greater. The forty employees doing the finishing job showed an increase in quantity of 4.82% with music and 8.3 % less scrappage; the net good yield was 9.07 % higher. The net good yield among the 53 employees was +7.64%. Differences in all the six measures of production indicated an improvement in music over no Music condition.

In his third experiment, he used a group of 520 women operators in a glass radio tube factory. This factory had broadcast to its employees a radio music program known as the" Make Believe Ballroom" over a long period of time. In addition a birthday, anniversary and soldier request program was broadcast between 1:00 and 1:30 p.m. According to management, this program was very popular and it was deemed unwise to discontinue it during the experiment.

A music preference questionnaire survey was conducted among the employees, 16 types of music being ranked from most to least popular. 16 types included : Hit parade, Patriotic, Waltzes, Marches, Hawaiian, Semi classical, Polkas, Sacred, Hillbilly, Classical, Blues, Western, Fast dances, Spirituals, Humorous-novelty and Square dances. All 16 types were liked to some extent: the average of each of these categories was always greater than the in difference point. On the "more music" days one of three types of music- Hit parade, Waltzes, Hawaiian and Marches-Polkas- was played at the following times: 8 to 10:30 a.m, 11:00 to 11:45 a.m. and 1:30 to 3:15 p.m. In terms of the questionnaire rankings, the first group was presented with most popular, the second with the third and fifth most popular, and the third group with the fourth and seventh most popular.

Before the experiment was begun, the group was told that it would hear a specific type of music on a given day, On one day it would be Hit parade music, on another only waltzes and Hawaiian music, on the third polkas and marches. It was told on some days there would be no music, except the two programs which it had been accustomed to hearing. The group was informed that after some weeks it would be asked to vote on the type of program it most preferred.

Three jobs, all requiring a high degree of hand-eye coordination, were performed by these 520 operators. One interesting findings was that the amount of Music played on march-polkas days had to be reduced because of the complaints from the employees. Some of these workers threatened to quit unless something is done about those marches and polkas. However, when this music was included in the Hit Parade programs, there were no such complaints.

Both Output and quality were also measured. Both the quality and quantity of work were poor on waltz-Hawaiian days than on Hit-parade or march-polkas days, even though complaints and comments indicated that the employees liked waltz-Hawaiian better than march-polkas music. The complaint against the waltz-Hawaiian programs was, "They put us to sleep." Production on March polka days was slightly greater than on Hit parade days, but the quality was better on hit parade than on March polka days in two of the three cases. Although Kerr did not interpret like this, but these results clearly indicate that there could be an interactive effect of the type of music and the liking of music; and this has been the focus of later researches in the area.

Kerr's fourth experiment was concerned with the differences between orthacoustic recordings and ordinary records. Sight but statistically non significant differences appeared in favour of orthacoustic record. However since the playing time for the ordinary record was three minutes and for the orthacoustic two and a half minutes, it may be that this, rather than any difference in the quality of recording was responsible for the results.

To summarize and conclude Kerr's brilliant as well as stimulating studies on the effect of music on production, the first experiment of Kerr showed that with the introduction of music there was a slight increase in production, but the wastage also increased. In the second experiment, Kerr found the facilitating effect of music on production. In the third study Kerr found no definite relationship between the order of preference as to the type of music and production. His study further indicated that music of an unpopular variety did not affect the production at all.

There are many more experiments to quote. I n the following section only the findings are being reviewed because it is evident that the psychologists were conducting the studies in a highly controlled way. Smith (1947) observed the performance to be enhanced by 7% in day and by 17% in the night shift. He writes, "Music probably produces its major direct effect when the individual's capacity of attention is not absorbed by his work, in this circumstance, music appears to direct unused attention from brooding, talking or off the job activities."

McGehee and Gardner (1949) added to the knowledge about the effect of music by his findings. He found that it was not the attitude only. 59% of the workers thought that they performed better, although actually they had not. He also added that it is the rhythm of the work that should be compatible with the rhythm of the music to get benefits. The complex task performance did not improve in this and many other studies.

In another study Fox and Embrey (1972) employed a total of 27 inspectors in four experiments to investigate the relationship between the playing of background music during the performance of repetitive work and task efficiency. The findings strongly supported the view that economic benefits can accrue from the use of music in industry. Music increased efficiency even when it competed with the unfavorable conditions produced by the noise of machines.

One study (Mccormic, 1981) was conducted to study the effects of the music on three different types to tasks. Four male college adults, two female college teachers and four female school teachers had to perform three different types of tasks such as light repetitive manual work, light repetitive mental work (Cancellation of letters) and heavy repetitive mental work (Multiplication of digits) when light music was played from a tape recorder. Care was taken not to repeat the Same Music again and again. The experiment continued for six days with one trial a day and two trials for each type of task. Analysis of the findings of the study indicated that in all the subjects except one college student, music had a favorable effect on the performance of repetitive manual work in comparison to the performance in the controlled condition where music or any other relaxation was not provided. I ntrospective report of the subjects further suggested the fact that music also created a pleasant feeling among the subjects while doing light repetitive manual work and light repetitive metal work. Further analysis of the effect of music on the second and third types of work indicated that in all subjects except one the music had adverse effects on the performance of light mental work of the serious types i.e. multiplication of digits. All the subjects reported that music disturbed their thought process, distracted their attention and created unpleasant noise while they were engaged in the multiplication work. However, while doing repetitive and light manual work, music introduced a pleasant feeling, reduced boredom and elevated the motivation and desire for work.

All subjects except one reported that music had no distracting or facilitating effect while engaged in light mental work. However, in the case of one adult college male music facilitated work and brought a pleasant feeling in all the three types of work. The introspective report of this subject indicated that he was highly interested in music and music as such brought concentration in work, whether manual or mental, heavy or light. Possibly, such a result may be attributed to the personality, interest and aptitude of the subject. These results indicate towards wide individual differences.

Analyzing the review work of Uhbrock (1961) on the effect of music on work, Tiffin and Mc-Cormick (1971) have commented, "Perhaps the most relevant considerations in contemplating a music program would be the reaction of the employees to it and the type of work in question. Music probably can be of greater value as a morale booster in the case of employee on some routine tasks than on more complex tasks."

The general finding is that employees like music. At least 75 percent strongly favour it and only 1 to 2 per cent opposes it. The finding on the kind of music to be used for different types of jobs indicates no sharp trends. Slow music seems more desirable than lively music; variety is essential to keep the employees satisfied with the programs. Vocal music may be distracting for some jobs and some employees, and music with strong beats may disturb or aid depending on how it fits into the movement rhythms of a job. Spaced programs seem to be favoured at present; it appears that the music should be on about 12 percent of the time for the day shift and as much as 50 percent of the time for the night shift (Smith, 1947).

Besides the industrial settings, music has alsi been found to affect in other spheres in daily life in including the classroom performances. According to a study completed by Hallman, Price, and Katsarou (2002), calming music led to better performance on an arithmetic task and a memory task than no music. It was also found that background music on cognitive test performance led to improved performance when compared with a control condition (Cockerton, Moore, & Norman, 1997). In one study, the author found an improvement in airthmatical tasks in terms of speed. Different types of music did not affect the improvement amongst introverts and extroverts differently, but in terms of errors introverts were the gainers and performed lesser errors. Nantias and Shellenberg (1999) found participants performed better on spatial tasks than those listening to nothing or easy listening music. Van der Zwaag, Dijksterhuis, C., de Waard, D., Mulder, B. L., Westerink, J H. , Broohuis mined whether music can induce moods during high and low simulated drives. The current study demonstrates that in car music listening influences mood which in turn can impact driving behaviour. The current study shows that listening to music can positively impact mood while driving, which can be used to affect state and safe behaviour. Additionally, driving performance in high demand situations is not negatively affected by music.

To summarize, the music provides something to occupy the mind and decreases monotony of work as well as fatigue (O'neill, 2006), to pass the work day (time) more rapidly and make the work enjoyable (Antrim, 1946, Harrell, 1964), improve creativity (Lesiuk, 2005), productivity (Haake, 2006, Kwan, 2008) and morale (Haake, 2006).

The following are some important research findings on music in industry :

1. Music creates an atmosphere that is favorable for work. This may facilitate efficiency indirectly by its pleasant of effects on employees' attitudes.
2. Music can be introduced in quiet places and it can be more effective if it correlated well with the rhythm of the work.

However, the nature of work is important. if the nature of work is automatic or habitual, efficiency improves. Music may become a nuisance and a source of distraction to the work efficiency in mental work.

3. It has been also found that music can affect efficiency in favourable manner, depending upon the degree of attention required. It can be distracting to work which requires high concentration or when the task is not a simple one.
4. Research work also shows that human beings get themselves refreshed by music and the fatigue either does not set in or reduces. It also enhances the physical capacity to work.
5. Personality and liking of individual are important variables affecting the efficiency due to exposure of music. Extroverts/ introverts, for example, react differently to different music.(Also discussed below).
6. Easy listening music or relaxing classics improve the duration and intensity of concentration in all age groups and ability levels. It's not clear what type of music is better, or what kind of musical structure is necessary to help, but many studies have shown significant effects (Patston, Hogg and Tippett, 2007).

The above conclusions clearly indicate that the effect of music depend upon multiple factors that pertain to the person, music, work in hand and the environment. Research on interaction of these factors led to the understanding of the effect of music in reference to arousal hypothesis and Yerks-Dodson Law.

The Arousal Hypothesis :

The Yerks-Dodson Law states that the performance is at its best when the level of arousal is intermediate and progressively worsens when the arousal decreases or increases. The vast reasearch on music has led to the application of the arousal hypothesis. Any external stimulation including noise and music tends to activate some processes in the brain. Duffy (1951) was one of the earliest to point out the possible importance of the overall level of activating of a person in determining his task performance. Activation level may be defined as the degree of excitation of the brain stem reticular formation (Scott, 1966). The determinants of an individual's activation level include stimulus intensity, stimulus variation, stimulus complexity, stimulus uncertainty and stimulus meaningfulness.

Human performance, according to Duffy (1962), tends to vary in accordance with the general activation level of the individual. However, the relationship is not a direct linear one-rather, it is described better as an inverted U-shaped function as shown in the following figure.

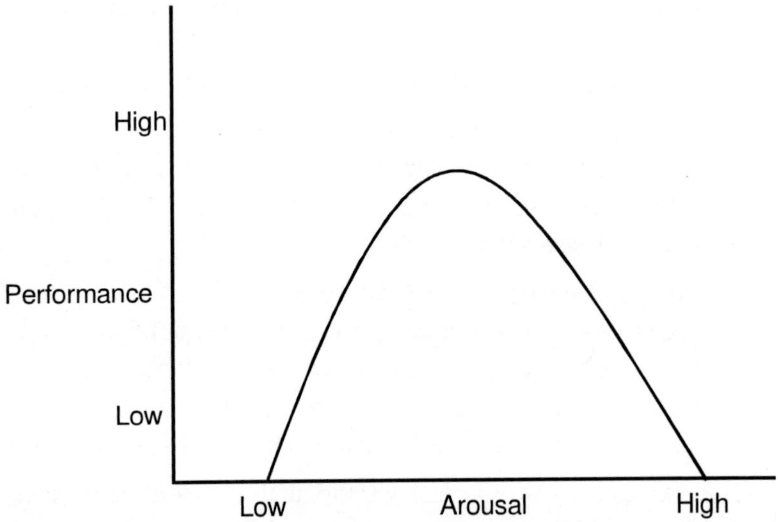

Figure 1. Showing the level of performance as function of the level of arousal.

Scott (1966) explains and writes that at low activation levels, performance is handicapped by lack of alertness, a decrease in sensory activity, and lack of muscular coordination, which are due to insufficient cortical stimulation. At intermediate levels of activation, performance is optimal, and at high levels performance is again handicapped by hypertensiveness, loss of muscular control, impulse to action, and in the extreme, total disorganisation of responses. The arousal hypothesis has not only been studied frequently in relation to music (McBain, 1961; and Smith and Curnow, 1966), but also in the interpretation of the variation in performance of simple and complex tasks due to many other stimuli in the work environment e.g. color, noise, secondary task etc. and the similar findings as stated in Yerks-Dodson law have been confirmed.

It is evident through the above discussion that 1) there are physiological changes due to listening of music, 2) music will affect different individuals differently owing to the initial level of individual arousal, 3) individual differences would be observed due to the interaction of the type of work and arousal, and 4) individual differences would also be observed due to the interaction of the type of music and the individual liking for that music etc. with arousal.

Personality and Music :

Above discussion refers to individual differences. Besides the personal taste and liking another important individual difference pertains to personality types, particulary introversion and extroversion (Furnham and Bradely, 1997; Furnhan and Strbac, 2002). The initial level of arousal amongst introverts tends to be high. Accordingly, Eysenck calls Is introverts as 'stimulus shy' and extroverts as 'stimulus hungry'. Introverts tend to withdraw from arousing stimulation including social contacts. Their nervous system being extremely sensitive to excitation they need to avoid stimulus overload. Extroverts on the other hand have strong (stable) and sluggish nervous system. They need strong stimuli to achieve cortical arousal and excitation. Accordingly, the effect of music varies on extroverts and introverts, particularly if the nature of task is such that they need to focus on that. Generally, the introverts can be attentive without the music also, whereas the extroverts are stimulated by music so as to enable them to arouse and note the minute details; thus facilitating their internal mental sets to work better. For a task that is demanding attention, music can act as a source of disturbance amongst those who are already aroused. Rentfrow and Gosling (2003) stated that different people prefer different types of music. People with strong preferences for classical, jazz and folk music tend to have personality traits associated with openness (e.g. creativity, imagination and verbal ability), and people with strong preference for popular styles of music (upbeat and conventional) tend to have traits associated with extraversion, agreeableness (friendliness, warmth), conscientiousness (reliability, dependability) and low level of openness.

The Mechanism of Action :

The mechanism of action of music, no doubt includes both the physiological and psychological processes. A nother important type of determinants pertain to the environmental factors e.g. the type of music, the time at which the music is played, its duration, the type of work, its length etc. These are the external factors. Psychological and physiological determinants are the intrinsic factors. Psychological factors are related to the individual psyche e.g. personality, choice and mindset etc. Individual differences in psychological determinants tend to vary the impact of music on different individuals, but the physiological changes brought about by music tend to be more or less the same; thus assuring similar effects on majority. Physiologically, there are certain routes, or the particular mechanisms that generate emotions through music. These are the central and peripheral routes.

Central route production :

The central routes implicate the central nervous system (CNS) in emotion generation through music. These can be understood in terms of appraisal and memory.

Appraisal :

There is an emerging consensus that emotion elicitation and differentiation is best understood by assuming a process of event evaluation, or appraisal that models the way in which an individual assesses the personal significance of an event. The result of this appraisal process is an emotion, which is then expressed or externalized in physiological symptoms and, particularly, in motor expressive movements in the face, body, and voice. This appraisal process may occur in a rudimentary, automatic fashion at lower levels of the CNS (mostly the limbic system), especially for evolutionarily 'prepared' stimuli, or in a more elaborated and more effortful process involving the cortical association regions of the CNS as well as the lower centers (Leventhal & Scherer 1987; Teasdale 1999, van Reekum & Scherer 1998). So is true about music. The listening to music activates the

CNS as well as the lower centers; its interpretation and appraisal evokes the relevant emotions expressed on face or in a motoric way while performing any task.

There is some evidence that musical sounds can generate strong suddenness/novelty and intrinsic pleasantness evaluations. Zentner & Kagan (1998) found that infants looked significantly longer at the source of sound and were less motorically active to consonant compared with dissonant versions of each melody. Further, fretting and turning away from the music source occurred more frequently during the dissonant than the consonant versions. Because no relation was found between infants' previous exposure to music (as assessed by questionnaire) and their behavior in the experiment, the authors suggested that the human infant might possess a biological preparedness that makes consonance more attractive than dissonance. This tentative conclusion is not only consistent with perceptual work on infants' responses to consonant and dissonant intervals (e.g. Schellenberg & Trehub 1996), but is also supported by animal work which demonstrated a preference of consonant over dissonant chords in albino rats (Borchgrevink, 1975). Appraisal processes, then, are one possible route by which emotion may be generated by music.

Memory :

Another central route that is well established as a mechanism of emotion induction by music is imagination or recall from memory. It has been suggested that expressive and physiological reaction patterns to emotion-inducing events are stored in memory together with the experiential content (Lang, 1979; Lang Lang, Kozal, Miller, Levin, & MacLean, 1980). In consequence, it is often claimed that recall of past emotional experiences from memory and imagination can evoke similar emotional reacti ons as in the original experience. Accordingly, music leaves some pleasant memories that add to the well-being.

Peripheral route production :

The peripheral routes are based on the direct effects of music on the peripheral i.e. the somatic and autonomic nervous systems (SNS and ANS). The idea that music can influence the ANS (peripheral or vegetative nervous system) both in an arousing and a calming fashion is a very old one, going back at least as far as Greek philosophy (Bartlett 1996).

Proprioceptive feedback :

A series of studies have provided some evidence that it may be possible to induce physiological and experiential emotional reactions by asking an individual to produce the facial patterning that is characteristic of certain emotions without the person being aware of this purpose (Ekman Levenson, & Friesen, 1983). The general idea is also consistent with proprioceptive feedback theories, e.g. facial feedback (Mclntosh, 1996) that claim, in their strong form, that subjective feeling can be produced, or in their weak form, enhanced or intensified, by increased or uninhibited motor expression. For example, holding a pen in teeth with stretching the lips outwards arouses an emotion of happiness and the like. Thus, if music could be assumed to systematically influence one of the emotional components, peripheral mechanisms might be invoked to explain a spread to other emotional components, thus in fact producing new emotion states. Musical rhythms have a strong impact. It is the impact of rhythm on emotion that the individuals who are either lazy or otherwise find it difficult not to move their hands or legs, have been found to move in union with the rhythm (e.g. in the case of dance rhythms, marches, or techno beat). This reaction is a magic brought about by the new mood and excitation created by music.

Recent evidence suggests that such coupling of internal rhythms to external drivers, as originally described by Byers (1976), might be present at a very early age (Rochat & Striano 1999). If there is, indeed, a fundamental tendency for synchronization of internal biophysiological oscillators to external auditory rhythms, such coupling may provide a promising explanatory venue for the emotion-inducing effects of music. For example, given the close relationship of respiration and cardiovascular function, a change of respiration through musical rhythm may have an impact on a variety of neurophysiological systems (Boiten, Frijda, & Wientjes, 1994), in many ways similar to emotion-induced physiological changes.

The mechanism of action of music, the arousal created by music and its central and peripheral routes make it evident that, even if the choices and likings are different, the music through auditory mechanisms tends to activate the reticular formation in the nervous system. The central, autonomous and the peripheral nervous system are all involved in appraisal of music experienced by an individual and in evoking the related reactions and emotions. This physiological reaction to music makes it impossible to escape the effects of music on an individual.

Thus music involves using the whole brain in an unavoidable way. This sounds to be a genuine and relevant reason for the researchers to establish it as a therapy. Since it is intrinsic to all cultures and can have surprising benefits not only for learning language, improving memory and focusing attention, but also for physical coordination and development, it is universally applicable.

Music : Healing and Well Being :

Listening to music has been found to reduce chronic pain from a range of painful conditions, including osteoarthritis, disc problems and rheumatoid arthritis, by 21% and depression by 25% (Siedlieck and Good, 2006). The possible explanations about how music positively affects perceived pain are as follows:

1. Music serves as a source of distraction and diverts the attention away from the pain. In other words it provides another source of stimulation that is more attractive and pleasant.
2. Music may enhance the perceived sense of control in an individual.
3. It causes the body to release the endogenous opioids, particularly the endorphins which are well known to counteract all types of pain.
4. Sow music relaxes a person by slowing their breathing and heartbeat.

Other Physiological changes :

In many contemporary popular treatments via music, the alredy discussed power of music to affect our autonomic nervous system is considered to be strong. Even the immune functions of our body are believed to get evoked. Ornstein and Sobel (1989) suggested that music evokes a calmness that may decrease blood pressure and reduce stress, and that it may help control hormones that suppress the immune system.

Scientists explain that a particular type of music can create a positive and profound emotional experience, which leads to secretion of immune-boosting hormones (Kuhn, 2002). This helps contribute to a reduction in the factors responsible for illness. Listening to music or singing can also decrease levels of stress-related hormone cortisol. Higher levels of cortisol can lead to a decreased immune response (Kreutz, Bongard, Rohrmann, Hodapp and Grebe, 2004; le Roux, Bouic and Bester,2007). Thus there are evidences indicating that music can boost the immune function.

By playing recordings of relaxing music every morning and evening, people with high blood pressure can train themselves to lower their blood pressure - and keep it low (Teng, Wong and Zhang, 2007). According to research reported at the American Society of Hypertension meeting in New Orleans, listening to just 30 minutes of classical, Celtic or raga music every day may significantly reduce high blood pressure.

Bartlett (1996) concluded that in the majority of studies (estimated at 61 percent), an effect of music on different ANS parameters, corresponding to increased heart rate and muscle tension for arousing music vs. decreased heart rate, decreased muscle tension, increased skin temperature, increased skin conductance for calming music was found. There were, however, important differences between physiological variables: while the cardiovascular predictions were confirmed in only 39 per cent of the studies, skin temperature predictions were confirmed in almost all studies. Music is very good for heart. Research shows that it is musical tempo, rather than style.

In one study Bernardi, Porta and Sleight (2006) recruited young men and women to assess effect of music heart and respiration rate. Half of the subjects were trained musicians. The participants listened to six styles of music, including rap and classical pieces, with random two-minute pauses. Headphones were used; this avoided any other auditory stimulation. As the participants kicked back and listened, the researchers monitored their breathing, heart rates and blood pressure. The participants had faster heart and breathing rates when they listened to lively music. When the musical rhythm slowed, their heart and breathing rates also slowed. Some results were surprising. During the musical pauses, heart and breathing rates normalized or reached more optimal levels. Whether or not a person liked the style of music did not matter. The tempo, or pace, of the music had the greatest effect on relaxation.

This confirms the author's view that no one can escape the physiological changes or alter them easily at the nervous system level. Therefore, the generalizations are applicable at a larger level, although the interactions due to individual differences e.g. personality and work etc. can not be ignored. However, the relaxing effects of music tend to be possibly the same. Therefore, music can be used as an effective therapy and as an alternative medicine. Following illustrations are indicative of the same.

The large majority of studies reviewed by Bartlett (1996) focused on the issue of arousal versus relaxation as emotional effects of music. As already mentioned, emotions are understood as states of the organism characterized by different degrees of psychophysiological arousal or activation (Duffy 1941). In an exploratory study, Krumhansl (1997) attempted to examine this prediction. She presented 38 Berkeley students with six excerpts from pieces of classical music that are generally expected to induce specific emotional states (and which were consensually rated by another group of judges, to express the emotions of sadness, fear, happiness, or tension). Eleven physiological parameters, the large majority tapping respiration and cardiovascular functioning, were measured while subjects were listening to the music excerpts (average duration 3 minutes). The results supported the general prediction that music does indeed affect the ANS. During the listening periods, many of the physiological parameters had values significantly different from those during the pretial (resting) period. Furthermore, Krumhansl was able to show statistically significant differences between the music samples (chosen to express the three emotions, sadness, fear, and happiness) in the extent to which they seemed to influence specific parameters (e.g. sadness excerpts producing large changes in heart rate, blood pressure, skin conductance, and temperature; fear excerpts producing large changes in pulse transit time and amplitude; and happy excerpts producing large changes in respiratory patterns). The study once again is indicative of inescapable effects of music at physiological level that tend to evoke the emotions in accordance with the rhythm.

In another series of studies (Witvliet and Vrana, 1996; Witvlie, Vrana, & Webb-Tailmadge, 1998) looked at the effect of music on autonomic measures of skin conductance and heart rate, as well as on the somatic parameters of electromyographic change scores for the zygomatic (cheek muscles), corrugators (upper eyelid muscles), and orbicular is (muscles around the eyes), oculi (upper cheeks) muscles in the face. The music excerpts had been preselected with respect to their scores on the valence and arousal dimensions. In line with the earlier literature reviewed by Bartlett (1996), their results showed clear arousal effects on the autonomic measures with increased levels of skin conductance and heart rate, as well as increased tension of the orbicular is and oculi muscles, during listening to excerpts judged as high on the activity dimension. In addition, they were among the first to show valence effects for music, particularly for the somatic measures. As predicted by discrett emotion and appraisal theorists (Ekman 1992; Scherer 1986, 1992). There was increased corrugator activity (used in frowning) while listening to music with negative valence and increased zygomatic activity (used in smiling) for music with positive valence (especially when combined with high arousal). This is consistent with the results of a more recent study (Lundquist, Carlsson, & Hilmersson, 2000), in which facial electromyography, autonomic activity, and emotional experience were measured while subjects listened to happy and sad music. The happy Music elicited larger zygomaticus activity, larger skin conductance, lower finger temperature, more (self-reported) happiness and less sadness compared with the sad music.

Unfortunately, hard empirical, especially experimental, evidence for the production of motor patterns and action tendencies by music is rare. But there are evidences that suggest the biological significance of rhythm synchronization in different species and emphasized the role of music in driving biological rhythms (Fraisse et al. 1953; Harrer & Harrer 1977; Kneutgen (1964). I n an interesting pilot study (Kneutgen 1970), an Argentinian lullaby was played to four listeners in sessions lasting from 30 minutes to 2 hours (almost every day for a period of 3 months). It was found that the lullaby had the effect of markedly decreasing heart rate. In addition, the breathing rhythm became synchronized with the rhythm of the music.

Given the assumption that the face is 'the primary theatre' of the emotions (Ekman, 1992; Tomkins 1984), one would expect to find much evidence for the facilitation of facial expression via Music- Again, appropriate studies are rare. Witvliet and Vrana (1996) reported evidence that different kinds of music differentially stimulate the innervations of the zygomatic muscle or corrugator muscles (Lundquist et al. 2000). Music may well be able to produce mood effects. At least this is what the music industry suggests, in particular for positive moods, by selling selections of music destined to produce relaxation or to generally improve one's mood (Bruner 1990).

Why do people listen to music? Why do they go to concerts? Why are some pieces chosen over others? This type of behaviour is important because it causes the necessary arousal to bring them out of their routine tensions and stresses, boosting them to keep moving in life. Infact, it adds variety and spice to life, bringing in a dynamism and well being.

Current stress management literature contains an extensive discussion of the use of relaxation techniques (DeMarco, 2000, Manzoni, Pagnini, Castelnuovo, & Molinari, 2008; van Dixhoorn & White, 2005), including autogenic relaxation, progressive muscle relaxation, breathing techniques, prayer and meditation, and changes in attitude or perspective as a means to reduce stress. Music listening has also been used as a stress management technique for hospitalized patients (Ebneshahidi, & Mohseni, 2008, Han, Li, St, Chung, Jiao, & M a, 2010).

Music Medicine and MusicTherapy :

Pre-recorded music listening is defined as music medicine. Dileo (1999) defines music medicine as a non-pharmacological intervention addressing stress, anxiety and/or pain using music as a receptive technique. Music medicine is used as an adjunct to medical treatment. The patient listens to music preselected by medical staff or selected by the patient from available programs. This music may be selected from many different genres and styles, may be especially composed, may use low frequencies or use combinations of these characteristics.

Music therapy on the other hand refers to a therapeutic process including a music therapist and a relationship developed through the music experience (Dileo, 1999). Music therapy includes a variety of experiences including receptive, recreational, improvisational, and compositional activities. Both the music and therapeutic relationship serve as healing components which address the whole patient on many levels. It also pertains to listening music for small durations, but it is much more than merely listening to the music, It may be carried in a variety of settings including hospitals and milieu.

Both medical professionals and music therapists have investigated the use of music in medical environments, including the ICU, as a means of helping patients to manage stress. The use of recorded music with this population has resulted in physiological changes associated with decreased stress response (Chan, Chung, Chung & Lee, 2008) and decreases in psychological measures of anxiety (Chlan, Engel and A nthony, & Guttormson, 2007; Lee, Chung, Chan & Chan, 2005, Sendelbach, Halm, Doran, Miller, & Gaillard, 2006; Twiss, Seaver, & McCaffrey, 2006: Voss, Good, Yates, Baun, Thompson, & Hertzog, 2004). As already mentioned, these studies demonstrate the impact of music on positive physiological changes, most specifically systolic and diastolic blood pressure, heart rate, respiratory rate and oxygen saturation. Other studies offer evidence that music or music therapy may have a beneficial effect on psychological variables, especially anxiety and depression.

To conclude, the above evidences are highly suggestive of music being not only a source of entertainment, but having inescapable effects on the whole brain that reduce the heart rate, inducing a calm temper, a cheerful mood and a relaxed state. So it is a wonderful recipe to arouse an individual that can be recommended as the best alternative medicine to deal with both the biological and psychological disorders.

References :

Ahlawat, S., Batra, P., & Sharma, A. (2012). Personality and Music: an effect on airthmatic performance. Indian Journal of Positive Psychology, 3(1), 96-100.

Antrim, D. K. (1946). Have you tried working to music? Readers Digest. Onl; ine description.

Bartlett, D. L. (1996). Physiological responses to music and sound stimuli. In D. A. Hodges. Handbook of music psychology, pp. 343-85. San Antonio, TX : I M R.

Bernardi, L., Porta, C., & Sleight, P.(2006). Cardiovascular, cerebrovascular, and respiratory changes induced by different types of music in musicians and non-musicians, the importance of silence. ence. Heart, 92(4), 445-52.

Boiten, F. A., Frijda, N. H., & Wientjes, C. J. E. (1994). Emotions and respiratory patterns: Review and critical analysis. International Journal of Psychophysiology, 17, 103-28.

Borchgrevink, H. M. (1975). Musical chord preferences in humans as demonstrated through animal experiments. Tidskrift for den Norske Laegefoerning, 95, 356-8.

Bruner, G. C. (1990). Music; mood, and marketing. Journal of Marketing, 54, 94-104.

Byers, P. (1976). Biological rhythms as information channels in interpersonal communication behavior. In. P. P. G. Bateson & P. H. Klopfer (eds.), Perspectives in ethology, pp. 135-64. New York: Plenum.

Chan, M.F., Chung, Y.F.L., Chung, S.W.A., & Lee, O.K.A. (2008). Investigating the physiological responses of patients listening to music in the intensive care unit. Journal of Clinical Nursing, 18,1250-1257.

Chlan, L., Engeland, W., Anthony, A., & Guttormson, J. (2007). Influence of music on the stress response in patients receiving mechanical ventilatory support: A pilot study. American Journal of Critical Care, 16(2), 139-143.

Cockerton, T., Moore, S., & Norman, D. (1997). Cognitive test performance and background music. Perceptual and Motor Skills, 85, 1435-1438.

Dileo, C. (1999) Music Therapy and Music in Medicine: Clinical Applications. Silver Spring, MD: A MTA.

DeMarco-Sinatra, J. (2000). Relaxation training as a holistic nursing intervention. Holistic Nurse Practitioner, 14(3), 30-39.

Duffy, E. (1941). An explanation of 'emotional' phenomena without the use of the concept 'emotion'. Journal of General Psychology, 25, 283-93.

Duffy, E. (1951). The concept of energy mobilization. Psychological Review, 58,30-40.

Duffy, E. (1962). Activation and behavior. New York: Wiley.

Ebneshahidi, A., & Mohseni, M. (2008). The effect of patient-selected music on early postoperative pain and hemodynamic profile in Cesarean section surgery. The Journal of Alternative and Complementary Medicine, 14(7), 827-83.

Ekman, P., Levenson, R. W., & Friesen, W. V. (1983). Autonomic nervous system activity distinguishes among emotions. Science, 221, 1208-10.

Ekman, P. (1992). An argument for basic emotions. Cognition and Emotion, 6,169-200.

Fox, J, G., & Embrey, E. D. (1972). Music-an aid to productivity. Applied Ergonomics, 3, 202-205.

Fraisse, P., Oleron, G., & Paillard, J. (1953). Activation effects in music. L'Annle Psychologique, 53, 1-34.

Furnham, A., & Bradely, A. (1997). Music while you work: the differential distraction of background music on the cognitive test performance of introverts and extroverts. Applied Cognitive

Psychology, 11, 445-455.

Furnham, A., & Strbac, L. (2002). Music is as distracting as noise : The differential distraction of background music and noise on the cognitive test performance of introverts and extroverts. Ergononics, 45, 203-217.

Haake, B. A. (2006). Music listening practices in work place setting in the UK: an exploratory survey of office-based setting. In proceedings of international Conference on Music Perception and Cognition. UK: University of Sheffield.

Hallman, S., Price, J. & Katsarou, G. (2002). The effects of background music on primary school pupil' task performance. Educational Studies, 28, 111-122.

Han, L., Li, J.P., Sit, J.W., Chung, L., Jiao, Z.Y., & Ma, W.G. (2010). Effects of music intervention on physiological stress response and anxiety level of mechanically ventilated patients in China : a randomized controlled trial. Journal of Clinical Nursing, 19, 978-987.

Harrer, G., & Harrer, H. (1977). Music, emotion, and autonomic function. In M.Critchley & R. A. Henson.(eds.), Music and the brain: Studies in the neurology of music, pp. 202-16, London : William Heinemann Medical Books.

Kerr, W.A. (1945). Experiments on the effects of music on factory production. Applied Psychological Monographs, 5.

Kneutgen, J. (1964). Observations concerning the adaptation of behavior patterns to repetitive acoustical stimuli. Zeitschrift for Tierpsychologie, 21, 764-79.

Krumhansl , C. L. (1997). A n exploratory study of musical emotions and psychophysiology. Canadian Journal of Experimental Psychology, 51, 336-52.

Kuhn, D. (2002). The effects of active and passive participation in musical activity on the immune system as measured by salivary immunoglobulin A. Journal of Music Therapy, 39(1), 30-39.

Kreutz, G., Bongard, S., Rohrmann, S., Hodapp, V., & Grebe, D.(2004). Effects of choir singing or listening on secretory immunoglobulin A, cortisol, and emotional state. Journal of Behavavioural Medicine, 27(6), 623-35.

Kwan, M. (2008). Relationship between music and preference. In D. Deutsch (Ed.), The Psychology of Music (pp. 497-516). New York, NY: Academic Press.

Lang, P. J. (1979). A bio-informational theory of emotional imagery. Psychophysiology, 16, 495-512.

Lang, P. J., Kozal, M. J., Miller, G. A., Levin, D. N., & MacLean, A. (1980). Emotional imagery: Conceptual structure and pattern of somato-visceral response. Psychophysiology, 17, 179-92.

Lee, O.K.A., Chung, Y.F.L., Chan, M .F., & Chan, W.M. (2005). The effect of music on the physiological responses and anxiety levels of patients receiving mechanical ventilation : a pilot study. Journal of Clinical Nursing. 14, 609-620.

Leventhal, H. & Scherer, K. R. (1987). The relationship of emotion to cognition: A functional approach to a semantic controversy. Cognition and Emotion, 1, 3-28.

le Roux, F.H., Bouic, P.J., & Bester, M.M.(2007). The effect of Bach's magnification emotions, immune, and endocrine parameters during physiotherapy treatment of patients with infectious lung conditions. Journal of Music Therapy, 44(2), 156-68.

Lundquist, L. G., Carlsson. F., & Hilmersson, P. (2000). Facial electromyography, autonomic activity, and emotional experience to happy and sad music. Paper presented at the 27th International Congress of Psychology, Stockholm, Sweden, 23-28 July 2000.

Manzoni, G.M., Pagnini, F., Castelnuovo, G., & Molinari, E. (2008). Relaxation training for anxiety: a ten-year systematic review with meta analysis. BioMedical Central Psychiatry, 8,41.

McBain, W.N. (1961). Noise, the arousal hypothesis and monotonous work. Journal of Applied Psychology. 45, 309-317.

McGehee, W. & Gardner, J.E. (1949). Music in a complex industrial job. Personnel Psychology, 2,405-417.

McIntosh, D. N. (1996). Facial feedback hypotheses: Evidence, implications, and directions. Motivation and Emotion, 20, 121-47.

Nantais, K. M., & Schellenberg, E. G (1999). The Mozart effect: an artifact of preference. Psychological Science, 10, 370-372.

O' neill, D. M. (2006). Music to enhance the work environment. Human Resource Management, 5,17-23.

Ornstein, R., & Sobel , D. (1989). Coming to our senses. Advances, 6, 49-56.

Patston, L.L., Hogg, S.L., & Tippett, L.J. (2007). Attention in musicians is more bilateral than in non-musicians. Laterality.12(3):262-72.

Rentfrow, P.J., and Gosling, S.D. (2003). The do re mi's of everyday life: the structure and personality correlated of music preferences. Journal of personality and social Psychology, 84, 1236-1256.

Rochat, P. & Striano, T.(1999). Emerging self-exploration by 2-month-old infants. Developmental Science, 2, 206-18.

Scherer, K. R. (1986). Vocal affect expression: A review and a model for future research. Psychological Bulletin, 99, 143-65.

Scherer, K. R. (1992). What does facial expression express? In K. Strongman (ed), International review of studies on emotion, pp. 139-65. Chichester, UK: Wiley.

Schellenberg, E. G & Trehub, S. E. (1996). Natural musical intervals. Evidence from infant listeners. Psychological Science, 7, 272-7.

Scott, W.E., Jr. (1966). Activation theory and task design. Organizational Behavior and Human performance. 1,3-30.

Sendlebach, S.E., Halm, M.A., Doran, K.A., Miller, E.H., & Gaillard, P. (2006). Effects of music therapy on physiological and psychological outcomes for patients undergoing cardiac surgery. Journal of Cardiovascular Nursing, 21(3), 194-200.

Siedliecki SL, Good M.(2006). Effect of music on power, pain, depression and disability. Journal of Advance Nursing, 54(5), 553-62.

Smith, H.C. (1947). Music in relation to employee attitudes : peace work production and industrial accidents. Applied Psychology

Monograph, 14,

Smith, P.C & Curnow,R (1966). Arousal hypothesis and the effects of music on purchasing behavior. Journal of Applied Psychology. 50, 255-256.

Teasdale, J. (1999). Multi-level theories of cognition-emotion relations. In T. Dalgleish & M. Power (eds.) , Handbook of cognition and emotion, pp. 665-81. Chichester, U K: Willey.

Teng, X.F., Wong, M.Y., Zhang, Y.T.(2007). The effect of music on hypertensive patients. Conference Proceedings IEEE Eng Medical Biolgical Society, 4649-51.

Tiffin, J. & McCormic, E.J. (1971). Industrial Psychology. New Delhi : Prentice Hall of India.

Tomkins, S. S. (1984). Affect theory. In Approaches to emotion, (ed. K. R. Scherer & P. Ekman), pp. 163-96. Hillsdale, NJ: Erlbaum.

Twiss, E., Seaver, J., & McCaffrey, R.(2006). The effect of music listening on older adults undergoing cardiovascular surgery. Nursing in Critical Care, 11(5), 224-231.

Uhrbrock, R. S. (1961). Music on the job: its influence on workers morale and productivity. Personnel Psychology, 14, 9-38.

Vander Zwaag, M. D., Dijksterhuis, C., de Waard, D., Mulder, B. L., Westerink, J.H., Broohuis, K.A. (2012). The influence of music on mood and performance while driving. Ergonomics, 55(1) , 12-22.

Van Dixhoorn, J., & White, A. (2005). Relaxation therapy for rehabilitation and prevention in ischaemic heart disease: a systematic review and meta-analysis. European Journal of Cardiovascular Prevention and Rehabilitation. 12, 193-202.

Van Reekum, C. M. & Scherer, K. R. (1998). Levels of processing for emotion-antecedent appraisal. In. G Matthews,(ed.), Cognitive science perspectives on personality and emotion, pp. 259-300. Amsterdam: Elsevier.

Voss, J.A., Good, M., Yates, B., Baun, M., Thompson, A., & Hertzog, M. (2004). Sedative music reduces anxiety and pain during chair rest after open-heart surgery. Pain, 112, 197-203.

Witvliet, C. V. & Vrana, S. R. (1996). Theemotional impact of instrumental music on affect ratings, facial EM G, autonomic measures, and the startle reflex: Effects of valence and arousal. Psychophysiology Supplement, 91.

Witvliet, C. V, Vrana, S. R., & Webb-Talmadge, N. (1998)_ In the mood- Emotion and faci al expressions during and after instrumental music, and during an emotional inhibition task. Psychophysiology Supplement, 88, 212-230

Zentner, M . R. & Kagan, J. (1998). Percepti on of music by i nfants. Nature, 383, 29.

–Prof. Promila Batra
H.O.D., Department of Psychology
Maharishi Dayanand University (Rohtak)

Healing Through Sound

Everything in the universe is in a state of vibration. Resonance is the frequency at which an object vibrates most naturally. Everything has a resonant frequency, its own unique sound, whether it is audible or not. Even our cells, organs, bones and tissues have their own unique frequency. Together they make up a composite frequency which is unique to every individual.

When your body is in a state of health, every organ, every part of the body, has a resonant frequency that's in harmony with the rest of the body. When disease or emotional trauma sets in, a different sound pattern is established which is not vibrating harmoniously with the rest of the body. In Healing Sounds, Jonathan Goldman states: "Through the principle of resonance, sound can be used to change disharmonious frequencies of the body back to their normal, healthful vibrations."

'Sound is a carrier wave of consciousness,' Steven Halpen' PhD.

Healing through sound can be found in many spiritual and sacred traditions:

- "The best doctors heal with the divine sound" (3 B.C. Ayurveda Acharya Vedeve Dutt)
- "Sarv rog ka aukhad naam" (Sound is the medicine for all ailments) (The Holy Guru Granth Sahib)
- "Every ailment is a musical problem and the cure lies in musical solution" (18th Century Mystic Novalis)
- The ancient mystics proclaimed that "The world is Sound"
- In Genesis (Old Testament), one of the first statements is, "And the Lord said, "Let there be light!"
- In St. John (New Testament), it is written, "In the beginning

was the Word, the Word was with God, and the Word was God."

- An ancient Egyptian believed that the god "Thot" created the world by his voice alone.

Sound is an ancient healing modality that has retained its potency throughout modern times. Ancient wisdom complements new technologies to impart a deeper understanding of molecular reactions, neurological benefits, and the emotional effects of sound in healing. Psychoacoustics - the study of the effect of music and sound on the human nervous system-forms the foundation upon which the emerging field of sound works.

Sound Healing, as the name implies, is the use of sound to create balance and alignment in: the physical body, the energy centers called "chakras", and/or the etheric fields. The sound may be applied by an instrument or by the human voice. Sound Healing is a vibrational therapy and can be understood as being energy medicine.

While the use of sound and music for healing is ancient and can be found in many spiritual and sacred traditions, "Sound Healing" is a relatively new modality in the traditional (allopathic) and complementary healing arts. The current field of Sound Healing is enormous in its scope. Sound encompasses virtually all aspects of the auditory phenomenon—from music to nature sounds to electronic sounds to vocal sounds. Practitioners who use sound may likewise use anything that falls within this scope; from classical music to drumming and chanting to electronically synthesized sounds to acoustic instruments. The depth and variety of a "Sound Healing" may vary extensively, from a client listening to soothing music that calms and relaxes to a client lying on a specially designed bed that projects specific sounds into their body.

"Sound Healing" sessions may include (Jonathan Goldman):

- **Music in Imagery:** in which a client will listen to specific music while using imagery in order to open their psyche to for self-discovery.
- **Music Therapy:** in which therapist will work with clients

using songs and music to help elicit states of behavior modification.

- **Cymatic Therapy:** in which specific frequencies via an instrument are projected into a client's body in order to create physiological change.
- **Tapes:** with specifically designed frequencies, either generically created or specifically created for an imbalance of a particular client.
- **The Electronic Ear:** in which a client will listen to a program of specially filtered music via headphones, designed to open the ear and the brain to greater frequencies of sound and treat imbalances such as dyslexia and emotional issues.
- **Toning and Overtoning:** in which a client may receive the vocally created sounds of a practitioner to balance and align imbalances on the physical, emotional or etheric.
- **Harmonic Resonance:** in which a client will be tested using kinesiology and receive frequencies from synthesized sounds in order to balance the physical.
- **Bio-Acoustics:** in which the missing frequencies of a client's voice are found and played back via synthesized sounds.
- **Hemi-Sync:** in which a client listens to synthesized sounds designed to balance the hemispheres of the brain and induce altered states of consciousness.
- **Mantric Chanting:** in which a client will sound specific mantras designed to balance and align their etheric field.
- **Tuning Forks:** in which a client will receive the frequencies from specially designed tuning forks for relaxation and balance.
- **Vibro-Acoustic beds, chairs, etc.:** in which a client will sit or lie on a specially designed bed that projects music into their body. Such devices include: the Somatron, the Betar and the Genesis.
- **Perhaps the greatest instrument of healing—one that is natural, cost effective and does not require batteries or electrical outlets—is the human voice.**

HISTORY

The use of sound as a healing modality dates back to prehistoric times, when shaman chanted and drummed to heal people. In the ancient mystery schools of Egypt, India, Greece and other centers of knowledge, the use of sound and music for healing was a highly developed sacred science. Sonic vibration was known to be the fundamental creative force in the universe.

Vedic civilization is one of the oldest in the history of mankind and so is Indian classical music which is one of the most evolved and effective music.

There are different ragas for different times of the day, seasons, feelings and moods. Raga also involves the production of emotional effects in the performer and listener; these effects are known as rasa.

Rasa has been referred to as "aesthetic delight". It is, however, a delight distinguished from sensual enjoyment. It is free from the limitations of personal feelings. It is the delight in which the higher consciousness is involved in the experience of universal affection.

Some pioneers in the field of Sound Healing created through instrumentation, include: **Peter Guy Manners,** MD from England, whose Cymatic Instrument projects specifically tabulated frequencies into the body, **Alfred A. Tomatis,** MD, from France whose Electronic Ear, uses sound to treat many learning disabilities and emotional problems and **Robert Monroe** who discovered how to use sound waves to synchronize the hemispheres of the brain and cause accelerated consciousness.

In modern times, cymatic experiments of a Swiss medical doctor, **Hans Jenny,** demonstrated how various substances plastics, liquids and sand would take on different shapes (starfish, human cells and microscopic life) depending upon the different frequencies they were subjected to thus showing the ability of sound to affect and change the molecular structure.

Since the body is 75% water, it is easy to understand how sound can create changes in the body.

Since sound can potentially rearrange molecular structure,

the possible healing applications of sound are limitless.

Role of Chanting or Collective Healing:

- It is very important for men to be in an environment of cooperation, not competition..
- This seems to happen when people chant together — you can't compete and make a sound together.
- This is particularly true for drumming and chanting together in groups.
- There can be many positive and beneficial results, i.e., feeling of camaraderie and friendship, positive feeling and improved self-esteem.
- Harmonics can be an extraordinary tool for enhanced meditation and relaxation which naturally helps reduce stress, one of the primary causes of imbalances and disease.

Therapeutic effects of meditation and relaxation include lowered heart rate, respiration and brainwave activity which seems to alleviate many different medical problems, including heart disease, stroke, and imbalances of the immunological systems.

Sound can affect us on all levels - physical, emotional, mental and spiritual.

Beneficial sounds for us are often sounds we consider sacred — AUM, ALLAH, and AMEN.

Creation of Harmonic Sounds :

- Based upon vowel sound
- Singing and elongation of these vowel sounds is found in most of the major chanting in the world, from Hindu and Tibetan Mantras to Sufis and Kabalistic practices.
- "AAAAUUUUMMMM","AAAMMMEEEN", "AAAALLAAAAAH", "YAAAAH WAAAAAY"
- Through this form of "toning", extraordinary resonance of the physical body and brains occur.

- When the reciter of these sounds focuses an intention of being one with the sacred sound, the results are extraordinary.
- Recitation of these sacred names regularly are called mantras.

The first effects of mass meditation and prayer became noticeable when the number of people participating in an event was greater than 1% of the population. Crimes and terrorist activities dropped to zero in the area during the time of mass meditation and prayer (Gregg Braden).

Meditators are able to create a much greater field of consciousness than the space they are in — like creating ripples by throwing a pebble into a lake.

The primary question in Sound Healing is: **What are the correct resonant frequencies of the body?** The answer to this has not yet been fully verified. In terms of vibrational medicine, another major question arises: **Do all people vibrate at the same frequency?** The answer to this is unknown. It may be that the frequencies of different people vary. This could be an explanation as to why different instruments with different frequencies all seem to have success. Whether they work for everyone is another issue.

BENEFITS, LIMITATIONS, CONTRAINDICATIONS

Since sound can potentially rearrange molecular structure, the possible healing applications of sound are limitless. Stories exist of terminal or incurable diseases that have been instantaneously healed through sound. However, while such miraculous experiences may occur, it is also quite possible for a client to receive no seeming benefit from the Sound Healing.

Flipside :

When dealing with the plethora of instrumentation and sound devices currently available on the market, it is conceivable that a person receiving the sound from an instrument may not resonate with a particular frequency and could potentially have an adverse effect with sound. While this would be rare, it is possible. The least

Sound and Music in Medicine :

Various types and aspects of music are being used to study and improve various areas like:

Heart Rate	Breathing	Intensive Care surroundings	Communication Problems
Autism	Child Development	Psychiatry	Psychotherapy
Schizophrenia	Rehabilitation	Dementia	Coronary Care
Pain Management	Sleep Disorders		

Music Therapy in Medicine: From Life to Death (Joanne Loewy DA, MT-BC, LCAT)

Music and music therapy provides important nurturance, release, integration, and a means of collaboration in ease and disease.

In the book, HEALING SOUNDS, Jonathan Goldman has given two formulas. The first formula is: **"FREQUENCY + INTENT = HEALING".** This means that the intent of the sound couple with the actual frequency (the sound itself) that occurs will truly affect and influence the effect of the sound.

The other formula is: **"VOCALIZATION + VISUALIZATION = MANIFESTATION".** This means that a vocalized sound when coupled with visualization (an image, a thought or a feeling) will influence and affect the created outcome of the sound. Both of these formulas are very similar and they demonstrate how profound the combination of both the sound and the energy that we put into the sound can be. With sacred sounds, the intention of the individual making the sound is to align with Divine Will and higher consciousness.

Dr. Alfred Tomatis, a French doctor, has spent many years researching the sacred sounds of the world. In particular, he has examined much sacred chanting, including Gregorian and Tibetan. Dr. Tomatis has found that many of the sacred sounds on the planet are rich in high frequency sounds, called harmonics or overtones. He believes that these sounds charge the cortex of the brain and stimulate health and wellness.

The OM is an ancient Sanskrit mantra—what many believe to be the initial primordially vibration of creation—the "Word" that was "In the beginning". Of all the sacred sounds on this planet, the one that is most often chanted is the "OM". Undoubtedly, at any given moment, there is someone, somewhere chanting this sacred mantra. The "OM" is considered one of the oldest vocal sounds in existence—many speculate that it has been chanted for untold thousands of years. It is considered to be the original, primordial sound—the mantra of creation.

It may also be chanted as a 3 syllable word "AUM" (and pronounced as "AH – OH" - MMM") to resonate the heart, the throat and the crown chakras. As we begin, the "AH" vibrates and resonates in the heart center. This is the center of love and compassion. As we continue with the sound, we resonate the "OH" in the throat center, the chakra of communication. We conclude this sound with the "MMM" resonating in our crown chakra (at the top of the head). These head centers ultimately lead to our connection with the divine.

The positive effects of chanting "AUM" have been scientifically validated by many of the universities across the world.

No wonder **Sound & Music** is referred to as the **FOOD FOR THE SOUL** which is imperishable and eternal.

Sound & Music Therapy for Insomnia :

Music and Insomnia – A Study

- **Objective:** To evaluate the effect of this therapeutic music on the quality of sleep of insomniacs (Jan 2002 – Apr 2007)
- **Study Group**

  – 58 patients (45 male and 13 female) were taken

  – All the patients were taking some or the other sleeping pill for 2 or more years
- **Methods**

  – Polysomnography (Sleep Study) was performed in all the patients to rule out any cause of their insomnia

  – Patients in whom no cause could be elicited were selected

– These patients were given the cassettes and CDs of this music

- **Observations**
  - 6 patients (5 males and 1 female) discontinued in first 7 days
  - 52 patients continued the use of this therapy
  - By the end of 10 months, 36 out of these 52 patients (69.2%) were able to stop their sleeping pills
  - 9 patients (17.3%) showed improvement in general feeling and well being but were occasionally still taking sleeping pills
  - 7 patients (13.5%) did not find any benefit
  - 16 patients who had stopped taking the sleeping pills were restudied and previous reports were compared.
  - There was marked improvement in their quality of sleep with improvement in slow wave sleep, REM sleep and number of arousals decreased significantly

Conclusion :

- In the group studied, there was significant improvement in the quality of sleep
- Sleep architecture was better maintained
- There were fewer arousals
- Music/Sound Therapy can be used as an adjuvant mode of therapy with the conventional medicine for insomniacs and people with poor quality of sleep

Comment: Though the results in this group were very satisfactory, a larger study is needed to validate these findings

–Dr. Sanjay Manchanda
Senior Consultant
Department of Sleep Medicine
Sir Ganga Ram Hospital, New Delhi (India)

Muttuswami Deekshitar — a Composer with Astrological brilliance

Gandharva Sastra - Sangita or Music is an Upaveda of "Samveda" while Jyotir Sastra - Jyotisha or Astrology is an Upaveda of 'Rik' and 'Yajurveda'; and these two branches of knowledge becomes the offshoots of the same ancient Indian wisdom. In fact, astrology is in essence a part of music, in its more subtle aspect. Only a very few people if indeed any, can be considered as wholly unsusceptible to the influence of music. But because of its intangible and indefinable properties, the value of this influence, when considered in its aspect of moral guide and character mould, is usually underrated. Music as an instructor is sui generis and employs a method all its own differing fundamentally from any other method through which intelligence could be imparted to the human understanding.

Theists' world over, hold music in the highest realm and esteem, as a means to reach God or Salvation and at the same time ancient Hindus nurtured it as an art and developed it in a more scientific way. They imparted philosophical and logical thoughts embedded with the beauty of poetry through different forms of Music. Thus it is not through reflection or ratiocination that the element of music enters our consciousness, but on the contrary, music depends for its true appreciation upon the suspension of these very functions. Evidently there are centers in the human constitution that do not require the slow and cumbersome machinery of thinking and reasoning to transmit impressions in to consciousness. The several elements of compositions appeared to him before his inner vision as the fitting scenes in a moving panorama, presenting detail after detail, the one passing out of his consciousness as the other entered. Thus music seems to draw its elements from a source far beyond the reach of intellect and carries on a direct communication between the human soul and Universal soul; whereas Astrology drawing its elements from those distant planetary bodies establishes a communication between the macrocosm comprehended by the planetary system and the microcosm by the individual man.

The creations of a musical genius have no patterns in the world of form, but are limitless expressions of original spiritual vision, delivering intuitional messages without the distorting medium of ratiocination. According to the ancient Indians, the seven musical notes, were emanated from the five faces of lord Siva, when he performed his great dance - *TAANDAVA*. The whole system of music is evolved from Nada or sound. Nada has its origin in *'Aakasa'*, - sky, which pervades the whole universe. Vibrations of the air acting upon the ear give the idea of Nada or Sound and the vibrations of the sound harmonies with the planet's motion.

Ragas are presided over by certain *Raasis* and STARS and influence the individuals born under the appropriate *Raasis* and constellations. The planets of our solar system and their astrological elements can be equated with the musical notes in the octave of Music.

Musical note	***Planet***	***Raasi***	***Raasyadhipa***	***Gotram***
Shadjam	*Sun*	*Kumbha*	*Sani*	*Jamadagni*
Rishabham	*Mercury*	*Tula*	*Shukra*	*Aatreya*
Gandharam	*Saturn*	*Meena*	*Chandra*	*Goutama*
Madhyamam	*Venus*	*Simha*	*Soorya*	*Vasishta*
Panchamam	*Moon*	*Kannya*	*Bhudha*	*Srivatsa*
Dhaivatam	*Mars*	*Dhanu*	*Brihaspati*	*Paraasara*
Nishadam	*Jupiter*	*Vrischika*	*Angaraka*	*Salankeya*

The planets are located on the musical scale according to their inherent predominant electric and magnetic quality. The above is only a tentative arrangement based on the information found in some ancient astrological text books. The following *Raasis* are said to preside over the following ragas

Ragas	***Raasi***
Bhairavi	Kumbha

Bhupala	Kanya
Bangala	Meena
Sriraga	Hrishabha
Vasantha	Simha
Saranga	Dhanu
Panchama	Vrischika

In the above schedule, Bhairavi is said to be ruled by Saturn. The Bhairavi raga is adapted to the sublime and is grave in movement. Saturn- though classed as an evil planet, embodies the noble attribute of love and religion. No doubt, Saturn gives suffering but gives understanding too. The natives of Saturn are contemplative and serious. The Sri raga is sung in the dewy season at eve and it characterized for love and mildness. Compare this with the characteristics of Venus.

The ragas are marked by the flowing style varied by different sentiments. The vibrations of music are considered miraculous in their power as the singer induce human, animals and even inanimate nature to do his bidding. As Music have a succession of tones so arranged as to excite a feeling of the mind; it is held that one who has the knowledge to the proper use of the voice and can control it at will, can stimulate the mind to action and awaken the soul till it becomes one with the absolute.

Take the horoscope of a man in which the moon is in conjunction with Saturn, Mars and *rahu.* The state of mind of such person at the slightest provocation can better be imagined than described. The remedy is to bring him into contact with pleasant music. The musical sounds will obliterate the evil tendencies of the malefic conjunction. The sound vibrations released- say when a *Veena* player performs *Raga Sahana-* act on the nerve junctions of the person and makes him overcome his anger.

For the normal disposition of an individual each planet must contribute its optimum quota of energy. Sound, heat, light, magnetism, electricity are all different form of same energy and under certain condition it is possible to transform a lower form of energy in to a higher one and vice versa. When there is a conjunction of Saturn mars and *rahu* with moon, there is an excess concentration of evil energy, which is tapped off to render the person quite normal. When certain selected tunes are played – the sweet strains of music which are of course adjusted forms of sound vibrations- a kind of energy- have the power to tap the evil planetary energy and act as a remedy. It is said, good or evil nature of the influences indicated by the planets at the time of birth can be altered by requisitioning different kinds of vibration of forces. Music, *Mantras, Homas,* and Chanting furnish some of the means to achieve the object. These Music or Chants can be very efficacious only when the musician or the leader of the *Yagna* has the necessary authority as well as the needed competency. Every thought is a vibration and causes an electric vibration in the mind, similarly music means collective harmonious sound vibrations and they cause an electric vibration in the brain and such electric vibrations are nothing but planetary vibrations.

Though the agency of music, we are ushered in to a sanctuary of divinity and receive the moral idea in undefined purity. Language fails utterly to describe or even to hint at the thrills of silent bliss that pierce our being when we listen to the magic of harmonic sounds. Lifted up by the mighty soul stirring waves of rhythm we feel as if carried through spire of love and beauty towards the altar of eternal truth. We become suddenly filled with a sense of exalted morality and sympathy for the forces and powers that make for good; the moral impulses received are of the highest order and furnish an ideal guide for human conduct. It is true that every repetition of one's self to such elevating influences traces deeper and more defined channels in the mind until a direction of thoughts has been established and the tide of our moral nature has been directed permanently towards the good and the ideal.

Jupiter is the planet of intellect. Venus (to some extent Mercury also) is the planet of feeling. When Venus is in the fourth house, one will have an ear for music whereas Jupiter or Mercury is there, the native will be intellectual. The influence which music exerts on the animal creation is another evidence of its super —intellectual source. Music is an appeal, not to the intellectual process, but to the feelings and emotions. There for one should have an eye upon the afflictions to Mercury and Venus when prescribing music as a remedy. The movements of molecules that constitute what is termed material substance are regulated by the rhythm of sound. The stupendous power of sound to move molecules and atoms even in the planetary bodies was recognized by the ancient Hindus. The multitude of kindred tradition such as Sri Krishna causing the cattle to move in accord with the tunes from his flute and Saint Tyagaraja giving life to a corpse by his devotional songs and Tansen stopping an elephant running amuck by the power of music seem to indicate that the ancient Hindus were once in the possession of an insight in to the potencies of sound and of power and were able to manipulate them, but lost these attainments by their neglect of the intuitional and divine, as it is only through the activity of the letter that we can succeed in bringing into play the dormant powers which lie as gems in the mysterious depths of human nature.

MUTTUSWAMI DEEKSHITAR AND ASTROLOGY

Muttuswami Deekshitar – a famous music composer of Carnatic Music, took birth in 1775 at Tiruvaroor to Rama Swami *Deekshitar* and *Subbammal*. Following the family tradition, he learnt *Vyakarana, Mantra*, and *Tantra* along with *Sangita*. It is believed that he learnt Astrology, from *Chitambaranada Yogi*, when he stayed with him in Benares for more than five years. Yogi only gave *Mantropadesa* to Muttuswami and advised him to become an ardent worshiper of "*SriChakra*". It is believed that he developed his proficiency in the art of forecasting one's future and past connected with their planetary position according to their horoscope.

Legend says that his student *Thampiyappa,* - an accomplished *Sudda Maddalam* player employed at the *Brihaddeeswara* Temple at Tanjore, had severe pain in his stomach which could not be cured with medication and came to the Deekshitar. By observing his horoscope Deekshitar came to know that he was afflicted with the bad effect of *Brihaspati* – Jupitor and *Rahu.* Knowing that, to appease these planets, it is better to sing in praise of these planets instead of medication or Sacred rituals, Deekshitar composed nine songs in praise of the nine planets. Through these compositions, we are able to understand his deep knowledge and experience in the subject. He illustrates the characteristic features of each planet and their effects on everything on earth and the methods to appease each one of them. They are collectively known as ***"NAVAGRAHA KRITHIs".*** His other group compositions like *Navavarana Krithis;* which describes in detail about the "Sri Chakra" and the nine caskets around Goddess, are also connected with the mystic rituals and their effects on human. In all these compositions we can find the beautiful amalgamation of Science with mysticism clad in a classical language and intellectual music. His style of composing is very prolific, so much so that he composed all these songs in the *SOOLADI SAPTA tala* in their order of sequence and the last two compositions are in *Roopaka* tala.

His *Navagraha* - Astrological compositions and their meanings are as follows:-

1) Soorya Moorte – in the raga *Sourashtram* said to *Dhruva* tala.

SOORYA - O SOORYAMOORTHI, spouse of the pretty *CCHAYA;* salutations to you. You illuminate the universe which is bound by cause and effect, you are the lord of *SIMHA RASI,* you are full of effulgence, adored by the noble men and you are well known for bestowing gifts which changes one's life. You are the friend of lotus and splendor of life; having thousands of rays and father of *KARNA.* You are like fire in destroying sins. You are self luminous and saluted by scholars. Lord of the days and planets; worshiped by brave men ; witness for all actions; having divine chariot drawn by seven white horses and won by a golden hue and soul of the ***SOURASHTRARNA MANTRA.***

2) Chndram Bhajamanasa — in the raga *Asaveri* set to *Mathya* tala.

CHANDRA- One who worshiped by *INDRA* and other gods is the spouse of *TAARA* and has sixteen *KALAA*- digit of the moon – faces. He is the creator of night, brother of *LAKSHMI;* is the producer of nectar- *AMRITA;* He is the ornament of Shiva's crest and has the cool rays. He is the object of curse as well as for blessings of *BRHASPATI.*

3) Ankarakam aasrayami — in the raga *Surutti* set to *Roopaka* tala.

ANKARAKA- Mars— I take refuge in *ANKARAKA,* the son of earth. He is the lord of cherished *MESHA*- Aries and *VRISCHIKA* — Scorpio- shines with reddish form, wears the red dress and is the bearer of the sword and trident. The auspicious one, who is riding on the goat and his highest apogee, is *MAKARA RAASI*- Capricorn. He is worshiped by Gods and Demons, bestow of wealth, lands and brotherhood with red eyes, protector of afflicted, worshiped in the *VAIDYANATHA KSHETHRA,* favored by the three groups of divine teachers such as *DIVYOUKHA, MANAVOUKHA,* and *SIDDHOUKHA* in the *SRI CHAKRA* worship. He is the friend of *Surya*- Sun, *Chandra*-Moon, and *Brihaspathi*- Jupiter.

4) *Budhamasrayaami* — in the raga *Naattakkurinji* set to Jhampa tala.

BUDHA- who is worshiped by Celestials, who is the son of *CHANDRA*- Moon and *TAARA* - stars. He bestows the sweet Art of Poetry and who is brightly colored in Saffron. He is the enemy of *KUCHA* and the wearer of Gem studded Crown, necklace, armlets, and bracelets, Lord of the houses of *MITHUNA*- Gemini and *KANYA*- Virgo, with book in hand and he is neuter — *NAPUMSAKA*. Who is honored by his attendants, he is devoid with all sins, benefits the devotees of Siva and is always joys.

5) *Brihaspate taaraapate — in* the raga *Athaana* set to *Triputa* tala.

Brihaspathy — Jupiter, Lord of *Taara* and son of *Brahma, I* salute you. The Omnipresent — lord of great strength, Lord of speech, the ruler of lovely *Dhanus* — Capricon and *Meena* — Pisces *Rasis.* The great preceptor of celestials; wielder of thunderbolt- *Vajrayudha;* Your form is very auspicious and you are the preceptor of three world; You are free from old age and anger; Father of *Kacha; You* grant progeny; You are the friend of hapless; You are the ocean of compassion; devoid of all illness; the Author of *Smrithi;* cannot be restrained by anyone; lord of the universe; the blemish less one; who delights the worlds.

6) Sri Sukra bhagavantam - in the raga *Paraju* set to *Ata* tala.

Sukra- Venus has the complete knowledge of all truths and the lord of *Rishabha* and *Tula* - Taurus and Libra. He takes twenty years for one revolution and influences various constellations. He has eight Vargas - divisions. He is a poet and hostile towards sun and Jupiter while in *NAVAMSA, HORA, DREKKONA, VAKRA, UCCHA, NEECHA, SVAKSHETHRA, VARAKENDRA,* and in *MOOLATHRIKONA;* and while in different *AMSA, THRIAMSA, SWASTHYAMSA, AIRAVATHAMSA, PARIJATHAMSA, and GOPURAMSA* - bestows *RAJA YOGA*- Royalty and Kingdome and fame.

7) Divaakara tanujam in the raga *Yadukulakambhoji* set to Eka tala.

SANI - Saturn; The son of Sun- *SOORYA* and the courageous one. He causes fear in the minds of people who immersed in the mundane pleasures and a harbinger of bad effects of one's life. He has a body of dark complexion and the brother of *YAMA* - the god of death. He ware blue colored dresses and decorated with blue Sapphire ride on Crow. He is worshiped by *MALINI mantra.* He is the lord of two houses; *MAKARA* - Capricorn and *KUMBHA* - Aquarius. He has special liking for the lamp lit with sesame Oil - *TILATAILA* and for rice cooked with sesame seeds. His knee was disfigured by the staff of the *KAALA*- the god of death. He is like *KAMADHENU,* yielding all desires. He is the fire capable of splitting the Time-Wheel of life and one who has conceived as the son of *CCHAYA.*

8) Smaraamyaham in the raga *Rama Manohari* set to *Roopaka* tala.

RAHU – I always meditate on *RAHU,* who is being looked upon by the SUN and MOON. He has deformed body. He is both celestial as well as Demon. He cures all diseases and removes the fear of snake from the minds of his devotees. He is comfortably seated on *SOORPASANA* and bears a trident in his hand. He has a frightful fierce face and harsh mind. He is pleased to those who chant the hymn *KAYAANAARNA.* He sports a sword, armor and other weapons in his hands. He wears blue silk and is adorned with ornaments studded with *GOMEDAKA* - cat's eye. He is friendly with *SANI* - Saturn and *SUKRA* - Venus.

9) Mahasuram Kedumaham in the raga *Chamaram* set to *Roopaka* tala.

KETU – I offer my obeisance to the extremely powerful *KETU*-

the foremost among the *Cchaaya graha-* shadow planets. He is adorned with an extra ordinary crown and auspicious silk garments. He is comfortably seated on a human being and is amidst the nine planets. He is extolled in the hymn – *KETUMKRNVAN* and is born in the *Jaimini* clan for whom anger is the treasure. He is pleased with the food – *KULUTHA* and piloted with a triangular flag and bears the fly whisk- *CHAAMARA*. He is an ornament for those who conquered both good and bad – *GUNA DOSHA*. He is the reason for eclipse and retrograde movements of other planets in Solar orbit.

The legend says that his student got cured well after singing these compositions daily.

If we admits that sound holds in its bosom the method of monadic enfoldment (the creative ,Protective and destructive agencies are embedded in the mystic syllable "OM")it must be through and by music, that we possess an instrumentality by means of which , we are able to elicit from nature an answer to the questions of life and death. Thus by setting up a vibration that could disturb the movement of the life –energy at work in fashioning-let us say a flower, the consciousness ensouling that flower would be an element of our knowledge. In other words, musical genius succeeds in arranging such a system of mechanical agents that the vibrations set up by them may elicit just such revelations of the world –soul as correspond to and express his ideal conception. Through his intuition the composer obtains an idea from the universal Mind, next he feels a want of imparting this divine message to his fellowmen. The composer by skillfully producing a series of mechanical sounds corresponding to the character of his spiritual vision creates a disturbance in the mystic "silence" and interrupts the current in which his idea floats. Thus interrupted, idea manifests in terms of tunes and melodies and reveals its meaning to listening mortals.

Such is the greatness music of Sh. Muttuswami Deekshitar and others, whose creations re echo in the human heart the infinite harmonies of pure untainted being. Music, there for like all manifestations of the "perfect through the imperfect" has its two poles of expression- its good and evil sides. And being thus exposed to an energy which by its very nature eludes the deliberations of reason and reflection the individual find himself to a large extend at the mercy of his composer. For through the mighty agency of rhythm, the latter can sway the minds of his listeners as completely as a hypnotizes can control his subject. According to the character of the music, so will the person subjected to its influence, find the different shades of his moral nature affected.

If the composer's inspirations are of a wholly compassionate order, the evoked vibrations will affect solely the passional elements of the listener and will arouse their activity to an abnormal degree. A person with Venus afflicted in the 7th house should invariably avoid such passional music. If he does listen to too much of love music, no stimulus is given to the moral elements, the balance of the inner man is disturbed and the mind plunged in to a state of moral chaos. Persons who have Venus in the 2nd house with Mars should listen to more of Devotional songs. Otherwise dormant appetites will awaken and clamor for gratification and finally some favorite passion obtaining control of the victim will hurt him headlong into the commission of deeds which his nature left in its ordinary balance, would never have sanctioned.

Indian thought and Indian Music are destined to play an important part in rescuing our civilization from self- absorbed materialism and supplying to thousands of lives a moral uplift which will enable society to move onward and upward.

—Dr. T.V. Manikandan
Faculty of Music & Fine Art
Delhi University
Delhi

संस्थाओं में संगीतः परिदृश्य एवं सम्भावनाएँ

इस लेख में संगीत शिक्षण के प्राचीन, मध्य तथा आधुनिक रूपों को रेखांकित करते हुए आधुनिक संगीत शिक्षण की समस्याओं को पहचानकर उनके निराकरण करने का प्रयास किया गया है।

संगीत-शिक्षण का इतिहास :

भारतीय संगीत का इतिहास वैदिक काल से आरम्भ होता है। वैदिक काल में संगीत के लिए गीति अथवा साम का प्रयोग होता था तथा सामगान की शिक्षा वैदिक ऋषियों द्वारा अपने शिष्यों को दी जाती थी। वैदिक काल में यह शिक्षा पूर्णतया धार्मिक मानदण्डों पर आधारित थी। कालान्तर में जैसे-जैसे समाज में नवीन आख्यानों का विकास हुआ, वैसे-वैसे संगीत की विषय-वस्तु भी विस्तृत और व्यापक होती गयी। नाट्यशास्त्र के समय तक वैदिक ऋचाओं के साथ-साथ गांधर्व संगीत का प्रादुर्भाव हो चुका था। यह संगीत गंधर्वों द्वारा प्रयुज्यमान होता था तथा इनके व्यावसायिक प्रयोक्ताओं को कुशीलव कहते थे। मनुस्मृति आदि ग्रंथों में कुशीलवों को व्यावसायिक संगीतज्ञों के रूप में निरूपित किया गया है। गुप्त तथा मौर्यकालीन समाजों में कण्ठ संगीत के अतिरिक्त वाद्य संगीत की भी एक स्वस्थ परम्परा विकसित हो गई थी। वीणा, दुन्दुभि आदि का स्वतंत्र वादन इस काल में होता था। चाणक्य के अर्थशास्त्र में गूढ़ पुरुषों और गणिकाओं के संगीत के संदर्भ में प्रमाण मिलते हैं। संगीत शिक्षण के विषय में इस काल में विशेष जानकारी नहीं मिलती; किन्तु अनुमानतः कहा जा सकता है कि विशिष्ट आश्रमों में गंधर्वों तथा कुशीलवों द्वारा संगीत की शिक्षा दी जाती थी। नारद, हाहा, हूहू, तुम्बरु इत्यादि गंधर्वों का उल्लेख इस संदर्भ में किया जा सकता है, जिन्होंने अनेक शिष्य तैयार किए।

हर्षवर्धन के साम्राज्य के विघटन के पश्चात् बृहत भारतीय साम्राज्य अनेक छोटे-छोटे खण्डों में विभाजित होने लगा था। राजनैतिक दृष्टि से यह काल संक्रमण का काल था। इस समय यवनों तथा अन्य मध्य एशियाई

जातियों का भारत में आगमन आरम्भ हो गया था। भारत की देशी भाषा और संस्कृति में भी बदलाव हो रहे थे। इन सबका प्रभाव भारतीय संगीत के शिक्षण पर भी पड़ा।

मुगल काल तक आते-आते संगीत मुख्यतः दरबारों तक सिमट कर रह गया। धार्मिक परम्परा विच्छिन्न हो रही थी। शक्ति के बल पर धर्म-परिवर्तन करवाया जा रहा था। भारत में इस्लामिक सत्ता स्थापित हो रही थी तथा स्थान-स्थान पर सूफ़ी खानकाहें बन रही थीं। इसलिए प्राचीन धार्मिक संगीत के स्थान पर एक विशिष्ट प्रकार का भारतीय अरबी-दरबारी संगीत विकसित हुआ। राजाश्रय प्राप्त संगीतज्ञों ने तत्कालीन राजाओं को प्रसन्न करने के लिए संगीत रचनाएं की तथा उनके गायन-वादन के लिए शिष्य तैयार किए। इस प्रकार प्रबंध, वस्तु, रूपक के स्थान पर ध्रुपद-धामार का जन्म हुआ। दुन्दुभि के स्थान पर पखावज तथा तबला आ गए तथा रबाब, सारंगी, इसराज, सितार इत्यादि नवीन वाद्यों का समायोजन भी हुआ। इस काल में संगीतज्ञों को राजाश्रय प्राप्त होता था तथा राज दरबारों में रह कर ही वे अपने शिष्य-प्रशिष्य तैयार किया करते थे। अमीर खुसरो, गोपाल नायक, बैजू, तानसेन आदि दरबारी संगीतज्ञ ही थे; किन्तु जो मन्दिर येन केन प्रकारेण बच गये थे, उनमें धार्मिक संगीत की परम्परा विकसित होती रही। अष्टछाप के कवियों ने अष्टयाम सेवा का विकास किया। इस परम्परा के संगीतज्ञ, भगवान कृष्ण को दिन के प्रत्येक प्रहर में अवस्थानुकूल संगीत सुनाकर प्रसन्न करते थे। यह परम्परा ब्रज के हवेली संगीत में आज भी कायम है। दरबारी संगीतज्ञों के संरक्षण में संगीत घरानों का विकास हुआ। इन संगीत घरानों ने भी संगीत शिक्षा में विशेष योगदान दिया है।

मुगलों के पतन के उपरान्त भारत की रियासतें एक बार फिर से छोटे-छोटे टुकड़ों में बंट गई थीं। जैसे-जैसे अंग्रेजों का भारत पर कब्जा होता गया, वैसे-वैसे भारतीय कला और संस्कृति में भी परिवर्तन होने लगे। पढ़े-लिखे भारतीयों का एक वर्ग दरबारी मनोवृत्ति वाले श्रृंगारपूर्ण संगीत को आत्मसात् नहीं कर पा रहा था। इसलिए संगीत की आलोचना होने लगी। संगीत सीखना संभ्रान्त परिवारों में निषिद्ध होने लगा। इसे वेश्याओं और कोठों की चीज माना जाने लगा। संगीत का विलासमय रूप कुछ इस प्रकार प्रभावित हुआ कि उस समय के प्रबुद्ध और भद्र लोगों ने संगीत से अपने आप को अलग कर लिया। इसी काल में दो महान संगीतज्ञों विष्णु दिगम्बर

पलुस्कर एवं विष्णु नारायण भातखण्डे ने भारतीय संगीत के शिक्षण के क्षेत्र में नये प्रयोग किये। यूं तो विष्णु द्वय से पहले सन् 1874 ई० में पूना-गायन-समाज की स्थापना से ही संस्थाओं में संगीत सिखाना आरम्भ हो गया था, तत्पश्चात् सन् 1890 ई० में बम्बई में गायनोत्तेजक मंडल की स्थापना हुई, जहाँ संगीत शिक्षण की व्यवस्था की गई। सन् 1886 ई० में मौलाबख्श द्वारा बड़ौदा में बड़ौदा स्टेट म्यूजिक स्कूल खोला गया जोकि प्रथम संगीत विद्यालय था। अंग्रेज शासन-काल में कुछ बुद्धिमान कलाकारों, जैसे-के.डी. बैनर्जी, प्रताप सिंह देव, सुरेन्द्र मोहन टैगोर आदि ने संगीत-शिक्षण के क्षेत्र में अपना योगदान दिया। यही नहीं, कुछ अंग्रेजों ने भी भारतीय संगीत का गहन अध्ययन किया तथा बहुमूल्य पुस्तकें लिखीं। जिनमें से कैप्टन डे, कैप्टन एन.ए. विलर्ड, फाक्स स्ट्रेंग्वेज, क्लेमेंट आदि प्रमुख हैं; परन्तु बीसवीं शताब्दी के पूर्वार्द्ध में जो कार्य पं० विष्णु दिगम्बर पलुस्कर व पं० विष्णुनारायण भातखण्डे ने किया वह अतुलनीय है। इन्हीं के प्रयासों एवं कार्यों से आज संगीत-शिक्षण पूरी तरह से क्रियाशील है। इनके प्रयासों के फलस्वरूप इन्होंने बंदिशों में श्रृंगार रस के भद्दे शब्दों को हटाकर भक्ति रस को प्रधानता दी। इनके समय में संगीतज्ञों को जैसा सम्मान मिलना चाहिये था, नहीं मिल रहा था और गायकों को भले घरों में अच्छी दृष्टि से नहीं देखा जाता था। तभी आपने प्रण किया कि जब तक सम्मानित कुटुम्बों में संगीत का प्रचार और प्रतिष्ठा न हो जाए तब तक चैन से नहीं बैठेंगे। इसी भावना को लेकर विष्णु दिगम्बर पलुस्कर ने सन् 1901 ई० में गान्धर्व महाविद्यालय की स्थापना की, जिसमें परम्परागत और संस्थागत संगीत-शिक्षण की विशेषताएँ सम्मिलित थीं। इन्होंने अपनी निजी स्वरलिपि प्रचारित कर लोगों को संगीत-शिक्षा उपलब्ध कराई। इसी प्रकार भातखण्डे जी ने भी सन् 1918 ई० में ग्वालियर में माधव संगीत विद्यालय, सन् 1920 ई० में बड़ौदा तथा सन् 1926 ई० में लखनऊ में संगीत विद्यालयों की स्थापना की। इन्होंने बंदिशों का विपुल भण्डार एकत्रित कर सुगम स्वरलिपि में निबद्ध कर क्रमिक पुस्तक-मालिका द्वारा साहित्य उपलब्ध कराया। विष्णुद्वय ने संगीत-शिक्षण को संस्थागत शिक्षण का रूप प्रदान कर एक नई दिशा दी। जहाँ संगीत घरानेदार कलाकारों एवं उनके शिष्यों द्वारा सीमित था, वहीं इनके द्वारा स्थापित संगीत विद्यालयों से संगीत का संस्थागत और सामूहिक शिक्षण प्रारम्भ हुआ।

इससे संगीत शिक्षण के क्षेत्र में एक नवीन परम्परा का विकास हुआ

यहीं से संस्थागत संगीत शिक्षण का आरम्भ होता है। संस्थागत संगीत शिक्षण को निम्नलिखित श्रेणियों में विभाजन किया जा सकता है।

संस्थागत संगीत शिक्षण का श्रेणी विभाजन :

1. वे संस्थाएँ जो विशुद्ध रूप से संगीत शिक्षण के लिए ही होती हैं, इस प्रकार की संगीत शिक्षण संस्थाओं को दो श्रेणियों तक विभाजित किया जा सकता है।

   1.1. वे संस्थाएँ जो संगीत शिक्षण पूर्ण होने के पश्चात् डिग्री (उपाधि) देती हैं।

   1.2 वे संस्थाएँ जो संगीत शिक्षण पूर्ण होने के पश्चात् डिप्लोमा देती हैं या कुछ भी नहीं देतीं।

2. इसके अन्तर्गत विद्यालय स्तर पर संगीत शिक्षण, महाविद्यालय स्तर पर एवं विश्वविद्यालय स्तर पर संगीत शिक्षा प्रदान की जाती है।

संस्थागत संगीत शिक्षण के उद्देश्य :

संस्थागत संगीत शिक्षण का उद्देश्य यह होता है कि वहाँ जो भी विद्यार्थी संगीत सीखने आये उन्हें सांगीतिक स्वरों को आस्वादन करा सकें, भारतीय रागों, तालों एवं वाद्यों को अपनी संस्कृति के परम्परागत इतिहास से परिचय, संगीत शिक्षक तैयार करना, गायन-वादन की योग्यता प्रदान करना एवं विवेकपूर्ण श्रोतागण तैयार करना।

आधुनिक समय में संगीत शिक्षण के दो महत्त्वपूर्ण ढंग प्रचार में हैं।

1. व्यक्तिगत संगीत शिक्षण
2. समूह संगीत शिक्षण

1. व्यक्तिगत संगीत शिक्षण पद्धति में उचित विद्यार्थी का चयन करके गुरु उसे अपने सम्पर्क में रखकर उसकी व्यक्तिगत क्षमताओं के अनुरूप शिक्षा देता है।
2. समूह संगीत शिक्षण में किसी संस्था के अन्तर्गत कार्यरत शिक्षक विशिष्ट स्तर के विद्यार्थियों को समूह में संगीत शिक्षण प्रदान करते हैं।

दोनों पद्धतियों के अपने-अपने गुण-दोष हैं, परन्तु यहाँ केवल समूह संगीत शिक्षण की विशेषताओं, समस्याएँ एवं सम्भावनाओं पर ही प्रकाश डालेंगे।

समूह संगीत शिक्षण की विशेषताएँ :

समूह संगीत शिक्षण पद्धति के अन्तर्गत महाविद्यालय, विश्वविद्यालय एवं निजी संगीत शिक्षण संस्थाएँ सम्मिलित की जा सकती हैं। प्रायः इन संस्थाओं पर एक आरोप बार-बार लगाया जाता है कि ये संस्थाएं कोई कलाकार तो पैदा नहीं कर सकी हैं? यही प्रश्न अन्य विषयों के बारे में भी पूछा जा सकता है। विश्वविद्यालय या संगीत विभाग ऐसा कोई भी आश्वासन नहीं देते कि वे अपने संस्थानों से कलाकार पैदा करेंगे। इस पद्धति के अन्तर्गत विषय सम्बन्धी पाठ्यक्रम के अनुसार विद्यार्थियों की योग्यता, रुचि एवं अभिरुचि के अनुकूल विस्तृत आधार प्रदान करना होता है। इसके उपरान्त विद्यार्थी की क्षमता पर भी निर्भर करता है कि वह कितनी मात्रा में उस विषय को ग्रहण करता है और उसका प्रतिपादन कैसे करता है। विद्यार्थी वर्ग को भी तीन श्रेणियों में विभाजित किया जा सकता है। पहले प्रकार में वे विद्यार्थी आते हैं, जिन्हें बहुधा समझाने पर ही कुछ समझ में आता है। दूसरे प्रकार में वे विद्यार्थी आते हैं जिन्हें एक या दो बार समझाने पर ही समझ में आ जाता है। तीसरे वर्ग में वे विद्यार्थी आते हैं जिन्हें मात्र इशारा करने की आवश्यकता होती है अर्थात् थोड़ा सा ही समझाने पर समझ जाते हैं। यह तीसरे प्रकार का विद्यार्थी निश्चित ही संस्थागत पद्धति से कलाकार बन सकता है यदि उसका मार्गदर्शन सही दिशा में हो जाए; परन्तु ऐसा तभी सम्भव हो सकता है कि वह जो भी सीखे उसका अभ्यास करे और उस अभ्यास को दोगुना और चौगुना करने की क्षमता हो। विश्वविद्यालय से निकले ऐसे कई विद्यार्थी हैं जो कि कलाकार भी हैं एवं शिक्षण क्षेत्र से भी हुड़े हैं।

समूह संगीत शिक्षण की एक विशेषता यह भी है कि जिस शिक्षा को पहले अथक प्रयासों और मिन्नतें करके सीखा जाता था उसे अब सरलता से एक ही समय में कई विद्यार्थियों को यह शिक्षा प्रदान की जा सकती है। आज भी ऐसे कई उस्ताद यह कहते मिल जायेंगे कि हम अपने हीरे-जवाहरात या सीखी हुई चीजें किसी को इतनी आसानी से कैसे दे दे। इन चीजों को सिखाने के लिए वे अत्यधिक धन की मांग करते हैं जिसे आम विद्यार्थी वहन नहीं कर सकता। ऐसी स्थिति में विश्वविद्यालय स्तर की सामूहिक शिक्षण पद्धति अधिक सफल हुई है। यह विशेषता केवल संगीत संस्थाओं में ही पाई जाती है कि विद्यार्थी न्यूनतम शुल्क देकर भी शिक्षा ग्रहण कर

सकता है। संस्थागत पद्धति से पहले विवशता पूर्ण विद्यार्थी अपने गुरु द्वारा कुछ भी मांग करने पर पूर्ति करता था, यहाँ तक कि उसकी कई फुजूलखर्ची का भार भी वहन करना पड़ता था। विद्यार्थी की ऐसी विवशताओं का संस्थागत प्रणाली में कोई स्थान नहीं तथा सामूहिक पद्धति के अन्तर्गत निम्न आयवर्ग का विद्यार्थी भी शिक्षा ग्रहण कर सकता है। संगीत संस्थाओं में केवल प्रायोगिक पक्ष पर ही ध्यान केन्द्रित नहीं किया जाता अपितु शास्त्र का भी अध्ययन करवाया जाता है, क्योंकि संस्थाओं में एक निश्चित अवधि का पाठ्यक्रम होता है और रागों की शिक्षा के अतिरिक्त शास्त्र की शिक्षा इसलिए प्रदान की जाती है ताकि शास्त्र प्रायोगिक पक्ष को स्थायित्व प्रदान कर सके और उसके अस्तित्व को सिद्ध कर सके। जबकि व्यक्तिगत शिक्षण में यह विचारधारा न्यून ही है। शास्त्र के आधार पर ही संगीत के क्षेत्र में महत्त्वपूर्ण शोध कार्य हुए हैं। संगीत की समृद्धि में अनुसंधान ने महत्त्वपूर्ण भूमिका निभाई है।

संगीत क्षेत्र के बदलते परिप्रेक्ष में यदि संस्थागत प्रणाली में इस दृष्टि से भी देखें कि आज के युग में घरानेदार संगीतज्ञों के बच्चे भी महाविद्यालय और विश्वविद्यालय स्तर की संगीत शिक्षा प्राप्त करना चाहते हैं तो कोई अतिश्योक्ति नहीं होगी; क्योंकि संगीत पर आधारित कई व्यवसाय ऐसे हैं जो कि डिग्री न होने की दशा में उस व्यवसाय से जुड़ पाना असम्भव होता है। निजी स्कूलों में भी संगीत शिक्षकों की बहुत माँग रहती है। अतः डिग्री होने की स्थिति में इस मांग की जल्द ही पूर्ति हो जाती है। आज ऐसा समय भी नहीं रह गया है कि घरानेदार व्यक्ति मात्र सांगीतिक कार्यक्रमों द्वारा ही अपने परिवार का पालन-पोषण कर पाने की स्थिति में हों। यदि हैं भी तो गिने चुने ही कलाकार हैं, जिनका व्यवसाय मंच प्रदर्शन पर ही आधारित है। अन्यथा कई घरानेदार कलाकार भी संगीत शिक्षण संस्थाओं द्वारा शिक्षा के क्षेत्र से जुड़ना चाहते हैं तथा अनेकों इस पद्धति से जुड़कर इस क्षेत्र में अपना योगदान दे रहे हैं। वर्तमान युग में संगीत पर आधारित ऐसे कई व्यवसाय हैं जोकि डिग्री होने पर सरलता से प्राप्त किए जा सकते हैं। जैसे-आकाशवाणी एवं दूरदर्शन में कार्यक्रम प्रभारी का पद, स्कूलों में शिक्षक के पद, महाविद्यालय एवं विश्वविद्यालय में प्रवक्ता इत्यादि।

समूह शिक्षण पद्धति से संगीत जगत अत्यधिक लाभान्वित हुआ है। इस पद्धति ने इस धारणा को निर्मूल सिद्ध कर दिया कि संगीत केवल गुरु-शिष्य

परम्परा द्वारा ही सीखा जा सकता है और जो ज्ञान अत्यन्त कष्ट से सीखा जाता था वह अब सरलता से प्राप्त होने लगा; परन्तु इस पद्धति की अपनी समस्याएँ हैं, जिन्हें यहाँ परिलक्षित करना आवश्यक होगा।

समूह संगीत शिक्षण की समस्याएँ :

1. समूह संगीत शिक्षण पद्धति में छात्र एवं छात्राओं को संयुक्त रूप से शिक्षा दी जाती है जोकि शिक्षक के लिए अत्यन्त कष्टदायक स्थिति होती है; क्योंकि छात्र एवं छात्रा की कण्ठ-तारता भिन्न होती है। वाद्य शिक्षण में शिक्षक को ऐसी समस्या का सामना नहीं करना पड़ता। गायन शिक्षा में यदि पुरुष शिक्षक है तो छात्राओं को सीखने में समस्या आती है, यदि महिला शिक्षक है तो पुरुषों को समस्या। शिक्षक ऐसे में स्वर को ऊँचा-नीचा करके सिखाने का प्रयत्न तो करते हैं, परन्तु ऐसी स्थिति में शिक्षक के स्वर का गुण-धर्म ही बदल जाता है।
2. समूह संगीत शिक्षण के अन्तर्गत विद्यार्थी एक साथ सम्मिलित रूप में शिक्षा ग्रहण करते हैं। समूह में कौन सा विद्यार्थी गलती कर रहा है, वह बंदिश को ढंग से गा भी रहा है या नहीं, या बंदिश को उसने भली भांति ग्रहण भी किया है या नहीं आदि त्रुटियों का शिक्षक को आभास नहीं हो पाता। ऐसे में इस सम्भावना का भी अभाव ही रहता है कि शिक्षक विद्यार्थी से एक-एक करके गायन या वादन सुन सके। ऐसी स्थिति की सम्भावना कम छात्रों में तो सम्भव है परन्तु जहाँ 30 से 40 छात्रों की संख्या एक कक्षा में होगी वहाँ यह कदापि सम्भव नहीं।
3. संस्थागत प्रणाली में एक निश्चित अवधि का पाठ्यक्रम होता है, जिसे एक वर्ष में सम्पन्न करना होता है। जबकि महाविद्यालय एवं विश्वविद्यालय छः महीने बंद रहते हैं। अतः शिक्षक को शेष छः महीनों में एक साल का पाठ्यक्रम किसी एक कक्षा का नहीं अपितु कई अन्य कक्षाओं का पाठ्यक्रम भी सम्पन्न करवाना रहता है। कम समयावधि में पाठ्यक्रम शेष ही रह जाता है।
4. सामूहिक संगीत शिक्षण प्रणाली में कक्षा की समयावधि निश्चित रहती है। गायन-कक्षा में संगत वाद्यों को मिलाने में बहुत समय व्यर्थ नहीं जाता क्योंकि वहाँ वाद्यों की संख्या अधिक नहीं होती। वाद्य संगीत की कक्षा में जितने विद्यार्थी हों, उतने ही वाद्यों की आवश्यकता होती है। अतः उन सबको मिलाने में बहुत समय व्यर्थ हो जाता है। यदि कक्षा

की समयावधि एक घण्टा है तो निश्चित ही 20 से 25 मिनट सब वाद्यों को मिलाने में ही निकल जाता है।

5. सामूहिक संगीत शिक्षा में निश्चित समयावधि के फलस्वरूप प्रतिभावान विद्यार्थी को शिक्षक द्वारा व्यक्तिगत मार्गदर्शन की सम्भावना न्यूनतम ही रहती है। यदि किसी एक विद्यार्थी के लिए कक्षा में व्यक्तिगत मार्गदर्शन किया भी जाए तो अन्य विद्यार्थी कुंठा के शिकार हो जाते हैं।
6. विद्यार्थी संगीत संस्थाओं में प्रवेश इसलिए लेते हैं कि वहाँ वे न्यूनतम शुल्क देकर शिक्षा का लाभ उठा सकेंगे। परन्तु कई प्रतिभावान विद्यार्थी शिक्षकों की आपसी गुटबाजी के कारण राजनीति का शिकार हो जाते हैं और बलि का बकरा बना दिये जाते हैं।
7. जिस प्रकार ललित कला के छात्रों में रंगों के प्रति सौंदर्यानुभूति भिन्न होती है, उसी प्रकार संगीत के छात्रों में प्रायोगिक कल्पना शक्ति भिन्न होती है। समूह शिक्षण में शिक्षक द्वारा उनकी कल्पना शक्ति का व्यक्तिगत आकलन करना सम्भव नहीं होता।
8. संस्थागत शिक्षण प्रणाली में शिक्षक और विद्यार्थी का अनुपात अत्यधिक रहता है। प्रायः इस पद्धति में यह अनुपात 1:30 या इससे भी अधिक हो जाता है। छात्रों की अधिक संख्या के कारण उनकी गुणवत्ता में कमी अवश्यम्भावी है।

संगीत शिक्षण संस्थाओं की वर्तमान स्थिति :

संस्थाएँ संगीत की औपचारिक शिक्षा प्रदान करने का एक सशक्त माध्यम बनीं। इसके माध्यम से शिक्षकों एवं छात्रों को उचित स्थान भी प्राप्त हुआ। व्यक्तिगत एवं सामाजिक विकास में अपना योगदान कर उनकी क्षमताओं को उभारने का सफल प्रयास किया। अन्य विषयों जैसे साहित्य, विज्ञान, वाणिज्य आदि के साथ संगीत विषय को भी विद्यालय एवं विश्वविद्यालय स्तर पर महत्त्वपूर्ण स्थान प्राप्त हुआ।

स्वतंत्रता प्राप्ति के लगभग 55 वर्ष पश्चात् यदि आज के संदर्भ में विश्वविद्यालय स्तर पर संगीत विषय की स्थिति पर दृष्टिपात करें तो स्थिति अत्यन्त गम्भीर है। ऐसी स्थिति में संस्थागत संगीत में आयी समस्याओं पर चिन्तन एवं उनका निराकरण अत्यंत आवश्यक है। समय विकास की ओर अग्रसर है, अन्य विषय समय के साथ अधिक प्रगतिशील हो गये हैं, परन्तु संगीत के प्रति विश्वविद्यालयों में इसके प्रति रुचि कुछ कम हुई है। महानगरों

में भी इस विषय को सीखने के प्रति आकर्षण कम हुआ है। छोटे नगरों में तो यह स्थिति अत्यन्त दयनीय है। विशेषकर वाद्य संगीत में एक या दो विद्यार्थी ही प्रवेश लेते हैं। सरकार सम्पूर्ण शिक्षण-पद्धति का विकेन्द्रीकरण करने जा रही है। इससे सम्बन्धित यू.जी.सी. द्वारा एक पत्र विश्वविद्यालयों को भी प्रेषित किया जा चुका है। विश्वविद्यालयों ने इस पत्र को सभी विभागों में भेज, इसे लागू करने के निर्देश भी दिए हैं। इस पत्र में स्पष्ट निर्देश है कि सभी विभाग अपने विषय को रोजगारमूलक बनाएँ। साथ ही यह भी निर्देश है कि विभाग की आमदनी बढ़ाएँ। यह दिशा निर्देश स्पष्ट करता है कि आने वाले समय में विभागों को भी ऐसे कदम उठाने होंगे, जिससे वे आय के स्रोत बन सकें और अपने विभाग के खर्चे वे स्वयं उठा सकें। इसके परिणामस्वरूप पहला कदम यह उठाया गया कि विद्यार्थियों की फीस बढ़ा दी गई। संगीत विभाग में तथा अन्य विषयों में भी जहाँ फार्म (प्रवेश-पत्र) का मूल्य नहीं होता था, अब 500 रुपये कर दिया है। छोटे नगरों में स्थापित विश्वविद्यालय, महाविद्यालयों में विद्यार्थी आस-पास के गाँवों एवं उसके आस-पास के छोटे-छोटे नगरों से भी आते हैं। अधिकतर वे बहुत गरीब परिवारों से होते हैं। कुछ विद्यार्थी ऐसे क्षेत्रों से आते हैं, जिन्हें संगीत सीखने की रुचि तो होती है; परन्तु वे शिक्षण शुल्क देने में असमर्थ होते हैं। उस पर अत्यधिक फीस बढ़ाना तथा फार्म का मूल्य बढ़ा देना न्यायसंगत नहीं है। ऐसा प्रतीत होने लगा है कि भविष्य में वह वर्ग ही शिक्षा प्राप्त कर सकेगा जो कि उच्च आय वर्ग का होगा। स्पष्ट है कि आधुनिक समय में सामाजिक, राजनैतिक और आर्थिक परिवर्तन जिस गति से हो रहे हैं, उसके कारण संगीत शिक्षण का उद्देश्य ही बदल गया है। आज संस्थागत संगीत-प्रणाली को कई समस्याओं का सामना करना पड़ रहा है। अतः हमें इसका अस्तित्व बनाये रखने के लिए संस्थागत शिक्षण में परिवर्तन लाने होंगे, अन्यथा जिस प्रकार कई महाविद्यालयों में संगीत विद्यार्थियों की घटती संख्या के कारण यह विषय ही समाप्त कर दिया गया है। उसी प्रकार विश्वविद्यालय के संगीत विभाग भी बंद कर दिए जाएंगे। इसका एक स्पष्ट उदाहरण वाद्य संगीत विभागों में देखा जा सकता है। जहाँ केवल एक या दो ही विद्यार्थी होते हैं।

विद्यालयों में सेकेण्डरी स्तर पर भी संगीत शिक्षा लगभग समाप्त होती जा रही है। यदि विद्यालय स्तर पर ही संगीत शिक्षा की यह दशा है, तो

विद्यार्थी महाविद्यालय और विश्वविद्यालयों में कैसे आयेंगे? यही एकमात्र कारण है कि महाविद्यालयों में स्नातक स्तर पर वाद्य संगीत में विद्यार्थी न के बराबर हैं। वाद्य संगीत की कक्षाओं में उन विद्यार्थियों को यह कहकर प्रयत्नपूर्वक प्रवेश दिया जाता है कि उनका कंठ अच्छा नहीं है, अतः वे वाद्य संगीत सीखें।

सुझाव :

1. संस्थागत संगीत शिक्षण प्रणाली को सशक्त बनाये रखने के लिए सर्वप्रथम प्रयास विद्यालयों के प्राईमरी एवं माध्यमिक दोनों स्तरों पर करना होगा। उनके लिए कुछ इस प्रकार के पाठ्यक्रम की आवश्यकता पर बल दिया जाना चाहिये, जिससे इस विषय के प्रति आकर्षण बढ़े। अर्थात् स्कूली स्तर के पाठ्यक्रम की परिकल्पना को बदलना होगा। प्राईमरी स्तर पर संगीत की भूमिका अत्यंत महत्त्वपूर्ण है। ऐसे बच्चों में देश-भक्ति गीत, मौसमी गीत, विशेष अवसरों के गीत, प्रकृति गीत, नैतिक गीत आदि सिखाए जा सकते हैं। सैकेण्डरी स्तर पर पाठ्यक्रम को दो वर्गों में विभाजित किया जा सकता है। प्रथम प्रतिभाशाली विद्यार्थियों के लिए शास्त्रीय संगीत का पाठ्यक्रम और सामान्य विद्यार्थियों के लिए उसका सरल-सुगम रूप। इससे हर प्रकार का विद्यार्थी संगीत से जुड़ेगा और उसका इस विषय के प्रति आकर्षण बढ़ेगा।
2. स्कूलों में यदि प्राध्यापकगण संगीत से सम्बन्धित व्याख्यान एवं प्रस्तुतिकरण की श्रृंखला का समय-समय पर आयोजन करते रहें तो विद्यार्थियों में जागरुकता उत्पन्न होगी।
3. महाविद्यालयों एवं विश्वविद्यालयों के पाठ्यक्रमों में भी नए दृष्टिकोण की आवश्यकता है। संगीत के क्रियात्मक एवं शास्त्रीय पक्ष संबंधी शिक्षा के अतिरिक्त अन्य तकनीकी विधाओं का समावेश कर इस विषय को अन्य क्षेत्रों से जोड़ कर अधिक रुचिकर बनाया जा सकता है। विद्यार्थियों को संगीत शिक्षक बनाने के अतिरिक्त अन्य रोजगार सम्बन्धी क्षेत्र उपलब्ध करा सकते हैं। जैसे रिकार्डिंग तकनीक का भी संगीत के पाठ्यक्रम में समावेश कर लिया जाए तो, एक नया क्षेत्र विकसित करने में सफलता मिलेगी एवं यह प्रयास व्यावसायिक दृष्टिकोण से भी अधि क लाभदायक होगा। रिकार्डिंग के क्षेत्र में जितने भी तकनीशियन रिकार्डिंग करते हैं, वे सभी संगीत से अनभिज्ञ होते हैं। कदाचित संगीत

के विद्यार्थियों को भी इस विधा का ज्ञान करा दिया जाए तो निश्चित ही ऐसे विद्यार्थी संगीत रिकार्डिंग के क्षेत्र में भी अच्छे तकनीशियन बन सकेंगे।

4. सूचना तकनीकी ने संपूर्ण विश्व में ही क्रांति ला दी है। कम्प्यूटर ने शिक्षण क्षेत्र का सम्पूर्ण परिदृश्य ही बदल दिया है। कम्प्यूटर के विविध आयामों से सभी विषयों ने कम्प्यूटर के विविध आयामों को अपने पाठ्यक्रम में सम्मिलित कर अपने विषय की सम्भावनाओं को विकसित किया, वहीं संगीत विषय इन सम्भावनाओं से महाविद्यालयों एवं विश्वविद्यालय स्तर पर लगभग अछूता ही रहा। संगीत पाठ्यक्रम में कम्प्यूटर की शिक्षा लगभग अनिवार्य कर देनी चाहिये। इस तकनीक द्वारा सूचना के क्षेत्र में संगीत सम्बन्धी जानकारी विश्व के किसी भी क्षेत्र से उसी समय प्राप्त की जा सकती है।

5. स्नातक एवं स्नातकोत्तर स्तर पर संगीत की शिक्षा ग्रहण कर रहे विद्यार्थियों को प्रोजेक्ट करने की पद्धति पर कभी भी ध्यान नहीं दिया गया। स्नातक एवं स्नातकोत्तर स्तर पर विविध संगीत विषयों से सम्बन्धि त व्यक्तिगत तथा समूह में प्रोजेक्ट लेना अनिवार्य कर देना चाहिये।

6. प्रतिभाशाली विद्यार्थियों का चयन कर उनके लिए विशेष कक्षा का आयोजन करना चाहिये। विभागाध्यक्ष ऐसे विद्यार्थियों के लिए किसी एक प्रवक्ता के अधीन गहन प्रशिक्षण के लिए दिशा-निर्देश निर्धारित कर सकता है।

7. यु.जी.सी. के दिशा-निर्देशों के अनुसार एक वर्ष में समयसारणी के अन्तर्गत 180 दिन कक्षा लगनी चाहिये। पाठ्यक्रम में रागों की अधिकता के कारण उपरोक्त लिखित अवधि में पाठ्यक्रम समय पर सम्पन्न नहीं हो पाता। अतः एक साधे सब सधे की तर्ज पर एक राग न सही परन्तु रागों की संख्या कम अवश्य होनी चाहिये।

8. एक अनुपात एक का सिद्धान्त संस्थागत शिक्षण प्रणाली में सम्भव नहीं है परन्तु शिक्षक और विद्यार्थियों का अनुपात असामान्य प्रतीत होता है। कुछ महाविद्यालयों में जब से यह नियम आया कि जब तक कक्षा में 30 तक की संख्या में विद्यार्थी नहीं होंगे उस विषय का विभाग बंद कर दिया जाएगा। कई महाविद्यालयों में नियम के अन्तर्गत संगीत विभाग बंद कर दिये गये। ऐसे संस्थागत संगीत शिक्षण में संख्या यदि एक अध्यापक

के पास 5 से 10 छात्रों की रहे तभी यह पद्धति अधिक कारगर सिद्ध हो सकती है।

9. पाठ्यक्रम में संगीत कार्यक्रमों की समीक्षा हेतु पाठ्यक्रम भी सम्मिलित किया जा सकता है। इससे विद्यार्थी समाचार–पत्रों में संगीत समीक्षक की भूमिका का निर्वाह उचित रूप से कर सकेंगे। व्यवसाय के दृष्टिकोण से भी उन्हें एक नई दिशा मिल सकेगी। यदि उचित हो तो संगीत कार्यक्रम समीक्षा, पुस्तक समीक्षा एवं रेडियो फीचर लिखने पर एक विशेष डिप्लोमा कोर्स विश्वविद्यालय में प्रारम्भ किया जा सकता है। विश्वविद्यालयों में संगीत पर आधारित नवीन दिशाओं का अध्ययन आज समय की मांग है।
10. संगीत क्षेत्र के दिग्गज कलाकारों को विजिटिंग प्रोफेसर के अन्तर्गत विश्वविद्यालय में आमंत्रित कर विद्यार्थियों को विशेष प्रशिक्षण की सुविधा प्रदान की जा सकती है। इससे उनकी गुणवत्ता में अवश्यम्भावी परिवर्तन देखने को मिलेगा। विदेशों में कई विश्वविद्यालय भारत के कलाकारों को अपने यहां विजिटिंग प्रोफेसर के रूप में आमंत्रित कर अपने विद्यार्थियों के लिए समय–समय पर सुविधा प्रदान करते हैं। इस प्रकार की कुछ योजनाएँ भारत के संगीत विभाग भी आयोजित कर सकते हैं। इस योजना के अन्तर्गत अन्य विश्वविद्यालयों के विद्यार्थियों को भी आमंत्रित किया जा सकता है। यदि सम्भव हो तो उनके सम्पूर्ण शिक्षण कार्यक्रम को योजनाबद्ध तरीके से रिकार्ड कर समय–समय पर विद्यार्थियों को लाभान्वित किया जा सकता है।
11. संगीत शिक्षकों के लिए अनिवार्य स्तर पर यूजीसी द्वारा पुनश्चर्या पाठ्यक्रम प्रायोजित किए जाते हैं, जिसका आधार संगीत के विभिन्न विषयों पर व्याख्यान देना मात्र होता है। इसी के अन्तर्गत यदि शिक्षकों के लिए विद्वजनों द्वारा व्याख्यान के अतिरिक्त क्रियात्मक शिक्षण भी जोड़ दिया जाए तो अधिक लाभप्रद होगा। इससे शिक्षकों को विभिन्न घरानों की अतिरिक्त बंदिशों का ज्ञान होगा।
12. विद्यार्थी जो भी संगीत शिक्षा ग्रहण करता है, वह वर्ष के अंत में परीक्षक के सामने प्रस्तुत करता है। इसी समय उसे अपनी त्रुटियों का सामना करना पड़ता है। इससे पहले वह इन समस्याओं से अनभिज्ञ रहता है, तब तक बहुत देर हो चुकी होती है। इसके कई कारण हो सकते हैं

परन्तु प्रमुख कारण मंच का भय होता है और उस पर परीक्षा भी। इस समस्या का समाधान यही है कि समय-समय पर सभी कक्षाओं का सेमिनार आयोजन या मंच प्रदर्शन का आयोजन होते रहना चाहिये, ताकि जो त्रुटियां उसे परीक्षा के समय आभास हो रही होती है वह विद्यार्थियों के सेमिनार, मंच प्रदर्शन आयोजित कर पहले ही दूर की जा सके।

13. यदि विद्यार्थियों को वाद्य मिलाने की क्षमता का शिक्षक विकास कर पायें तो उनकी कई समस्याओं का निराकरण हो जाएगा और वे अधिक प्रगतिशील बनेंगे! गुणीजन प्रायः यह कहते हैं कि यदि अपना वाद्य मिलाना आ गया तो आधा संगीत आ गया।
14. विविध संगीत विधाओं को भी पाठ्यक्रम में सम्मिलित करना चाहिये।
15. लड़कों के लिए बी.ए. (पास) संगीत की व्यवस्था भी लड़कों के कॉलेजों में की जानी चाहिये।

गुरुकुल पद्धति से प्रवाहित होता हुआ भारतीय संगीत घराना पद्धति तक पहुँचा और वहाँ की दोषपूर्ण शिक्षण पद्धति के कारण संस्थागत शिक्षण-प्रणाली प्रचार में आयी। आज के संदर्भ में यदि विश्वविद्यालय तथा सम्बन्धित महाविद्यालयों के संगीत विभागों पर दृष्टिपात करें तो कई प्रदेशों में संगीत विभाग बंद कर दिये गये हैं। साथ ही छात्रों में भी इसे सीखने की इच्छा में कमी आई है। अतः यह आवश्यक हो जाता है कि संगीत तथा संगीत संस्थाओं के सुखद भविष्य के लिए ऊपर बताए गये सुझावों पर ध्यान देते हुए संगीत शिक्षण में नवीन प्रयोग किये जाएं तथा गुरु-शिष्य परम्परा की विशेषताओं को संगीत के संस्थागत शिक्षण में संजोने का प्रयत्न हो। इस प्रकार संगीत शिक्षण की जिस नवीन प्रणाली का विकास होगा वह अधिक प्रयोगधर्मी तथा अधिक लाभकारी होगी और इस प्रकार भारतीय संगीत का भविष्य उज्ज्वल होगा।

–प्रो. रवि शर्मा
प्रोफेसर, संगीत विभाग,
महर्षि दयानन्द विश्वविद्यालय,
रोहतक-124001

भारतीय संगीत के फ़ारसी स्रोत

प्राचीन भारत की लिखित सामग्रियाँ दो भागों में विभाजित की जा सकती हैं जो कि प्राकृतिक रूप से ही दीर्घ व अल्प-समयी होती हैं। पत्थर, ताँबा, सोना, लोहा और चाँदी जैसी सामग्रियाँ लिखने के लिए अधिक समय तक उपयोगी सिद्ध होती है तथा कपड़े, नारियल के पत्ते, सूती व रेशमी वस्तुएँ सीमित समय के लिए ही उपयोग में आ सकती हैं। बहुत से अभिलेख अशोक सम्राट् के समय से ही दृष्टिगोचर होते हैं, जबकि इसके पहले के अभिलेख निश्चित रूप से अनुपलब्ध हैं तथा उनमें से कुछ ही उपयोग में आ सकते हैं।

भारतीय अभिलेखों के कागज़-रहित स्रोत लगभग चार हज़ार वर्ष पहले के ही उपलब्ध थे। कुछ समय पश्चात् कागज़ वाले अभिलेख उभरकर सामने आए, परन्तु इनकी मौजूदगी के विषय में किसी को भी जानकारी नहीं थी। प्रो॰ वी॰ राघवन के अनुसार ये लगभग दो लाख उपलब्ध हैं, जिनमें से लगभग बीस हज़ार यूरोप में विदेशियों द्वारा ले जाए गए हैं।

संगीतिक अभिलेख

भारतीय संगीत का साहित्य अति प्राचीन है। इसका समय वैदिक समय से पूर्व बताया गया है। संगीत का वर्णन वेदों, उपनिषदों, पुराणों तथा अन्य धार्मिक पुस्तकों में पाया जाता है। बौद्ध तथा जैन धार्मिक ग्रन्थों में भी संगीत की सामग्रियाँ उपलब्ध हैं। प्राचीन समय के सांगीतिक इतिहास की जानकारी के लिए ये बहुत ही उपयोगी एवं आवश्यक हैं। 1000 ई. तक की संगीत सम्बन्धी सामग्रियाँ (अभिलेख, स्रोत) लगभग संस्कृत में ही लिखी गईं। मध्यकाल तक ये संस्कृत के साथ-साथ फ़ारसी भाषा में भी लिखी जाती रही हैं। तत्पश्चात् अठारहवीं तथा उन्नीसवीं शताब्दी के अन्तर्गत ये पुस्तकें उर्दू भाषा में भी उपलब्ध होने लगीं, जिनकी संख्या बहुत अधिक है। साथ ही इन्हें प्रकाशित भी किया गया है और उनमें से अभी भी कुछ अप्रकाशित हैं।

संगीत-अध्ययन हेतु मध्यकालीन भारत से प्राप्त (परसियन) साहित्य बहुत ही शानदार संगीत-स्रोत है जो दरबारी इतिहासकारों द्वारा स्थापित किए गए, एक विशेष प्रकार का जीवन्त इतिहास प्रतीत होता है। ये पुस्तकें हमें संगीत की बहुमूल्य सूचनाएँ प्रदान करती हैं। साथ-ही-साथ इनसे सम्बन्धित संगीत की पद्धतियों, संगीत-कलाकारों तथा वाद्ययन्त्रों की भी जानकारी प्राप्त होती है। संगीत के विद्वान उस समय की सभ्यता संस्कृति एवं रीति-रिवाजों के विषय में अत्यधिक जानकारी रखते हैं, साथ-ही वहाँ के लोगों द्वारा प्रदत्त संगीत का वर्णन भी प्राप्त किया है जो कि सामाजिक व सांस्कृतिक रूप से एक महत्त्वपूर्ण देन है। वास्तविकता यह है कि उस समय साहित्य सम्बन्धी भाषाओं की जानकारी भी कम थी और शोधकर्त्ता भी इनका संग्रह करने में असमर्थ थे। इनमें से कुछ स्रोतों के विषय में संक्षिप्त विवरण नीचे दिया जा रहा है–

संगीत पर आधारित फ़ारसी अभिलेख तथा पुस्तकें–

1. गुनयात-उल-मुन्या

सन् 1374-75 ई. के दरम्यान परसियन भाषा में लिखित भारतीय संगीत की यह प्रथम पुस्तक है, परन्तु इसके लेखक के विषय में कोई जानकारी प्राप्त नहीं होती। सन् 1978 में इस अभिलेख को शहाब सरमदी द्वारा सम्पादित किया गया तथा इसे एशिया पब्लिशिंग हाउस, नई दिल्ली द्वारा प्रकाशित किया गया। इसकी रचना में लेखक ने संस्कृत की कई पुस्तकों की सहायता ली है। इस पुस्तक में उन्होंने उन सात पुस्तकों का नाम लिखा है जिनमें से तीन पुस्तकों के शीर्षक प्राप्त नहीं हैं। यह पुस्तक दो भागों में विभाजित है। इसके प्रथम भाग में गायन व वाद्यों का वर्णन है तथा दूसरे भाग में नृत्यों की जानकारी दी गई है। प्रत्येक भाग को दोबारा संक्षिप्त विभाजित किया गया है। इस पुस्तक की एक प्रमुख विशेषता यह है कि इसके अन्तर्गत लगभग बीस संगीत वाद्यों को चित्रित भी किया गया है।

2. लेहजात-इ-सिकन्दर शाही

भारतीय संगीत का ही यह दूसरा सबसे पुराना परसियन ग्रन्थ है। सन् 1489 से 1517 ई॰ के मध्य इसे याह्या-अल-उमल काबूली द्वारा लिखा गया। पुस्तक के पुरोवाक् में लेखक ने यह व्यक्त किया है कि इस पुस्तक

की रचना में उन्होंने संस्कृत की सात पुस्तकों को परसियन भाषा में अनुवादित किया। इस पुस्तक का एक विशेष तथ्य यह भी है कि कुछ स्थानों पर लेखक ने संस्कृत तथा परसियन दोनों भाषाओं का साथ-साथ प्रयोग किया है। उदाहरणार्थ कुछ शब्द इस प्रकार देखे जा सकते हैं–नाद (आवाज़), ट्रि/सेह, वाद्य/साज़ आदि। इस पुस्तक को अध्यायों में विभाजित तथा संगठित करने में लेखक ने 'संगीत-रत्नाकर' को अपना आधार माना है।

3. किताब-ए-नौरस

यह पुस्तक सन् 1580 से 1627 ई० के मध्य सुल्तान इब्राहिम आदिल शाह (द्वितीय) द्वारा लिखी गई। इस पुस्तक में उनसठ (59) ध्रुपद गीतों का संग्रह है। ऐसा अनुमान लगाया जाता है कि यह पुस्तक सन् 1597 से 1603 ई० के मध्य में ही पूर्ण हो गई थी। इसमें दी गई सांगीतिक सामग्री में कुछ भिन्न मत देखने को मिलते हैं। बादशाह जहाँगीर द्वारा रचित 'तुजुक-ए-जहाँगीरी' नामक पुस्तक में उन्होंने उसे आदिलशाह का एक उपहार माना है तथा उन्हें श्रद्धांजलि अर्पित करते हुए इसे इस पद्धति का उपयोग माना है। इस पुस्तक में रचनाओं द्वारा चौदह प्रकार के संगीत-वाद्यों का परिचय प्राप्त होता है। इसकी मुख्य विशेषता यह है कि इसमें संग्रहीत सभी रचनाएँ हिन्दू देवी-देवताओं से सम्बन्धित हैं। यह पुस्तक सुल्तान की धर्म-भावनाओं के प्रति सहानुभूति के रूप में एक विशेष साक्षी है। इस कार्य के बहुत से अभिलेख एवं कृतियाँ भारत के कई पुस्तकालयों में भी उलपब्ध हैं। सन् 1956 में 'अलीगढ़ मुस्लिम विश्वविद्यालय' के डॉक्टर नज़ीर अहमद द्वारा इसका सम्पादन हुआ जिसे 'भारतीय कला केन्द्र', नई दिल्ली द्वारा प्रकाशित किया गया।

4. सहसरस

इस पुस्तक में नायक बख़्शू के एक हज़ार ध्रुपद गीतों का संग्रह है। बादशाह शाहजहाँ के आदेशानुसार इसका प्रतिपादन किया गया अर्थात् इसे छपवाया गया। लन्दन में स्थित इण्डिया ऑफिस के ग्रन्थालय में इस अभिलेख की दो प्रतियाँ उपलब्ध हैं। इसमें शाहजहाँ के नामों के बहुत से छन्द मौजूद हैं। इस पुस्तक के द्वारा सत्रहवीं शताब्दी के समय के ध्रुपद-पदों के गायन-शैली के विषय में हमें सूचना प्राप्त हो सकती है।

5. खुलास्तुल-ऐश-आलमशाही

सन् 1763 में रोशन-उद-दौला द्वारा यह पुस्तक लिखी गई तथा उत्तरी भारत के कई पुस्तकालयों में इसके चित्रित अभिलेखों की प्रतियाँ भी उपलब्ध हैं। लेखक ने पूर्व किए गए लेखन-कार्यों का विस्तृत संग्रह किया है, विशेषत: 'तोह-फ़ल-उल-हिन्द' के विषय में अधिक वर्णन किया गया है। अर्थात् लेखक के अथक प्रयास से इस पुस्तक में सूचना निहित की गई है।

6. नादिरात-ए-शाही

इस पुस्तक में शाह-आलम द्वारा संग्रहित उूर्द, फ़ारसी, हिन्दी और पंजाबी गीतों का समावेश है जिसमें छ: सौ छ: गीतों को नौ अध्यायों में विभाजित किया गया है। इस पुस्तक की मुख्य विशेषता यह है कि इसके अन्तर्गत रागों व तालों को उनसे सम्बन्धित गीतों तथा नामों का वर्णन किया गया है। इम्तियाज़ अली ख़ान अरशी द्वारा इन अभिलेखों को सम्पादित किया गया तथा 'रामपुर रज़ा लाइब्रेरी' द्वारा इसे प्रकाशित किया गया।

7. रिसाला-इ-ज़िकर-इ-मुग़ानियाने-हिन्दुस्तान

सन् 1734-35 ई० में इनायत ख़ान रसिक द्वारा यह पुस्तक लिखी गई। इसमें भारत के पन्द्रह गायकों की जीवनियों का संकलन है। लेखक ने शाहजहाँ-नामा और मिरात-इ-सिकन्दरी में प्राप्त उद्धरणों का प्रयोग किया है। मध्यकालीन भारत के उस समय से सम्बन्धित बड़े-बड़े गायकों के कार्यों तथा उनके जीवन से भी सम्बन्धित अध्ययन करने हेतु यह एक प्रामाणिक ऐतिहासिक पुस्तक है। सैयद अली हैदर द्वारा इसके अभिलेखों को सम्पादित किया गया तथा सन् 1961 ई० में पटना के अरैबिक तथा परसियन रिसर्च संस्था द्वारा इसे प्रकाशित किया गया।

8. मिरात-ए-अफ़ताब-नुमा

यह पुस्तक सन् 1803-04 ई. में अब्दुल रहमान द्वारा लिखी गई। 'रामपुर रज़ा लाइब्रेरी' तथा 'नेशनल आर्काइव' नामक भारतीय कार्यालयों के पुस्तकालयों में इसकी प्रतियाँ प्राप्त होती हैं। इसके अन्तर्गत भारतीय संगीत तथा विभिन्न संगीतज्ञों का वर्णन किया गया है। साथ ही साथ इसमें कुछ जानकारियों का भी समावेश है जो शोधकर्ताओं के लिए एक अच्छा स्रोत है।

9. पारिजातक

यह पुस्तक संस्कृत की पुस्तक 'संगीत पारिजात' का अनुवाद है। रोशन ज़मीर ने इसका अनुवाद किया है। जहाँ कहीं भी अनुवादक को कुछ भिन्न तथ्यों का अवलोकन हुआ, वहाँ उन्होंने उचित समाधान द्वारा उनका स्पष्टीकरण किया है। पारिजात के अन्तिम भाग का अनुवाद नहीं किया गया है। 'रामपुर रज़ा लाइब्रेरी' में इसके अभिलेखों की प्रतियाँ मौजूद हैं।

10. तशरी-हुल-मौसीक़ी

तानसेन के समय में इस पुस्तक को लिखा गया। 'बोध प्रकाश' नाम से यह पुस्तक प्राप्त होती है। 'तशरी-हुल मौसीक़ी' नामक पुस्तक 'बोध प्रकाश' का अनुवाद है। लाहौर की 'पंजाब यूनिवर्सिटी लाइब्रेरी' के शिरानी नामक संग्रह के अन्तर्गत इसके अभिलेखों की केवल एक प्रति ही मौजूद है।

11. मुफ़्ताहुल सरोद

सन् 1673 ई० में काज़ी-हसन-बिन ख़्वाज़ा ने इस पुस्तक को लिखा। इस पुस्तक में चार अध्याय हैं। इसमें संगीत के विभिन्न राग-रागनियों तथा संगीत के अनेक वाद्यों का भी वर्णन किया गया है।

12. मारिफ़ातुल नग़मा

सन् 1676 ई० में अब्दुल हसन क़ैसर ने इस पुस्तक को लिखा है। इस पुस्तक के लेखन-कार्य के लिए उन्होंने उस युग में प्राप्त अनेक ग्रन्थों का अध्ययन किया है।

13. शमशुल असवत

यह पुस्तक संस्कृत भाषा में लिखित हिन्दी में 'संगीत' नामक पुस्तक का अनुवाद है। सन् 1697-98 ई० में इसके अनुवाद को पूरा किया गया। लेखक ने इसे 'रस बरस' नाम प्रदान किया है।

14. उसूल-नगमात-ए-आसिफ़ी

साबिर अलीशाह इसके लेखक हैं। 'दिल्ली विश्वविद्यालय' के संगीत-विभाग में इसकी एक प्रति उपलब्ध है। इसकी प्रति सन् 1794 में नकल द्वारा तैयार की गई है।

15. फ़न-ए-रा

यह अभिलेख दो खण्डों में उपलब्ध है तथा इसकी भाषा परसियन लिपि के रूप में हिन्दी तथा उर्दू का मिश्रण है। इसमें लेख के विवरण तथा इसकी पूर्णता का समय नहीं दिया गया है।

फ़ारसी की कुछ पुस्तकें जिनमें भारतीय संगीत का वर्णन है

(क) अमीर ख़ुसरो को भारतीय संगीत से बहुत ही अधिक लगाव था। उन्होंने लगभग निन्यानबे (99) पुस्तकें लिखीं, परन्तु उनमें से कोई भी संगीत का रूप धारण नहीं कर सकी। उनकी लिखी गई सिर्फ़ तीन पुस्तकों में ही संगीत से सम्बन्धित सन्दर्भ प्राप्य हैं। अर्थात् केवल तीन पुस्तकों में ही संगीत का वर्णन पाया जाता है।

1. एजाज़-ई-खुसरवी

इसे सन् 1319 ई॰ में तथा तत्पश्चात् सन् 1876 ई॰ में नवलकिशोर प्रेस, लखनऊ द्वारा प्रकाशित किया गया। इसके द्वितीय खण्ड के पृष्ठ 275 से 291 तक संगीत-विद्वानों के लिए उपयोगी हैं। इसके अन्तर्गत अमीर खुसरो ने भारत तथा ईरान के संगीतज्ञों तथा वाद्यों के नाम भी प्रस्तुत किए हैं। साथ ही इसमें फ़ारसी संगीत का भी वर्णन किया गया है।

2. मसनवी क़रान-अस-सादिन

अमीर ख़ुसरो का यह दूसरा कवित्तकार्य है। इसके अन्तर्गत संगीत का वर्णन किया गया है। इसमें चंग, रबाब, बाँसुरी तथा डफ़ आदि सांगीतिक वाद्यों की चर्चा भी की गई है।

3. मसनवी क़शन-अस-सादिन

मसनवी दवल रानी ख़िजर ख़ान भी एक लम्बी कविता है। सन् 1917 में इसे अलीगढ़ से प्रकाशित किया गया। शादी-विवाह के दृश्यों का वर्णन करते समय लेखक ने संगीत-वाद्यों का भी विस्तृत वर्णन किया है।

(ख) 'फावैदल फ़वाद' पुस्तक को सन् 1357 ई॰ में हसन सजज़ी द्वारा लिखा गया। इसमें 'समा' की शिक्षा सम्बन्धी विषम परिस्थिति तथा सूफ़ी संगीत का वर्णन पाया जाता है।

(ग) लगभग सन् 1369 ई॰ में 'सीरूत औलिया' नामक पुस्तक

'मीर-मोहम्मद कुर्द किरमानी' द्वारा लिखी गई। इसमें 'समा' के समय की शिक्षा सम्बन्धी विषमताओं का वर्णन किया गया है, इसलिए यह सूफ़ी, इस्लाम तथा संगीत के विद्यार्थियों के लिए विशेष उपयोगी है।

(घ) अब्दुल रहीम ख़ानख़ाना जहाँगीर के दरबार से सम्बन्धित थे तथा सन् 1626 ई॰ में उनका देहान्त हुआ। उन्होंने 'वाकि़याते बाबरी' नामक पुस्तक लिखी जिसे सन् 1967 में लाहौर में 'मज़लिस तरक़्क़ी अदब' द्वारा प्रकाशित किया गया। इसमें बादशाह बाबर के तुजूक बाबरी के छन्दों का फ़ारसी भाषा में अनुवाद किया गया है। साथ-ही-साथ इसके अन्तर्गत कुछ कलाकारों एवं वाद्यों के विषय में वर्णन प्राप्त होता है।

(ङ) हैदर मिर्ज़ा दोग़लात एक मुग़ल सरदार थे जिन्होंने सन् 1533 ई॰ में कश्मीर में अपने राज्य की स्थापना की। उन्होंने 'तारीख़-ए-राशिदी' नामक पुस्तक की रचना की। इसे सन् 1967 में 'मजलिस तरक़की अदब' द्वारा लाहौर में प्रकाशित किया गया। इसके अन्तर्गत उस समय के कश्मीर के गायकों का संक्षिप्त जीवन परिचय मिलता है।

(च) सन् 1869 ई॰ में नवल किशोर प्रेस, लखनऊ द्वारा 'आइने-अकबरी' प्रकाशित हुई। यह 'अकबर-नाम़ा' का तीसरा खण्ड है। इसे सोलहवीं शताब्दी के अन्त में लिखा गया। अकबर के राज्य में संगीत का अध्ययन करने की दृष्टि से यह पुस्तक बहुत उपयोगी है। जैसा सर्वविदित है कि अकबर के शासनकाल में संगीत को एक विशिष्ट स्थान प्राप्त था। इसमें भारतीय संगीत को सात भागों में विभाजित किया गया है। इसके अन्तर्गत रागों के साथ-साथ सांगीतिक वाद्यों तथा गायक कलाकारों का भी समावेश है।

'अकबर-नामा' के प्रथम खण्ड में कुछ सांगीतिक वाद्ययन्त्रों का नाम भी वर्णित है जैसे-नगारा, नफ़ीरी, सानी आदि। 'आईने अकबरी' में संगीतज्ञों के छत्तीस नाम प्राप्त होते हैं जिन्हें उस समय श्रेष्ठ गायक-वादकों के रूप में विशिष्ट स्थान प्राप्त था। ये सभी नाम वे हैं जो कि अकबर के दरबार के रत्न हैं। अकबर ने इन कलाकारों को सात समूहों में विभाजित किया था। प्रत्येक दिन में एक ही समूह अपना कार्यक्रम प्रस्तुत करता था।

उन्नीसवें खण्ड में अबुल फ़जल ने संगीत के वाद्यों का वर्णन किया है। उन्होंने गायकों द्वारा गाए जाने वाले तथा उनके सांगीतिक कार्यों का भी विवरण दिया है। उनमें नक्कार खाना तथा संगीत-गैलरियों का भी वर्णन

मौजूद है। 'अकबरनामा' के चित्र शोध के एक विशेष स्रोत हैं। लिखित सामग्रियों के लिए ये सभी चित्र एक प्रकार के दृश्य के रूप में अवलोकित किए जाते हैं। एवं एक दृश्य प्रदान करते हैं। सन् 1590 ई॰ के अन्तर्गत उस समय इन चित्रों को बनाया गया था जिस समय 'अकबर-नामा' लिखा गया था। इसलिए यहाँ उस समय के कलाकारों के कार्यों का संक्षिप्त रिकॉर्ड भी प्राप्त किया गया है, जो कलाकार वहाँ पर उस समारोह में उपस्थित थे। लंदन के विक्टोरिया तथा अलबर्ट म्यूज़ियम में एक सौ सोलह मुग़ल चित्र अभी भी उपलब्ध हैं। इनमें से नौ चित्र अकबर-दरबार में प्रयोग किए जाने वाले संगीत तथा संगीत वाद्यों की जानकारी भी प्रदान करते हैं।

(छ) सन् 1606 ई॰ में मोहम्मद क़ासिम बुन्दू शाह ने 'गुलशन इब्राहीमी' जिसे सामान्यतः 'तारीख़ फ़रिश्ता' के नाम से भी जाना जाता है, पूरा किया जिसमें भारत का एक महत्त्वपूर्ण इतिहास उपलब्ध है। इसे नवल किशोर प्रेस, लखनऊ द्वारा प्रकाशित किया गया। इसके अन्तर्गत संगीत के कुछ सन्दर्भ विद्यमान हैं। साथ ही-साथ इसमें 'साम' की विसंगतियाँ भी वर्णित हैं और इसमें अमीर खुसरो के जीवन पर आधारित कुछ अध्याय भी उल्लिखित है।

(ज) सत्रहवीं शताब्दी के प्रथम मध्य में सलेह का्न्बों ने 'शाहजहाँ नामा' नामक पुस्तक लिखी, जिसमें शाहजहाँ के समय के ऐतिहासिक तथ्य उपलब्ध हैं। मानसिंह, नायक बख़्शू तथा जगन्नाथ कलावन्त जैसे संगीतज्ञों के बारे में यह विशेष सामग्रियाँ प्रदान करता है।

(झ) शाहजहाँ के इतिहास के साथ-साथ कवित्त-कार्यों का वर्णन करने वाली 'बादशाह-नामा' एक अन्य पुस्तक है। सन् 1647 ई॰ में इसे पूरा किया गया था। इसमें मुग़ल समय के गायकों से सम्बन्धित एक छोटा संक्षिप्त-सा अध्याय है तथा साथ ही उस समय के बहुत से गायकों के नाम भी प्राप्त होते हैं।

(ञ) सन् 1691 ई॰ के अन्तर्गत शेर ख़ान लोदी द्वारा लिखी गई पुस्तक 'मिरात-उल-ख़याल' में भारतीय संगीत, ईरानी संगीत तथा इस्लामी का विस्तार से अध्ययन किया गया है। इसके अन्तर्गत मुख्य कवियों के नाम व विभिन्न प्रकार की कलाओं तथा संगीत का भी समावेश है। इसका लेखक स्वयं भी एक गायक था, इसलिए उसका लेखन ही इस बात का सूचक है। इस पुस्तक में विस्तृत रूप से भारतीय संगीत, सूफ़ी संगीत एवं राग, रागिनियों व नाद तथा ईरानी संगीत का विशेष रूप से वर्णन किया गया है।

(ट) अठारहवीं शताब्दी के बाद मध्य समय के दरम्यान कुली ख़ान द्वारा लिखित 'मुराका-ए-दिल्ली' नामक पुस्तक दिल्ली का एक जीवन्त इतिहास है। इसमें उस समय के संगीतकारों पर आधारित बहुत-सी सामग्रियाँ उपलब्ध हैं। अन्य कलाओं से सम्बन्धित कलाकारों के नाम भी उल्लिखित हैं। उदाहरणार्थ क़व्वाल, नृत्यांगनाएँ आदि। इसमें राज्य के कलाकारों तथा पुरुष नर्तकों आदि का वर्णन विद्यमान है। अठारहवीं शताब्दी के बाद मध्य समय के गायकों तथा संगीत के अध्ययनार्थ सूचना के उद्देश्य से यह पुस्तक विशेष उपयोगी है।

(ठ) सन् 1803 ई० में अब्दुर्रहमान शाह नवाज़ ने 'मिरात-ए-आताबनुमा' नामक पुस्तक लिखी। यह मुग़ल बादशाह शाह आलम के समय का एक विशेष इतिहास दर्शाती है। इसके सभी अध्याय संगीत को समर्पित हैं। इस पुस्तक में भारतीय संगीत के मुख्य विषयों को प्रस्तुत किया गया है। साथ-ही-साथ अधिक-से-अधिक मात्रा में गायकों, रागों तथा रागनियों की भी जानकारी उपलब्ध है। इसमें परसियन संगीत का विस्तार से वर्णन किया गया है। सभी जानकारियाँ सन्दर्भों से ओत-प्रोत हैं।

उपरोक्त सन्दर्भों को ध्यान में रखते हुए ऐसा पाया जाता है कि इसमें परसियन संगीत कार्यों के बहुत से तत्त्व मौजूद हैं तथा इनमें 'मयास-उल-लुग़ात-ए परसियन लेक्सिकोन' तथा 'ज़ियाउद्दीन बार्नी तारीख़-ए-फ़िरोजशाही' सन्दर्भ भी मौजूद हैं। ये सभी तत्त्व विशेष रूप से उपयोगी हैं।

उर्दू-स्रोत

अँग्रेज़ी शासनकाल के मध्य उर्दू ही भारत की मुख्य भाषा थी। अर्थात् भारत के कार्यालयों में लगभग उर्दू भाषा का ही प्रयोग होता था। सन् 1900 ई० तक उर्दू में लिखी गई संगीत की पुस्तकें मुख्यतः अठारहवी तथा उन्नीसवीं शताब्दी के अन्तर्गत अध्ययन करने वाले संगीत शोध-छात्रों को अधिकतम सूचनाएँ प्रदान करती थीं। संगीत के कुछ उर्दू अभिलेखों तथा उन्नीसवीं शताब्दी तक प्रकाशित पुस्तकों का समयबद्ध विवरण निम्नलिखित हैं–

1. मोहम्मद करम इमाम खान, 'मआदन-उल-मौसिक़ी', लखनऊ : हिन्दुस्तानी प्रेस, 1856 (द्वितीय संस्करण - 1925)
2. रामभजन लाल, 'गुलदस्ता-ई-मौसिकी', पटना : मतबई, फ़ैज-ए-आम,

1873
3. रहीम बेग, 'तहसील-उल-सितार', लखनऊ : नवलकिशोर प्रेस, 1874
4. सादिक अली खान, 'सरमाया-ई-इशरात' या 'कानून-ई-मौसिकी', दिल्ली: मोहम्मद इब्राहिम, 1875
5. सैयद मीर हसन रिज़वी, 'तरजुमा तालीम-अस-सितार', दिल्ली : 1876
6. रहीम बेग़, 'नग़माह-ई-सितार', लाहौर : बाबू शर्मा, द्वितीय संस्करण-दिल्लीः जीवन प्रकाशन, 1876
7. नवाब मर्दान अली खान, 'गुनेचा-ई-राग', लखनऊ : नवलकिशोर प्रेस, 1879
8. मोहम्म्द अज़हरूद्दीन, 'रिसाला सितार व तबला', 1898, पटना की 'खुदा बख़्श लाइब्रेरी' में इसके अभिलेख प्राप्य हैं।
9. जान निसार ख़ान, 'रिसाला-ई-तबला नवाज़ी', क़ासमी प्रेस, 1906
10. करामतुल्ला ख़ान, 'इसरार-ई-करामत', उर्फ 'नग़मात-ई-नयामत' तथा 'रिसाला-ए-सितार', इलाहाबाद जानकी प्रेस, 1908
11. सादत अली बहादुर ख़ान, 'फ़लसफ़ा-ई-मौसिक़ी', रामपुर : सरकारी प्रेस, 1921
12. करामतुल्ला ख़ान, 'नगमात-उल-हिन्द', लखनऊ : निज़ामी प्रेस, 1925

इनके अलावा हारमोनियम और सितार जैसे वाद्यों पर और भी अनेक पुस्तकें लिखी गईं।

–डॉ. मोहम्मद हारुन
दिल्ली विश्वविद्यालय
दिल्ली-7

मनुष्य के दैनिक जीवन में लय की भूमिका

भारतीय संगीत हमारे देश की सांस्कृतिक धरोहर है। इस संस्कृति का कठीन प्रयास ही संगीत है। इसका संरक्षण एवं संवर्धन ही यह आज हमारे जीवन का अभिन्न अंग बन गया है। जब सृष्टी पर नाद का जन्म हुआ तभी नाद के साथ-साथ लय का जन्म हुआ। मनुष्य को भाषा का ज्ञान नहीं था तभी समाज में अविकसित ही सही संगीत विधमान था। मानव ने प्रकृति के साथ रहकर ही संगीत का अवलोकन किया। प्रकृति के साथ रहकर ही उसने इस आलौकिक आनन्द का अनुभव किया। जो उसे सौंदर्यानुभूति हुई और इस प्रकार सृष्टी से नादात्म्य स्थापीत करके इस आलौकिक सौंदर्य का दिग्दर्शन कर आनन्दानुभूति द्वारा विभिन्न कलाओं को जन्म दिया। उन्हीं 64 कलाओं में से संगीत यह कला अपना अलग मान रखती है।लय तत्व का संबंध सभी कलाओं के साथ जुड़ा हुआ है। कुछ कलाऐं दृश्यमान तो कुछ कलाऐं भव्य कला दिखाई देती अर्थात् संगीत कला में ही गती मानता पझिई यही गति मानता अन्य कलाओं से भिन्न रूप से पाई गई।

विश्व में गृहगोल तारों का प्रमाण बद्ध परिभ्रमण, पृथ्वी का सुर्य के साथ का परिभ्रमण, नियमब्रद्ध-त्रडतुचक्र, हृदय का धड़कना, नाडी का आंदोलन, श्वासोच्छवाएं, यह मनुष्य के दैनिक जीवन में रोज दिखाई देती हैं। इसके अतिरीक्त कुछ गती ऐसी दिखाई देती है कि जीनकी अवाज सुनाई देती है एवं लय की अनुभूति है जैसे बारीश की अवाज, हवा के साथ पैड़ों क अवाज, घोड़ों की टप्पे की अवाज, रेलगाड़ी, बंद नल में से टपकता हुआ पानी, बोलना चलना, गाना। इन सभी में लय दिखाई देती है। इस गति को नियमीत करने की प्रेरणा मानव को सृष्टी के घटकों में से मिली होगी। इन्ही घटकों से ही मानव ने सैकेंड़, मिनट, कलांक (घंटा), पुरादिन, महिना, साल का पूर्ण चक्र बनाया। किसी भी गतिमान क्रिया को प्रमाणबद्ध कालखंड विरान या पुनरावर्तन करने से जो अनुभूति होती है उसे ही लय कहा जाता है।

लय की दैनिक जीवन में इतनी महत्त्वपूर्ण भूमिका है। जीतनी मानव व स्वास की जरूरत होती है। छोटी-छोटी लड़कीयाँ हाथ में रस्सी लेकर कुदती हैं तब उसमें से उत्पन्न हुई लय हमें बहुत कुछ बतलाती है। यही उसे तबले के बोलों में 16 मात्रा में बांध दिया जाय तो इसकी रचना इस प्रकार होगी।

दिंगतक तकतक दिंगतक तकतक। दिंगतक तकदिंग तकतक तकतक

तिंगतक तकतक तिंगतक तकतक। दिंगतक तकदिंग तकतक तकतक

लय की दैनिक जीवन में क्या भूमिका है। यह जानने के लिए लय की परिभाषा को स्पष्ट करना होगा। लय शब्द सामान्यतः संगीत के क्षेत्र में उपयोग में लिया जाता है। व्यापक अर्थात् "समय या काल की एक समान चाल को ही लय कहा जाता है। अतः सामान्य बोलचाल में लय के स्थान पर 'चाल शब्द का उपयोग होता है। प्रत्येक सजीव वस्तु में प्रत्यक्ष रूप से और निर्जीव वस्तु में परोक्ष रूप से लय विधमान है। प्रकृति ने अपनी हर क्रिया को एक निश्चित लय दे रखी है। जिसके कारण ही पृथ्वी पर जीवन मौजुद है और इसी जीवन में हमें लय को खोजना होगा। मानव के जीवन से यदि इन सभी चीजों को जोड़कर देखा जाय तो दैनिक जीवन में लय के महत्त्व को देखने के लिए पहले सृष्टी में व्याप्त उन लयों को मानव से जोड़कर देखना पड़ेगा जो जीवन को संचलित करने व बनाए रखने में महत्त्वपूर्ण हैं। अब गृह नक्षत्रों की चाल मानव के जीवन से कैसे संबंधित है। तो यह जानने के लिए हम ज्योतिष शास्त्र का आधार से अथवा वैज्ञानिक दृष्टीकोण से देखे तो भी यह स्पष्ट हो जायेगा की ब्रह्मण्ड में व्याप्त लय मानव के जीवन से संबंधित व्है। इसी प्रकार यदि हम प्रकृति द्वारा संचालित ऋतु परिवर्तन चक्र, वनस्पतीयों का विकास क्रम तथा प्रत्येक प्राणी का विकास क्रम अथवा अभिवृद्धि को देखें तो उनमें समय का समन्वय तथा निश्चितता दिखाई देगी। उसी को ही लय कहते हैं।

अतः कहने का तात्पर्य यह है कि ये सभी बातें मानव के जीवन में प्रत्यक्ष या अप्रत्यक्ष रूप से हस्तक्षेप करती हैं। अब यदि मानव के दैनिक जीवन में लय को देखते हैं तो उसे हम दो भागों में विभाजित कर सकते हैं।

1) मनुष्य की शारिरीक क्रियाओं में लय

2) यांत्रीकी लय

मनुष्य के शारिरीक क्रियाओं में लयः- मनुष्य के पैदा होने वाले रक्त

संचार तथा ह्रदय की धड़कन के रूप में ही हो जाती है। इसके बाद मनुष्य के विकास की क्रिया में भी एक निधित् कालखण्ड के अनुसार होती है। जिसे भी हम लय की संज्ञा दे सकते है। उसके अलावा व्यायाम करना खाना-पिना, कपड़े पहनना, लिखना-पढ़ना, प्रत्येक दैनिक कर्म यहाँ तक क सोचने की क्रिया इन सभी में एक समान लय होती है। इस प्रकार देखा जाए तो लय जीवन का महत्त्वपूर्ण अंग है।

यांत्रीकी लयः- मनुष्य के जीवन को प्रभावित करने वाले सभी कृत्रीम, अर्थात् मानव निर्मित साधनो में भी लय व्याप्त होती है। ये सभी संसाधन, मनुष्य विधुत् के द्वारा स्वयं संचालित करता है किन्तु गौर से देखने पर हमें उनमें भी लय दिखाई देती है प्रत्येक यातायात के साधनों अर्थात् साइकिल, मोटरसाईकिल, जहाज आदि में लय का होना ही महत्त्वपूर्ण है जिसे हम गति कहते हैं, उनके अलावा पंखा, मिक्सर, आदि जैसे-यंत्र भी एक लय को दर्शाता है। संसाधनों की लय भी मानव के दैनिक संजीवन का यदि संगीत में संगीतापचार पद्धति पर दृष्टीपात करें तो यह तथ्य सामने आता है कि किसी रोगी का ब्लड-प्रेशर यह संगीत के माध्यम से ठीक हो सकता है। इस पर काफी शोधकार्य भी हुआ जैसे-लो ब्लड-प्रेशर के रोगी की ग्वालियर घराने के तराने या टप्पे सुनाऐ जाए तो उसका ब्लड-प्रेशर निश्चित रूप से स्थिर होता है या हाई ब्लड-प्रेशर वाले रोगी को शांत प्रकार (हाई लय की) गायकी सुनाई जाय तो वह स्थिर होती है कि मानव के जीवन में लय का कितना महत्त्व है।

कुछ कलाकार तो इतने महान हुऐं कि अपनी गुरूमुखी विद्या से अतिरिक्त जब वह नई रचनाऐं करने लगे तो इन्हें निर्जीव चीजों में उत्पन्न हुई आवाज या ध्वनि में से लय कि प्रेरणा प्राप्त हुई और नई रचनाओं का अविष्कार हुआ। पं. अरविन्द उशगांवकर जी को ऐसी कई रचनाओं की स्फुर्ती केवल इन निर्जीव चीजों कि टकराने से हुई। विलंबित गति में पेशकार-कायदों-पलटों की निर्मीती हुई तो मध्यलय में रेले की निर्मीती हुई। ठीक उसी प्रकार उनगती में टुकड़े-मुखड़े-गते, चक्रधार का अविष्कार हुआ।

इसके अलावा संगीत कार ओ.पी.नैय्यर जी को घोड़ों के टाप से फिल्म संगीत के कई गाने की कल्पना हुई। जिनके आज कई गाने प्रचलित हैं। मानव अपने मनोरंजन के लिए तीन साधनों का उपयोग करता है। उनमें

सबसे प्रमुख हैं संगीत और लय वो लय का मुख्य आधार स्तम्भ है। इस प्रकार हम देखते है, कि प्रत्येक जीव में और मानव के जीवन में लय का अत्यंत महत्त्व है क्योंकि मानव के अस्तित्व को बनाए रखने के लिए अत्यावश्यक है। अंततः हम कह सकते हैं कि लय मानव जीवन की प्रामाणिकता का मुख्य मापदण्ड है।

–डॉ. अजय अष्टपुत्र
Dean & Head Faculty of Performing Arts
The M.S. University of Baroda
Baroda

मैहर घराने का अभ्युदय

भारतीय मार्ग संगीत (शास्त्रीय) के इतिहास में बीसवीं शताब्दी के मध्य में देश जब राजनैतिक तौर पर ब्रिटिश सरकार से स्वतंत्रता पाने के लिए छटपटा रहा था। उसी समय संगीत के कई घराने मसलन गायन व वादन का लखनऊ और जयपुर घराना, गायन का आगरा घराना, विष्णुपुर का वादन तथा शाहजापुर के सरोदियों का घराना, इसी तरह और भी कई छोटे-बड़े घराने अपने को विलुप्त होने से बचाने की सफल-असफल कोशिश कर रहे थे। हम अपने पिता और गुरूओं को प्राय: इस तरह की चर्चा करते सुनते थे कि "फैयाज खाँ के बाद आगरा घराने का झंडा कौन संभालेगा? लखनऊ घराने का वादन तो समाप्त प्राय: है। जो गुणी कलाकार बचे भी हैं उन्हें अखिल भारतीय ख्याति प्राप्त नहीं" आदि। उन लोगों की इस तरह की चिंताओं से हम वाकिफ तो जरूर थे परन्तु वह उस समय हमारे चिंतन का महत्वपूर्ण बिंदु नहीं बना था। चर्चा थी कि अमीरखाँ नये किस्म की गायकी कर रहे हैं पर इस गायकी का क्या कोई घराना बनता दिख रहा है। तभी कोई बुजुर्ग कहते "कुमार (कुमार गंधर्व) घराना छोड़ कर गा रहा है।" कोई युवा धीरे से कहता है "चाचा लेकिन वे गाते लाजवाब हैं।" इसी दौर में एक ऐसा संगीत मनीषी भी शिष्य और अशिष्य निष्पादित कर रहा था जिनके कार्य की श्रेष्ठता को लेकर कोई संशय दूर-दूर तक नहीं दीख पड़ा, वे मैहर घराने के मूल पुरुष उस्ताद अलाउद्दीन खाँ के तौर पर याद किये जाते हैं। उस्ताद अलाउद्दीन खाँ के घराने को हम भारतीय वाद्य संगीत का सर्वाधिक नवीन घराना मानते हैं। इस घराने में सभी वाद्यों की तालीम और तकनीक प्राप्त होती है।

भारतीय वाद्योत्य संगीत इंस्ट्रूमेंटल म्यूजिक के कई श्रेष्ठ घराने रबाब, सितार, सुरबहार या सरोद तक ही सीमित रहे परन्तु मैहर घराने में सारे वाद्यसंगीत का एक वृहद संसार (ब्रॉड स्पैक्ट्रम) है जिसमें सितार, सरोद, क्लेरिनेट, शहनाई, बाँसुरी, सितार, बैंजो, सुरबहार, रबाब, कार्नेट, इसराज

सभी की तकनीक और तालीम तथा हजारों की तादाद में गतें (बंदिशें) एकत्रित की गई हैं। बाबा ने बड़ी मशक्कत से अपने शिष्यों में, उनकी रूचि की अनुकूलता में मनपसन्द वाद्यों द्वारा इस अमूल्य खजाने को श्रेष्ठतम रूप में दुश्कर रियाज द्वारा सिद्ध कराया। उत्तर भारतीय संगीत के इतिहास की यह महान संघटना है कि एक ही उस्ताद द्वारा अनेक वाद्यों जैसे सरोद में प्रथम शिष्य उस्ताद बहादुर खाँ, श्री तिमिर बरन भट्टाचार्य, फिर उस्ताद अली अकबर खाँ एवं पद्मभूषण शरणरानी माथुर बाकलीवाल, सितार में भारतरत्न पं॰ रविशंकर, पं॰ निखिल बनर्जी आदि, बाँसुरी में स्व. पन्नालाल घोष, सुरबहार व सितार में पद्मभूषण अन्नपूर्णा देवी, गिटार में श्री ब्रजभूषण काबरा जैसे अनेक विश्वस्तरीय कलासाधक निष्पादित किये।

इनके अलावा भी बाबा ने अपने सुदीर्घ जीवन में अनेक कलाकर दिए जिनमें से कइयों ने बतौर कलाकार तो बहुत ख्याति नहीं पाई, परन्तु बतौर गुरु उनकी सेवाएँ प्रशंसनीय हैं। उस्ताद अलाउद्दीन खाँ का यह महान तथा सफल संघर्ष ही बाद में मैहर घराने के रूप में प्रगट हुआ।

उस्ताद अलाउद्दीन खाँ ने अपने गुरु महान बीनकार उस्ताद वजीर खाँ के अलावा अन्य कई गुरुओं से भी तकनीक व तालीम प्राप्त की, जिनमें प्रमुख हैं–

1. हाबू दत्त उर्फ अमृतलाल दत्त – क्लेरियोनेट
2. बैंड मास्टर मिस्टर लोबो – वायलिन एवं यूरोपियन स्टाफ पद्धति की स्वरलिपि
3. नंद बाबू – मृदंग व तबला
4. उस्ताद हसन साहेब – शहनाई
5. पं॰ गोपाल चन्द्र चक्रवर्ती उर्फ नूलो गोपाल – ध्रुपद
6. उस्ताद फकीर आफताबुद्दीन (बड़े भाई) – पखावज
7. रामधन बाबू, राम कन्हाई बाबू – पखावज, तबला, ढोल, क्लेरियोनेट
8. हजारी लाल उस्ताद – शहनाई, नकारा, टिकारा
9. सरोद के प्रथम गुरु उस्ताद अहमद अली तथा बाद में उस्ताद वजीर खाँ से सुदीर्घ तालीम ली।
10. गायक नक्काल हीरालाल, बहादुर खाँ दाढ़ी वाले एवं अली अफातुल के अलावा रामपुर दरबार के वे अज्ञातकुलशील और अनाम नक्काल भांड तथा अल्पख्यात संगीतकार जो कई उस्तादों की हूबहू नकल और उनकी

गायन की शैली की खासियतें बाबा अलाउद्दीन खाँ साहब को उनकी युवावस्था में सिखाते रहे।

इन उस्तादों का जिक्र इसलिए आवश्यक है कि हम यह बोध कराना चाहते हैं कि बाबा ने जो अपार और असीमित ज्ञान प्राप्त किया उसके स्त्रोत ये उस्ताद रहे हैं और इसलिए ये सब भी उस्ताद वजीरखाँ के साथ मैहर घराने के पूर्वज हुए। बाबा विभिन्न वाद्यों को बजाने में गहरी रूचि रखते थे ठीक उसी तरह वे प्रयोग के तौर पर बायां हत्था लेफ्ट हेंडेड होने के बावजूद दोनों ही हाथों से विभिन्न वाद्यों को बजाने का अभ्यास भी करते थे विशेषकर तबला, पखावज और मृदंग तो वे दाएं हाथ से ही बजाते थे जबकि अपने मुख्य वाद्य सरोद को बाएं हाथ से। प॰ रविशंकर के अनुसार बाबा का अपने दोनों हाथों पर जैसा नियंत्रण था ऐसा उन्होंने किसी और का नहीं देखा। उस्ताद अलाउद्दीन खाँ और उनके भाई आयत अली विभिन्न वाद्यों के निर्माण और उनके संशोधन में भी लगे रहते थे। इस सारे पुरुषार्थ के चलते ही बाबा के मस्तिष्क में संगीत का अपार और असीमित ज्ञान, विभिन्न वाद्यों को बजाने और बनाने की उन्नत तकनीक के साथ अपनी सांगीकित स्मृति को भारतीय तथा पश्चिमी पद्धति में अत्यंत द्रुत गति से लिखने की क्षमता हासिल हुई। इन दुर्लभ गुणों के समन्वय से, एक महान और उदारमना संगीत आचार्य का उदय हुआ।

सांगीतिक घराने की उत्पत्ति और विकास में सबसे आवश्यक बिंदु है–घराने का मूल पुरुष और इस मूलपुरुष में अपने सांगीतिक ज्ञान को अगली पीढ़ी तक हस्तांतरित करने की कला में तथा कलाकारों के साथ–साथ गुरुओं के भी निष्पादन में निष्णात होना आवश्यक है। बाबा ने कई ऐसे लोगों को तालीम दी जिनके बारे में उन्हें अच्छी तरह पता था कि ये कलाकार नहीं वरन् श्रेष्ठ गुरु ही बन सकेंगे। वर्तमान स्थिति एकदम विपरीत है। अधिकांश गुरुओं की मजबूरी है शिष्य बनाना लेकिन वे नहीं चाहते कि उनके शिष्य गुरु बनें। सुर की दुनियाँ में कईयों को यह भ्रांति है श्रेष्ठ शिष्य बनाना याने अपना शत्रु बनाना।

किसी भी कला माध्यम में शैलीगत परिवर्तन रचयिता और उसके रचनाक्रम की समग्र परिस्थिति के साझा अन्तर्द्वन्दों के समाधान से उत्पन्न होते हैं। यह गहरी अंतरदृष्टि के बिना संभव नहीं। गहरी अंतरदृष्टि के साथ अपार सांगीतिक ज्ञान और उसे अपनी अगली पीढ़ी में हस्तांतरित करने के

सामर्थ्य से परिपूर्ण वाग्गेयकार ही घराने के मूल मुरुष बनने योग्य होते हैं। धैर्यपूर्वक अपने इस कलाकर्म की तपश्चर्या में लगे लोगों को सभी किस्म की सुरक्षा और आश्रय की आवश्यकता होती है। भारतीय संगीत का इतिहास इस बात का गवाह है कि जब भी मूल पुरुष बनने योग्य महान उस्तादों को उनकी तपश्चर्या के लिए अनुकूल परिस्थितियाँ प्राप्त हुई तो अवश्य ही नइ शैली या घराने की उत्पत्ति हुई जो हमारे संगीत की परंपरा के विस्तार में आवश्यक हैं।

महान कलाकारों की उपज में कई बार नये घराने के अंकुर फूट चुके होते हैं परन्तु अनुकूल वातावरण और ठोस आश्रय के बिना ये शैलियाँ घराने के रूप में विकसित नहीं हो पातीं और इस नयी शैली को उतना प्रचार-प्रसार नहीं मिलता कि वह घराने के तौर पर स्थापित हो। तबला के महान गुरु प॰ ज्ञान प्रकाश घोष तथा महान गायक प॰ कुमार गंधर्व अगर किसी मुकम्मिल राजाश्रय में होते तो बहुत संभावना है कि उनकी कला शैली भी घराने के रूप में रूपांतरित होकर आज प्रतिष्ठित हो चुकी होती। महान नर्तक स्व. कार्तिक राम तथा उनके गुरु बंधुओं ने एक नये घराने को जन्म देने की कला सामर्थ्य अपनी तकनीक तथा अपने माध्यम में सक्रिय अत्यन्त रचनाशील अंतरदृष्टि से उत्पन्न कर लिया था। रायगढ़ शैली के आश्रयदाता तथा इस शैली की दूसरी पीढ़ी के लोग अगर और ज्यादा समय तक सक्रिय रह पाते तो रायगढ़-शैली आज कथक के एक मुकम्मिल रायगढ़ घराने के तौर पर अखिल भारतीय स्तर पर स्थापित होती।

उस्ताद अलाउद्दीन खाँ मैहर के महाराजा बृजनाथ सिंह के गुरु थे और स्वयं महाराज भी एक अच्छे संगीत अभ्यासी थे इसलिए मूल पुरुष बनने की संपूर्ण संभावना से भरपूर महान संगीताचार्य उस्ताद अलाउद्दीन खाँ मैहर में रहकर शान्तिपूर्वक अपने घर मदीना-भवन में प्यार स्नेह और संगीत प्रेम से सराबोर, देवी तुल्य व्यक्तित्व की स्वामिनी श्रीमती मदीना बेगम के अत्यन्त सक्रिय योगदान से, इस घराने को पोसते रहे, जो कि आज विश्वविख्यात कलाकारों से भरा पड़ा है।

मैहर घराने के संदर्भ में विचार करते समय यह उचित होगा कि हम घराने को परिभाषित करने का प्रयास करें—

"घराना सांगीतिक अवधारणाओं, राग, ताल एवं बंदिशों तथा इन्हें उत्पन्न करने की तकनीकों का ऐसा गतिमय सामुच्य है जो तीन या उससे अधिक

पीढ़ियों से, एक मूलपुरुष तथा एक मूल स्थान को अपना उद्गम स्थल मानते हुए गायन, वादन या नृत्य की अपनी विशिष्ट परंपरा को घराने के आत्मसम्मान सहित जीवित रखे हुए हैं।" ये घराने-स्वरकाकु, यंत्र-काकु, नादोच्चार के विभिन्न तरीके, पग संचालन, ततकार, अंग-विन्यास, सांगीतिक सोच, राग रागिनियों के प्रति दृष्टिकोण, साधना के प्रकार को, बदलते परिवेश के बीच बदलकर अंततः शिष्यों का कलाकारों के रूप में निष्पादन करते हुए, अपने को परंपरा के तौर पर प्रवाहमान रखते हैं।

उस्ताद अलाउद्दीन खाँ के मैहर सेनिया घराने की उत्पत्ति तानसेन की पुत्री पक्ष के वंशजों द्वारा रामपुर-सेनिया घराने से हुई। यहाँ यह बताना भी जरूरी है कि रामपुर-सेनिया घराना, मैहर सेनिया घराने का पूर्वज घराना है। मैहर घराने के मूलपुरुष बाबा अलाउद्दीन खाँ ने पूर्वी बंगाल में अपने पिता तत्पश्चात कोलकाता के जिन संगीतकारों से प्रत्यक्ष एवं परोक्ष तालीम ली है तथा बैंड मास्टर मिस्टर लोबों के बैंड में काम करने से जो अनुभव और ज्ञान प्राप्त किया वह सब घराने के लिए आवश्यक सांगीतिक खजाने के तौर पर बाबा की चेतना में काम करता रहा परन्तु रामपुर में रहकर उस्ताद वजीर खाँ तथा अन्य उस्तादों से प्राप्त तालीम का मैहर घराने के निर्माण में विशेष योगदान है।

एक समय में उत्तर भारत के श्रेष्ठतम संगीतकारों का एकत्रित होना रामपुर दरबार को घराने के निर्माण का भी ब्रिटिशकालीन भारत के इतिहास से सीधा संबंध है। ब्रिटिश शासन काल में देश के कई संगीतप्रेमी दरबारों की स्थितियाँ बनती बिगड़ती रहती थी। लखनऊ के राजनैतिक पतन तथा विभिन्न किस्म के विद्रोहों के दौरान अंग्रेजों की कृपा पात्र होने के कारण रामपुर रियासत की तीन पीढ़ियाँ अंग्रेजों की तरफ से बड़े सुकून में रहीं। नवाब मोहम्मद यूसुफ अली खाँ आदि, यानि करीब 1850 से बीसवीं शताब्दी के प्रथम भाग तक। संयोग से ये सारे नवाब संगीत के बेहतरीन संरक्षक और खुद शौकिया संगीतकार थे। ब्रिटिश शासकों के इन कृपापात्र रामपुर नवाबों के काल में और कोई सुन्दर कार्य हुआ हो या ना हुआ हो पर इनके आश्रय में संगीत विशेषकर वाद्य संगीत इतना पल्लवित हुआ कि उस दौर में रामपुर उत्तर भारतीय वाद्य संगीतकारों का सर्वाधिक महत्त्वपूर्ण केन्द्र बिंदु बन गया जहाँ शाहजापुर के सरोदिये, अफगान रबाबिए, विष्णुपुर घराने व लखनऊ घराने के संगीतकार तथा तानसेन के पुत्रीवंश के कलावंत जो प्रायः बीनकार अंग की तालीम से परिपूर्ण थे, रामपुर में एकत्रित हुए।

किसी महाचेतना द्वारा ही ऐसा रचनाकर्म संभव है जो कला विशेष के इतिहास में एक बड़ी जगह को भरने का सामर्थ्य रखे या अपनी रचनाधर्मिता से स्वयं के रचनाकर्म के लिए, अपनी विद्या में एक नई जगह के लिए महाद्वार खोल सके। यह भारतीय सांगीतिक इतिहास की एक महत्त्वपूर्ण कमी थी कि बाबा अलाउद्दीन खाँ के मैहर घराने के पहले कोई भी घराना समस्त भारतीय वाद्यों की तालीम प्रदान करने में समक्ष नहीं था, जो इन वाद्यों को सिखाने की विधि, तकनीक और सांगीतिक खजाने से परिपूर्ण याने राग, ताल एवं बंदिशों का महाभंडार होते हुए, सभी विधाओं में शिष्य निश्पादित करने का दम भर सके।

अनेक ऐतिहासिक कारणों के चलते मैहर घराने के उदय को मात्र एक और घराने के उदय के तौर पर नहीं ले सकते। मैहर घराने की उत्पत्ति के पहले भारतीय वाद्यसंगीत के घरानों में श्रेष्ठतम उस्ताद भी एक या दो वाद्यों की तालीम ही लेते-देते थे। यह मैहर घराने में ही पहली बार संभव हुआ कि सभी भारतीय-वाद्यों की तालीम एक ही घराने में हो सके। बाबा अलाउद्दीन खाँ ने जीवनपर्यन्त अपने सभी शिष्यों को गहरे आत्म अनुशासन, आध्यात्मिकता, तालीम और रियाज के साथ-साथ कल्पनाशीलता के लिए प्रेरित किया। यह अद्‌भूत संघटना है कि बाबा ने ना केवल बाँसुरी, शहनाई और सितार में अपने शिष्यों को घराने की तालीम देते हुए स्वर व ताल के मूल व्याकरण तथा बीनकार अंग की मूल तालीम के पश्चात सभी प्रतिभावान शिष्यों को अपनी सौंदर्यदृष्टि के अनुसार, अपनी वादन शैली विकसित करने हेतु प्रोत्साहित किया। बाबा अलाउद्दीन खाँ की वादन शैली और बाज का अध्ययन आकाशवाणी के विभिन्न कार्यक्रमों की रिकार्डिंग्स के तहत किया जा सकता है। इससे यह सिद्ध होता है कि उनके श्रेष्ठतम शिष्यों में शुमार उनके एकमात्र बेटे सरोदवादक उस्ताद अली अकबर खाँ, सितारवादक प॰ रविशंकर, बाँसुरीवादक श्री पन्नालाल घोष तथा प॰ निखिल बैनर्जी ने मैहर घराने की चारदीवारी का ज्यादा अतिक्रमण किये बिना, अपनी एक निजी वादन शैली विकसित की। 6 सितम्बर 1972 में बाबा के देहांत से पहले ही उनके श्रेष्ठतम शिष्य अपनी-अपनी वादन शैली विकसित कर चुके थे तथा इनमें से हरेक की वादन शैली को बाबा ने जाँचा और परखा था। इसलिए यह भी नहीं कहा जा सकता है कि गुरु की मृत्यु के बाद ही उनके शागिर्दो ने अपनी-अपनी वादन शैली विकसित की। इनमें से लगभग हर एक शिष्य का अपना निजी बाज है और इस निजता में ही कलाकार का

आत्मतत्व वास करता है। यह निजता ही कलाकार का वह तत्व है जिसमें कलाकार अपनी कला का अमिट हस्ताक्षर छोड़ता है। यही है कलाकारों का अंदाजे बयाँ, यही कहना है। जैसे आफताबे मौसिकी उ. फैयाज खाँ के आलाप की वह अत्यन्त करूण पुकार, जैसे बिसमिल्ला खाँ की अलौकिक फूंक, उस्ताद अली अकबर खाँ का सरोद मिलाते ही उनके षड्ज का नादोच्चार, जैसे कुमार गंधर्व के आलाप में प्रार्थना की सुदीर्घ अनुगूंज। मैहर के उस्ताद अलाउद्दीन खाँ ने अपने शिष्यों को निजता और वादन शैली को स्थापित करने के संघर्ष में कभी हतोत्साहित नहीं किया। वे सुर और लय की शुद्धता तथा सही परंपरागत व्याकरण पर ही जोर देते थे। व्यवसायिकता तथा चारित्रिक उश्रृंखलता के लिए बाबा के पास कोई जगह नहीं थी। इन मुद्दों पर वे शिष्यों से प्रायः नाराज हो जाते थे।

उस्ताद अलाउद्दीन खाँ के इस गुण से आज का संगीत च्युत होता जा रहा है। आज के संगीतकारों में जीवनपर्यंत अपने गुरु का अनुसरण करने की जो प्रवृत्ति दिख रही है उसके चलते वे अपने-अपने गुरुओं की निम्न छायाप्रति मात्र बन रहे हैं और यह प्रवृत्ति संगीतकारों की जगह संगीतकर्मियों की संख्या बढ़ायेगी, परिणामस्वरूप संगीत में नवउन्मेषी प्रतिभा तथा नवाचार अत्यन्त सीमित दायरों में ही हो पायेगा।

उस्ताद अलाउद्दीन खाँ के शिष्यों की पहली पीढ़ी याने उस्ताद अली अकबर, प० रविशंकर, विदुषी अन्नपूर्णाजी तथा बाबा के प्रशिष्य स्व. दीपक चौधरी, प० शिवकुमार शर्मा, प० हरिप्रसाद चौरसिया, प० विश्वमोहन भट्ट आदि सभी भारतीय वाद्यों को सिखाने के सिलसिले को कायम रखे हुए हैं। मैहर घराने की तीसरी पीढ़ी के सितार और सरोदवादक भी अपने-अपने वाद्यों के अलावा वायलिन, मेंडोलिन, बाँसुरी और शहनाई आदि वाद्यों में शिष्य निष्पादित कर रहे हैं। इस तरह बाबा के मैहर घराने में तीसरी और चौथी पीढ़ी में भी यही सिलसिला कायम है कि एक ही घराना सभी भारतीय वाद्यों की उच्चस्तरीय तालीम प्रदान करे।

मैहर घराने की हर एक पीढ़ी के कुछ नामचीन कलाकरों के नाम इस प्रकार हैं:-

प्रथम पीढ़ी में श्री तिमिर बरन भट्टाचार्य, उ. बहादुर खाँ, उ. अली अकबर खाँ, प० रविशंकर, विदुषी अन्नपूर्णा जी, प० निखिल बैनर्जी, श्री जतिन भट्टाचार्य, बाबा के शिष्य एवं प्रपौत्र उ. आशीष खाँ आदि।

द्वितीय पीढ़ी में श्री गोपालकृष्ण-वीणा, श्री विजय राघव राव-बाँसुरी, प० शिवकुमार शर्मा-संतूर, प० हरिप्रसाद चौरसिया-बाँसुरी, प० विश्वमोहन भट्ट-गिटार, प० उमाशंकर मिश्र, श्री शमीम अहमद, श्रीमती जया विश्वास, श्री कार्तिक कुमार, श्रीमती कृष्णा चक्रवर्ती, जेम्स पेमेरान, स्व. दीपक चौधरी-सभी सितार, केन जुकरमेन, श्री दामोदर लाल काबरा, श्रीमती शिशिर कनाधर चौधरी (वायलिन), श्री वीरेन चैटर्जी, श्री मनोज शंकर, श्री तेजन्द्र नारायण मजूमदार, श्री कल्याण मुखर्जी, श्री आलम खाँ-सरोद आदि।

तृतीय पीढ़ी में श्री कुशल दास, श्री संजय गुहा, श्री पूर्वायन चटर्जी, श्री पार्थो बोस-सभी सितार, श्री राजीव चक्रवर्ती-सरोद, श्री राकेश चौरसिया-बाँसुरी, श्री राहुल शर्मा-संतूर, श्री रूपक कुलकर्णी-बाँसुरी आदि। बाबा के द्वितीय एवं तृतीय पीढ़ी के शिष्य अब चौथी पीढ़ी को तैयार करने की प्रक्रिया में हजारों शागिर्दो को मैहर घराने की तालीम प्रदान कर रहे हैं।

बाबा अलाउद्दीन खाँ भारतीय संगीत के इतिहास में संभवतः ऐसे पहले उस्ताद थे जिन्होंने अपनी बेटी के साथ-साथ अन्य कुलीन घर की महिलाओं को संपूर्ण गरिमा के साथ, अपने अन्य शिष्यों की तरह निःशुल्क तालीम दी। बाबा के मैहर घराने में आर्थिक, सामाजिक स्तर पर सबसे नीचे तबके की स्त्रियों को भी संगीत शिक्षा प्रदान करते हुए उन्हें उनकी कल्पना सामर्थ्य के अनुसार मैहर बैंड आदि जगहों पर मंच प्रदान कराने का क्रान्तिकारी काम किया। गर्व के साथ बाबा कहते भी थे कि अन्नपूर्णा आदि किसी पुरुष उस्ताद से कम नहीं। महान् उस्ताद बाबा अलाउद्दीन खाँ द्वारा निर्मित मैहर घराने का यह वैशिष्ट्य है और जिस पर कम लोगों का ध्यान गया बाबा की दो शिष्याओं अन्नपूर्णा देवी एवं श्रीमती शरनरानी माथुर को पद्मभूषण से सम्मानित किया गया। बाबा के अलावा समकालीन सांगीतिक परिदृश्य के कुछ अन्य उस्तादों ने महिलाओं को सांगीतिक शिक्षा दी पर उनमें से अधिकांश गाने वाली बाईयाँ या उनकी बेटियाँ थीं, जिन्होंने बुजुर्ग उस्तादों को मोटी फीस देकर मालामाल किया। इसलिए इन उस्तादों की तुलना इस पक्ष में बाबा से नहीं बनती। महिला तंत्रवादकों को उत्पन्न करने की यह परंपरा मैहर घराने में आज भी बदस्तूर जारी है.......

मैहर घराने की परंपरा में वाद्य संगीत की कुछ महत्त्वपूर्ण वादिकाओं के नाम इस प्रकार है:-

1. बाबा की शिष्याओं में-

पद्मभूषण अन्नपूर्णा देवी-सुरबहार व सितार

श्रीमती प्रतिमा चौधरी-सितार

पद्मभूषण शरणरानी माथुर बाकलीवाल-सरोद

श्रीमती शिशिर कणाधर चौधरी एवं उनकी शिष्या स्व. मिली बोस-वायलिन,

2. उ. अली अकबर खाँ की पुत्री श्रीमती अमीना परेरा-सरोद वादिका, सुश्री क्षिप्रा बनर्जी-सरोद एवं श्रीमती संयुक्ता घोष-गायन, अली अकबर खाँ साहब की प्रशिष्या याने शिष्या की शिष्या सुश्री जरीन दारूवाला, श्रीमती रीना श्रीवास्तव
3. प॰ निखिल बनर्जी की शिष्या श्रीमती केका चटर्जी-सितार
4. बाबा के शिष्य और भतीजे उ. बहादुर खाँ की शिष्या श्रीमती स्तुति डे,
5. विदुषी अन्नपूर्णा जी के शिष्य प॰ शिवकुमार शर्मा की शिष्या डॉ॰ श्रुति अधिकारी,
6. भारतरत्न प॰ रविशंकर जी की शिष्याएँ श्रीमती कृष्णा चक्रवर्ती, श्रीमती मंजू मेहता, सुश्री जया विश्वास, सुश्री अनुष्का शंकर-सितार में तथा सुश्री शिप्रा बोस एवं श्रीमती लक्ष्मी शंकर गायन में।
7. प॰ दीपक चौधरी की शिष्या श्रीमती छाया गांगुली-सितार में।

इस तरह से बाबा की चौथी और पाँचवीं पीढ़ी में भी अनेक महिला कला-साधक तैयार हो रही हैं। हमने मात्र बाबा की शिष्याओं, प्रशिष्याओं तथा प्रशिष्य की शिष्याओं का वर्णन किया है। वाद्य संगीत के क्षेत्र में मैहर के अलावा दूसरे घरानों में भी महिलाओं को सिखाया गया है परन्तु उनकी संख्या और स्तर मैहर घराने से तुलनीय नहीं है।

नये वाद्यों का आविष्कार–बाबा ने मैहर में रहकर कई वाद्यों का आविष्कार किया जिनमें चंद्रसारंग, सितार-बेंजों, सारंगा, बंदूक की नलियों से बना 'नाल-तरंग' आदि प्रमुख हैं।

नये रागों का आविष्कार–बाबा अलाउद्दीन खाँ ने कई राग-रागिनियों को भी नया स्वरूप दिया। उन्होंने राग-हेमन्त, हेम-बिहाग, केदार-माँझ, मदन मंजरी, प्रभाकली, शोभावती, कौशी-भैरव, भुवनेश्वरी, दुर्गेश्वरी, धवल श्री,

मुहम्मद, चंद्रिका, सुगन्ध आदि नये रागों का निर्माण किया।

मैहर घराने के समूचे वादन में खयाल गायन की तथा ठुमरी, होरी, कजरी, सावन, चैती झूला जैसे उपशास्त्रीय शैलियों का प्रभाव बहुत कम ही दिखाई पड़ता है। पूर्वी बंगाल का बाउल संगीत, भजन, कीर्तन तथा पानी पर आश्रित जातियों में प्रचलित धुनों से बाबा अलाउद्दीन खाँ सहित बंगाली कलाकार प्रभावित रहे, इसलिए हम मैहर घराने के वादन में उपरोक्त वर्णित गायन शैलियों से प्रभावित धुनों की अनुगूंज अक्सर पाते हैं। एक राग जो बाबा अलाउद्दीन खाँ का प्रिय था "माँझ खमाज"। यह राग माँझियों की धुन से ही विकसित होकर अस्तित्व में आया। इसी प्रकार नदी के "भटियाली" गीतों को भी बाबा ने वाद्य संगीत में धुनों के मार्फत प्रचलित किया।

मैहर बाज—रामपुर सेनिया घराने के बीनकार अंग (वीणा) की वादन शैली का अनुसरण करते हुए विकसित हुआ है इसलिए वह आलाप, जोड़, झाले में बीनकार अंग ही दर्शाता है।

रामपुर घराने ने अपने नवाबों के संरक्षण के दौरान वाद्य संगीत के स्तर को बहुत ऊपर उठाया। परन्तु रामपुर से जन्मित मैहर घराने ने अपने सांगीतिक स्तर को और भी ऊपर उठाते हुए वाद्य संगीत को ना केवल अखिल भारतीय बल्कि एक अंतर्राष्ट्रीय पहचान दी। समुद्र पार भारतीय वाद्य संगीत का जो बाजार बन पाया वह मैहर घराने की पहली पीढ़ी पं॰रविशंकर एवं उ. अली अकबर खाँ की देन है। संगीत के स्तरीय मंचों की संख्या बढ़ने के साथ आज के प्रतिभाशाली एवं परिश्रमी तंत्रवादकों को अपने कला सामर्थ्य के अनुरूप पहले की तुलना में विश्वस्तर पर बेहतर अर्थोपार्जन के द्वार खुल चुके हैं।

—मुन्ना शुक्ला
पुरानी शिव टाकीज, नया बाजार
सागर (म. प्र.)

Leisure, Music and Health

Introduction :

With the emerging complexities of the society, more and more people are deprived of social relationship. The existing social relationships are turning into the virtual relationship with the help of modern communication technology. People are more frequently engaged in social networking sites as compared to the social intraction in terms of physical interaction. However, every society witness the existence of music. The content and form of music are kept on changing. Music is always regarded as in imporant form of lesiure activity among all class, age category, and off course gender category. The music is always regarded as social and cultural. The cultural aspect of music signifies in the context of time, space and community in which one live. Music making has a power influence on emotions and can contribute to our identity and its formation. Musical experience can help us know ourselves, communicate with others in worldless ways and contribute to our understanding of our place in our own distinctive culture. Further, there are certain strong elements in the music in its expressive form and turns towards a good health. We try to seek the relationship of music as a leiure activity and health.

The purpose of this paper is to present a conceptual model of expressive leisure to study music as an expressive leisure activity. The proposed model offers an exploratory framework that how music is a expressive leisure and contributes towards good health. The paper is organized as follows: first definitions of leisure are reviewed, and the social nature of leisure is highlighted. Second leisure as an experience and conceptual model of expressive leisure is briefly described. Third relationship between music and health is outlined.

Section-I

The following section presents an overview of conceptualization of leisure and emphasizes the definition of leisure as an experience. It is argued that this definition of leisure is best suitable which in turn retains the social nature of leisure.

Definition of Leisure:

What is leisure? There is no consensus on the definition of leisure; however, sociologists have given different definitions to understand the meaning of leisure. Leisure has traditionally been identifies as free-time or non-work tie. Leisure is equated to free time by Robinson (1977), who defined time as the time left after paid work and all activities related to the maintenance of the family, the household and personal care. Another traditional definition of leisure is in terms of participation in particular types of activities (Neullinger: 1974), or as activities that individuals choose to pursue in their free time. The conceptualization of leisure as free time or as activity does not promote investigation into the meaning of leisure, or into more qualitative aspects of the leisure experience, such as: why does the choice of certain leisure activities prevail over others? What makes these experiences more or less enjoyable? Traditional conceptualization offers only a descriptive analysis of leisure behavior (Fontenelle and Zinkhan.: 1993). Further, the conceptualization of leisure as free time may not always be appropriate. Many women, for example, feel that they do not have any free time; and women. with small children and who also work outside the home do not feel that they have the right to dispose of free time "feely" for themselves (Wearing and Wearing: 1998). Traditional definition can create problems according to Kelly (1982), since almost anything may be an obligation. under some conditions. One activity can be performed under several different circumstances and be categorized under leisure or not; for example, reading can be for leisure, for work, or for school. Cooking can be for leisure or out of necessity.

Thus, the definition of leisure as free time, or as an activity do not provide framework for studying how leisure experiences may contribute to a better life or to the achievement of self-fulfilment (Fontenelle and Zinkhan : 1993).

Leisure as an Experience:

For the purpose of this paper, leisure is conceptualized as an experience. This definition of leisure takes into account the individual's choice, motivation ad perception of the activity and its experience. Leisure conceptualized as and experience can lead to the analysis of the quality of leisure, uncovering anticipated benefits associated with leisure such as self-expression, self-enhancement, enjoyment of the development of social relationships, and/or the joy of integrating mind and body in the activity itself (Neullinger: 1974; Kelly:1982).

Section-II

Leisure and Music:

Music and society are interlinked. Without society there is no place for music and culture. Music in itself has no meaning. Through music human feelings and emotions find proper outlet. Music influences various aspect of human life including religion, politics, culture, thinking etc.

Music as a social product and related with the social phenomena in which it is produced. Music as the manifestation of the feelings and sense of relating oneself with those feelings therefore, it cannot be neglected by the social scientists. Sociology being an empirical science cannot by-pass this aspect of human life. The sociology of music deserves deep and thorough study at the hands of sociologists and inventive research strategies. Sociology of music is gaining as an independent branch of social sciences and a large number of sociologists in the world are engaged in expanding this discipline and relating it to the health. Medical scientists are busy in finding the correlation between music therapy and health.

Music provides recreation to man. This is reflected in form of listening of songs, singing of songs and many more acts. People in their leisure time enjoy listening of songs and singing also. Recreation art maintains the integrity of the society. Through music and culture, cultural values of one generation are transmitted to another. Without music, culture transformation would not have been possible and cultural values are very much responsible for preservation of social organization.

Music must be recognized as a category of experience. Singers and musicians create and maintain the symbols by which we communicate, hence the study of music becomes the study of society and no signs of society will react fully around theoretical expression until they develop a sign of communication.

Music as Expressive Leisure:

Music is the only art because it was impermanent, and done only to entertain, amuse, or express oneself. It is upon the concept of self-expression that the entire notion of true leisure is hinged. Why is self-expression so vital to our experience as humans? For the classical Greeks leisure was an act of self-realization, an appreciation of life and how individuals fit into it. In this way music also is a significant part of religious process, wherein a sense of peace and beauty could be attained within the universe and their notions of a higher power (Lashua: 1999).

But just exactly how does a leisure experience of self-expression lead to moments of spiritual or religious character? Pieper (1952) provides an answer. He links leisure with science and religion. The problem he notes is that in antiquity, one could be a thinker and not have to "work" (Pieper : 1952:25). Pieper reminds us that the true nature of the liberal arts transcends utilitarian modes of human activity. Leisure therefore must be something that goes beyond thinking and contemplation to encompass our entire mental and spiritual attitude, and to touch upon the condition of the soul itself (Pieper: 1952:40). This transcendence can be achieved in three ways. First, one must be receptive to the world and serene. Leisure in this sense is a non-activity. It is surrender, a letting go, while turning an inner ear to the voice of the Universe and turning into an awareness of wholeness (Pieper: 1952:41). Secondly, leisure is a celebration, of life and vitality that stems from tranquility. It is likened to a festival of effortlessness and celebration, of life and vitality that stems from tranquility. It is likened to a festival of effortlessness and openness. Leisure in this regard is a highly ritualistic affirmation of natural harmony (Pieper: 1952:43). Lastly, Pieper states that leisure cannot be constructed as a simply restorative experience. Rather it needs to be seen as an entire worldview, as a path toward realization of our full potential of wholeness (Pieper: 1952:44). Thus, leisure according to Pieper is a process of divine worship, and that the spiritual path is the best way to discover true leisure (Pieper: 1952:56).

The concept of self expression fits well in Pieper's perspective. There is an inseparable link between music and ritual. The act of using certain instruments is called "Playing". Play and music share many common characteristics, most notably that both lie outside of the utilitarian and dutiful realms of practical life. Music has a value that can only be expressed in non-utilitarian terms- rhythm and harmony. These concepts are indeed Pieper's notion of celebration, serenity, and transcendence (Lashua: 1999:2). As Huizinga stated:

"All true ritual is sung, danced, or played. We modems have lost the sense for ritual and sacred play. Our civilization is worn with age and too sophisticated. But nothing helps us to regain that sense so much as musical sensibility. In feeling we feel ritual. In the enjoyment of music, whether it is meant to express ideas or not, the perception of the beautiful and the sensation of holiness merge, and the distinction between play and seriousness is whelmed with fusion" (Huizinga: 1959:159).

Stebbins' notion of serious leisure provides a contemporary application within the context of classical leisure. Serious leisure "is the systematic pursuit of an amateur, hobbyist, or volunteer activity that participants find so much substantial and compelling that they launch themselves on a career, centered on acquiring and expressing its epical skills, knowledge, and experience" (Stebbins: 1992:3). It fits the classical context in ways such as primary rewards of personal enrichment, self-actualization, self-expression, and enjoyment. Stebbins describes six qualities of serious leisure where he touches upon the values that lead to true leisure-perseverance, knowledge, a unique ethos, and identity. Serious leisure is also associated with "career in their endeavors" and "durable benefits (Stebbins: 1982:256). "Career" in its broadest sense could easily construct as a metaphor for "way of life." Also "durable benefits" are described as "self actualization, self-enrichment, and enhancement of self-image, self-expression, and social interaction... Self-gratification and pure fun" (Stebbins: 1982:257) which are beyond the pale of utilitarianism (Lashua: 1999:2).

A "deep" satisfaction in life cannot be attained through commodified leisure. True satisfaction in leisure cannot be simply brought. It can, however, come from music as serious leisure as Pieper, Huizinga, and the classical Greeks understood it (Lashua: 1999:2).

Section-III

Bond with Loved Ones through Music:

Throughout the generations, music has connected people of different creeds and nations in a way that nothing else can. It is a powerful bond that can form simply through a shared enjoyment of music. Playing music is a great way to connect with other members of your family too. For example, if you know how to play the violin and your grandson is learning, you can bond with him through this shared instrument. He will love the fact that you both have something in common, and he will be encouraged to learn it even more because you know it as well.

Whether you just want to have a better day, are picking up an instrument for the first time, or want to bond with loved ones, music is a tool that can help you. It will increase yourself worth and help you to not be sad or lonely anymore.

Music therapy has become a growing field and it deserves some positive light because it serves a very important purpose. It is the only kind of therapy that can come to you, at least typically anyway. If you want to talk to a shrink, you have to" physically get ready and take yourself to their office. If you are fighting depression, even a task as simple as getting out of bed and dressed to make an appointment can be difficult.

Music and Health:

Music can have a transformative impact on people's lives. Music is a primary force in the lives of individuals, families and societies. Across cultures and throughout recorded history, human make music. Rhythm, song, and improvisation punctuate the progress of individual and collective experience, from the melodies of everyday life to the set incantations of ritual. Music activates and shapes the human brain, sharpening the mind's ability to hear and interpret speech, awakening emotion, and encoding memory. Music has been an element in the survival and development of the human species and musical instinct has its basis in biology.

Throughout the ages, people have listened and played music in an effort to live happier and healthier lives. Good music can put your in a better mood and help your overall emotional and physical well-being. Whether you're feeling angry, down, lonely or happy, music has a way of making the day better and life worth living. Take a moment and think about a life without music. A world without music is a sad world indeed. Music has been proven to lift our spirits in times of hard or lonely times. Invest in some music that makes you happy. This may be different for each individual. Someone may have grown up on the bayou and love listening to blues with an acoustic guitar and harmonica. This music, while seeming sad, may make someone happy because it reminds them of their childhood. Find the type of music that speaks to your soul and makes you happy. Build up a large amount of this music that you can play on a rainy day to lift your spirits.

Music as Health Therapy:

With respect to health care, music can be an effective intervention with patients of every age. Music offers health benefits throughout life, from those born into the neonatal intensive care unit for which music mediates medically-necessary stress, through those in hospice care at the end of life who can use music to transcend physical symptoms and declines. Music is effective with patients with conditions ranging from cancer to schizophrenia to traumatic brain injury, and is used to support patients in staying will by combating the debilitating effects of stress, sleeplessness, and chronic pain. Indeed, today music is integrated into health care at every level. The clinical use of music is now an evidence-based practice that has been proven both to satisfy patients and, very significantly, to lower the cost of care. Music has also been shown to enhance the experience of patients waiting for well visits-improving individual perception of the hospital, enhancing the speed and efficacy of staff performance in surgery, and even ameliorating the anxiety to minimize the procedural and environmental demand that the conditions of the Intensive Care Unit place on patients and it can engage and help to retain typically elusive patient-groups in areas such as mental health and substance abuse. Additionally, music has the potential to encourage people to commit to routine and necessary preventive care (Wolf et al.,:2011).

Music has recently been considered to be an effective mode of therapy in patients with various kinds of diseases. It has successfully been used in Japan and certain Latin American countries with their own traditional music. A study has recently been conducted in India to study the effects of Indian classical music in reducing tension, anxiety, stress, blood pressure, and pain (modifiable factors of heart disease). The project explored the possibilities of music both in therapy, and as a therapy, so that it could be used both as a preventive, and as a curative tool in coronary heart disease treatment. In music therapy, the therapist is not concerned with the aesthetics of music, but only with the functioning of music in giving relief and cure to the patient. In this study, specially trained musicians; indologists-pathologists with inter-disciplinary knowledge of yoga, music, ***ayurveda, jyothisha,*** and literature; clinical psychologists; and physicians well-versed in human behavior, psychology, and pain and palliative care, worked together. Different methods of research were used on several patients in this study of music therapy. There's no doubt that listening to your favourite music can instantly put you in a good mood. But scientists are now discovering that music can do more for you than just lift your spirits.

Many positive environmental influences on cognition and brain plasticity during aging have been considered including physical and leisure activities, educational and occupational activities, bilingualism, and high levels of experience and expertise in either occupational or leisure pursuits (Kramer et al., 2004; Springer et al., 2005; Valenzuela and Sachdev, 2006; Bialystok et al., 2007; Craik et al., 2010).

While maintaining cognitive vitality is critical for enhanced quality of life in advanced age, few human studies have systematically evaluated cognitive enrichment with most studies focusing on physical and leisure activities (Scarmeas et al., 2003; Verghese et al., 2003; Wilson et al., 2003). Instrumental musical activities are cognitively and motorically complex, tapping into many systems in parallel (auditory, sensorimotor, visuospatial, memory, processing speed, working memory), and require intensive repetitive practice over many years that is likely to yield differential brain organization that has the potential to yield more robust transfer across tasks related to enhanced brain plasticity (Elbert et al., 1995; Gaser and Schlaug, 2003; Koelsch et al., 2005; Bangert et al., 2006; Fujioka et al., 2006; Green and Bavelier, 2008; Jancke, 2009a,b; Moreno et al., 2011 a). Also, musical training can be readily quantified across the life span in terms of the number of years of practice, age of acquisition, and formal years of training, and therefore, may serve as an ideal model for quantifying the effects of cognitive stimulation throughout the life span on successful aging. There is a growing body of literature supporting the influence of musical training early in development in shaping non-musical cognitive and motor functions (Costa-Giomi et al., 2001; Ho et al., 2003; Schellenberg, 2004; Koelsch et al., 2005; Penhune et al., 2005; Schlaug et al., 2005; Fujioka et al., 2006; Moreno, et al., 2011 a). The strongest evidence of musical transfer to non-musical cognitive functions is derived from studies exploring the effect of musical training on speech and language (Loui et al., 2011; Ott et al., 2011; Patel, 2011; Shahin, 2011). However, with the focus on music education and development, few studies have evaluated how participation in musical activities may enhance cognition in advanced age. Brenda and Gajewski (2012) confirms that musical activity preserves cognition as we age, by comparing variability I cognitive outcomes of older adults active in musical instrumental and other leisure activities.

Conclusion:

Leisure is conceptualized as an experience can lead to the analysis of leisure, uncovering anticipated benefits associated with leisure such as self-expression, self-enhancement, and joy of integrating mind and body in the activity itself. A clear expression of leisure and a context for its application, one of which music, is needed. Sociology of music is gaining as an independent branch of social sciences and a large number of sociologists in the world are engaged in expanding this discipline and relating it to the health. Medical scientists are busy in finding the correlation between music therapy and health. Music is the only art because it was impermanent, and done only to entertain, amuse, or express oneself. It is upon the concept of self-expression that the entire notion of true leisure is hinged. With respect to health care, music can be an effective intervention with patients of every age. Music offers health benefits throughout life, from those born into the neonatal intensive care unit for which music mediates medically-necessary stress, through those in hospice care at the end of life who can use music to transcend physical symptoms and declines. Music is effective with patients with conditions ranging from cancer to schizophrenia to traumatic brain injury.

References:

Bangert, M., et al.,(2006), "Shared networks for auditory and motor processing in professional pianists: evidence from MRI conjunction", ***Neuroimage,*** *30,* 917-926.

Bialystok, E., et al., (2007), "Bilingualism as a protection against the onset of symptoms of dementia", ***Neuropsychologia,*** 45, 459-464.

Brenda, Hanna-Pladdy' and Byron Gajewski (2012), "Recent and past musical activity predicts cognitive aging variability: direct comparison with general lifestyle activities", ***Frontiers in Human Resource,*** 19 July.

Costa-Giomi, E., et al., (2001), "Absolute pitch, early musical instruction, and spatial abilities", ***Ann. N.Y. Acad. Sci.,*** 930, 394-396.

Elbert, T., et al., (1995), "Increased cortical representation of the fingers of the left hand in string players", ***Science,*** 270, 305-307.

Fontenelle, Suzana de M. and George M.Zinkhan (1993), Gender Differences in the Perception of Leisure: A Conceptual Model", ***Advances in Consumer Research,*** Volume, 20, pp. 534-540.

Fujioka, T., et al., (2006), "One year of musical training affects development of auditory cortical-evoked fields in young children". ***Brain*** 129, 2593-2608.

Gaser, C., and Schlaug, G. (2003), "Brain structures differ between musicians and non-musicians", ***J. Neurosci.*** 23, 9240-9245.

Green, C. S., and Bavelier, D. (2008), "Exercising your brain: a review of human brain plasticity and training-induced learning", ***Psychol. Aging*** *23,* 692-701.

Ho, Y. C., et al.,(2003), "Music training improves verbal but not visual memory: cross-sectional and longitudinal explorations in children", ***Neuropsychology*** 17, 439-450.

Jancke, L. (2009a), "Music drives brain plasticity", ***F1000 Biol. Rep.*** *1,* 78.

Jancke, L. (2009b), "The plastic human brain", ***Restor. Neurol. Neurosci.*** 27, 521-538.

Kelly, John R. (1982), ***Leisure,*** Englewood Cliffs: Prentice Hall.

Kelly, J.R. and G.Godbey (1992), ***The Sociology of Leisure,*** State College, PA:Venture Publishing, Inc.

Koelsch, S., et al., (2005), "Adults and children processing music: an MRI study", ***Neuroimage*** 25, 1068-1076.

Kramer, A. F., et al., (2004), "Environmental influences on cognitive 'and brain plasticity during aging", ***J. Gerontol. A Biol. Sci. Med. Sci.*** 59, M940–M957.

Lashua, Brett (1999), ***Leisure and Music: Of Context and Application For Understanding the Basic of Culture,*** SELS, Kent State University.

Loui, P., et al., (2011), "Relating pitch awareness to phonemic awareness in children: implications for tone-deafness and dyslexia", ***Front. Psychol.*** 2:111.

Moreno, S., et al.,(201 I a), "Short-term music training enhances verbal intelligence and executive function", ***Psychol. Sci.*** 22, 1425-1433.

Neullinger, John (1974), ***The Psychology of Leisure,*** Springfield, IL: Charles C.Thomas.

Ott, C. G., et al., (2011), "Processing of voiced and unvoiced acoustic stimuli in musicians", ***Front. Psychol.*** 2, 195.

Patel, A. D. (2011), "Why would musical training benefit the neural encoding of speech? The OPERA hypothesis", ***Front. Psychol.*** 2:142.

Penhune, V., et al., (2005), "The effect of early musical training on adult motor performance: evidence for a sensitive period in motor learning", ***Ann. N.Y. Acad. Sci.*** 1060, 265-268.

Pieper, J. (1952), ***Leisure: The Basis of Culture,*** New York, NY:Pantheon.

Robinson, John P. (1977), ***How American Use Time: A Social-Psychological Analysis of Everyday Behavior,*** New York: Praeger.

Scarmeas, N., et al., (2003), "Association of life activities with cerebral blood flow in Alzheimer disease: implications for the cognitive reserve hypothesis", ***Arch. Neurol.*** 60, 359-365.

Schlaug, G., et al., (2005), "Effects of music training on the child's brain and cognitive development", ***Ann. N. YAcad. Sci.*** 1060, 219-230.

Shahin, A. J. (2011), "Neurophysiological influence of musical training on speech perception", ***Front. Psychol.*** 2:126.

Springer, M. V., et al., (2005), "The relation between brain activity during memory tasks and years of education in young and older adults", ***Neuropsychology*** 19, 181-192.

Stebbins, R. (1982), "Serious Leisure: A Conceptual Statement", ***Pacific Sociological Review,*** 25(2), 251-272.

Stebbins, R. (1992), ***Amateurs, Professionals, and Serious Leisure,*** Montreal, QC:McGill-Queens University Press.

Valenzuela, M. J., and Sachdev, P. (2006), "Brain reserve and cognitive decline: a non-parametric systematic review", ***Psychol. Med.*** 36, 1065-1073.

Verghese, J., et al., (2003), "Leisure activities and the risk of dementia in the elderly", ***N.* Engl. *J.* Med.** 348, 2508-2516.

Wearing, Betsy and Stephen Wearing (1988), "Not Tonight Dear! The Social Control of Women's Leisure", in Erica Wimbush and Margaret Talbot (eds.), ***Relative Freedoms,*** Milton Keynes, England: Open University press, 131-146.

Wilson, R., et al., (2003), "Assessment of lifetime participation in cognitively stimulating activities", ***J. Clin. Exp. Neuropsychol.*** 25, 634-642.

Wolf, Lea et al., (2011), "Music and health Care", A paper Commissioned by the ***Musical Connections programme of Carnegie Hall's Weill Music Institute.***

Prof. Madhu Nagla
Department of Sociology
M.D. University, Rohtak-124001

राग-समय सिद्धांत : एक विश्लेषणात्मक अध्ययन

राग और समय के पारस्परिक संबंधों के निबंधों का अभाव नहीं, किन्तु इन निबंधों में परम्परा की पुष्टि और व्यक्तिगत अनुभवों का अभाव है। राग का अभिप्राय जन-चित्त को रंजित करना है और चूँकि किसी के मन को प्रसन्न करने का कोई विशेष समय नहीं हुआ करता, अतः राग-गायन पर काल-प्रतिबंध बहुत उचित नहीं प्रतीत होता। जिस प्रकार मानवीय भावों के प्रकटीकरण हेतु कोई समय निर्धारित नहीं होता, उसी प्रकार रागों का भी, जो कि मानवीय भावों के श्रव्य एवं निराकार रूप हैं, कोई समय निश्चित नहीं होता। तथापि यह तो निश्चित है कि आलंबन के पूर्ण विकास के हेतु उद्दीपन की आवश्यकता पड़ती है और उसी प्रकार किसी विशेष समय अथवा ऋतु में राग-विशेष निखरा हुआ प्रतीत होता है।

राग तथा समय के संबंध पर विचार करने से पूर्व हमें राग व रस के संबंधों पर विचार करना होगा। रस का संबंध मानवीय भावों से है। ये भाव अनेक हो सकते हैं। इनमें हर्ष, विषाद, प्रेम, घृणा, वात्सल्य, शौर्य, दया आदि प्रमुख हैं। ये सब स्थायी भाव हैं और साहित्य के नौ रसों की आधार-शिला का निर्माण करते हैं। जिस प्रकार प्रत्येक रस किसी-न-किसी मानवीय भाव का प्रतिनिधित्व करता है, उसी प्रकार संगीत का प्रत्येक राग किसी-न-किसी रस से संबद्ध हुआ करता है। राग भीमपलासी का संबंध विद्वान् लोग वीर रस से मानते हैं और मालकौंस का शांत रस से। 'वसंत' मधु-ऋतु के आगमन पर उल्लास की भावना को व्यक्त करता है, 'मेघ' वर्षा-ऋतु के आगमन पर आनन्द की सृष्टि करता है और 'भैरवी' के माध्यम से प्रेम तथा भक्ति की भावना अभिव्यक्त की जाती है।[1]

स्वर-लय-तालयुक्त काव्य रसाप्लावन करता है गीता की एक उक्ति है–

'विषया विनिवर्तते निराहारस्यदेहिनः, रसवर्जारसाऽप्यस्य परं दृष्ट्वा निवर्तते।

अर्थात् – विषयवासना से मुक्ति संभव है, रस से नहीं। रसोद्रेक तभी होता है, जब रजोगुण व तमोगुण के ऊपर सत्व गुण साम्राज्य स्थापित हो जाए। गायक सार्थक शब्दों का अवलंबन लिए बिना भी स्वर-संवलित शुष्काक्षरों अथवा आलाप द्वारा भावाभिव्यक्ति करता है और उसका भी उद्देश्य सतोगुण की स्थापना होता है। ऐसा करने के लिए वह अपनी कंठ-ध्वनि या काकु का माध्यम ग्रहण करता है। रम्य दृश्यों को देखकर और मधुर ध्वनि सुनकर समस्त जीवों के अन्तर में जन्म-जन्मांतर की सुषुप्त भावनाएँ जागृत हो उठतीं हैं और विभिन्न प्रकार के भावों की सृष्टि करतीं हैं। काव्य और संगीत न केवल अभिव्यंजना का ही माध्यम है, अपितु आत्म-साक्षात्कार का भी। प्रापंचिक वातावरण से क्लांत होकर अपनी चित्तवृत्ति में तन्मयता, जिसे काव्यकारों ने **'ध्यानावस्थित तद्गतेन मनसा'** की संज्ञा दी है, एक वह अवस्था है, जिसे कलाकार अपनी कला-साधना से सहज ही पा लेता है। यह रस की प्रथम अवस्था है। वैदिक काल से वर्तमान काल तक भरत, दत्तिल, मंतग, जयेदव और विद्यापति ने अपने-अपने भावों को संगीतमय ढंग से प्रस्तुत किया है। जयदेव के 'वनमाली बसति बने' व विद्यापति के 'माधव, कत तोर करब बड़ाई' मे काव्य तथा संगीत के संश्लिष्ट रूप विभिन्न रसों की सृष्टि करते हैं। कृष्ण-भक्तिशाखा के महान् कवि गुणी संगीतज्ञ भी थे। सूरदास व तत्कालीन कवियो ने विनय के पदों में बिलावल, बागेश्री, आसावरी व तोड़ी, करुण प्रसंगों में केदार व गुणकली, श्रृंगार-प्रसंगों में मालकौंस व हमीर, उल्लास-विनोद के प्रसंगों में काफी, मल्लहार, बसंत आदि रागों का प्रयोग किया।[2]

स्वरों में विभिन्न प्रकृति प्रतीत होने के कारण ही प्राचीन आचार्यो ने भिन्न-भिन्न प्रकृति के राग-रागिनियों की रचनायें की हैं, तथा प्रकृति की मुख्य तीन ऋतु, तीन उपऋतु इस प्रकार छः ऋतुओं के वास्ते ही भिन्न-भिन्न प्रभाव के छः राग प्रधान माने हैं।

राग की व्याख्या करते हुए शास्त्रों में कहा गया है कि मनुष्य के चित्त का जो रंजन करे वह राग है। इसका अभिप्राय यही है कि राग में रंजन करने वाले सभी गुण विद्यमान होने चाहिए। जिस संगीत रचना में इन तत्वों की

कमी होगी, वह स्वयं में कोई राग नहीं होगा और न श्रोताओं का उसके प्रति कोई अनुराग होगा, बल्कि ऐसी रचनाओं से सदैव विराग या विरक्ति ही उत्पन्न होगी।[4]

उपर्युक्त विद्वानों की दृष्टि से विचार करने पर उक्त रागों के गायन का कोई निश्चित समय प्रतीत नहीं होता। भगवद्-भजन के हेतु कोई विशेष समय नहीं, अतः वे सभी राग, जिनका प्रयोग विनय के पदों के हेतु किया गया, किसी भी समय गाए जा सकते हैं। बिलावल संध्या को व बागेश्री प्रातःकाल गाने पर गायकों को आपत्ति नहीं होनी चाहिए। मान लिया, प्रेम का विशेष समय रात्रि हुआ करती है, अतः मालकौंस व हमीर के गायन-समय में कोई आपत्ति नहीं। किन्तु प्राचीन संगीतज्ञों ने तो मालकौंस का समय प्रातःकाल ही निश्चित किया है, अतः यह भी एक समस्या है।[5]

भारतीय रागों की एक विशेषता उनके गायन का समय है। राग के समय के औचित्य तथा वैज्ञानिक अथवा अवैज्ञानिक स्वरूप के बारे में विद्वानों में काफी विवाद हैं। किसी राग को निश्चित समय पर गाने अथवा बजाने का कोई वैज्ञानिक कारण प्रतीत नहीं होता। रागों के इस समय-सिद्धांत का मूल प्राचीन मन्दिर-संगीत में मिलता है। मन्दिर के भगवान् को मानव के दैनिक जीवन की सभी प्रक्रियाएँ करनी होती थीं-तड़के उठना, स्नान करना, प्रातःकालीन भोजन, अल्पकालिका निद्रा, अपराह्न का नाश्ता, सांयकालीन मनोरंजन, रात्रिकालीन भोजन और अंत में शयन। देवता की इस दैनिक क्रिया के साथ उचित संगीत का आयोजन होता था, यानी प्रत्येक क्रिया का वर्णन करने वाला उचित गीत होता था। प्रत्येक गीत की विशिष्ट धुन होती थी, जो द्रुत, मध्य अथवा विलम्बित लय में गाई जाती और जिसका प्रभाव शान्तिदायक था। अतः ऐसा प्रतीत होता है कि इस प्रकार के गीतों के शब्दों के समय-चक्र के साथ-साथ संगीत अथवा धुनों का, जिनमें गीत बंधे थे, समय-चक्र भी स्वतः निर्धारित हो गया। एक के लिए निर्धारित धुन दूसरे पर लागू नहीं हो सकती, क्योंकि इनसे देवता का संबंध था। इस प्रकार गायकों और श्रोताओं ने यह परंपरा नई पीढ़ी को सौंपी। उदाहरण के लिए राग भैरव धार्मिक दृष्टि से प्रातःकालीन राग समझा जाने लगा और इस विचार-धारणा के कारण ही समय-चक्र का सिद्धांत आज तक लोगों के दिमाग में जमा हुआ है और इस विशिष्ट राग को प्रातःकाल सुनने की ही आदत पड़ गई है। यह हमारी प्रकृति का अंग बन गया है अब हम भैरव राग को रात्रि में

सुनना सहन नहीं कर सकते। सौभाग्यतिलक विहीन सुहागिनी का कैसे स्वागत किया जा सकता है? सुहागिनी के ललाट पर तिलक होने का कोई वैज्ञानिक कारण नहीं है, किन्तु कोई भी हिन्दू परिवार सौभाग्य-चिह्नहीन सुहागिनी का स्वागत नहीं करेगा। सूर्यास्त के समय गाए जानेवाला राग सूर्योदय के समय गाए जाने पर इसी प्रकार के विचारों का जन्मदाता होता है। विवाहोत्सव के समय भोजन की टेबल पर बैठा एक व्यक्ति, मृत्यु-गीत की धुन कैसे स्वीकार कर सकता है? कोई धुन मरण के अवसर पर ही गाई जाए, इसका कोई वैज्ञानिक आधार नहीं है, किन्तु पारस्परिक सौमनस्य के आधार पर अनजाने में समाज द्वारा स्वीकृत सिद्धांत की बात है, जो आदत का रूप ले चुकी है। अतः रागों के समय-चक्र के संबंध में किसी के अधिक तर्कशैली होने की क्या आवश्यकता है।[6]

जब हम राग और समय के परंपरागत संबंध पर विचार करते हैं, तो वहाँ नियम तथा अपवाद एक-दूसरे को काटते हुए दृष्टिगोचर होते हैं। रागों के समय निर्धारण के लिए विभिन्न प्रणालियों को अपनाया गया किन्तु वे सभी प्रणालियाँ जैसे कि अध्वदर्शक स्वर, उत्तरांग-पूर्वांग राग, वादी-सम्वादी आदि अपवादों से ग्रस्त रहीं हैं।

उपर्युक्त वर्णन से यह स्पष्ट है कि अपवाद स्वरूप रागों ने समय की हठधर्मिता की चिंता नहीं की और स्वच्छंद रूप से गायक-वादकों द्वारा प्रयुक्त होने लगे। कतिपय ऐसे राग सामने आए, जो क्रमशः राग-गायन-नियम के बंधन से मुक्त होते गए। उदाहरण के लिए वसंत राग की अवतारणा नियमतः दिवस के उत्तरार्द्ध में होनी चाहिए और बहार राग के लिए भी मध्य-रात्रि का समय निश्चित है, किन्तु वसंत ऋतु में इन्हें अभ्यास में हर समय ग्रहण करने की प्रथा है। ठीक वैसे ही, भैरवी का समय प्रातःकाल है, किन्तु आजकल संगीत-सभाएँ प्रायः भैरवी से विर्जित हुआ करती हैं और कभी-कभी रात्रि की नीरवता में भैरवी की धुन अन्य समयों की अपेक्षा अधिक भली लगती है। किन्तु इसका तात्पर्य यह कदापि नहीं कि राग-गायन का समय से कोई लगाव ही नहीं। भैरवी की अवतारणा कभी भी सांध्यकालीन संधिप्रकाश बेला में नहीं हो सकती। यदि हम अपने वर्चस्व को राग-नियम पर बलात् आरोपित कर भैरवी को सांध्यकाल में गाएँ, तो इच्छित वातावरण का निर्माण करने से वंचित रह जाएँगे। ठीक वैसे ही, पूर्वा की प्रातःकालीन अवतारणा कर्ण-कटु ही प्रतीत होगी। इसलिए नहीं कि हमारे

कान उन्हें विपरीत समय में सुनने के अभ्यस्त नहीं, अपितु इसलिए कि राग के स्वभाव के साथ प्रकृति का बड़ा ही घनिष्ठ संबंध है और उपर्युक्त बेला राग की अवतारणा हेतु विशेष रूप से सहायक सिद्ध होती है। अतः सारांश यह है कि जहाँ कुछ रागों में समय-नियम की कट्टरता खटकती है, वहीं कतिपय रागों को समयानुकूल गाना मनोवांछित सुख प्राप्त करने के लिए अत्यन्त अपेक्षित प्रतीत होता है।

प्रत्येक राग और रागिनी का एक सूक्ष्म शरीर होता है, जो स्वरों के आधार पर चलता है। रागों का स्थूल शरीर उनके स्वर व चलन है तथा उनका प्रभाव उनकी आत्मा। यह आत्मा ही राग का रस, सौन्दर्य या भाव है। इसी सिद्धान्त पर प्रत्येक राग या रागिनी का एक अलग प्रकार का 'रस' है, जिसकी निष्पत्ति करना ही कलाकार का लक्ष्य है।[7]

रागों का रसानुसार समय निर्धारण

प्रथम, राग और रस का घनिष्ठ संबंध है राग स्वरों से बनते हैं, अतः रसों की सृष्टि मूलतः स्वरों पर निर्भर करती है। प्रत्येक स्वर का अपना स्वभाव, अपना प्रभाव होता है। कोमल 'रे' और कोमल 'ध' मुख्यतः करुण रस की अभिव्यक्ति के लिए उपर्युक्त हैं और शुद्ध 'रे' तथा शुद्ध 'ध' भक्ति-रस के लिए। इसी प्रकार कोमल 'ग' एवं कोमल 'नि' श्रृंगार-भावना की अभिव्यक्ति में अपेक्षाकृत अधिक सक्षम है। ये स्वर स्वतंत्र रूप से इन रसों की सृष्टि तो करते ही हैं, किन्तु अन्य उपर्युक्त स्वरों की संगति पाकर इनमें, उन भावों की अभिव्यंजना की क्षमता कहीं और अधिक आ जाती है। राग-रचना इन स्वर-संगतियों पर निर्भर होती है। राग से रस तभी टपकता है, जब उसे वांछित स्वरों का अपेक्षित सहयोग मिल पाता है।[8]

दूसरे, स्वरों का संबंध मानव-मन से भी है। हमारे मन का भाव सदैव एक-सा नहीं रहता है। प्रातः सोकर उठने पर हम अपेक्षाकृत गंभीर मुद्रा में रहते हैं। जैसे-जैसे दिन चढ़ता जाता है, वातावरण में परिवर्तन होता चलता है, वैसे-वैसे हमारे भाव, हमारा 'मूड' बदलता चलता है। रात्रि को हमारा भाव वही नहीं रहता, जो प्रातः रहता है। हमारे इन बदलते मनोभावों की अभिव्यक्ति के लिए स्वर भी विभिन्न होते हैं। और, जब ये उपर्युक्त स्वर मिल-जुलकर हमारे मनोभावों को एक रूप देते हैं, तो वही रूप 'राग' बन जाता है।

एक राग में एक वादी स्वर होता है जिसका राग में विशेष जोर रहता है। वादी स्वर के आधार पर ही पूर्व-राग और उत्तर-राग पहचाने जा सकते हैं।

स्वरों के संयोग से बने रागों को समय के अनुसार हम मुख्य तीन वर्गों में विभाजित कर सकते हैं:-

1. कोमल 'रे - ध' वाले राग,
2. शुद्ध 'रे - ध' वाले राग,
3. कोमल 'ग - नि' वाले राग।[9]

राग के विभिन्न अंग - अल्पत्व, बहुत्व, न्यास, अपन्यास, गमक आदि-रस-परिपाक में सहायक होते हैं। गमक जहाँ राग को ओज और गति प्रदान करती है, वहाँ अल्पत्व, बहुत्व, न्यास आदि राग के रस में मिठास घोल देते हैं।[10]

प्रथम वर्ग के राग सुबह-शाम चार बजे से सात बजे तक गाए-बजाए जाते हैं। चूँकि यह समय दिन-रात का संधिकाल होता है, अतः इस समय गाए जाने वाले इन रागों को 'संधिप्रकाश-राग' भी कहते हैं। इस वर्ग में भैरव, पूर्वी तथा मारवा ठाठों के राग आते हैं। इन रागों में 'रे' कोमल अवश्य होता है और साथ ही 'ग' शुद्ध। 'ध' कहीं अपवादस्वरूप शुद्ध भी हो सकता है, जैसे-मारवा राग में। ये राग गोधूलि बेला में हमारे मनोभावों की अभिव्यक्ति अपेक्षाकृत अधिक प्रभावपूर्ण ढंग से कर पाते हैं।

दूसरे वर्ग के अर्थात् शुद्ध 'रे-ध' वाले राग उसके बाद गाए-बजाए जाते हैं-सात बजे से दस बजे तक दिन-रात दोनों में। यदि कोमल 'रे' अधजगी मुद्रा का परिचायक होता है तो शुद्ध 'रे' पूर्ण जागरण का। इसलिए मनोवैज्ञानिक दृष्टि से यह क्रम उपर्युक्त लगता है। इस वर्ग में बिलावल, यमन खमाज ठाठ के राग होते हैं। वांछित प्रभाव के लिए इन रागों में भी 'ग' का शुद्ध होना अनिवार्य है-'नि' कभी कोमल भी हो सकती है।

तीसरे वर्ग के रागों में 'ग-नि' कोमल लगते हैं, वे दोपहर या आधी रात को ही अधिकतर गाए-बजाए जाते हैं। षड़ज, मध्यम और पंचम, ये तीन स्वर प्रायः दिन और रात्रि के तीसरे पहर के रागों में अपना महत्त्व रखते हैं। तीव्र मध्यम अधिकतर रात्रि के रागों में ही पाया जाता है, दिन के रागों में यह स्वर कम दिखाई देता है।[11]

दिन-रात के अवशेष भाग में, अर्थात् दस बजे से चार बजे तक तीसरे वर्ग के कोमल 'ग-नि' वाले राग गाए-बजाए जाते हैं। इस वर्ग में शेष चार ठाठों - भैरवी, आसावरी, काफी एवं तोड़ी के राग आते हैं। इस वर्ग में रागों की संख्या अधिक है अतः इसकी अवधि भी लंबी रखी गई है। इस समय की मनोदशा की अभिव्यक्ति, ये राग बहुत सुन्दर ढ़ंग से कर पाते हैं। इन रागों में 'ग' का कोमल होना अनिवार्य है। 'नि' यदा-कदा शुद्ध भी हो सकता है, जैसे राग पटदीप में।

24 घण्टें (दिन रात्रि) में वात, पित्त व कफ की प्रधानता और समय[12]

सबेरे-कफ	3 बजे रात्रि से 9 बजे दिन तक वायु मंडल में **कफ** प्रधान रहता है
दोपहर-पित्त	9 बजे दिन से 3 बजे दिन तक वायु मंडल में **पित्त** प्रधान रहता है
शाम-वात	3 बजे दिन से 9 बजे रात्रि तक वायु मंडल में **वात** प्रधान रहता है
अर्धरात्रि-पित्त	9 बजे रात्रि से 3 बजे रात्रि तक वायु मंडल में **पित्त** प्रधान रहता है

रात्रि के प्रथम पहर में पित्त प्रकृति की प्रधानता के कारण ही एक समय के पूर्वराग-रागनियों का वादी स्वर पित्त प्रकृति की गान्धार सप्तक के पूर्वांग में प्रधान मानी है। जैसे-खमाज, यमन कल्याण, तिलंग पूर्वी, बिहाग, बिहागड़ा, पूरिया इत्यादि; अर्थात् रात्रि के प्रथम पहर के राग-रागिनियो का वादी स्वर गान्धार प्रधान है। संगीत के रसिकों को ऋतुओं के कोष्टक में रागों के सम्बन्ध में यह शंका अवश्य ही उत्पन्न हो सकती है, कि भैरव राग को तो सब जगह शरद ऋतु-प्रातःकाल का राग बतलाते हैं। ठीक है, किन्तु सूर्योदय के पहले प्रातःकाल शरद ऋतु नहीं हैं। सूर्योदय के पहले अर्थात् रात्रि के तीसरे और चौथे पहर में हेमन्त और शिशिर ऋतु का आगमन होता है; इसलिए भैरव राग उत्तर राग में शिशिर ऋतु प्रातःकाल का राग है। व्यवहारिक बातचीत में मुख्य शरद, ग्रीष्म और वर्षा इन तीन ऋतुओं के तीन नामों का ही अधिकतर प्रयोग करते हैं; इसलिए व्यवहारिक भाषा में भैरव राग को शरद ऋतु का राग कहते हैं।

भैरव राग का वादी स्वर सप्तक के उत्तरांग में कफ प्रकृति का शीतांग

स्वर कोमल धैवत है; तथा संवादी स्वर भी कफ प्रकृति की कोमल ऋषभ है। अर्थात् भैरव राग के वादी, संवादी (राजा मंत्री) प्रधान स्वर कफ प्रकृति का ही शीतांग प्रभाव रखने वाले हैं। इसलिए यह राग प्रातःकाल शिशिर ऋतु का राग है। इसी प्रकार ऋतुओं की प्रकृति के समयानुसार प्रत्येक राग-रागिनी में वादी, संवादी और समय नियमित है।

राग और ऋतुएँः-

ऋतुओं ने स्वाभाविक रूप से समस्त कलाओं को प्रभावित किया है। ऋतु संबंधी रचनाएँ सभी विधाओं, यथा-साहित्य, संगीत, चित्र इत्यादि में मिलतीं हैं। रीतिकालीन साहित्य इसका सबल प्रमाण है। संगीत अभिव्यक्ति का सशक्त माध्यम है। राग भावनाओं को अभिव्यक्त करता है। ऋतुओं की प्रकृति किसी भी प्राणी को सहजता पूर्वक आकृष्ट करती है।[13]

राग के समय सिद्धान्त की तरह राग और ऋतुओं का सम्बन्ध भी प्राचीन संगीत में मिलता है जिसे 'ऋतु' सिद्धान्त कहा जा सकता है। भारत के सभी प्रदेशों में ऋतुओं के अनुसार लोक गीतों का प्रचलन रहा है। अनेक लोकगीत और लोक धुनें शास्त्रीय संगीत में ग्रहण की गईं हैं। इसलिए शास्त्रीय संगीत में अनेक रागों का ऋतुओं के अनुसार गाने-बजाने का सूत्रपात हुआ।[14]

राग गायन के अच्छी प्रकार से प्रचार में आने के बाद संगीतकारों ने रागों के साथ भावानुसार गायन और ऋतुओं से सम्बन्ध स्थापित किया था। जब शास्त्रीय संगीत अलंकारों के बोझ से दबने लगा तो राग-रागिनी वर्गीकरण, समय सिद्धान्त एवं रस और भाव सभी की हत्या हो गई। परिणाम यह हुआ कि स्थिति या समय कुछ भी हो, गायक या वादक तान लगाने से बाज नहीं आते। 'दरबारी' की गम्भीरता हो या 'ललित' का लालित्य, संगीतकार गायन के पद को विकृत करके तानबाजी पर उतर आते हैं जिसके कारण राग, ताल, पद, भाषा, भाव, रस, समय इत्यादि सबकी हत्या हो जाती है और वह संगीत लोक मानस की अरुचि का कारण बनता है।

शारंगदेव ने अपने ग्रंथ 'संगीत रत्नाकर' में प्रत्येक वर्ग के रागों का सम्बन्ध ऋतुओं से स्थापित किया है; जैसे-गौड़पंचम ग्रीष्म ऋतु में, भिन्न-षड़ज हेमंत ऋतु में, हिंडोल वसंत ऋतु में और मालकौंस शरद ऋतु में। इसी प्रकार दिन तथा रात्रि में गाए-बजाए जाने वाले राग एवं भिन्न-भिन्न ऋतुओं में गाए जाने वाले रागों का उल्लेख भी शारंगदेव ने किया है। प्राचीन ग्रन्थों में मांगलिक अवसर पर, युद्ध के समय, भक्तों के समक्ष तथा नारियों,

विद्वानों एवं प्रौढ़ व्यक्तियों के समक्ष गाए जाने वाले गीतों का स्पष्ट उल्लेख किया है परन्तु नरेशों की आज्ञा और रंगभूमि के प्रचार ने उन सिद्धान्तों को पूरी तरह ताक पर उठाकर रख दिया। आज संगीत के अत्यधिक प्रचार ने किसी भी समय बिना विचार किए, किसी भी गीत का रिकार्ड बजाकर समय-सिद्धान्त, राग-रागिनी वर्गीकरण इत्यादि की मान्यता या भावना को बिल्कुल निरस्त कर दिया है।

भारतीय संगीत भावना-प्रधान होता है अतः इन भावों को साकारता प्रदान करने के लिए स्वरों के माध्यम से संगीतकार, ऋतु विशेष से प्रेरित होकर, स्वरों के मेल को जन्म देता है। वर्षा कालीन रागों के संबंध में यह ज्ञात होता है कि इस ऋतु में मुख्य रूप से 'मेघ मल्हार', 'गौडमल्हार', 'मल्हार' या 'मियाँमल्हार' और 'देस' आदि रागों के गाने का प्रचलन है।[15]

ऋतु-विषयक रागों की बंदिशों के प्रायः दो वर्ग होते हैं।

1. प्राकृतिक सौन्दर्य, 2. श्रृंगारिक।

इन दोनों ही परिस्थितियों में एक विशेष अनुभूति होती है। जो अकथ्य है, अस्पृश्य है, अदृश्य है। इसका मात्र अनुभव किया जा सकता है। रागों की बन्दिशों में प्राकृतिक मनमोहन छटा का वर्णन होता है। वर्षा-ऋतुकालीन रागों में श्रृंगारिक मनःस्थिति की भी प्रधानता रहती है। स्वर एवं शब्द दोनों ही इन्हीं भावनाओं से ओत-प्रोत होते हैं। दोनों एक दूसरे के पूरक होते हैं। रागों में प्रयुक्त स्वरों के अनुकूल एवं सफलतापूर्वक प्रयोग लगाव से राग का साक्षात् स्वरूप स्थापित हो जाता है और संबंधित भावों को व्यक्त करता है।[16]

दिन-रात्रि अर्थात् 24 घंटे में 6 ऋतुओं का प्रभावः

कितनी ही ग्रीष्म ऋतु जेष्ठ, आषाढ़ में क्यों न होवे, किन्तु रात्रि के चौथे पहर में कफ प्रकृति प्रधान होने के कारण प्रधान तीन ऋतुओं में ही शरद ऋतु का आगमन हो जाता है इसलिए उस समय वायु मंडल में शीतलता और शान्ति छा जाती है, कारण कि कफ प्रकृति में शीतांग का प्रभाव रहने से शीतलता और कफ प्रकृति में सत्वगुण रहने के कारण ही शान्ति हो जाती है।

इसी प्रकार कितनी ही ठंड हेमन्त और शिशिर ऋतु में क्यों न होवे, किन्तु दिन के दूसरे पहर में पित्त प्रकृति प्रधान हो जाने के कारण उस समय

ग्रीष्म ऋतु का आगमन हो जाता है और वायु मंडल में ग्रीष्मता आने के कारण ही उस समय ठंड नहीं लगती है।

कितनी ही ग्रीष्म या शरद ऋतु ही हो, किन्तु दिन के पहले पहर में कफ और पित्त ये दो प्रकृतियाँ प्रधान हो जाती हैं, इसलिए उस समय न तो अधिक ठंड लगती है और न अधिक गर्मी ही लगती है। अर्थात् उस समय बसन्त ऋतु का आगमन हो जाता है और जीवधारियों में स्फूर्ति रहती है।[17]

दिन के चौथे पहर में वात प्रकृति प्रधान हो जाती है, इसलिए जिन मनुष्यों के शरीर में वात प्रकृति के रोगादि रहते हैं, तो उस समय दिन का चौथा पहर उन्हें कष्टदायक हो जाता है। अर्थात् वात प्रधान रोगादि वाले मनुष्यों के शरीर में दर्द, हड़फूटन, मस्तिष्क में दर्द और अशान्ति इत्यादि कष्ट हो जाते हैं तथा ज्यों-ज्यों पित्त प्रधान रात्रि के पहले पहर का आगमन प्रारम्भ होता है, त्यों-त्यों उन्हें फिर क्रमशः शांति मिल जाती है। लगातार दो, चार दिन जम कर बरसने वाला, पूर्ण वात प्रकृति प्रधान-बादल अधिकतर दिन के चौथे पहर में ही आता है, जो कि फिर जम कर दो, चार दिन लगातार बरसता है। इसलिए दिन का चौथा पहर वात प्रकृति प्रधान वर्षा ऋतु का माना है और वहाँ पर मेघराग को स्थान दिया है। कारण कि मेघराग का वादी स्वर वात प्रकृति की शुद्ध ऋषभ है, इसी प्रकार वात प्रकृति की शुद्ध धैवत इसका संवादी स्वर है। अर्थात् इसके वादी, संवादी दोनों वात प्रकृति हैं और वादी स्वर ऋषभ सप्तक के पूर्वांग में हैं, इसलिए मेघराग, पूर्वांग में, दिन के चौथे पहर, वर्षा ऋतु का राग माना गया है। इसी प्रकार का नियम प्रत्येक राग-रागनी का है और उपर्युक्त अनुसार स्वरों का सम्बन्ध प्रकृति से है। इसलिए उचित संगीत द्वारा शरीर के रोगादि भी शांत हो सकते हैं।

निष्कर्ष– हिन्दुस्तानी संगीत में राग चाहे जब नहीं गाया जा सकता। कौन-सा राग कब गाएँ, इसकी बाकायदा एक परंपरा मिलती है। हमारे उस्तादों में ऐसे कई है, जो मानते हैं कि समय का सिद्धान्त बेमानी है, मनगढ़ंत हैं इसका कोई वैज्ञानिक आधार नहीं है। पर समय विरूद्ध रागों को चुनने की हिम्मत इन महारथियों में भी नहीं पाई जाती। छोटी गोष्ठी हो या बड़े समारोह, सब जगह इन्हें आप टाइम-थ्योरी के हिसाब से गाते-बजाते पाऐंगे। रागों के समय की धारणा हिन्दुस्तानी संगीत में इतनी गहरी बैठ गई है कि आप इस पर भरोसा करे या न करें, पर ऐसा हो नहीं सकता कि मंच पर आप जाएँ और, समय विरूद्ध राग छेड़ बैठें, और तो और आधी रात के राग दरबारी को अगर रात आठ बजे भी आप ले बैठे तो हमारे रूढ़िवादी

और कट्टर संगीत-समीक्षकों के सामने आपकी खैर नहीं। सारा लाजवाब गाना बजाना धरा रह जाएगा। आप अछूत साबित कर दिए जाऐंगे। यह कूपमंडूकता खत्म होनी चाहिए। कम से कम अनिवार्यता जरूर खत्म होनी चाहिए। आपको अच्छा लगता है तो बेशक सुबह चार बजे उठकर ही राग ललित सुनें। पर दूसरों पर अपनी मर्जी क्यों लादते हैं?

दूसरा कोई अगर शाम पाँच बजे भी ललित सुन लेना चाहता है तो उसे क्यों रोकते हैं? उसकी इच्छा की इज्जत कीजिए।

संदर्भ सूची

1. काशीकुमार कर्ण, निबंध संगीत, "राग और समय", पृ. 283
2. घनश्याग दास, संगीत विज्ञान, पृ. 11
3. वही
4. लक्ष्मीनारायण गर्ग बालकृष्ण गग, संगीत जुलाई 1977 पृ.5
5. वही
6. काशीकुमार कर्ण निबंध संगीत, "राग और समय"। पृ. 284
7. पं. भगवत शरण शर्मा, संगीत निबंध मंजरी, पृ. 43
8. डॉ. समयबहादुर सिंह, संगीम निबंध, "रागों का समय मनगढ़ंत या मनोवैज्ञानिक?" पृ414
9. लक्ष्मीनारायण गर्ग, संगीत विशारद पृ.142
10. कादंबरी शर्मा, संगीत जनवरी-फरवरी 1982 घराना अंक
11. घनश्याम दास, भारतीय संगीत विज्ञान, पृ. 3
12. वही, पृ. 6
13. लावण्य कीर्ति सिंह 'काव्या', संगीत संजीवनी, पृ. 96
14. डॉ. लक्ष्मीनारायण गर्ग, निबंध संगीत, पृ.409
15. चितरंजन जोशी, निबंध संगीत, "भारतीय संगीत के वर्षा कालीन राग" पृ. 404
16. लावण्य कीर्ति सिंह 'काव्या', संगीत संजीवनी, पृ.99
17. घनश्याम दास, भारतीय संगीत विज्ञान, पृ.8

–रोमिल जैन

नीमवाला ट्रेडर्स विजय टॉकीज रोड

मोती नगर वार्ड, सागर

संगीत और मनोविज्ञान

मन की अवस्थाएँ और स्वरनिदर्शन, मनोविश्लेषण और संगीत चिकित्सा, म्यूजिक साइकोलॉजी

मन के बिना संगीत सम्भव नहीं है। न गायन, न वादन और न श्रवण। मन होता है तभी गाना गाने का मन होता है और गाना सुनने का मन होता है। इसी मन के चलते विद्यार्थी या व्यक्ति संगीत सीखने को प्रवृत्त होता है। इसी मन के कारण वह सीख पाता है। मन नहीं होता अर्थात् मन उदास होता है तब भी संगीत ही इस मन को ठीक करता है। मन की स्थिति जब अवसाद (डीप्रेशन) या मनस्तप्ता (हाईपरटेन्शन) तक पहुँच जाती है तब संगीत ही थिरेपी है। उपचार का अमोघ तरीका हो जाता है संगीत। राग सोहिनी सुनते हैं तो अवसाद के बादल मन पर से क्रमशः छँटते जाते हैं और राग पहाड़ी सुनते हैं तो उच्च रक्तचाप कम होता जाता है। मन शीतल हो जाता है।

युगों से सहज ही देखा गया है कि मन प्रसन्न होते ही हृदय गा उठता है। अब यह हृदय चाहे गाँव-जंगल के किसी चरवाहे का हो या फिर महानगरी सभ्यता के किसी उच्च पदस्थ अधिकारी का। गृहिणी का हो या एयरहोस्टेस की। स्पष्ट होता है कि मन और संगीत का सीधा और सहज रिश्ता है। कह सकते हैं कि दोनों एक दूसरे के पर्याय हैं। इस रिश्ते में भाव की भूमिका मुख्य है, विचार की नहीं। संगीत का सार है स्वर, पद और लय (यानी ताल) का सुसंगति। संगीत का विज्ञान है कि यह भावों को प्रत्यक्षतः (डायरेक्ट) व्यक्त करता है, जबकि विचारों को परोक्षतः (इनडायरेक्ट)। भाव संगीत में सहज ही व्यक्त होते हैं—सुखद हो या दुखद। हैं सबससे मधुर वो गीत जिन्हें हम दर्द के सुर में गाते हैं। मन प्रसन्न होता है या उदास, हम गाते हैं। जो गा नहीं सकते वे सुनते हैं और इस प्रकार गायक के जरिये अपने मन में गाते हैं, गायन के साथ हो लेते हैं। मन प्रसन्न हो या उदास, वे सुनते हैं। इस प्रकार भाव का रूपायन है गीत या संगीत, और संगीत की आत्मा

है भाव। इस प्रकार भाव ही संगीत है। इस दृष्टि से संगीत और मन विनिमेय शब्द हैं। पर्याय।

प्रसंगवश, संगीत को आचार्य शारंगदेव ने गायन, वादन और नृत्य का समवाय कहा है–कि गायन, वादन व नृत्य ही संगीत है। शायद इस स्थापना की जरूरत नहीं थी। नाट्यशास्त्र रचे जाने के बाद भरतमुनि के समय में ही अन्य आचार्यों ने पाया कि 'नाट्य' शब्द गायन, वादन और नृत्य, तीनों के समुदाय-अर्थ को वहन करता है, संवहन करता है, यह 'तौर्यत्रिक' है (त्रिक शब्द यहाँ महत्त्वपूर्ण है) क्योंकि 'नाट्य' और 'नटन', दोनों ही शब्द 'नट्' धातु से व्युत्पन्न हैं। नटन का अर्थ है नृत्य। जो नृत्य 'नृत्' धातु से व्युत्पन्न हैं उसका अर्थ है गात्रविक्षेप या अंगसंचालन। वैसे भी नर्तक को नहीं, अभिनेता को पाणिनी युग (ईसा पूर्व पांचवी शती) में 'नृत' कहते थे। और इसी कारण शास्त्र का नाम भरत ने दिया–नाट्यशास्त्र। नृत्यशास्त्र, गीतशास्त्र या वाद्यशास्त्र नहीं, न संगीतशास्त्र। 'तौर्यत्रिक' शब्द की स्थापना तभी शब्द-रत्नाकर, हलायुध और मेदिनी में दर्ज होने के साथ ही 'अमरकोश' में दर्ज कर ली गई। अमरकोश में है–तौर्यत्रिंक नृत्यगीतवाद्यं नाट्यमिदं त्रयम्। जब इन तीनों को मिलाकर 'नाट्य' शब्द की प्रतिष्ठा की जा चुकी है तो 'संगीत' की आवश्यकता थी। सम्भवतः इसी कारण नाट्य व संगीत तभी से अलग-अलग विधा के रूप में देखे व बरते जा रहे।

तो गायन हो वादन, नृत्य हो या नाट्य, सभी के लिए भाव प्रमुख है और इसी कारण, भाव की पूरी दुनिया को देखने के लिए मन के संसार को जानना-समझना जरूरी है। मन को जानना मन का विज्ञान है। यही मनोविज्ञान है। अंग्रेजी में 'साइन्स' शब्द ग्रीक से व्युत्पन्न है जिसका क्रियापद (वर्बल) अर्थ है 'जानना'। कलाकार के मन को जानना। श्रोता के मन को जानना। और जरूरी है संगीत के मन को जानना।

हमें यह लगता है कि कलाकार और श्रोता के बीच का उपादान है संगीत, माध्यम है संगीत किन्तु ऐसा है नहीं। ऐसा सतह पर लगता है। दोनों के बीच की सेतु है कलामिति (आर्टिस्ट्री)। कलामिति ठीक होगी तो संगीत सुसम्प्रेष्य व सुसम्वेद्य होगा। कलाकार संगीत में अपने भावों को व्यक्त करता है किन्तु जरूरी नहीं कि वे व्यक्त हों भी, सम्प्रेषित हों भी। व्यक्त होने के लिए, सम्प्रेषित होने के लिए कलामिति की जरूरत होती है। इसका एक हिस्सा है अनुशासन जिसे विद्यार्थी सीखता है, यानी गायन, वादन या नृत्य के

प्रायोगिक व्याकरण को, जिसमें वह अपने या प्रस्तुत बन्दिश के भावों को व्यक्त करता है। दूसरा हिस्सा है भाषा। यह कलामिति का प्रथम अहम हिस्सा है।

अपनी बात को दूसरों तक सम्प्रेषित करने की तीन ही भाषा है–ध्वनिभाषा, संकेतभाषा और शब्दभाषा। ध्वनिभाषा (sound language) का प्रयोग मुख्यतः संगीत में, संकेतभाषा (sign language) का प्रयोग मुख्यतः नृत्य में और शब्दभाषा (word language) का प्रयोग मुख्यतः साहित्य में होता है। नाट्य ही एकमात्र विधा है जिमसें तीनों भाषाओं का प्रयोग होता है। नाट्यकला की इस कलाभाषा को ही रंगभाषा कहते हैं।

तो प्रथम चरण है, भाव को व्यक्त करना (expression) और दूसरा चरण है, भाव का व्यक्त होना (communication)। जो बात एक्सप्रेस की जा रही है, जो फीलिंग, सेन्टीमेन्ट या इमोशन एक्सप्रेस की जा रही है, जरूरी नहीं कि वह कम्युनिकेट भी हो रही हो! व्यक्त करना तो किसी भी व्यक्ति पर निर्भर है। ऐसा वह सहज ही करता है और करना चाहता है लेकिन व्यक्त होने के लिए अर्थात् सम्प्रेषित होने के लिए कलाभाषा की आवश्यकता होती है, और प्रथम भाषा है ध्वनिभाषा। ध्वनिभाषा सर्वाधिक प्रभावशाली है। यह प्रकृतिचेतना से उत्पन्न होती है किन्तु यह कम अक्ल की (less intelligible) होती है। संकेतभाषा प्रकृतिचेतना (इन्स्टिंक्ट) और शुद्धबुद्धि (रीजन) दोनों से उत्पन्न होती है। ध्वनिभाषा कलाकार के वोकल कॉड्र्स का उपयोग करती है तो संकेतभाषा कलाकार के अंगों और उपांगों (लिम्ब्स) का। नाट्यशास्त्र में इसका चित्रण, वर्णन और प्रशिक्षण प्रचुरता से है। शुरू में हमने चर्चा की थी कि गर्भ में भ्रूण पहले सुनता है। जन्म लेते ही शिशु पहले सुनता है फिर ध्वनिभाषा में व्यक्त होता है। इंस्टिक्ट से ही वह इस भाषा में सम्प्रेषित करता है कि उसे भूख या नींद लगी है। उसके पास तब और कोई भाषा प्रकट रूप में नहीं होती। सुषुप्त होती है। क्रमशः बड़ा होने पर वह शब्दभाषा का प्रयोग करने लगता है। फिर और बड़ा हो जाने पर जब शब्दों के प्रति वह विशेष सम्बद्ध नहीं रहता तो संकेतभाषा को प्रयोग में लाने लगता है।

संकेतभाषा सबसे मेधावी भाषा है किन्तु कम परिपूर्ण (less perfect) है। शब्दभाषा परिपूर्ण भाषा है किन्तु कृत्रिम है। ध्वनिभाषा में भाव व्यक्त करने का सर्वाधिक प्रयोग संगीत में होता है किन्तु संगीत भावों को प्रत्यक्ष रूप से

व विचारों को अप्रत्यक्ष रूप से व्यक्त करता है। संकेतभाषा विचारों और भावों को प्रत्यक्षतः सीधे सम्प्रेषित करता है। कृत्रिम होने के बावजूद शब्दभाषा विचारों को सीधे (डायरेक्ट) व्यक्त करता है और भावों को अप्रत्यक्ष रूप से यानी इन्डायरेक्ट।

चूंकि संगीत ध्वनिभाषा के करीब है इसलिए इसमें भाव सीधे व्यक्त होते हैं। इसी कारण संगीत मन की भाषा है। यह स्वयं कलाभाषा है, ध्वनिभाषा की निकटता के कारण। बस विश्रृंखलित यानी अनआर्टिकुलेटेड ध्वनि को सांगीतिक ध्वनि में बदलना होता है। इस कलाभाषा के साथ कलामिति के लिए जरूरी है मन की भाषा को समझना और इसके लिए हमें मन के विज्ञान में जाना होगा यानी मनोविज्ञान में, कलाकार के भी, और संगीत के भी।

कलाकार के मन के विज्ञान को जानने का अर्थ है उसके मन को जानना, और मन को जानने का अर्थ है मन के पूरे संसार को जानना। मन देह का सूक्ष्म, अमूर्त रूप है देह मन की स्थूल, मूर्त अभिव्यक्ति। सूक्ष्म का तात्पर्य ही है अमूर्त। देह में विचार व भाव के अतिरिक्त मन और कुछ नहीं है। विचार का भावनात्मक पहलू भाव है और भाव का बौद्धिक पहलू विचार। यहाँ यह जानना सबसे महत्त्वपूर्ण है कि विचार हो या भाव, यह शब्द पर आश्रित है। अनुच्चारित शब्द पर। नाट्यशास्त्र के पन्द्रहवें अध्याय का दूसरा और तीसरा श्लोक इस तथ्य को स्पष्ट करता है।

दिलचस्प है कि मन में उठने वाला कोई भी भाव बिना शब्द के नहीं उठ सकता। भाव शब्द है। मन में प्रयोग कर देखा जा सकता है। बोलने या व्यक्त करने से पहले हमें किसी भी भाव का बोध भीतर, शब्द में होता है—गर्मी लग रही, प्यास लगी है, वह कितना घृणित है, प्यारा है आदि। बिना शब्द के आप अपने भाव को नहीं जान सकते। मन में क्या भाव है, गौर करते ही शब्द या शब्दविन्यास दिखेगा। उन्हीं शब्दों को हम व्यक्त करते हैं और भाव कहते हैं। इसी प्रकार विचार हैं। ये भी शब्द हैं। शब्दों से बने। इसीलिए पाणिनी व पतंजलि व पतंजलि, दोनों ने सबसे पहले कहा (क्रमशः 'अष्टाध्यायी' और 'महाभाष्य' में) कि 'अथ शब्दानुशासनम्'। शब्द के अनुशासन को जानना भाव और विचार को जानना है। भाव और विचार को जानना मन को जानना है। मन को जानना देह को जानना है। मन की देह है संगीत।

इसलिए कलाकार को पहले मन के अनुशासन में जाना होता है। मन में शब्दों और चित्रों का संसार भरा पड़ा है। सारे अनुभव चित्र में और सारे चित्र शब्द में बद्ध हैं। एन्कैप्सुलेटेड। ये अनुभव सिर्फ एक जीवन का नहीं, अपने समस्त पूर्ववर्ती जीवन के और इस संसार के प्रत्येक व्यक्ति के समस्त अनुभवों के हैं। सुनकर आश्चर्य हो सकता है। कल्पना लग सकती है किन्तु है यह वास्तविकता। एक कलाकार की चेतना में उसके और समस्त व्यक्तियों के अनुभव संग्रहीत हैं तभी वह, भरत मुनि के शब्दों में, तीनों लोकों (मन की तीन अवस्थाएँ हैं जाग्रत, स्वप्न और सुषुप्ति) के भावों का अनुकीर्तन कर सकता है।

चित्रों–शब्दों में संग्रहीत ये समस्त अनुभव–प्रकट और अप्रकट–मन के विचार व भाव से पहले चित्त की तन्मात्राएँ हैं, कलाकार के संस्कार हैं, मन का संसार है। चित्त मन रूपी जलाशय की तलहटी है। ग्राउण्ड या माइण्ड स्टफ। इस मन के तीन मनोवैज्ञानिक स्तर हैं–चेतन, जिसे हम जानते हैं, अवचेतन, जिसके प्रति हम सजग नहीं रहते, और अचेतन, जिसे हम जानते हैं कि नहीं जानते। कलाकार का व्यवहार उसके विचार की प्रतिक्रिया या अन्तःक्रिया (रेस्पॉन्स) है। यानी विचार स्मृति की उपज है। तो स्मृति से विचार और विचार से व्यवहार, और यही व्यवहार अनुभव बनकर दोबारा दर्ज हो जाता है स्मृति में। जिन व्यवहारों के प्रति कलाकार सजग रहता है, वे तो अवचेतन में दर्ज नहीं होते। जिनके प्रति वह सजग नहीं रहता, वे अनुभव अवचेतन में दर्ज हो जाते हैं जिनके बारे में वह समझता है कि नहीं जानता, जबकि नहीं जानता कि जानता है।

कलाकार प्रतिपल प्रतिक्रिया भरे जीवन को जीता है। प्रकट–अप्रकट, जाने–अनजाने। वह चलता है तो जमीन पर पाँव का दबाव क्रिया है, ठोस जमीन या दलदल की प्रतिक्रिया में वह चल पाता है या नहीं चल पाता। वह खड़ा है तो भी यह जमीन की प्रतिक्रिया है। वह शान्त लेटा है तो यह अप्रकट प्रतिक्रिया है। ध्वनि या ठण्ड या गर्मी के प्रति की गई उसकी कोई भी क्रिया, प्रकट प्रतिक्रिया है। वह हमेशा प्रतिक्रिया में है, क्रिया में नहीं। दिखने में वह प्रकट या अप्रकट क्रिया करता हुआ है।

क्रिया तब शुरू होती है जब वह अपने मन को देखना शुरू करता है। मन के भावों व विचारों के प्रति जागना शुरू करता है। उन्हें शब्दों के रूप में लेना शुरू करता है। इससे पहले की स्थिति तक उसके मन में उठने वाले

भाव प्रतिक्रिया हैं स्मृति की, अवचेतन की। वह रच नहीं सकता, क्योंकि रचने के लिए जरूरी है मौलिकता का होना। सृजन का अर्थ है नया व मौलिक। वह पुराने को दोहराता है। स्मृति में वह सब है जो पहले से हो चुका है। उसी से विचार और उन्हीं विचारों से व्यवहार। सिर्फ दोहराव घटता है। उसके पास सभी विचार प्रतिक्रियात्मक होते हैं, रीऐक्टिव थॉट।

प्रतिक्रिया भरे विचारों यानी रीऐक्टिव थॉट से भरा मन सुर में नहीं होता। यह सुर को अपने आवरण से ढक लेता है। प्रतिक्रियात्मक विचार आवरण है, सुर के सूरज को छुपा लेने वाला बादल। इन बादलों के पीछे से सूरज अधिक से अधिक कभी-कभी झाँक भर सकता है। इसीलिए व्यक्ति को लगता है कि वह सुरीला तो है, सुर को पकड़ तो सकता है, किन्तु सुर को वहन करने की क्षमता नहीं है। क्षमता बादलों के पीछे है। बादलों से भरा मन सुरीला कैसे हो सकता है! इसीलिए सुरीली गायिकी के लिए सुरीले व्यक्तित्व व सुरीले मन की बात गुरुजनों ने कहीं है। प्राय: यह भी देखा जाता है कि सुरीला मन गायिकी में प्रतिष्ठित होने के बाद मन को सुरीला बनाये नहीं रख सका है। प्रतिक्रियात्मक विचार तेजी से अहंकार के काले बादल बन जाते हैं। प्रतिष्ठा बादलों के पीछे चली जाती है। क्षमता के दुरुपयोग से मन गीत से रिक्त हो चुका होता है। क्षमता रीत जाती है। फिर वह उस आँच को तलाशता है जो पहले प्रकाशित था किन्तु वह मद्धिम पड़ जाता है। फिर जैसे ही प्रतिक्रियात्मक विचार हटते हैं, रीऐक्टिव थॉट जाते हैं, सूरज फिर निकल आता है इस बार अधिक सुर में।

प्रतिक्रियात्मक विचारों को देखने से, इनका साक्षी होने से भीतर का प्रकाश व्यक्त होता है, रिफ्लेक्ट करता है। भाव निर्मल होता है। ये अन्त:क्रियात्मक (inter-responsive) विचार या रिफ्लेक्टिव थॉट सुरों की क्षमता हैं। अच्छा गाने के लिए अब मन अच्छा है। ये भाव और विचार अब रचनात्मक हैं, क्रियेटिव हैं, रिफ्लेक्टिव हैं।

ऐसा मन अब पारदर्शी है। ऐसे मन पर अब राग अपना प्रतिबिम्ब, अपनी छाया आसानी से डाल सकता है। राग का सेल्फ एक्सप्रेशन सम्भव है। कलाकार का भी। राग व्यक्त होगा मन पर और मन व्यक्त होगा राग पर। दोनों ही एक-दूसरे माध्यम पर रिफ्लेक्ट करेंगे, व्यक्त होंगे। रागसंगीत की दुनिया में आत्म-अभिव्यक्ति का प्रश्न महत्त्वपूर्ण हो जाता है, कि आत्म-अभिव्यक्ति (सेल्फ एक्सप्रेशन) क्या है किसी राग को कण्ठ या तन्त्र

(वाद्य) में व्यक्त करते हुए, प्रस्तुत करते हुए कलाकार राग के माध्यम से आत्म को अभिव्यक्त करता है या आत्म के माध्यम से राग को व्यक्त करता है। जाहिर है, किसी भी कलाकार का उत्तर होगा–राग को व्यक्त करते हुए वह अपने आत्म को व्यक्त करता है, या, राग को वह अपने तरीके से, अपने भाव से व्यक्त करता है। जैसा मन का भाव, वैसा राग का रूप। भाव ही रूप है।

यही उत्तर है। एक वृक्ष का अंकन दस चित्रकार करते हैं और दस कैनवस पर दस वृक्ष बन जाते हैं क्योंकि वृक्ष एक है और मन दस हैं। एक वृक्ष को लेकर दस मन व्यक्त होते हैं, वृक्ष व्यक्त नहीं होता, मन व्यक्त होता है। वह वृक्ष वहीं रहता है और कैनवस पर वृक्ष की दस मनःछायाएँ अंकित होती हैं कि वृक्ष को देख–महसूस कर मन कैसा हुआ और कैसा बना कैनवस पर! यह मानसिक वृक्ष बनता है। वह नहीं जो सामने है आँखों के। इसी प्रकार राग एक और कलाकार अनेक होने से एक ही राग की अनेक प्रस्तुतियाँ, अनेक छटाएँ, अनेक रूप सामने आते हैं। जैसा कलाकार का मन वैसा राग का रूप। एक किशोर प्रशिक्षु राग भूपाली गायेगा और पण्डित जसराज भी यह राग गायेंगे। दोनों की प्रस्तुति में 'कलाकार होने की गरिमा' प्रमुख है किन्तु लगभग समान उम्र, अनुभव व प्रतिभा के दो कलाकार भी जब राग भूपाली को प्रस्तुत करेंगे तो यह सिर्फ़ गायिकी का फर्क नहीं होगा, गायिकी में मन का फर्क पहले आयेगा। इस धुंधलके में राग का स्वरूप तो रह ही जाता है! अर्थात् जब हर बार राग की प्रस्तुति में मन या आत्म की अभिव्यक्ति होनी है तो राग का स्वरूप कब प्रकट होगा! राग का स्वरूप तो सिर्फ उसका स्वर–विन्यास में बना स्वरूप है नहीं, राग का अपना मन, उसका अपना भाव भी उसके स्वरूप का हिस्सा है। जैसे एक व्यक्ति या कलाकार का स्वरूप मात्र उसका दैहिक स्वरूप नहीं है, देह में मन और मन में भाव भी हैं उसी प्रकार राग के स्वरूप में भी राग की स्वर–निर्मिति एवं राग का मन है। राग की प्रकृति है।

जैसे हम कहते हैं, राग दरबारी (कान्हडा) एक गम्भीर प्रकृति का राग है, या, सोहिनी एक शोख प्रकृति का राग है। क्या इतना जानने से ही हम राग के मन को जान सकते हैं राग भैरव कहते ही यदि हम इसके स्वरूप को नादमय देखते हैं तो इसके भाव–रूप को देखते हैं किन्तु सिर्फ इतना ही नहीं है। नादमय स्वरूप में ही पहले देवोमय स्वरूप है क्योंकि कोई भी राग

स्वरों की निर्मिति है और राग की रचना से पहले स्वर का अपना भावरूप है। यह जानने के बाद जब हम उस स्वर को देखते हैं, उसके जाने हुए रूप को देखते हैं तो उसका भाव हमारे मन में बनता है जिसका रूप श्रोता देखते हैं। जैसा भाव बनेगा, वैसा रूप प्रकट होगा।

स्वर के रूप की जानकारी के अभाव में कलाकार का जैसा मन होगा, राग का वैसा ही रूप प्रकट होगा। राग का अपना मन रह जायेगा। कलाकार के मन में है विचार। राग के मन में है स्वर। स्वर के रूप में ही है स्वर का भाव। भाव ही रूप है। इसे जानने के बाद ही राग का मन स्पष्ट हो पाता है, और तभी हम इसे दो रूपों–नादमय और देवोमय–के स्वरूप में देख सकते हैं। यह भी कि, स्वरूप को इन दो रूपों में बांट कर देखने की जरूरत ही नहीं है। जोगी जोड़कर देखता है। योग का अर्थ है जुड़ना। जीव का ब्रह्म से। आत्मा का परमात्मा से। स्वरका परमस्वर 'प्रणव' या अनाहत नाद से। राग को इन दो रूपों में बांटकर देखने की जरूरत इसलिए नहीं (वियोगी मन वियोग में बांटकर भेददृष्टि से देखता है, योगी मन अभेददृष्टि से योग करता है) कि राग की रचना में है स्वर, और प्रत्येक स्वर का अपना रूप है। स्वर स्वयं में नादमय है और इसका रूप देवोमय। इस संयुक्त स्वरूप के कारण ही इसे स्वर कहते हैं, अर्थात् जो 'स्व' हो, 'पर' नहीं, अपना हो, और जो 'स्वतः' लगे, लगाना न पड़े। स्वर कलाकार की अमूर्त देह के स्वाधिष्ठान चक्र में होते हैं। तीनों सप्तकों का स्थान और अधिष्ठान यही है–स्व अधिष्ठान। इसलिए ये अपने हैं और ये स्वतः लगते हैं, बस इसके रूप को जानने की जरूरत होती है। जैसे षड्ज का रूप है एकाग्रचित्त योगीरूप, अपरिवर्तनीय। कोमल ऋषभ का रूप है पूर्ण जागृतावस्था। कोमल गान्धार है करुणावस्था। शुद्ध गान्धार है चंचल व प्रसन्न। शुद्ध मध्यम है गम्भीर, शक्तिपूर्ण, वातावरण को प्रभावित करने में सक्षम। शुद्ध निषाद में तीक्ष्णता और तार षड्ज से मिलने की तीव्र इच्छा होती है। तीव्र मध्यम भावुकता और चपलता से पूर्ण है। पंचम आत्मविश्वासी है, प्रसन्न व अविनाशी है। कोमल धैवत गहरी उदासी से भरा है। शुद्ध धैवत हृष्टपुष्ट वीर पुरुष की तरह है। कोमल निषाद नम्र, प्रसन्न, स्नेही, करुण और साहसी है।

जिस रूप का जैसा बिम्ब हमारे पास होता है, मन में वैसी ही छवि उभरती है। जानकारी की अधिकता छवि को अधिक व सुस्पष्ट करती है। यदि हमें एक शब्द बोला जाय–जीवन, तो जीवन से सम्बन्धित हमारे पास

जो और जैसी जानकारियाँ हैं, छवियाँ हैं, चित्र हैं, वही हमें जीवन लगेगा। हो सकता है जीवन कहते ही हमारे मन में कल-कल करते झरने, नदी, आसमान में उड़ते पक्षियों का झुण्ड, नीले आसमान में सफेद बादल, गाते हुए बच्चे, किसी की मुस्कान और संगीत की छवियाँ उभरे या हो सकता है, जीवन कहते ही बिछोह, उदासी, भूरा आकाश, बदली, खाने में अरुचि, अनिद्रा और श्मशान की छवियाँ हमारे जेहन में उभरे। इसलिए राग की अवतारणा के लिए रीऐक्टिव विचारों से रिक्त ऐसा कोरा मन जरूरी है जो पारदर्शी हो, जिसमें राग का अपना मन प्रतिबिम्बित हो सके, अर्थात् जिन स्वरों से उसकी रचना हुई है उनसे बना उसका मन। इसलिए स्वरों का जो रूप है उसकी जानकारी जरूरी है। जीवन कहते ही एक बिम्ब बनेगा क्योंकि मन का अर्थ है विचार या भाव एवं छवि। शब्दों की जैसी जानकारी या अनुभव-चित्र स्मृति में हैं वे ही छवियाँ स्मृतिपटल यानी मनोमस्तिष्क में उभरेंगी। 'जीवन' के तुरन्त बाद यदि 'मृत्यु' बोला जाय तो इस शब्द से सम्बन्धित जो चित्रावलियाँ स्मृति में हैं, वे उभरेंगी। इसके तुरन्त बाद यदि 'मृत्युहीन जीवन' बोला जाय तो सम्भव है कोई चित्र ही न उभरे, क्योंकि अतीत के ऐसे अनुभव का कोई चित्र स्मृति की आर्काइव में तो है ही नहीं जबकि ये महज शब्द नहीं, कल्पना नहीं, तथ्य हैं—एक ऐसा जीवन जहाँ मृत्यु नहीं है। नचिकेता यम से ऐसे ही जीवन के बारे में जिज्ञासा प्रकट करता है कठोपनिषत् में, और यम उसे बताता है। कुमार गन्धर्व गाते हैं कबीर के पद को, 'उड़ जायेगा हंस अकेला', या 'सुनता है गुरु ज्ञानी', या भीमसेन जोशी गाते हैं' जो भजे हरि को सदा वो ही परम पद (मृत्युहीन जीवन) पायेगा', या फिर मियाँ मल्हार के बड़े ख्याल की बन्दिश है 'करीम नाम तेरो'। इस बोध को सम्प्रेषित करने के लिए जितना आवश्यक है उपयुक्त पद या बन्दिश का होना, उतना ही आवश्यक और उपर्युक्त है, बन्दिश या पद को तदनुरूप राग में निबद्ध करना। तदनुरूप राग के लिए हमें पहले स्वरों के निर्धारित रूपों से परिचित होना होगा। जैसे षड्ज का चित्र है एकाग्रचित्त योगी रूप!

'योगी' शब्द कहते ही संस्कार के अनुसार चित्र और भाव मनोमस्तिष्क में उभरेंगे। 'एकाग्रचित्त योगी' कहते ही यह चित्र और गम्भीर होगा। मन स्वाभाविक रूप से गम्भीर होकर 'सा' लगाएगा। अब यदि कलाकार के आगे गोरख का पद रखा है—शून्य गढ़ शहर, शहर गढ बस्ती, कौन सोता कौन

जागे रे, लाल हमरे हम लालन के, तन सोता ब्रह्म जागे रे...., तो वह इसके लिए ऐसे राग का वरण करेगा जिसमें षड्ज का प्रयोग अन्त तक गम्भीर बना रहे, जो मन्द्र व मध्य में निखरे और यदि स्वरों का रूप स्पष्ट है तो वह एक-दो स्वरों पर ही एकाग्र होकर (राग ध्यान की प्रतिष्ठा इसी भावबोध से की गई है जिसकी चर्चा अन्य अध्याय में है) पद के पूरे भाव को शुरू में ही प्रतिष्ठित कर देगा और हृदय सुवेद्य स्तर पर तृप्त हो जाएगा कि पद का अर्थ व भाव भी सुर में है। कबीर के समस्त पद, साखी, सबद और रमैनियों को इसी दृष्टि से रागबद्ध किया गया है।

अब तक की चर्चा से स्पष्ट है कि संगीत में मन या मनोविज्ञान की भूमिका बड़ी है। ऐसे में राग-अवतरण (कण्ठ में या तन्त्र में) से सम्बन्धित एक प्रश्न दिलचस्प है। कई मन चंचल होते हैं तो कई मन प्रकृतिः शान्त। कई राग शान्त प्रकृति के होते हैं तो कई शोख प्रकृति के। ऐसे में शान्त प्रकृति का कलाकार चंचल प्रकृति के राग या चंचल प्रकृति का कलाकार शान्त प्रकृति के राग की अवतारणा कैसे करेगा उसके भाव में राग कैसे अवतार ले, आकार ले!

प्रश्न महत्त्वपूर्ण है और सन्दर्भ एक बार फिर कलाकार के मनोविज्ञान पर केन्द्रित हो जाता है। व्यक्ति का मन चाहे जैसा हो, कलाकार बनने की प्रक्रिया में कण्ठ-संस्कार (voice culture) के साथ ही स्वर-संस्कार भी अनिवार्य हो जाता है और स्वर-संस्कार का अर्थ सिर्फ स्वरों को कण्ठ में बैठाना नहीं, बल्कि उनके रूप से अपने मन को रंगना और फिर राग के रूप से श्रोता के हृदय को रंगना है।

स्वर की साधना का भावपक्ष यही है। मन्द्र षड्ज या अन्य स्वरों को कण्ठ में साधना कण्ठ-संस्कार है, स्वरों में कण्ठ का संस्कार है। यह स्वर का संस्कार नहीं। स्वर का संस्कार है स्वर के रूप को देखना। भाव व चित्र का उसी रूप के अनुसार बनना। षड्ज की कण्ठ-साधना करता विद्यार्थी जब एकाग्रचित्त योगीरूप को मन में देखेगा, इस रूप को जानकर इस पर एकाग्र होगा तो वह स्वयं एकाग्रचित्त होता जाएगा। क्योंकि जानना ही होना है। हम जैसे-जैसे किसी को जानने जाते हैं, क्रमशः हम वही होते जाते हैं। जानने लगते ही होने लगते हैं। ऐसे में रीऐक्टिव विचारों की विदाई स्वाभाविक है, रिफ्लेक्टिव विचारों व भावों का उन्मेष वरेण्य है। संगीत द्वारा चित्त की परिशुद्धि यही है। मन की विश्रान्ति में ही स्वरों का अभिषेक है।

षड्ज को साधने के बाद ही कोमल ऋषभ को साधा जा सकता है जिसका अर्थ है–पूर्ण जागृत अवस्था। जानना हमारे देखने को विस्तृत करता है और जागना उस जाने हुए के प्रति हमें आसक्त नहीं करता। बिना जगे जाना हुआ मन अहंकार है और जागा हुआ मन ज्ञान है, सत्य है, प्रकाश है। जागृत अवस्था अर्थात् जागा हुआ मन, जाने हुए विचारों से, भावों से, चित्रों से। जानना यदि वैज्ञानिक है तो अहंकार नहीं है, किन्तु यदि यह मनोवैज्ञानिक है तो दुःखद है।

इस फर्क को देखें।

भाव, विचार और चित्र से निर्मित हमारा अमूर्त मन हमारे मूर्त मस्तिष्क के नियोकार्टेक्स में स्मृति के तौर पर सुरक्षित रहता है। यह स्मृति दो ढंग से क्रियाशील होती है क्योंकि मस्तिष्क के इस हिस्से में दो अंश हैं–हिपोकैम्पस और एमिगडाला। दोनों, स्मृति के दो प्रकार हैं जिनका उपयोग मस्तिष्क प्रतिपल करता है। हिपोकैम्पस की मदद से हम लौट कर अपने ही घर पहुँचते हैं, पड़ोसी के घर नहीं। हिपोकैम्पस के द्वारा हम वह सब कुछ पहचान सकते हैं जो हम पहले से जानते हैं जैसे अपना मकान, अपनी किताब, अपनी पहचानी हुई सड़क, राग यमन या फिर पण्डित रविशंकर की तस्वीर आदि। एमिगडाला की मदद से हम शाम को याद करते हैं कि दोपहर के खाने में हमने जो सलाद खाई थी वह अच्छी थी, या सब्जी स्वादिष्ट थी, या कुमार गन्धर्व ने जो गाया वह अच्छा था। ये हमारी स्मृति के दो रूप हैं। इस ढंग से तथ्यों को जानना वैज्ञानिक है जो हमारी दृष्टि को विस्तृत करता है। ऐसे तथ्यों से बनी हमारी स्मृति गतानुगतिक स्मृति (chronological memory) है, जैसे कब, कहाँ हमारा जन्म हुआ, किस वर्ष स्नातक की उपाधि मिली, उम्र, गाड़ी या सेल फोन का नम्बर, कम्प्यूटर के आवश्यक कमाण्ड, झप ताल की ताली–खाली, एक आवर्तन में सोलह मात्रा का चौगुन आदि की स्मृति स्वाभाविक व आवश्यक है किन्तु यही स्मृति तब मनोवैज्ञानिक है जब हम कहते हैं, मेरा बचपन सुखद था, युवावस्था दुःखद है, वह घड़ी मुझे प्रिय थी जो माँ ने दी थी जो खो गई, या फिर, कभी मैं अच्छा गाती थी अब नहीं गा पाती, वह मुझसे अच्छी तान कर लेता है आदि। यह सब हम जानते हैं। ऐसे विचार व भाव हमारे मन और हमारे पूरे अस्तित्व को सिरे से क्षतविक्षत करते हैं। यानी सुखद और दुःखद अतीत की भावनात्मक स्मृति। इच्छा सुख की स्मृति है और भय दुःख की। ऐसी

स्मृतियों से भरा मन संगीत यानी स्वरों से सम्पर्क कैसे करे! स्वर धारण कैसे करे! क्या प्रतिकूल बादलों से भरा ऐसा मन स्वरों के सुन्दर सुनियोजित रूप को ग्रहण कर सकता है? या स्वरों के सम्पर्क में आकर ऐसे मन के प्रति जागना ही राहत है, शान्ति का वरण है।

प्रायः कई व्यक्ति व कलाकार यह कहते सुने जाते हैं कि संगीत उन्हें शान्ति देता है, कि उत्कृष्ट संगीत सदैव आत्मा को सम्बोधित होता है (जैसा कि जर्मन दार्शनिक इमैनुअल कान्ट कहा करते थे)। तो तात्पर्य यही होता है कि उसका सुखद या दुःखद मनोवैज्ञानिक मन संगीत के स्वराभिषेक से कष्टमुक्त होता है तो उसे शान्ति की प्रतीति होती है। कष्ट सहते ऐसे ही मन की कई अवस्थाएँ हैं जिन्हें हम आज रोगों के आधुनिक नामों से जानते हैं जैसे डिप्रेशन (अवसाद)। गहरी उदासी की स्थाई मनोवैज्ञानिक स्थिति अवसाद है। ऐसे में स्वाभाविक ऊर्जास्तर काफी नीचे चला जाता है। कुछ भी अच्छा नहीं लगता, संगीत भी नहीं। ऐसा असुरक्षित मन भावनात्मक सुरक्षा की तलाश में कुछ भी कर सकता है या फिर जीना नहीं चाहता। रक्तचाप कम हो जाता है। ऐसी स्थितियों में संगीतकारों ने सर्वप्रथम स्वयं पर प्रयोग किये। चिकित्सक के दिये ड्रग (दवा) से जब पूरा लाभ नहीं मिला तो उन्होंने रागों की शरण ली। शोख और चंचल प्रकृति के राग सुने जो रंजकता को बढ़ाते हैं जैसे सोहिनी या बहार या तिलककामोद या केदार या सिन्दूरा, और अवसादग्रस्त मन स्वाभाविक, सहज स्थिति में दोबारा लौट आया। मन जब सहज है, ऐट ईज है तो स्वस्थ है, जब असहज है तो अस्वस्थ, ईज नहीं, डिजीज्ड! जैसे अनिद्रा। यह मन की ही एक अवस्था है।

आधुनिक समय में अवसाद की तरह एक दूसरा मनोवैज्ञानिक रोग भी प्रायः देखने को मिल जाता है–हाइपरटेन्शन। उच्च रक्तचाप में तनाव की यह स्थाई उच्चतर अवस्था है। यह मनोस्नायविक असामान्यता या मनस्तप्ता (Psychoneurosis) व मनोग्रस्तता (Obsessional neurosis) के भी करीब है। यह अतिउद्वेग या ऐंग्जाइटी न्यूरोसिस के भी करीब है। लक्षणों के थोड़े से हेरफेर से ये हाइपरटेन्शन के ही प्रकार हैं। बेचैनी, नर्वसनेस, स्नायविक दुर्बलता की प्रतिक्रिया में आत्मसुरक्षा में आक्रामक रहना, क्रोध या दिल की धड़कनों का बढ़ जाना आदि इसके लक्षण हैं। जाहिर है, ऐसे मन को शान्त व शीतल करना प्राथमिक आवश्यकता है। ऐसे में उन रागों को सुनने की जरूरत बनती है (ड्रग से साथ जो देह को स्वाभाविक करते हैं। असल चीज

है मन, साइक, इसे सहज करते ही सोमा अर्थात् देह स्वयं सहज हो जाती है) जो शान्त प्रकृति के हों जैसे राग पहाड़ी। जैसे राग भैरव, विशेषकर शिवमत, भावमत व अहिर भैरव।

इस प्रकार स्वयं पर प्रयोग करने के बाद आधुनिक चिकित्सा विज्ञान ने पाया कि जब शोर कानों को तकलीफ और सांगीतिक ध्वनि या स्वर सुख पहुँचाता है तो क्यों न लोगों के मनोवैज्ञानिक रोगों के लिए, रोगों की चिकित्सा के लिए संगीत को थिरेपी के तौर पर बरता जाय और म्यूजिक थिरेपी के प्रयोग की सम्भावना देखी गयी। हालांकि स्वयं पर प्रयोग से पहले भी यह अन्वीक्षा की गई थी कि कलाकारों द्वारा राग संगीत प्रस्तुत करने से किसी रोगी का अनिद्रारोग गायब हो गया तो किसी का अवसाद। ऐसे सहज प्रयोगों से विज्ञानियों की निगाह संगीत पर पड़ी थी। आज दुनिया भर में मनोरोगों के इलाज में राग संगीत (भारत में उत्तर भारत और दक्षिण भारत के संगीत को क्रमशः हिन्दुस्तानी संगीत और कर्नाटिक संगीत के नाम से जाना जाता आ रहा है। शास्त्रीय संगीत, उपशास्त्रीय संगीत, सुगम संगीत, लोकसंगीत आदि शब्दावलियों को स्वतन्त्रता-प्राप्ति के बाद पिछले पचास वर्षों में आकाशवाणी के द्वारा प्रचलित किया गया है। जब प्रख्यात संगीतशास्त्री ठाकुर जयदेव सिंह आकाशवाणी, नई दिल्ली केन्द्र के मुख्य प्रोड्यूसर थे तब संगीत व संगीतकारों के स्तर-निर्धारण (ग्रेडेशन) एवं मानदेय के लिए इन शब्दावलियों का प्रयोग किया गया जो आज संगीत-समाज में इस तरह प्रतिष्ठित है मानों शास्त्र से निसृत हैं। है यह राग संगीत की एक प्रमुख व अनिवार्य भूमिका है। भारत में इसकी सम्भावना पर अभी अभ्यास नहीं बढ़े हैं किन्तु भविष्य है।

इस तरह संगीत और मनोविज्ञान के पूरे सन्दर्भ को, जिस पर हमारे देश में न्यूनतम काम हुआ है, देह, भाव और रूप की भाषा में विन्यस्त किया जा सकता है। मन्द्र षड्ज से तार निषाद तक भावों एवं स्नायुओं की भूमिका अन्तर्सम्बन्धित है। तार षड्ज से मिलने की आकुलता में सभी स्वर प्रशान्ति से आरम्भ होते हैं और दुःख की ओर बढ़ते हैं। मन्द्र षड्ज के उच्चारण में पूरे चेहरे पर स्नायविक कारणों से तनाव न्यूनतम होता है। इसलिए चेहरे पर एकाग्रचित्त योगी का भाव अपने आप आता है। हम जो देखते हैं, चेहरे पर वही दिखता है। उच्चार का नाद पक्ष व देव पक्ष प्राकृतिक है। कोमल ऋषभ या चतुःश्रुति ऋषभ की ओर क्रमशः बढ़ने से चेहरे पर, गले में स्नायविक

तनाव बढ़ता जाता है। पंचम पर भाव पुनः प्रशान्त होता है। सा और प पर भाव शान्त व स्थिर रहता है, केन्द्रीय स्नायु तन्त्र विश्राम पाता है इसीलिए ये अचल स्वर हैं। कोमल ऋषभ और कोमल धैवत स्वरों में विक्षोभ को इंगित करते हैं। शुद्ध ऋषभ और शुद्ध धैवत दृष्टि हैं जबकि कोमल गान्धार और कोमल निषाद असहमति को चिन्हित करते हैं। शुद्ध गान्धार और शुद्ध निषाद जिज्ञासु होते हैं। शुद्ध मध्यम आशा और तीव्र मध्यम क्षय को रेखांकित करते हैं। मन्द्र व तार सप्तक मध्य सप्तक की दिलचस्प प्रतिच्छायाएँ हैं। मन्द्र सप्तक ऐन्द्रिक संवेग को एवं तार सप्तक बौद्धिक संवेग को व्यक्त करते हैं। स्पर्श करते हैं।

इन संवेगों से स्वर व देह के बीच एक सौन्दर्यधर्मी रिश्ता स्थापित होता है, एक अन्तःक्रिया (inner-responsive beauty) का स्पन्दन सुषुप्त अवस्था से जागृत होता है। चेतना की सोयी हुई तहें क्रमशः स्पन्दित होना शुरू करती हैं। ये संवेग ही हैं जो संगीत अर्थात् स्वरों को माध्यम बना कर मन को निम्नगामी (ऐन्द्रिक) या उच्चगामी (बौद्धिक) बना सकते हैं, बनाते हैं। संवेगों का निम्नगामी या ऐन्द्रिक होना स्वाभाविक है, सोयी हुई कुण्डलिनी को और सुलाने वाला है। ऐसे में कलाकार मणिपुर चक्र (नाभि) से ऊपर नहीं उठ पाता। संवेगों को उच्चगामी बनाना साधना है, कुण्डलिनी को जगाना है ताकि मनःशून्य क्षितिज के उच्चतम आकाश पर सर्वोच्च शुभ 'परम शिव' का प्रकाश उद्घाटित हो सके। स्वर ऐसा कर सकते हैं। स्वर ऐसा करते हैं।

'शिवस्वरोदय' एक ऐसा ही ग्रन्थ है जिसके अधिकांश श्लोक देह की विकृतियों को स्वर के माध्यम से दूर करने एवं देह की सम्भावनाओं को स्वर से जगाने का मार्ग बताते हैं। म्यूजिक थिरेपी बीसवीं शती का विज्ञान है। शिवस्वरोदय वैदिक काल का ज्ञान है। उसमें एक श्लोक यहाँ तक आश्वस्त करता है कि स्वरों से गर्भ एवं गर्भ में पल रहे शिशु के बारे में भी जाना जा सकता है–

स्वरतत्त्वं तथा युद्धं देवि वश्यं स्त्रियस्तथा।
गर्भाधानं च रोगश्च कलार्द्धेनैवमुच्यते।। (393)

स्वर का संवेग व ज्ञान भ्रूण को गर्भ से ही होने लगता है क्योंकि भ्रूण का प्रथम विकसित तन्त्र, केन्द्रीय स्नायु तन्त्र, सर्वप्रथम भ्रूण में कर्ण अंग को विकसित होने देता है। जैसे देखना स्पर्श का एक रूप है, सुनना भी स्पर्श का ही रूप है। स्वर से कर्ण का स्पर्श श्रवण है। जैसे जब आँखें किसी वस्तु

को देखती हैं तो वस्तु से सम्बन्धित सूचनाएँ संवेग के माध्यम से ही मस्तिष्क तक पहुँचती हैं जिन्हें जैवविज्ञानी भाषा में केमिकल सिग्नल्स कहते हैं जो रूधिर कोशिकाओं में होती हैं। वस्तु पर मस्तिष्क के निर्णय से पहले ही उपांगों की व्यवस्था (लिम्बिक सिस्टम) वस्तु के प्रति स्वतःस्फूर्त ढंग से क्रियाशील हो जाती है जिसे हम रिफ्लेक्स ऐक्शन कहते हैं। संवेग और स्पन्दन के मूल, आन्तरिक अन्तर को स्पष्ट देखें। संवेग पूरी तरह जैवविज्ञानी तन्त्र है और स्पन्दन पूरी तरह सूक्ष्म, सौन्दर्यधर्मी, अन्तर्निहित संगीत। संवेग की भूमिका देह में ऊपर-ऊपर दृश्य या श्रवण उत्तेजन या उद्दीपन के स्तर पर अंगों-उपांगों तक है। स्पन्दन सीधे-सीधे हृदय व आत्मा से सम्बन्धित है, अमूर्त सुषुम्ना में स्थित अनाहत प्राणशक्ति का संगीत है। संवेग और स्पन्दन के अन्तःसम्बन्ध (inner space) को देखें।

मान लीजिए आँख ने कोई छाया देखी जिसने देह में यह संवेग उत्पन्न किया मानो वह सर्प हो। इस संवेग का मतलब जैव वैज्ञानिक भाषा में यह है कि आँखों में उपस्थित दृश्यस्नायु (ऑप्टिकल नर्व) के जरिये यह सूचना रासायनिक संकेतों (केमिकल सिग्नल्स) में अनूदित हो गयी कि सामने सर्प है। अब यह सूचना रुधिर वाहिनियों से होकर केन्द्रीय स्नायु व्यवस्था में मस्तिष्क तक इन संकेतों के जरिये पहुँचेगी। मस्तिष्क स्मृति में झाँककर देखेगा कि वस्तु की जो सूचना बाहर से आयी है वह पहले से स्मृतिबैंक में मौजूद है कि नहीं, फिर तय करेगा कि उस वस्तु से लड़ें या भागें (फाइट करें या फ्लाइट) किन्तु उसकी निर्णयक्रिया से पहले ही हमारी उपांगव्यवस्था (लिम्बिक सिस्टम), जिसमें चेतनक्षमता (इन्टिलिजेन्स) रहती है, क्रियाशील हो वस्तु के प्रति उपयुक्त प्रतिक्रिया व्यक्त कर चुका होता है कि सर्प नहीं, रस्सी की छाया है। प्रतिरोधी की यह स्वतःस्फूर्त प्रतिक्रिया (रिफ्लेक्स ऐक्शन) है।

ठीक ऐसा ही सुनने के साथ होता है। ध्वनितरंगों को वायुमण्डल में उद्दीपन मिलता है तो वे कानों से टकराकर वहाँ पर स्थित स्नायु (नर्व) में उत्तेजन पैदा कर देती हैं जो संवेग बनकर देह की यात्रा में शामिल हो जाती है। मार्ग उसी प्रकार पूर्व-स्थापित हैं—केन्द्रीय स्नायुतन्त्र, रासायनिक संकेत और मस्तिष्क। यह ध्वनि व देह का जैवविज्ञानी सम्बन्ध है। जब यह ध्वनि शोर नहीं, स्वर है तो देह के आभ्यन्तर में स्पन्दन की भूमिका शुरू होती है। हाल में विज्ञानी व संगीतकार, दोनों ने मिलकर प्रयोग से सिद्ध किया है कि

संगीत और जीवविज्ञान का भी आपस में घनिष्ठ सम्बन्ध है।

प्रयोग से प्राप्त निष्कर्ष कहता है कि यदि आप चीन या जापान के संगीत को सुनते हैं उन पाँच स्वरों को पहचानते हैं जो राग मोहनम् (हिन्दुस्तानी संगीत के राग भूपाली का कर्नाटिक संगीत में नाम) में या राग शुद्ध सावेरी (यानी राग दुर्गा) में प्रयुक्त होते हैं। आप यूरोपीय मध्ययुगीन कोरल, ग्रेगोरियन मन्त्रोच्चार को सुनते हैं और राग कल्याणी (या यमन) को पहचान लेते हैं। इस प्रयोग में दो देशों के गायक थे–फ्रान्स के ग्रेगोरी गायक डॉम्नीक वेलर्ड और भारत की कर्नाटिक संगीत की गायिका अरुणा साइराम। डॉम्नीक कोई अंश गुनगुनाते जो बिल्कुल राग कल्याणी से मिलता और अरुणा उसे विस्तार देतीं भारतीय ढंग से। बोरोक (boroque) काल का यूरोपीय संगीत भी भारतीय कानों के लिए यदि सुखद है तो विज्ञानियों का कहना है कि मनुष्य संगीत का एक जैव वैज्ञानिक आधार है, मनुष्य में एक सुविन्यस्त सांगीतिक प्रोटीन है।

भारतीय अर्थ में यही स्पन्दन है। अध्यात्म की भाषा में साधनारत कलाकारों व योगियों के लिए यह स्पन्दन शक्ति है। काश्मीर शैव दर्शन में यही स्पन्द सिद्धान्त है। मैंने पहले कहा कि चेतना की सोयी हुई तहें स्वरों के श्रुतिस्पर्श से क्रमशः स्पन्दित होने लगती हैं। संवेग की भूमिका चेतना तक है। चेतना की तहें भीतर से स्पन्दित होने लगती है का अर्थ है, स्पन्दन भीतर पहले से रहता है अमूर्त रूप से, जो संवेगों के वाह्य स्पर्श से चेतना की तहों में मूर्त होने लगता है और हम कहते हैं, संगीत को सुनकर हृदय स्पन्दित हो गया। यह पहले से हृदय या आत्मा में मौजूद अमूर्त स्पन्दन क्या है! दरअसल यह अनाहत नाद ही है जो अमूर्त नाड़ी 'सुषुम्ना' में स्थित है। यह बहुत दूर की अप्राप्य चीज नहीं है। अनाहत नाद देशकाल से परे है। देह के बाहर हो या भीतर, देह के भीतर जहाँ देश–काल (time-space) नहीं है वह चक्रों की दुनिया है, गन्धर्व नगर है जो आकाश (देशकाल से परे जो व्योम है) में है जहाँ अदृश्य सुषुम्ना नाड़ी है। काश्मीरी शैव ग्रन्थों के संस्कृत से अंग्रेजी अनुवाद के दौरान यह मुझे ठाकुर जयदेव (सिंह) जी ने समझाया था कि यह अनाघात ध्वनि जो अनाहत नाद है यह हमारे भीतर स्वतः स्फूर्त, बिना किसी दबाव या संघात या कारकबल (impact) के, सतत स्पन्दित (vibrating) रहता है। ऐसे दस प्रकार के नाद स्पन्दित रहकर सूक्ष्मतर होते जाते हैं। ऐसा ही सूक्ष्म नाद सुषुम्ना की प्राणशक्ति में स्पन्दित होता है। यही

नाद विश्व-ब्रह्माण्ड में भी प्राणशक्ति के प्रतिनिधि के तौर पर स्पन्दित है। यह परम शिव की शक्ति है, यह चेतना की शाश्वत ऊर्जा है, आध्यात्मिक स्पन्द है।

जो अनहद दूर बज रहा है वही हमारे अन्तरतम के तारों में सुनाई दे रहा है। इस प्रसंग में रवीन्द्रसंगीत 'आमार बेला जे जाय साँझ बेला ते तोमार शूरे शूरे शूर मेलाते....' में रवीन्द्रनाथ की इस पंक्ति का यह भाव देखिए-एइ तार बाँधा काछेर मन के अन्तरतम सुरों में बंधा है।)

यह अव्यक्त, अनुच्चारित नाद (अर्थात् हमारे अन्तरतम का अनाहत) ही जब उच्चारित है तो अभिनवगुप्त के शब्दों में वर्ण है-

उक्तो य एष उच्चारस्तत्र योऽसौ स्फुरन् स्थितः।
अव्यक्तानुकृतिप्रोयो ध्वनिर्वर्णः स कथ्यते।।
(तन्त्रालोक, आह्निक 5, श्लोक 131)

'तन्त्रालोक' के ही छठें आह्निक के 217वें श्लोक में वे कहते हैं-

एको नादात्मको वर्णः सर्ववर्णाविभागवान्।
सोऽनस्तमितरूपत्वादनाहत इहोदित।।

नाद के रूप में एक ही वर्ण होता है जिसमें अन्य सभी वर्ण अविभाज्य स्थिति में सोये रहते हैं। यह अन्तहीन है इसलिए इसे अनाहत कहते हैं अर्थात् अनाघात, प्राकृतिक, स्वतःस्फूर्त व बिना कारण का। सारे वर्ण, मात्रा व मातृकाएँ इसी नाद से उत्पन्न होती हैं इसीलिए इसे वर्ण कहते हैं।

अब अपने भीतर स्पन्दित अनाहत नाद की रूपरेखा यदि स्पष्ट हो गयी है तो देखिए 'विज्ञानभैरव' के अड़तीसवें श्लोक में कहते हैं आचार्य उत्पलदेव-

अनाहते पात्रकर्णेऽभग्नशब्दे सरिद्द्रुते।
शब्दब्रह्मणि निष्णातः परं ब्रह्माधिगच्छति।।

वह जो नाद में डूब कर स्नान कर चुका है, जो कि ध्वनि के रूप में ब्राह्मण है, जो अन्तस में अनाहत ढंग से स्पन्दित है, जिसे योगकर्णों द्वारा ही सुना जा सकता है, जो अबाधित ध्वनित है, वह ब्राह्मण का साक्षात्कार करता है।

इस श्लोक के ठीक बाद वाले श्लोक में ही 'प्लुत' शब्द का प्रयोग आया है जिसके आधार पर 'संगीतरत्नाकर' में शारंगदेव ने बिन्दु के साथ प्लुत ह्रस्व और प्लुत दीर्घ की स्थापना की है-

प्लुतं ह्रस्वं प्लुतं ह्रस्वं प्लुतं ह्रस्वं प्लुतं स्वरम्।
कुर्वन्क्रमाघदा रोहेत्तदा विन्दुरर्य मतः।।

(6/वर्ण अलंकार, 37वाँ श्लोक भी)

तो बाहर हम स्वर को सुनते हैं। संवेग रासायनिक संकेतों के माध्यम से चेतना का स्पर्श करते हैं और जो नाद भीतर अनाहत, अहरह, अव्यक्त स्पन्दित है वह चेतना की तहों के साथ हृदय, आत्मा समेत पूरी देह में संवेदना के स्तर पर स्पन्दनशील हो उठता है। आचार्य उत्पलदेव कहते हैं, यदि कोई व्यक्ति एकाग्र हो किसी तत वाद्य (स्ट्रिन्ग्ड इन्स्ट्रूमेन्ट, तार वाले वाद्य) जैसे वीणा या अन्य संगीत वाद्य को देर तक सुनता रह सके तो वह चेतना के ईथर में लीन हो भैरव की प्रकृति को जान लेगा–

तन्त्र्यादिवाद्यशब्देषु दीर्घेषु क्रमसंस्थितेः।
अनन्यचेताः प्रत्यन्ते परव्योमवपुर्भवेत्।।

(विज्ञानभैरव, 41)

दिलचस्प और उल्लेखनीय है कि भरत मुनि ने नाट्यशास्त्र में संगीत की चर्चा (28वें अध्याय से) शुरू की है तो वाद्य से, और वह भी वाद्यों (आतोद्य) में तत वाद्य वीणा से। आचार्य अभिनवगुप्त भी वीणावादन करते थे। इसके निहितार्थ हैं। सांगीतिक स्वरों (म्यूजिकल नोट्स) के अनुनाद देर तक बने रहते हैं, तत वाद्य के तारों को छेड़ने पर इसका अनुरणन (tinkling echo of the sound, reverberation) देर तक सुनाई देता है। सुनाई देना बन्द हो जाने पर भी यह दिलोदिमाग में देर तक गूँजता रहता है। रेवरबरेट करता है। छेड़ते ही श्रोता को आकर्षित व एकाग्र कर लेता है। श्रोता इसकी गूँज, फिर अनुगूँज में देर तक खोया रहता है। इसमें यदि किसी भी एक स्वर को सही तरीके से छेड़ा जाय तो यह अनाहत शाश्वत से प्रकट हो उसी में विलीन हो जाता है। बाद में यह स्मृति में स्पन्दित होता रहता है। यदि कोई योगी (या हम में से कोई भी) चाहे कि उसका मन भ्रमणशील न रहे तो वह ऐसे स्वर के श्रोत में लीन रहेगा जो परावाक् है, और इस प्रकार वह भैरव की प्रकृति को उपलब्ध कर लेगा।

अन्ततः तो आचार्य यहाँ तक कह देते हैं कि ऐसा योगी स्वयं भैरव हो जाता है जो गीत आदि विषयों से स्वयं को एकमेव कर लेता है–

गीतादिविषयास्वादा समसौख्यैकतात्मनः।
योगिनस्तन्मयत्वेन मनोरूढेस्तदात्मता।। (विज्ञानभैरव, 73)

इस प्रकार संवेग और स्पन्दन की भूमिका व अन्त:क्रिया स्पष्ट होती है। स्वर से इन्द्रिय का स्पर्श, संवेग की गत्यात्मकता, संवेदना के तल तक स्पन्दन का संवेगात्मक प्रस्फुटन और इस पूरी प्रक्रिया के घटते ही कलाकार (व श्रोता) को भावों व कल्पनाओं का एक मन-आकाश मिल जाता है। इस आकाश में वह कल्पना से अपने भावों को रूप देता है, रूपों से भाव बुनता है और संगीत के आनन्द में तिरता रहता है।

कला का सत्य कल्पना में सांस लेता है। कल्पना कभी झूठ नहीं बोलती। इसलिए कल्पना की रचना सत्य की रचना है। जिस संगीत में कल्पना है उस संगीत में सत्य है। बिना कल्पना के संगीत मृत है, महज नीरस व्याकरण है। कल्पना से इम्प्रोवाइज्ड व्याकरण सरस संगीत है। कल्पना है तो लास्य है। कल्पना है तो भाव है। कल्पना है तो मन है। मन है तो सौन्दर्य है। सौन्दर्य है तो सत्य है। संगीत और सत्य के बीच का सेतु है मार्ग। यही मार्ग संगीत है। यह सिर्फ कल्पना से सम्भव होता है।

शब्द और क्रिया के बीच की शक्ति है कल्पना, जिसका परिणाम है भाव। जैसे एक शब्द है प्रेम। उच्चार को यदि शब्द की क्रिया माने तो दोनों के बीच यदि कल्पना नहीं होगी तो शब्द उच्चारित होकर कोई रस उत्पन्न नहीं करेगा। वह नीरस ढाई आखर होगा जिसे कोई सुनना नहीं चाहेगा। यह शब्द के अर्थ के साथ की गई हिंसा है। कल्पना करते ही भाव उत्पन्न होगा। कलाकार शब्द को कल्पना में भाव के साथ देखेगा तो वह गायन या वादन करते भाव में दिखेगा भी। यही सीखना है।

अन्तत: शब्दों को उनके अनन्त भावों में देखना, अनुभूत करना इन शब्दों से जुड़ना है, सम्बन्धित होना है। कल्पना से इन्हीं भावों का संवेगात्मक प्रस्फुटन होता है। कल्पना ही रचना है। कल्पना के बिना कलाकार रच नहीं सकता। जो जितना कल्पनाशील होता है वह उतना ही रचनाशील होता है। कल्पना व विचार में बारीक फर्क है। विचार रहेगा तो कल्पना सम्भव नहीं। कल्पना करने में विचार बाधा है। विचार नीरस है, रीऐक्टिव। कल्पना सरस है, रिफ्लेक्टिव। विचार रूक्ष और रचनाविरोधी है। कल्पना कोमल और रचनात्मक है। विचार कलाकार और श्रोता में विभाजन करता है और दूरी कायम करता है। कल्पना दोनों को करीब लाता है और साधारणीकरण की ऊँचाई पर दोनों को रस से सींच देता है। विचार आत्मकेन्द्रित और अहंकेन्द्रित है जबकि कल्पना आत्ममुक्त और रसकेन्द्रित है। आत्म के प्रति,

मन के प्रति, शब्द, चित्र, भाव और विचारों के प्रति जागने पर मन संवेदनशील होता है। एक संवेदनशील मन ही रचनात्मक होता है। एक संवेदनशील मन ही सीख सकता है। सीखने की कला मन की संवेदनशीलता पर ही पूरी तरह निर्भर है। एक संवेदनशील मन ही गा सकता है, सुन सकता है, प्रेम कर सकता है, दुःख में दुःखी हो सकता है, करुण हो सकता है, दुःख का उपचार हो सकता है, कलाकार होने की गरिमा व उत्कृष्टता प्राप्त कर सकता है, बुद्ध हो सकता है।

एक संवेदनशील मन ही श्रेष्ठ संगीत का आश्रय है–सुरक्षित और निश्चिन्त।

म्युजिक साइकोलॉजी :

आधुनिक समय में म्युजिक साइकोलॉजी एक विशेष अनुशासन के रूप में विकसित हुआ है। मानव संस्कृति के वैज्ञानिक शोध से इस अनुशासन को सम्बद्ध माना गया है। यह म्युजिक थिरेपी से भिन्न है। इसके मुख्यतः चार सरोकार हैं–मानव मूल्य (Human values), मानव पहचान (Human Identity), मानव स्वभाव (Human nature) और जीवन गुणवत्ता (Quality of life)। म्युजिक जेनर अर्थात् संगीत पारिस्थितिकों से इस क्षेत्र में प्रवेश होता है। किसी भी राग के संक्षिप्त रूप को सुनकर किसी भी श्रोता के मनोमस्तिष्क में किस प्रकार का प्रिय या निरपेक्ष संवेग उत्पन्न होता है जो विचार से अधिकतम रहित हो, और फिर उस संवेग के प्रति श्रोता की प्रतिक्रिया किस या कितनी तहों की है, इसका आकलन ही आरम्भिक प्रवेश है। नृत्य की योग्यता और बीपीएम की भूमिका प्रवेश के परवर्ती द्वार हैं। बीपीएम एक शीर्षना शब्द (acronym word) है जिसका अर्थ है बिजनेस, साइन्स ऐण्ड टेक्नोलॉजी, म्युजिक और मेडिसिन। इसमें भाषिक तत्त्वों या भाषा के सामासिक तत्त्वों (quasilinguistic elements) की विवेचना होती है, जैसे सामासिक रचना (syntax), संगीत पाठ (music reading) और पुनर्रचना (improvisation)। पूरी प्रक्रिया में इस बात पर ध्यान रखा जाता है कि संगीत का मस्तिष्क से सम्बन्ध कितना और किस प्रकार है। मनोविज्ञान के इन क्षेत्रों या अवयवों से इस अनुशासन की सम्बद्धता होती है–बायोसाइकोलॉजी (इसमें न्यूरोसाइकोलॉजी), पर्सेप्शन (साइकोऐकॉस्टिक), कॉग्नीशन (भाषा, विचारचेतना और सीखना), मोटिवेशन, भाव, बचपन, जीवन-अवधि विकास (life span development), स्वास्थ्य, व्यक्तित्व, मेधा (skill), सोशल

साइकोलॉजी, एथनोम्युजिकोलॉजी, विभिन्न संस्कृतियों में म्युजिक कॉग्नीशन, और इन्टरैक्शन। इस क्षेत्र यानी म्युजिक साइकोलॉजी में कई देशों में हो रहे काम और अध्ययन को सामने ले आने के उद्देश्य से अब तक कई पत्रिकाओं का प्रकाशन भी होने लगा है जैसे–Music Perception, Psychology of Music, Psychomusicology, Jahrbuch Musikpsychologie.

जेस्टॉल प्रभाव (Jestalt effect)–रूप और आकार के लिए जेस्टाल एक जर्मन शब्द है। अंग्रेजी में इसका प्रयोग पूर्णता के विचार के लिए किया जाता है। जेस्टाल मनोविज्ञान प्रस्ताव रखता है कि मस्तिष्क की क्रियाविधि (operational principle) पवित्रता और पूर्णता को पाने की आकांक्षा है जिसकी अभिव्यक्ति संगीत में मुखर होती है। इसे ही जेस्टाल प्रभाव कहा गया है। संगीतसमीक्षक कलाकार के साथ इस यात्रा में एकसाथ होते हैं। पूर्ण होने की दिशा में संगीत नहीं, मानव मस्तिष्क स्वयं इस प्रकार निर्मित है कि संगीत इसमें सहयोग भर करता है। मनोविज्ञान की भाषा में इसके चार अनिवार्य प्रत्यय हैं–तत्क्षणता, रचनाशीलता, बहुस्थैर्य और एकनिष्ठा यानी (emergence, reification, multistability and invariance)।

–प्रो. गौतम चैटर्जी
संगीत विभाग,
बनारस हिन्दू विश्वविद्यालय
बनारस (उ.प्र.)

भारतीय संस्कृति का अभिन्न अंग - लोक संगीत

भारतीय संगीत प्राचीन काल से ही सदैव दो शाखाओं में विभक्त रहा है। एक वह जो कि गन्धर्वों, कलावन्तों का संगीत था, जिसका एक शास्त्रीय आधार था तथा नियमों में बद्ध था अर्थात शास्त्रीय संगीत अथवा मार्गी संगीत तथा दूसरा वह संगीत जो कि जनसाधारण का था, जिसमें नियमों की जटिलता नहीं थी वह साधारण जनों द्वारा ही प्रस्पुटित हो कर पल्लवित होता था, जिसे लोकसंगीत अथवा देशी संगीत के रूप में जाना जाता था। शारंगदेव द्वारा रचित 'संगीत रत्नाकर' के अनुसार–

देशे देशे जनानां यद्‌रुच्या हृदयरंजकम्।
गान च वादनं नृत्यं तद्‌देशीत्य निधोयते।

अर्थात विभिन्न देशों में जन रुचि के अनुसार उनके हृदय का रंजन करने वाला संगीत देशी संगीत कहलाता है। इसमें गीत, वाद्य तथा नृत्य तीनों का समावेष रहता है।

आज भी भारतीय संगीत में ये दोनों प्रभाग विद्यमान हैं–शास्त्रीय संगीत तथा लोकसंगीत। जिनमें कुछ सामांजस्य अवश्य देखने को मिल जाता है परन्तु दोनों बिल्कुल भिन्न हैं। लोक संगीत से तात्पर्य उस संगीत से है जो कि लोक द्वारा उत्पन्न होता है तथा लोक जीवन की दिनचर्या से जुड़ा रहता है। लोक का शाब्दिक अर्थ है – लोग, विशेष वर्ग के लोग, जनता आदि। मानक हिन्दी कोष के अनुसार ''कोई ऐसा स्थान जिस पर लोग कुछ अलग प्रकार के तौर–तरीकों से रहते हों, जैसे जीव लोक, ब्रह्मलोक, मनुष्यलोक आदि।''1

लोक संगीत लोक जीवन तथा संगीत के सामन्जस्य से बना है। अर्थात वह संगीत जो कि लोक जीवन में उपजा हो तथा लोक समाज के लिए बना हो। जनसाधारण के लिए लोक संगीत रीति रिवाज़ों, धार्मिक मान्यताओं तथा परम्पराओं से जुड़ने का एक माध्यम रहता है तथा इन्हीं के सहारे अग्रसर

होता है।

"लोक संगीत उस संगीत को कहा गया है जो आरम्भ में तो एक व्यक्ति विशेष की निजी रचना थी, लेकिन कालान्तर में वह जनसमुदाय विशेष के जीवन में अलिखित अमर परम्परा बन कर रह गई।"2

डॉ. अशोक जैरेथ के अनुसार "लोक संस्कृति में लोक का अभिप्राय लोक मानस से है जो सामुहिक रूप से समुदाय का प्रतीक है। लोक–विश्वास, लोक परम्पराएँ और लोक जीवन से सम्बन्धित दूसरी प्रतिक्रियाओं को लोक–संस्कृति के अन्तर्गत लिया जा सकता है।"3

इस प्रकार लोक संगीत तथा लोक संस्कृति वह है जो प्राकृतिक रूप से मानव हृदय तथा मानस से उत्पन्न होकर पीढ़ी दर पीढ़ी पोषित होता है।

प्राचीन काल में जब मानव सभ्य समाज की ओर अग्रसर हुआ तब उसने अपने विचारों को व्यक्त करने के लिए भाषा को जन्म दिया। मानसिक विकास के साथ-साथ उसमें प्राकृतिक सौन्दर्य के प्रति आकर्षण व प्रेम उत्पन्न हुआ। उसने अपनी भावनाओं की अभिव्यक्ति के लिए विभिन्न माध्यमों का सहारा लिया जैसे–चित्रकला, शिल्पकला इत्यादि। इसी प्रकार संगीत को भी उसने अपनी अभिव्यक्ति का साधन बनाया। अपनी प्रसन्नता, अपनी निराशा सब को अभिव्यक्त करने के लिए उसने संगीत का सहारा लिया।

सभ्य समाज में मानव ने विभिन्न नियमों तथा रीति रिवाजों को अपनाया और उसका लोक संगीत इन्हीं रीति रिवाज़ों तथा धार्मिक अनुष्ठानों के साथ जुड़ा हुआ था। प्रत्येक अवसर को व्यक्त करने के लिए विभिन्न लोक गीतों का निर्माण हुआ। जन्म से लेकर मृत्यु तक प्रत्येक अवसर पर लोक गीतों का निर्माण हुआ। इन गीतों के माध्यम से अपनी प्रसन्नता अभिव्यक्त करने के साथ-साथ मानव ने अपने श्रम को भी सरल बनाया। कार्य करते समय इन गीतों का गायन उसमें नई स्फूर्ति का संचय करता रहा।

शास्त्रीय संगीत तथा लोक संगीत दोनों में भिन्नता है। जहाँ शास्त्रीय संगीत, संगीत के विद्वानों, गुणीजनों द्वारा प्रस्तुत संगीत है जिसके वे रचयिता हैं तथा वह नियमों में बद्ध हैं। वैदिक युग से ही इस संगीत में एक नियमबद्धता रही है वहीं लोक संगीत जनसाधारण द्वारा उपजा संगीत है। चाहे वह कोई मांगलिक कार्य हो, प्रभु आराधना हो, फसल का कटना हो, युद्ध

पर जाना हो प्रत्येक अवसर पर अलग-अलग प्रान्तों में वहीं की भाषानुसार वहीं के लोगों द्वारा इस संगीत का प्रादुर्भाव हुआ। इसमें उस प्रान्त की भाषा के साथ-साथ भोगौलिक स्थिति का भी प्रभाव रहता है।

वैदिक युग में भी हमें दोनों धाराओं का वर्णन प्राप्त होता है। ऋचाओं के गायन के साथ-साथ 'गाथा' का भी वर्णन मिलता है जो कि लोक संगीत का ही एक रूप थी, जिसमें राजा की प्रशंसा अथवा किसी घटना का वर्णन करते हुए गायन किया जाता था। "गाथा की रचना परम्परागत होती थी। गाथा का गायन करने वाला गायक 'गाथिन' कहलाता था। गीत को गायत्र भी कहा जाता था। गायत्र के गायक गायत्रिन कहलाते थे। गाथा में प्रायः यजमान (यज्ञ कराने वाला) राजा के यश का गुणगान किया जाता था।"1

"गाथाएँ लौकिक गान के अन्तर्गत आती हैं। इनके गान में महिलाएँ भी साथ देती थीं। साम गान यज्ञों में किया जाता था तथा लौकिक संगीत में गाथाओं के साथ दासियों द्वारा नृत्य का भी कार्यक्रम होता था।"2

यह गाथा गान हमें बाद के कालों में भी लोक संगीत में लोक गाथाओं के नाम से दृष्टिगोचर होता है। जिसमें समाज में हुई किसी महत्वपूर्ण घटना को गीत संगीत में रच कर प्रस्तुत किया जाता था। इस प्रकार ये गाथाएँ जन साधारण का मनोरंजन करने के साथ-साथ जागरुकता भी उत्पन्न करती थीं। तथा इन गाथाओं के द्वारा इतिहास का भी संरक्षण हुआ।

लोक संगीत के रचयिता संगीत के बड़े विद्वान नहीं थे न ही उन्हें शायद शास्त्रीय संगीत का ज्ञान रहा होगा फिर भी कितने ही गीतों में विभिन्न रागों की स्पष्ट छाया दृष्टिगोचर होती है। साधारणतया इन गीतों की रचना चार से पाँच स्वरों में बद्ध रहती है। तथा एक ही धुन में अनेक गीतों की रचना भी देखने को मिलती है। अधिकतर इन गीतों में भोपाली, सारंग, पहाड़ी, भाँड, देस, काफी आदि इस प्रकार रागों की छाया मिलती है। हम कह सकते हैं इसी के आधार पर गुणीजनों ने इन रागों को शास्त्रीय संगीत में अपनाया। इस प्रकार हमें इन दोनों धाराओं में अनेक समान राग देखने को मिलते हैं।

साधारणतया लोक संगीत में सरल तालों का ही प्रयोग देखने को मिलता है जैसे–दादरा, कहरवा, दीपचन्दी आदि। इसका कारण भी यही है कि इसके रचयिता तथा प्रस्तुत करने वाले साधारण लोग ही हैं जहाँ ये गीत दैनिक जीवन से जुड़े रहते हैं। और परम्परानुसार एक पीढ़ी से दूसरी पीढ़ी

तक चलते रहते हैं। लोक गीतों में जीवन का लालित्य व माधुर्य छिपा रहता है।

लोक संगीत के अन्तर्गत गायन, वादन तथा नृत्य तीनों का ही समान स्थान रहता है। इसमें वाद्यों का भी अपना विशेष स्थान है जिन का प्रयोग संगीत के लिए किया जाता है। ये वाद्य भी शास्त्रीय वाद्यों से भिन्न लोक वाद्य रहते हैं। वही वाद्य जो जनसाधारण में सुविधा से उपलब्ध रहते हैं, चाहें वह थाली ही क्यों न हो उसका प्रयोंग भी गीतों के साथ वाद्य के रूप में किया जाता है। लोक जीवन में उत्साह व आनन्द की वृद्धि के लिए वाद्यों का वादन सदैव होता आया है। वाद्यों में लय व ताल वाद्यों का प्रयोग लोक संगीत में अपेक्षाकृत अधिक मिलता है। जैसे–ढोलक, घण्टी, झाँझ, खंजरी आदि। डॉ. लालमणि मिश्र के अनुसार–''लोक संगीत में वाद्यों का महत्व शास्त्रीय संगीत की अपेक्षा बहुत अधिक होता है। विशेष रूप से ताल वाद्यों का, जिनके अन्तर्गत धन तथा अवनद्ध वर्गों के वाद्य आते हैं। चाहे लोक संगीत हो अथवा लोक नृत्य, वाद्यों की आवश्यकता दोनों के लिए समान होती है।''1

ताल वाद्यों के अतिरिक्त भी कुछ वाद्यों का प्रयोग लोक संगीत में होता है जैसे–शहनाई, एकतारा, वंशी, तुरही, शंख रावणहत्था आदि। इन वाद्यों का प्रयोग अलग अलग प्रान्तों में वहाँ के संगीत के अनुसार होता है। प्रत्येक लोक संगीत में लोक वाद्य अलग मिलते हैं। इस प्रकार ये वाद्य मानव जीवन के प्रत्येक क्षेत्र में सहायक तथा महत्वपूर्ण भूमिका निभाते हैं।

इस प्रकार प्रत्येक प्रान्त का लोक संगीत पृथक है फिर भी उसमें सांगीतिक तत्वों की विद्यमानता एक समान गुण है जो कि प्रत्येक क्षेत्र के लोक संगीत में दृष्टिगोचर होती है। यहाँ पर कुछ उदाहरण द्वारा हम इसको देख सकते हैं। जैसे यह ब्रज का एक झूला गीत है, जिसमें नायिका अपने पति को सावन ऋतु में परदेस जाने से रोकते हुए न जाने के लिए मनुहार कर रही है। यह गीत ताल–दीपचंदी में है।

अबके चौमासे मारु जी, घर ही रहो, घर रहो मेरे महाराज।
जाओ तो मारु जी, राँधूंगी खीचरी, रहोगे तो रस भरी खीर।
जाओ तो मारु जी, ओढूँगी चूनरी, रहोगे दाक्खीनी चीर।
जाओ तो मारु जी, सोऊँगी साँकरी, रहोगे तो फुलवर सेज।

स्थाई–

1	2	3	4	5	6	7	8	9	10	11	12	13	14
स	ग॒	–	रे	–	स	रे	ऩि	स	–	ग॒	रे	म	–
अ	ब	ऽ	के	ऽ	चौ	ऽ	मा	से	ऽ	मा	रु	जी	ऽ
ग॒	–	–	रे	–	स	–	स	–	–	स	–	–	–
ध	र	ऽ	ही	ऽ	र	ऽ	हो	ऽ	ऽ	ऽ	ऽ	ऽ	ऽ
x			2				0			3			

1	2	3	4	5	6	7	8	9	10	11	12	13	14
स	स	–	स	–	स	–	रे	ग	स	रे	ग	म	–
ध	र	ऽ	र	ऽ	हो	ऽ	मे	रे	ऽ	म	ऽ	हा	ऽ
म	–	–	म	–	ग	–	म	–	–	म	–	ग	–
रा	ऽ	ऽ	ऽ	ऽ	ऽ	ऽ	ऽ	ऽ	ऽ	ऽ	ऽ	ऽ	ज
x			2				0			3			

अन्तरा-

1	2	3	4	5	6	7	8	9	10	11	12	13	14
स	ग	–	रे	–	स	रे	ऩि	स	–	स	–	स	–
जा	ऽ	ऽ	ओ	ऽ	तो	ऽ	मा	रु	ऽ	जी	ऽ	ऽ	ऽ
ग॒	रे	–	म	म	म	म	ग॒	ग॒	ग॒	रे	ग॒	रे	रे
राँ	ऽ	ऽ	धूँ	ऽ	गी	ऽ	खी	ऽ	ऽ	ऽ	ऽ	ऽ	च
स	स	स	स	स	स	स	स	स	स	स	स	स	स
री	ऽ	ऽ	ऽ	ऽ	ऽ	ऽ	ऽ	ऽ	ऽ	ऽ	ऽ	ऽ	ऽ
प	स	–	स	–	स	–	रे	ग	रे	स	रे	ग	म
र	हो	ऽ	गे	ऽ	तो	ऽ	र	स	ऽ	भ	ऽ	री	ऽ
म	म	–	म	–	म	–	म	म	–	म	–	म	–
खी	ऽ	ऽ	ऽ	ऽ	ऽ	ऽ	ऽ	ऽ	ऽ	ऽ	ऽ	र	ऽ
x			2				0			3			

अन्य अन्तरे भी इसी प्रकार प्रस्तुत किए जाते हैं।

इसी प्रकार हिमाचल का यह लोग गीत है जिसमें उपस्थित सभी स्त्रियाँ सामूहिक रूप से आयोजन की प्रशंसा व खुशहाली में यह स्तुति गीत गाती हैं। यह गीत ताल कहरवा में है तथा इसमें भूपाली राग की छाया दिखती है।

स्थाई–

गंगा बगे, गंगा बगे ओ तेरे आंगणे
शिवाजी री गंगा बगे।

अन्तरा – आंगणे जो तेरे तुलसी का बूटा
चंगा लगे, चंगा लगे ओ तेरे आंगणे,
शिवाजी री गंगा बगे।

अन्तरा – आंगणे तो तेरे चन्दनो रा बूटा
चंगा लगे, चंगा लगे ओ तेरे आंगणे
शिवाजी री गंगा बगे।

अन्तरा – आंगणे तो तेरे अम्बूआ रा बूटा
चंगा लगे, चंगा लगे ओ तेरे आंगणे,
शिवाजी री गंगा बगे।

1	2	3	4	5	6	7	8
ग	–रे	–	ग	स	–	–	–
गं	ऽगा	ऽ	ब	गे	ऽ	ऽ	ऽ
ग	–रे	–	ग	स	–रे	रे	रे
गं	ऽगा	ऽ	ब	गे	ओ	ते	रे
ध़सा	–ध	ऽ	प़	–	–ध़	स	रे
आं	ऽगा	णे	ऽ	शि	ऽव	जी	री
ग	–रे	–	ग	स	–	–	–
गं	ऽगा	ऽ	ब	गे	ऽ	ऽ	ऽ
x				0			

अन्तरा–

1	2	3	4	5	6	7	8
–	ध़रे	रे	रे	रे	–	स	स
ऽ	आंग	णे	जो	ते	ऽ	रे	ऽ
–	रंग	ग	रे	ग	–	स	–
ऽ	तुल	सी	दा	बू	ऽ	टा	ऽ
ग़	–रे	–	ग	स	–	–	–
चं	ऽगा	ऽ	ल	गे	ऽ	ऽ	ऽ
ग	–रे	–	ग	स	–रे	रे	रे

चं	ऽगा	ऽ	ल	गे	ओ	ते	रे
धसा	–ध	प	–	प	–ध	स	रे
आ	ऽग	णे	ऽ	शि	ऽव	जी	री
ग	–रे	–	ग	स	–	–	–
गं	ऽगा	ऽ	ब	गे	ऽ	ऽ	ऽ
x				0			

शेष अन्तरे भी इसी प्रकार प्रस्तुत किए जाते हैं।

इस प्रकार हम देख सकते हैं कि लोक संगीत, लोक संस्कृति का अभिन्न अंग है जिसमें हमें शास्त्रीय संगीत के कुछ तत्व दृष्टिगाचर होते हैं तथा शास्त्रीय संगीत में अनेक रागों का आगमन इन्हीं लोक धुनों और उनमें प्रयुक्त स्वर समूहों के आधार पर हुआ है।

संदर्भ :

1. मानक हिन्दी कोष, चतुर्थ खण्ड, पृ.सं.–516
2. हिमाचल का लोक संगीत, केशव आनन्द, पृ.सं.–13
3. अभिजात्य संस्कृति के परिप्रेक्ष्य में लोक संस्कृति, अशोक जैरथ, पृ. सं.–22
4. संगीत निबन्ध माला, वैदिक युग में संगीत, डा. एम. विजयलक्ष्मी, पृ.सं.–3.
5. वही पृ.सं.–4
6. भारतीय संगीत वाद्य, लालमणि मिश्र, पृ. 169

–Prof. Alka Nagpal
Faculty of Music & Fine Arts
University of Delhi
Delhi-7

भारतीय रागदारी संगीत की पूर्व पीठिका, वर्तमान स्थिति व भविष्य

आज का युग लौकिक है। दैविक एवं वैभूतिक युगों का अंत होकर लौकिक युग का प्रारंभ हुए भी लगभग दो शतक होने को आए। वैदिक कालीन देवता व पुरानेतिहासिक कालीन विभूतियों की जगह आज समाज विराजमान है। अनन्त को हजार मुख हैं। अतः उनमें से निकलने वाले आवाज में विविधता एवं विचित्रता होना स्वाभाविक है। मानव जाति में परस्पर एहिक सम्बन्ध किस प्रकार के होने चाहिए कि जिससे परस्पर तू अथवा मैं की भावना की जगह तू तथा मैं दोनों इस विधायक वृत्ति का विकास हो सके। इस विश्वव्यापी समस्या पर प्रयोगों पर प्रयोग हो चुके हैं, होते रहे हैं लेकिन अब भी समस्या का समाधान नहीं निकल पाया है।

दैविक युग में तो देवों की इच्छा ही प्रमाण थी, ईश्वर के विरुद्ध कहीं भी न्यायालय नहीं था जहां उस पर अभियोग लगाया जा सके। आज भी नहीं है। प्राचीनकाल में न्यायालय न होने का कारण ईश्वर को सर्व समर्थ मानना, उसकी इच्छा के विरुद्ध सूर्य भी उदय नहीं पा सकता। ऐसी मानव जाति की प्रबल भावना आज ईश्वर के लिए अलग से न्यायालय होने की जरूरत ही नहीं है कारण ईश्वर विश्व में विचरण करने लगा है। अतः मानव समान उसे भी न्यायालय में खिंचने का धैर्य हम कर सकते हैं और करते भी हैं।

वैभूतिक युग में असामान्य बौद्धिक बल एवं कर्त्तव्य कुशलता के धनी किसी भी मानव-देहधारी व्यक्ति पर पूर्ण श्रृद्धा-भक्ति से अथवा डर से वह व्यक्ति जो कहे वही सच, जो कहे वही प्रमाण, ऐसा होने के कारण "राजा-कालस्य कारणम्" ऐसी परिस्थिति थी। विवाद विभूति-विभूति के बीच होते थे। सर्व साधारण समाज का ध्येय; आदर्श, महत्त्वाकांक्षा ये सारी बातें उस विभूति में समाविष्ट थीं। किंबहुना वो विभूति अखिल समाज की भावनाओं की जीती जागती मूर्ति होने के कारण उस विभूति के सुख-दुख

वे अपने सुख-दुख विभूति के शत्रु-मित्र वे अपने शत्रु-मित्र इस दृढ़ भावना पर समाज की रचना व संचालन होता था। इस कारण सुष्टता-दुष्टता मर्यादित थी। आज के युग में विभूति तो छोड़िए साक्षात् ईश्वर का आसन भी स्थिर नहीं है। लोक-संग्रह व समाज धारण ये सबसे बड़े पुण्य हैं। इस लौकिक युग में मानव जीवन के प्रत्येक विचार व्यवहार को विश्वव्यापी विराट स्वरूप प्राप्त हुआ है। व्यक्तिगत आचार विचार समाज की उन्नति में पोषक होंगे तभी वो पुष्पहार समाज अपने गले में धारण करेगा अन्यथा वो निर्माल्य ही रहेगा। समाज को विघातक नहीं परन्तु त्याजप्रत उदासीन आचार विचार भी तिरस्कृत होंगे। मेरा स्वगत विचार कुछ भी हो लेकिन वो समाज को मान्य करवा कर उस पर समाज की स्वीकृति किए बगैर चारा नहीं पर "दुनियां भले ही कुएं में जाए मुझे दुनियां से क्या लेना-देना।" ऐसा अट्टाहस करने वालों को इस दुनियां में जीना लगभग असंभव ही है। सारांश आज के इस नई जागृति के व पुनरूज्जीवन के समय में हम जो कहें, जो करें उसमें व्यापक एवं सामाजिक दृष्टि रखें तब ही हमारे हाथों कुछ उपयोगी कार्य हो सकेगा।

संगीत के क्षेत्र में भी सामाजिक किबहुना राष्ट्रीय नीति बनाकर कार्य करने की आज आवश्यकता है। इस दृष्टि से देखते हुए हमारे देश के कर्नाटक एवं हिन्दुस्तानी इन दोनों संगीत पद्धतियों के दो मुख्य प्रकार हमको दिखाई देते हैं। एक रागदारी संगीत व दूसरा लौकिक संगीत। रागदारी संगीत शुद्ध संगीत, स्वयं सिद्ध, स्वर-ताल-राग प्रधान ऐसा संगीत इसका उद्देश्य स्वर, ताल व राग इनका श्रृंगार यथायोग्य रीति से श्रुति माधुर्य का ध्यान रखकर करना यही होता है। लौकिक संगीत में पार्श्व संगीत, चित्रपट की रचनाएं, भाव गीत, भजन, गजल, आधुनिक गीतकारों के गीत, ताल सुर में गाए गए नाटकों के पद, ग्रामीण संगीत, चक्कियों के उपर गाये जाने वाले गीत, किसान, कारीगर, मजदूर आदि लोगों के गीत ये सब इस श्रेणी में आते हैं। यह संगीत परतंत्र है, शब्दार्थ, हावभाव, समय, प्रसंग इत्यादि की सहायता की अपेक्षा होती है।

रागदारी संगीत को अंग्रेजी में क्लासिकल म्युजिक व हिन्दुस्तानी भाषा में पक्का गाना बजाना कहते हैं। ऐसा क्यों यह पता नहीं पर इतना सच है कि ये शब्द रूढ़ होते जा रहे हैं। 'क्लासिकल' का अर्थ सुनियंत्रित, जो परम्परा से सर्वमान्य हुआ है, ऐसा संगीत। ऐसा माना तो ये गुण हमारे रागदारी संगीत

में है। इस दृष्टि से राग संगीत को "क्लासिकल" ये विशेषण लग सकेगा परन्तु "पक्का" "कच्चा" ये परिभाषा बिलकुल नयी है। इस परिभाषा के पूर्व पीठिका पर थोड़ा सा मनोरंजक तर्क किया जा सकता है। अगर भारत में पक्का रसोई और कच्ची रसोई ऐसे दो प्रकार हैं। पानी में तथा तेल में पकाई गई रसोई कच्ची रसोई तथा दूध, घी में पकाई गई रसोई पक्का रसोई। धुले वस्त्र अथवा सिल्क के वस्त्र परिधान कर अन्न ग्रहण करने वाले लोग परजातीय व्यक्ति द्वारा बनाई गई कच्ची रसोई के बारे में ऐसी निषिद्धता नहीं होती। शायद पक्का कच्चापन रसोई में से रागों में भी आया हो ऐसा संभव है।

संगीत वह सापेक्ष है जिसे जो गायन मधुर लगेगा वो उसकी दृष्टि से संगीत होगा। संगीत का संगीतत्व उसके होने वाले परिणाम पर निर्भर करता है। एक अमरीकन महिला को एक सुरीले गायक के गाने से पूर्वी राग के स्वरों को सुनकर ऐसा चित्तक्षोभ हुआ कि वो सर पकड़कर थोड़ी देर दवा लेती रही। गायक अर्थात् समझदार होने के कारण उसने तत्काल वो राग गाना बंद करके सा ग, सा ग, म ग रे सा, नि़ रे, नि़ रे, ग रे सा नि इन स्वरों में निबद्ध "मन्द मन्द वायौ विचलति" ये गीत गाना प्रारंभ किया। महिला का सिर दर्द शांत हुआ और वह "Oh! How sweet" कह कर ताल देने लगी। पूर्वी, तोड़ी, ललित, इन जैसे हमारे अति लोकप्रिय रागों से सिर दर्द होने वाले कानों को वे राग संगीत न लगना यही संगीत सापेक्षता है। संगीत की यही सापेक्षता, राष्ट्रवश, समाजवश, किंबहुना व्यक्तिगत हो सकती है। मानव के अथवा समाज के विचार एवं भावना पहिचानने के लिए प्रत्यक्ष भाषा की अपेक्षा उसके द्वारा रचित संगीत, गाये हुए संगीत या बजाए हुए संगीत ये उपयोगी हो सकते हैं। प्राचीन काल में एक राजा ने पड़ोसी राज्य पर आक्रमण करने का विचार किया और आक्रमण सफल होगा या नहीं इस बारे में अपने एक तत्ववेत्ता से जानना चाहा। उस पर उस तत्ववेत्ता ने राजा से कहा कि उस मुल्क के लोगों का संगीत सुनकर ही मैं इस प्रश्न का उत्तर दे सकूंगा। वहां का संगीत सुनकर उस तत्ववेत्ता ने राजा से स्पष्ट कहा कि आप उस मुल्क पर आक्रमण न करें, आपको विजय नहीं मिल सकती। यह बात कहाँ तक सत्य है ईश्वर जाने। मैंने एक अंग्रेजी किताब में जो संगीत संबंधी थी यह बात पढ़ी ऐसा मुझे याद है। अगर यह सच होगी तो उस काल में संगीत का कितना महत्त्व था इसकी ये बात द्योतक है। इतना ही

नहीं इस बात से यह भी सिद्ध होता है कि उस काल में संगीत कला समाज की संस्कृति, प्रगति का चिन्ह समझी जाती थी।

किसी भी देश के संगीत का उद्‌गम उस देश के धर्म सूत्रों के अर्थात् मंत्रोधारों की रीति में होता है। ऐसा कहना गलत न होगा। भाषा निर्माण होने के पहले कंठस्वर की उच्च नीचता, पुष्टापुष्टता एवं ह्स्व दीर्घ इनके द्वारा प्रत्यक्ष भेंट में अंग भावों की सहायता से मानव आपस में अपने मनोभाव व्यक्त करता होगा। परन्तु इस कंठस्वर व्यापार को गीत एवं अंग भावों को नृत्य नहीं कहा जा सकता कारण श्रुति माधुर्य एवं दृष्टिगोचर सौंदर्य यह संगीत की एवं नृत्य की शर्त यहाँ लागू नहीं थी। भाषा का उदय होने पर ईश्वर के स्त्रोत शब्दों में रचे जाने लगे तथा इन्हें स्वरबद्ध व लयबद्ध करके सुव्यवस्थित कर, उसे सुनने में मन रमने लगा। तभी संगीत का बीज पड़ा ऐसा कहा जा सकता है। हमारे प्राचीन ग्रंथों में माना गया है कि संगीत की उत्पत्ति सामवेद से हुई है। पक्षियों की मधुर आवाज, बांबुओं के जंगलों में बहता समीर आदि बाहर की नैसर्गिक वस्तुओं में से संगीत उत्पन्न करने की, मानव को स्वत: के गले में संगीत के बीज होते हुए, जाने की जरूरत न पड़ी होगी। अंतत: हमारे संगीत उत्पति का मूल अंश स्त्रोतों में अर्थात् मानव के कंठस्वर में ही है ऐसा हम मान सकते हैं।

हमारे यहाँ संगीत मानव के जन्म से मरण तक संलग्न हैं माता के ममतामय कंठ से निकली लोरियाँ, उसकी लय, उसी लय में पलने का गतिमय होना इन सारी बातों के साथ मानव जीवन यात्रा प्रारम्भ होती है। सोलह संस्कार संगीत के वातावरण में ही सम्पन्न करके अंत में ईश्वर के नाम संकीर्तन के साथ ही वह पूरी करता है।

पूर्वजों ने सामवेद से संगीत की उत्पत्ति की ऐसा हम कहते हैं परन्तु वे कैसे? सामवेद के किस भाग की सहायता से संगीत रचना हुई। सात स्वर कैसे, कब एवं किस रीति से सिद्ध हुए ये बातें हमें आज भी अगम्य ही हैं। तब भी संगीत के प्राचीन साहित्य से कण-कण सुव्यवस्थित करके उन नियमों का पालन अत्यंत दक्षतापूर्वक होता था ये बात सिद्ध होती है। प्रत्यक्ष वेद मंत्रोच्चार में तो रतिभर व्यभिचार होने पर मंत्र का इष्ट परिणाम नष्ट हो जाना है अपितु ब्रह्महत्या का पाप भी लगने के डर से सामवेद गायन का स्वरूप किसी सांकेतिक भाषा जैसा अर्थात Code language जैसा दृढ़ नियमबद्ध हो गया था। यह संगीत केवल ईश्वरोपासना के लिए रचा गया होने

से केवल यज्ञयागादि, धर्मवत्यों में ही इसका उपयोग होता था परन्तु इसके अतिरिक्त नाटकों में, सार्वजनिक उत्सवों में, राज सभा में, जन्म विवाहादि अवसरों पर प्रयोग में आनेवाले संगीत का रूप भी उतना ही नियमबद्ध था। इसकी पुष्टि भरत नाटयशास्त्रादिक प्राचीन ग्रंथों से होती है। उस काल में मानव के समस्त आचार विचारों का सम्बन्ध ईश्वर से जोड़ा जाता था। अतः प्राचीन नियमों के विरुद्ध आचरण पाप माना जाता था। जीवन पर परमध्येय अर्थात् मोक्ष प्राप्ति जिन-जिन मार्गो से वह प्राप्त हो सकती है उन्हीं मार्गो से जीवन-व्यतीत करना मानव का कर्तव्य माना जाता था। वेदों के अनुसार 'गांधर्व' भी अपौरूषेय व अनादि मान्य थे परन्तु दुर्देव से वो अनन्त न थे। भरत के पूर्व ही वह लुप्त हो गए ऐसा लगता है। अल्लाहदीन का जादुई दिया उसके हाथ से खो जाते ही शक्तिपात होकर उसका समस्त वैभव एकाएक नष्ट हो गया, इसी प्रकार कलियुग के प्रारंभ होने पर हम लोगों का मानो शक्तिपात हो कर हमारी प्राचीन संस्कृति, हमारा वैभव, हमारा तेज जादु की छड़ी घुमाने जैसे एकाएक नष्ट हो गये। क्या महाभारत का भविष्य लघु भारत था। कौन जाने? परन्तु भरत के काल में पौराणिक संगीत, जिसमें मंत्रों जैसी ही दिव्य शक्ति थी ऐसा हम कहते हैं, वे प्रचलित नहीं थे। भरत द्वारा वर्णित नाटय संगीत युद्ध में विजय प्राप्त वीरों के थके मन को प्रसन्न करने के लिए बने थे उसका उद्देश्य मोक्ष प्राप्ति नहीं था बल्कि मनोरंजन था। अतः यद्यपि स्वयं भरत ने ऐसा स्पष्ट न कहा हो तब भी उस समय के संगीत को अनेक दशकों बाद मतंग ने प्रयोग में लाया "देशी" यही नाम दिया जा सकता है अर्थात् भरत के काल में "रंज्" धातु से उत्पन्न हुआ "राग" अर्थात् मन को रिझाने वाला ध्वनिविशेष इस योग रूढ़ से अस्तित्व में नहीं था। उनके काल में जाति ही प्रचार में थी। गीत, प्रबंध लेकिन सैकड़ों प्रकार के थे। स्वर रचना के प्रकार मर्यादित थे ऐसा लगता है। भरत काल के पश्चात् मनोरंजन के संगीत पर विशेष जोर आया और इन जातियों में से राग व उन रागों के पंचगीति, शुद्धा, भिन्ना, वेसरा इत्यादि द्वारा अलग-अलग प्रकार होने लगे। मनोरंजन के लिए बने संगीत में फिर भाषा-भेद, स्थल काल-भेद, क्रिया-भेद, उच्चार-भेद आदि के विविधता, कारण विचित्रता, आना स्वाभाविक है। मतंग-शारंगदेव ने इस प्राचीन नष्टप्रायः हुए संगीत को 'मार्ग संगीत' ऐसी बहुमान की उपाधि देकर तथा वह संगीत स्वर्ग के गंधर्व अप्सराओं को ही अवगत था तथा उस संगीत का उद्देश्य मोक्ष प्राप्ति था।

ऐसा गौरव करके बाद में अपने काल में प्रचलित संगीत के बारे में बताना प्रारंभ किया। शारंगदेव ने अपने पूर्व के नारद, याष्टिक, भरत, दत्तिल, कोहल, मतंग आदि ग्रंथकारों द्वारा वर्णित कुछ बातें जो उसके काल में प्रचार में नहीं थीं। उसे 'मार्ग' संगीत के नाम से अपने ग्रंथ में समाविष्ट किया है। उसी में राग के दस प्रकारों में से पहले छः प्रकार 'ग्राम राग', 'उपराग', 'राग', 'भाषा', 'विभाषा' व 'अंतरभाषा' ये पूर्व प्रचलित प्रसिद्ध राग हैं। उसी प्रकार ताल अध्याय में भी मार्गताल का वर्णन है। इसके बाद तत्कालीन संगीत का विचार करके रागों के चार प्रकार रागांग, उपांग, क्रियांग व भाषांग तथा उनमें आने वाले लगभग सवा सौ तालों को भी बताया है। इस सारे विवेचन का उद्देश्य यही है कि संगीत यह एक साहित्य से स्वतंत्र अलग ऐसी एक कला जो जनरंजनार्थ होकर उसका स्वतंत्र शास्त्र लिखा जाने लगा है, यह बताना है।

राग शब्द का वास्तविक अर्थ किसी भी हृदय, रम्य, रंजक, चित्तवेधक वस्तु किन्तु 'राग' यह शब्द संगीत की परिभाषा में विशेष रूप से रूढ़ है। कालिदास ने 'तवास्मि गीतरागेण' इस शांकुतल के श्लोक में 'राग' यह शब्द संगीत परिभाषा के गोगरूढ़ अर्थ से प्रयोग में लाया हो ऐसा तर्क मन में आना स्वाभाविक है परन्तु ऐसा भी कोई कह सकता है कि महा कवि ने 'गीतराग' अर्थात् गीत का श्रुति माधुर्य, गीत की स्वर रचना का माधुर्य इस अर्थ में इसका प्रयोग किया हो। श्रुति माधुर्य, रंजकता, इसी अर्थ में उसके बाद आगे 'राग' यह शब्द संगीत की परिभाषा में प्रविष्ट होकर रूढ़ हुआ हो।

हमारे 'रागदारी' संगीत का प्रारंभ 'राग' जब उत्पन्न हुए तभी से हुआ ऐसा कहना चाहिए अर्थात् रागों की उत्पत्ति 'जाति' से ही हुई परन्तु जाति गायन निबद्ध अर्थात् बंधा हुआ था। ऐसा जातियों के वर्णन से प्रतीत होता है। ग्रह, अंश, न्यास, मन्द्र-तार की मर्यादा आदि नियमबद्ध ही नहीं थी अपितु जाति तालबद्ध भी होती थी ऐसा प्रतीत होता है। इससे यह भी प्रतीत होता है कि जाति आधुनिक काल में अमुक-अमुक गीतों की तर्ज पर इस विधान से 'तर्ज' ये शब्द जिस अर्थ से प्रयोग हुआ उसी अर्थ में बंधे हुए गीतों की 'तर्ज' होना, मानना चाहिए। आधुनिक काल के नाटकों के गीतों की तर्ज की तरह उन निबद्ध गीतों की धुनें नहीं होती थीं। उसमें गायक को अपना अंग स्वभाव केवल सुस्वर आवाज में स्वरस्थानों को यथा योग्य रीति से संभालते हुए जातिगायन की रचना जैसी होती वैसी तालबद्ध रूप गायन करने के

अतिरिक्त कोई चारा नहीं था। ऐसा प्रतीत होता है कि इन बंधनों को शिथिल करने के हेतु से ही रागों की उत्पत्ति हुई। राग गायन में रागालाप, रूपकालाप, आलाप्ति आदि गायकों की अंत:स्फुर्ति की अभिव्यक्ति के लिए अनिबद्ध गान भी प्रचार में आने लगा। राग वर्णन में राग का ताल निश्चित नहीं होता अतः ताल का उल्लेख नहीं होता। ग्रह, अंश, न्यास आदि जाति के नियम रागों में भी कुछ समय तक पाले गये। वर्तमान में इनमें से केवल अंश अर्थात् वादी स्वर का नियम हम मानते है, परन्तु रागों के अन्य भाग, रागों के विशेष स्वरूप व्यक्त करने वाले साधन हमारे पास यदि हों तो हम वादी स्वर का बंधन भी न मानते हुए गाते होते। इतना ही नहीं अपितु इस प्रकार गाकर श्रोताओं की वाहवाही भी लूटते हैं। प्राचीनकाल में आलापों के भी क्रम नियम हुआ करते थे। आजकल संतकार अपने वाद्य वादन में जो आलाप करते हैं वो कुछ अंशों में रूपकालाप जैसा अर्थात् राग को स्थायी-अंतरा, संचारी, आभोग वगैरह भागों में बांटकर करते हैं। रागालाप में स्वरस्थान नियम यानी स्वरों को क्रमवार रीति से आलाप करके राग विस्तार करना होता है। गायक लोग आज भी इसी क्रम में आलाप करते हैं। सारांश यह है कि प्रत्यक्ष राग-रूप गायकी इस पर स्थल कालानुसार अंशतः परिवर्तन होता गया तब भी स्थूल दृष्टि से हमारी रागदारी संगीत की प्राचीन परम्परा आज भी विद्यमान है। ऐसा कहना गलत न होगा।

राग-संगीत यह जनरंजनार्थ रचा गया संगीत है। रंजकता यह इसकी पहली शर्त है। संगीत की सापेक्षता राग में भी है। मुझे अमुक राग पसंद है अमुक नहीं इस विधान में राग की सापेक्षता दिखली है। वास्तव में रागों के बारे में पसन्द या नापसन्द होना उन रागों की हीनता न होकर उसे पसन्द या पसन्द करने वाले श्रोता की है। हाँ कभी-कभी ऐसा होता है कि कोई गायक किसी राग को ऐसा पछाड़ता है कि श्रोताओं के मन पर उसका विपरीत परिणाम होकर गायक तो दूर रहा, वह राग ही उनके मन से उतर जाता है। जिन्दगी भर उस राग को फिर सुनने का धीरज भी नहीं हो पाता। गायक जिस राग को गाता है उसका आह्वान पूरी निष्ठा के साथ करते हुए उसकी जीती-जागती प्रतिमा श्रोताओं के सम्मुख खड़ी करना, यह गायक का कर्तव्य होता है। इतना होने पर भी यदि कोई श्रोता उदासीन रहता है तो कहना पड़ेगा कि उसे राग ही पसन्द नहीं है। राग का रंजक होना नितांत जरूरी है। स्वर तो स्वयं रंजक होते ही हैं। ऐसा होने पर भी उन स्वरों की

नीरस रचना किसी भी श्रोता के सिरदर्द का कारण बन सकती है। रे नि ध ध मं ग प यह स्वर विन्यास गाकर यह बात अनुभव की जा सकती है। प्राचीन तथा नवीन संगीत साहित्य में राग रचना के कुछ नियम दिये गये हैं। उनके अनुसार नये राग भी उत्पन्न हो सकते हैं। नीरस स्वर रचना राग हो ही नहीं सकते। राग शब्द जहाँ आया वहाँ रंजकता भी आई। उसका नीरस होना यह तो बेसुरे गाने वाले या कच्चे गले वाले की वजह से या कच्चे कान वाले श्रोता का दोष हो सकता है। एक नवीन स्वर रचना का यदि मैं निर्माण करता हूँ और उसे राग कहता हूँ तो वह राग-मान्य हो जाने चाहिए ऐसा है क्या? ऐसी स्थिति में प्रत्यक्ष प्रयोग के बाद जानकार एवं सुरीले श्रोताओं का निर्णय ही उस स्वर रचना को राग होने या न होने का निर्णय दे सकता है। ऐसा एक ही प्रयोग न होकर अनेक प्रयोग होने चाहिए। स्वर रचना यदि सुन्दर है तो ऐसा अनुभव बताता है कि कुछ समय पश्चात् वही राग जिन-जिन लोगों ने महफिलों में सुना उसमें से कुछ मशहूर गायक उस राग को गाते हैं तथा अन्य भी उसे स्वीकार करते हैं। राग धीरे-धीरे प्रचलित व रूढ़ होता जाता है। नई रचनाओं का उस राग में समागम होता जाता है और राग प्रसिद्ध होता जाता है। पच्चीस वर्ष पूर्व जिन रागों का नामोनिशान न था वे राग आज प्रचलित होकर लोकप्रिय हो गये है। ये राग नये हैं केवल इस कारण उनका तिरस्कार नहीं किया जा सकता। उचित तो यह होगा कि संगीत विद्यार्थी के अभ्यास क्रम में नवीन स्वर रचना व नवीन गीत रचना या राग रचना को भी स्थान व प्रोत्साहन होना चाहिए। गत काल में कुछ संगीत परिषदों के मन्त्रियों की ओर से मुझे संगीत विषय से संबंधित यदि कुछ विशेष सूचना हो तो दें ऐसा कहा गया। मैंने नवीन राग रचना या गीत रचना परिषद् में सहभागी होने वाले गायकों की ओर से अथवा गायन वादन स्पर्धा में भाग लेने वाले विद्यार्थियों को करवा के उनका प्रयोग परिषद् में करवाया जाए तथा जानकारों की एक कमेटी बना कर उनका निर्णय यदि अनुकूल हुआ तो उन रचनाओं को प्रसिद्ध करवाया जाए ऐसी सूचना दी परन्तु यह सूचना अमल में लाने का धैर्य किसी को नहीं हुआ। वैसे भी परिषदों के बाहर इस प्रकार की नई स्वर रचना, पद्य रचना बन ही रही है। इन रचनाओं को परिषद् में शामिल करने का विरोध होने का कोई औचित्य मुझे नहीं लगता। कोई ऐसा भी कहेगा, जो हैं वे राग क्या कम है, उन्हें ही यथायोग्य रूप से गाना, बजाना ही काफी है, नये राग काहे को बनाना? ऐसा कहना

सही है परन्तु वर्तमान परिस्थिति को देखते हुए किसी भी राग का संविस्तार श्रृंगार करना कठिन है नब्बे प्रतिशत गायकों को मधुर स्वर प्रभावी अधिकार के न होने से मेहफिल में बैठते ही राग का रंग जमाने के लिए लगने वाले नित्य नियमित मेहनत के लिए अवसर ही नहीं होता। संगीत कक्षाएँ चलाकर व तालीम देकर थके हारे होने पर फिर खुद का रियाज करने वाले कलाकार शायद ही कोई दिखते हों। बैठते ही गला लगाना (आवाज लगाना) कठिन होता है। धीरे-धीरे राग विस्तार के साथ गला भी तपने लगता है और रंग भरने लगता है इतने में श्रोताओं में से कई लोग कलाई घुमाकर घड़ी देखने लगते हैं। दो घंटे एक ही राग सुनने वाले श्रोता आज के वृद्धों में कोई हो तो हो। आकाशवाणी ने पाँच मिनट में एक चीज सुनने की गलत आदत लोगों को लगा दी है तो ऐसें एक-एक राग को घंटा-घंटा भर कौन सुनेगा? ऐसे में पुराने किसी राग को लेकर इम्प्रेशन मारने के लिए पाँच दस मिनट गाकर समेटा जाता है। इसके लिए गला मीठा होना और मेहनत से तैयार किया हुआ होना चाहिए। बंदिश रचना अच्छी होनी चाहिए। तब चर्चा के साथ थोड़ी बहुत कुश्ती होनी चाहिए इतना सब होने पर निभाव लग सकता है, इससे श्रोता पर इंप्रेशन जरूर पड़ता है पर राग की औचित्यता का तथा गायक का तमाशा बन जाता है। आजकल सभी बातें संक्षित्प में और नावीन्यपूर्ण हों ऐसी अपेक्षा होती हैं। काल-संक्षेप, स्थल-संक्षेप, भाषा-संक्षेप, आचार-संक्षेप, विचार-संक्षेप, राग-संक्षेप, रस-संक्षेप इस तरह संक्षेप के वातावरण में हमारा जीवन चल रहा है। कम समय में दूर तक पहुँचना, कम समय में बहुत सी बातें करना, थोड़े समय में बहुत से राग और गीत गाना, कटोरी जितने बरतन में पूरे परिवार का खाना बना लेना वगैरह-वगैरह संक्षेप संगीत में नावीन्य भी चाहिए इसलिए कम में मिठास लाने वाले गीत, स्वर-रचना पार्श्व संगीत, नए-नए ढ़ंगों की पद्य-रचना अस्तित्व में आने लगी है। इन्हीं में नवीन राग भी निर्माण होकर लोकप्रिय होने लगे तो उसमें अनुचित क्या है।

हमारे संगीत के इतिहास में प्राचीन काल में यानी रत्नाकर व उनके पूर्व के काल में संगीत का प्रचार तथा प्रगति कमोवेश प्रमाण में सामाजिक स्तर पर चलता होगा ऐसा उस वक्त के ग्रंथों के अध्ययन से पता चलता है। संगीत के प्रयोग आज जैसी महफिलों द्वारा केवल गायन सुनने के उद्देश्य से ज्यादातर न होते हों। संगीत का उपयोग नाटकों में, राज दरबार में, सार्वजनिक उत्सवों में तत्संबंधी कार्य भाग का एक शोभा लाने वाला अंग इस निमित्त

से होता था। बंधे हुए गीतों का उपयोग अधिक व स्वर रचना तथा गायकी गीतार्थ अनुसार ही होगी। रागों के रस, रंग, स्वभावधर्म तथा कौन से गीत किस प्रसंग पर गाए जाएँ इत्यादि वर्णन प्राचीन ग्रंथों में मिलते हैं। इससे प्रतीत होता है कि उस काल का संगीत साहित्य तथा सर्वसाधारण लोक व्यवहार से जुड़ा हुआ था।

इस काल के बाद हमारी संस्कृति एवं जीवन ने एक अलग ही दिशा ग्रहण की। नायक-खलनायकों के द्वंद में साधारण जनता अपने आचार-विचार, अपनी ललित-कला, अपने विद्याभ्यास सही तरीके से, शान्ति के साथ स्वतंत्र रूप से रख पाने में कठिनाई अनुभव करने लगी। खेती करने का काम, सुनार का काम आदि कारीगरी के काम करना, युद्ध काल में सेना में भरती होना इसके अलावा दूसरा व्यवसाय करने के लिए अवसर ही नहीं था। उच्च स्तर के शास्त्री, पंडित, ज्योतिषी, वैद्य, गायक-वादक, चित्रकार ये सब अपने-अपने प्रदेश के राजा, नवाब, सूबेदार के आश्रय में आश्रित बन कर रहते थे। अर्थात् कला कौशल्य आश्रित राजा या नवाब के अभिरूचि तथा आज्ञानुसार पोषित होता था। उस काल के उत्तर भारतीय राज्यकर्ता विदेशी होने के कारण हमारे परम्परागत संगीत पद्धतियों में विशेष प्रकार के परिवर्तन होते गये। संगीतोपयोगी साहित्य लगभग समाप्त ही हो गया अर्थात् नवीन राज्यकर्ताओं ने हमारे राग संगीत को नई धरती पर क्यों न हो उत्तेजन दिया तथा उसकी उत्तम अभिव्यक्ति की व्यवस्था की थी यह मानना पड़ेगा। हमारे राग उन्हें पसन्द आए। उनके मुकाम, शोबा, गोशा, नगमा, तर्ज ये उन्हें हमारे रागों में दिखाई दिये हों तभी हमारे रागों को उन्होंने अपनी उच्चार शैली में गाना बजाना प्रारम्भ किया। हमारा साहित्य हमारी भाषा में होने के कारण उनकी समझ में नहीं आ सकता था अतः उस ओर उनका ध्यान न जाना आश्चर्य की बात नहीं। नये दुरंगी साहित्य का निर्माण होने लगा। ये साहित्य राज्यकर्त्ताओं की अभिरूचि के अनुसार रचा जाने लगा। हमारे प्राचीन संस्कृत प्रबंधों की जगह देशी भाषाओं में ध्रुपद, हमारे भजनों की जगह अथवा संगीत की जगह कव्वाली, व कव्वाली में से ख्याल, श्रृंगारिक ग्रामीण गीतों में से ठुमरी, चैती, कजरी वगैरह उत्पन्न हुए। उस काल की अभिरूचि के अनुरूप कृष्ण लीला व अष्टनायिका का श्रृंगार रस परिलुप्त साहित्य संगीत में बड़े उत्साह से प्रविष्ट हुआ। परन्तु ठुमरी जैसे विशेष उत्कृष्ट श्रृंगार रस से भरे हुए गीतों के अलावा अन्य गीतों में शब्दार्थ की अपेक्षा स्वरों के ही माधुर्य

पर अधिक जोर था। राग की सर्वांगपरिपूर्ण सजावट में शब्दार्थ की ओर थोड़ा कम ध्यान भले ही दिया जाए उसे क्षम्य माना गया। ऐसी परिस्थिति में जो नया सांगितिक साहित्य निर्माण हुआ वह वास्तविक साहित्य नहीं कहा जा सकता। नये रागदारी बंदिशों के रचयिता, गायक, वादक उच्चस्तर के अवश्य होंगे परन्तु वे भाषा पंडित नहीं थे तथा कवि भी नहीं थे। उनके गीत अर्थात् उनकी स्वर रचनाएँ केवल एक आधार पर इस दृष्टि से बनाए गये थे। इस दृष्टि से उनमें उपमा, उत्प्रेक्षा, ध्वन्यर्थ, पदलालित्य, उदात कल्पना, गंभीर विषय आदि न हो तो क्या आश्चर्य? उनकी स्वर रचना उच्च प्राप्ति की थी इसमें कोई संदेह नहीं। परन्तु पद्यरचना को देखें तो "मेरा वीर परदेस गया, क्या करूं", "किसको कहूँ, मुझे चैन ही नहीं आ रहा, नींद भी नहीं आती" अथवा "कान्हा मेरे साथ अटखेली न कर नहीं तो मैं तेरी माँ से कह दूंगी" अथवा "गुस्सैल सास व हठी ननद के बारे में रोना-धोना" अथवा थोड़ी साहित्यिक स्फुर्ति प्राप्त हुई तो धुंवाधार बारिश, बादलों की गड़गड़ाहट, बिजली की कड़कड़ाहट किन्तु अभिसारिका फिर दरवाजे के पीछे छिपी हुई ऐसे अर्थ के गीत बनाकर क्वचित् सप्तसुर, ताने ग्राम, इक्कीस मूर्छाना का पाढ़ा रचकर यह मध्यकालीन साहित्य तैयार हुआ। साहित्यिक स्तर की रचना इन पुरानी चीजों में नहीं है। ऐसा मेरा कहना नहीं परन्तु सौ-दो सौं चीजों में इस सार की एकाद-रचना मिलना ये दर्शाता है कि साहित्य की ओर अनदेखी करके रागों के यथायोग्य सजावट पर गायन-वादन के इष्ट परिणाम का सारा भार होना ये स्वाभाविक था।

यही मध्यकालीन संगीत जिसे हम आज हिन्दुस्तानी संगीत कहते हैं। उसका मूल स्वरूप है। ये हिन्दुस्तानी परिवर्तन उत्तर भारत में ही हुआ दक्षिण अर्थात् महाराष्ट्र के आगे तमिल, तेलगु प्रदेशों में मुस्लिम शासन का अस्तित्व ज्यादा न था इस कारण वहां के संगीत में वो ढंग नहीं आया। भरत-शारंगदेव आदि विद्वानों द्वारा वर्णित प्राचीन भारतीय संगीत भी आज वहाँ (दक्षिण में) नहीं है। उन लोगों के गीत, रागपद्धति, स्वरोच्चारण की शैली ही ऐयरएयरांगी है। इसलिए वे संगीत हिन्दुस्तान की एक विशेष संगीत प्रणाली के रूप में गिना जाता है। आने वाले समय में हिन्दुस्तानी और कर्नाटकी संगीत पद्धतियाँ आपस में आदान-प्रदान होकर सारे देश का एक संगीत-निर्माण हुआ तो वह इष्ट ही होगा ऐसा मुझे प्रतीत होता है।

मध्कालीन रागदारी संगीत का प्रचार व प्रसार राजाओं, अमीर, उमरावों,

की प्रेरणा से और उनकी अभिरूचि के अनुसार हुआ ऐसा कहा जाता है। अतः राजमान्य यह संगीत दरबारी पोषाक में दरबारी ठाठ में सर्वसामान्य जनता को अप्राप्य, अगम्य हो गया अर्थात् ये संगीत यदि यथायोग्य रीति से गाया बजाया गया तो उसकी दरबारी साज-सज्जा का असर सुनने वाले के मन पर एक अलग प्रभाव डालता है, इसमें शंका नहीं। राजे रजवाड़ों ने अपने आश्रय में कुशल गायक वादकों को राजाश्रय देकर उन्हें अपने गुणों की वृद्धि में जरूरी उतनी पूरी मदद की, इसी कारण वह संगीत इतने उच्च शिखर पर जा पहुंचा कि उसका 20 प्रतिशत संगीत भी यदि हम आज सुन पाएं तो उसकी दीप्ति से हम विभोर हो उठेंगें।

इस दरबारी संगीत से सर्व साधारण जनता का परिचय गत सौ, डेढ़ सौ साल का ही है। गत दो तीन दशकों में हुए क्रान्तिकारक परिवर्तनों में राजे-राजवाड़ों के आश्रितों का दरबार टूटा वे अपने गुणों की कदर करवाने के लिए बम्बई, कलकत्ता जैसे बड़े व्यापारी शहरों में स्थानांतरित हुए। बड़े मशहूर गायक, वादक भी हम आप जैसे लोगों को रागदारी गाना बजाना सुनाने लगे। सालों-साल परिश्रम रियाज करके तैयार गले से निकला संगीत तथा तैयार हाथों से निकला संगीत पूर्ण परिचित न होते हुए भी शहरों के इन निवासियों को पसन्द आना कोई अनोखी बात नहीं। इस प्रकार शहरों-शहरों में, गाँवों-गाँवों में इस रागदारी संगीत का प्रसार होने लगा। आप हमारे जैसे सैंकड़ों लोग उस्तादों की शागीर्दी करके, उनकी सेवा करके ये कला प्राप्त करने लगे। बहुतों ने इसमें सफलता भी पायी और यश भी कमाया। राजदरबार ये क्या चीज है इसका तनिक भी ज्ञान न होते हुए भी इन लोगों ने दरबारी गान कला में उत्तम नाम कमाया था। महाराष्ट्रीयनों को अभिमान योग्य बना यह कि रागदारी संगीत का व महाराष्ट्रीयनों का जैसे पूर्व जन्म का कोई रिश्ता हो। महाराष्ट्रीयनों ने रागदारी संगीत को अत्यधिक अपनाया तथा इस कला में इतना प्रावीण्य कमाया कि महाराष्ट्रीयनों में अनेक कलाकार अखिल भारतीय स्तर पर भारत द्वारा सम्माननीय माने गये। आज भी ऐसे अनेक कलाकार हैं।

इस प्रकार रागदारी संगीत दरबारों से निकल कर लोकाश्रयी हो गया। आज भी बहुत अंशों में उसे लोकाश्रय ही प्राप्त है।

संगीत परिवर्तनशील होने के कारण देश कालानुसार रागदारी संगीत में

भी परिवर्तन होते गये। मियां तानसेन रागदारी गायन ही गाते थे। वे ध्रुपद गान करते थे। इसके अतिरिक्त उन्होंने कुछ और गाया हो इसके बारे में हम एक अक्षर भी नहीं बता सकते। यह दुर्भाग्य की बात है। स्वरलिपि के अभाव में केवल मौखिक आदान-प्रदान से चले आ रहे हमारे प्राचीन संगीत का पाँच सौ वर्ष पुराना रूप ज्यों का त्यों हम तक आया है ऐसा हम कितना कह सकते हैं। घरानेदार गायकों द्वारा मुखोद्गत बंदिशें ही केवल साक्ष्य के रूप में पेश की जा सकती है। जहाँ अन्य दूसरा प्रमाण प्राप्त न हो वहाँ यही एक प्रमाण मानना चाहिए फिर भी आज ऐसा एक भी गायक नहीं है जो छाती ठोक कर कह सके कि तानसेन प्रत्यक्ष रूप से ऐसा गाते थे। गत डेढ़-दो सौ सालों में कोई नहीं था। जो तानसेन गाए वो तान रस खां नहीं गाए व तानरस खां जो गाए वह आज हममें से कोई भी नहीं गा रहा। हम जो गा रहे हैं वह आने वाले पचास वर्षो बाद हमारे प्रशिष्य नहीं गाऐंगे। इसका कारण परिवर्तनशीलता है। संगीत में यह सतत चालू है। भैरवी यह राग प्राचीन ग्रंथाधार पर तथा पुरानी बंदिशों के आधार पर सब कोमल स्वरों की रागिनी है किन्तु आज तीव्र मध्यम के बिना भैरवी पूर्ण नहीं होती। मालकौंस का धैवत तथा निषाद झूलते हुए तीव्र की ओर झुकता जा रहा है। ख्यालों में ठुमरी का रंग, ठुमरी में ख्याल का रंग, कहीं नाट्य संगीत की छटा तो कहीं पाश्चात्य संगीत की झलक, आवाज छोटा-बड़ा करके कंपन देकर गाना, राग सागर, राग संकर ये सारे प्रकार हमारे संगीत के आधुनिक प्रकार हैं। इतना अच्छा हुआ कि संगीत की लेखन पद्धति व प्रचलित रागदारी संगीत का सविस्तार व्याकरण हमारे संगीत के विद्वानों ने करके संगीत के भविष्य को योग्य मार्ग पर चलाने के लिए सुलभ कर दिया है।

गत कुछ वर्षों में संगीत विद्यालयों की सुविधा प्राप्त होने से अनेक शिष्यों को एक ही समय में संगीत की तालीम पाना संभव हो सका है। इससे पूर्व उस्ताद-शागीर्द की प्रथा थी। अब यह प्रथा संभव नहीं। दो-चार साल सिर्फ खरज साधना करने वाले शागिर्द आज के जमाने में उस्तादों को कहाँ से मिलेंगे? यदि ऐसा शागिर्द मिल भी गया तो उस्तादों को उसे संगीत सरगम, चीजों का घोटा लगवाने के लिए समय भी नहीं होगा और इच्छा भी नहीं होगी। वर्तमान काल ही ऐसा है "तुरन्त दान महा कल्याण" यही तत्व मन में रखकर चलना पड़ता है। आज की शिक्षण पद्धत्ति में कम समय में अनेक विद्यार्थियों को स्वरज्ञान, रागज्ञान, तालज्ञान देने के नये सुलभ मार्ग

उपलब्ध होने से समय का अपव्यय नहीं होता यद्यपि यह सच है तथापि इससे एक कमी रहती है। स्वर, राग, ताल का ज्ञान विद्यार्थी को अवश्य हो जाता है। स्वरलिपि व पुस्तकों के द्वारा ज्ञान प्रसार की कमी नहीं परन्तु यह ज्ञान कृति में उतारने के लिए जो गले की या हाथ की मेहनत लगती है वो इस ज्ञान प्राप्ति के कारण ही नहीं हो पाती। अपितु इस ज्ञान प्राप्ति के साथ-साथ विद्यार्थी यदि योग्य रीति से प्रतिदिन कम से कम तीन घंटे रियाज करे तो निश्चित तौर पर पहले दर्जे के गायक-वादक आज भी निकल सकते हैं। आज भी हमारे सामने ऐसे तरूण गायक-वादकों के उदाहरण हैं जिन्होंने इस प्रकार का रियाज करके सारे संगीत जगत से मान्यता प्राप्त की है।

उपरोक्त कथन के बारे में कहा जा सकता है, कि ये हमारे राग संगीत की पूर्व पीठिका तथा सद्य: स्थिति के बारे में संक्षेप में विवेचन हुआ। अब हमारे संगीत का भविष्य क्या? यह प्रश्न प्रत्येक संगीत विद्वान के मन में उठता है। गत पाँच-दस वर्षो में घटी संगीत जगत की घटनाओं से संगीत पर चारों तरफ से आघात हो रहे हैं। संगीत श्रोताओं की संख्या बेशुमार बढ़ गई है। प्राचीन काल में पचास-सौ लोग जलसे में होते थे अब उसकी जगह डेढ़-दो हजार लोगों का श्रोतृवर्ग उपस्थित होता है। इन सारे श्रोताओं को आनन्द मिले ये जिम्मेदारी गायक पर आन पड़ी है। हवाई आवाज के गीत, गजल, चित्रपट के चुटकुले, राष्ट्रीय गीतों की घोषणा, विवाह इच्छुक युवक-युवतियों के भाव गीत, बालकों के परी पक्षियों के गीत, टेगोर संगीत (रविन्द्र संगीत), गुजराती गरबे, मराठी अभंग, पोवाड़े, भजन-कीर्तन आदि सभी लौकिक संगीत प्रकार को हमारे संगीत में स्थान देना पड़ेगा। गहराई से विचार करने पर ऐसा लगता है कि फिर से कहीं भरत-शारंगदेव के काल की स्थिति तो पैदा नहीं हो गई। वास्तविक गायन किसी प्रकार का हो वह मधुर व सुस्वर में गाया गया हो तो उसे संगीत में स्थान अवश्य मिलना चाहिए। माता ने बालक को सुलाने के लिए मधुर कण्ठ से मधुर स्वरों में लोरी गाई तो वह संगीत नहीं ऐसा कैसे कह सकते है? अर्थात् अभी तक मैंने बताए सब गीत प्रकारों में शब्दप्राधान्य है यह मान्य है पर उसे गाने वाले गायक सुज्ञ किंबहुना थोड़े बहुत प्रमाण में क्रिया सिद्धि प्राप्त किये हुए हों, इन गायकों का एक अलग ही वर्ग होगा परन्तु लौकिक संगीत रागदारी लोगों ने प्रत्यक्ष रूप में गाया बजाया नहीं तब भी इस संगीत की जानकारी रखते हुए यदि वह गलत राह पर जा रहा हो तो उसे सही राह पर लाने का

उत्तरदायित्व थोड़ा बहुत उनका भी है। यह उन्हें भी जानना चाहिए। चित्रपट संगीत पर केवल नाक भौं सिकोड़ कर चुप बैठना ठीक नहीं इसका विपरीत परिणाम होगा, बल्कि हुआ ही है। चित्रपट के रागदारी गीतों को आलापने वाला गायक अर्थात् म्युजिक डायरेक्टर के काम को नालायक समझेंगे। हाथी को धागा सुई में पिरोने के लिए कहना और राग आलापने वालों को चित्रपट का नगमा बनाने के लिए कहना एक ही जैसा है। ऐसा वो समझने लगे हैं। जो रागी आज चित्रपटों में कार्यरत हैं उन्हें कैसे-कैसे विकट आह्वान का सामना करना पड़ता है ये वे ही जानते होंगे। इतना होने पर भी अपने हिन्दुस्तानी संगीत की कक्षा न गिरने देते हुए चित्रपट संगीत की रचना करके वो आम आदमी को खुश कर रहे हैं। यह संतोष की बात है। कहीं-कहीं चित्रपट संगीत में होने वाले भयंकर व्यभिचार को देखने पर ग्लानि होती है।

आकाशवाणी पर संगीत के बारे में ज्यादा ही उत्तरदायित्व है। एक तो इस मेघदूत को केवल रागदारी संगीत सुनाना ही नहीं होता, उसके सुनने वाले मैंने अभी बताए सब प्रकार के लोग होते हैं। संगीत सुनाने की जिम्मेदारी पर उसकी आय होती है। ऐसी परिस्थिति में पाँच-सौ लोगों में एक रागदारी के श्रौता को रिझाने वाला संगीत सुनाकर कैसे चलेगा। ऐसी परिस्थिति में मैंने अभी बताए संगीत के सभी प्रकारों का प्रयोग करना पड़ता है।

रागदारी संगीत गायकों ने भी जो थोड़े बहुत व्यभिचार परंपरागत रागगायन में घुसे हैं वे कम करने चाहिए। जैसा कि पहले ही बताया राग संगीत का साहित्य मर्यादित तथा वास्तविक साहित्य की दृष्टि से क्षुद्र है। अलग-अलग विषयों पर सामंजस, अतिगूढ़ अर्थ के काव्य न भी हों तब भी साधारण रीति से मन को समझ में आएं ऐसे शब्दों में एवं विचारों में नवीन बंदिशों की रचना होनी चाहिए। गायन में विशेष तरीके की लम्बी-लम्बी तानों की भरमार कम करके राग विस्तार शान्तिपूर्वक प्रत्येक स्वर की स्थिति व यथायोग्य प्रमाण संभालते हुए शब्दोच्चार स्पष्ट करके, जहाँ तक संभव हो शब्दार्थ को पोषक ऐसा राग विस्तार किया तो मुझे लगता है कि न समझने वाले भी वो गायन पसन्द करेंगे। रेडियो में तथा चित्रपटों में जिस प्रकार के गाने बजाए सुनाए जाते हैं उसी प्रकार की अभिरूचि लोगों में पैदा होना स्वाभाविक है। अतः राग संगीत में भी जितना संभव हो सके वो सरल व मधुर ताल आलाप कम से कम रेडियो कार्यक्रमों में करके राग श्रृंगार करने का प्रयत्न करना चाहिए। सही तरह से संगीत शिक्षा प्राप्त विद्यार्थी यदि विशेष ध्यान दे तो

किसी भी प्रकार की रचना व उसका उचित प्रयोग कर सकता है ऐसा मुझे लगता है। संगीत सीखने पर अपने ज्ञान का व क्रियाशक्ति का उपयोग अपनी बुद्धि रूचि व परिस्थितिनुसार कहाँ, कैसे करना ये उस विद्यार्थी पर निर्भर करेगा। मेरी शागीर्दी में तैयार हुआ विद्यार्थी नाटक में, सिनेमा में अपने राग संगीत के ज्ञान व उसके अभिमान को कम न होने देते हुए काम करने लगा और वह यश संपादन करने लगा तो मुझे उस पर नाराज होने का कोई अधिकार नहीं अपितु मुझे उसका गौरव ही करना चाहिए। अपनी गायकी शिष्य के गले में दिखने पर गुरु को प्रसन्नता ही होती है ये सत्य है परन्तु हमारे सिखाए शिष्य अन्य क्षेत्र में सफलता पाएं तो हमें ज्यादा आनन्द और उसका कौतुक होना चाहिए। उसने अपनी तालीम का गायन गवां दिया है ऐसा गुरु कहेंगे ऐसा यदि हुआ भी तब भी केवल मधुर कंठ एवं सुन्दर मुखड़े के अतिरिक्त कुछ भी न होने वाले अनादिकारी पात्र की अपेक्षा संगीत सीखा हुआ व्यक्ति सिनेमा में यदि जाता है तो वह अधिक हितकारी है। मराठी नाटकों के पद गाने वाले नट अच्छी तालीम पाए गायक न होते तो रागदारी बंदिशों जैसी उन पदों की तारीफ न होती। आधुनिक काल के संगीत के चित्रपटों के गीतों के सामने आज भी वो पुराने नाट्य-पद हमारे कानों में गूंजते हैं।

सारांश रागदारी गायक वादकों ने रागदारी संगीत के साथ लौकिक संगीत में भी समय रहते ध्यान देकर उसे भी एक योग्य मार्ग दिखा दिया तो तूफान में घिरे संगीत की नाव व अब किस खड़ग पर जाकर टकराएगी या किस क्षेत्र में जा ठहरेगी कहा नहीं जा सकता। यह प्रश्न है! मुझे लगता है देश के समस्त संगीत व्यवसाइयों ने अपने आपसी मतभेदों को भुलाकर संगीत के भविष्य को योग्य दिशा देने के महद् कार्य को एकमत होकर योगदान दिया तो संगीत का भविष्य अवश्य उज्जवल रहेगा।

–डॉ. भारती शर्मा
विभागाध्यक्ष संगीत विभाग
महर्षि दयानन्द विश्वविद्यालय
रोहतक

Influence of Vocal Music on Sitar

From the very beginning of Indian Classical Music both vocal and instrumental music have been developing side by side. In the early days all Indian instruments using strings were called Vinas of different types, the vina being a generic name for them.

In Hindustani vocal music the primary forms were Prabandha Gana, Jati Gana etc. Later another form i.e.Dhrupad which has been evolved from Prabandha, emerged as the most popular form of Hindustani Music. During the hey days of Dhrupad its corresponding musical instruments were Been and Rabab.The tradition of playing Been and Rabab as accompanying instruments with Dhrupad started from the famous Beenkar Misri Singh who continued his own Khandar bani style with the Gourhari bani of Tansen.The contemplative outlook and the technical details of Dhrupad were assiduously followed by the accompanying instrumentalists. The present alap style developed by generations of musicians is a synthesis of the main creative thinking and techniques of instrumentalists of the Seni period. The flow continued from Misri Singh to Sadarang and ultimately to Masit Khan who brought about the unique and revolutionary Masit khani baj in Sitar which was a simplified instrumental counterpart of Dhrupad and its gayaki.

Next comes the golden era of some legendary instrumentalists like Ustad Imdad Khan, Ustad Enayat Khan, Ustad Alauddin Khan, Ustad Hafiz Ali Khan, Ustad Mustaq Ali Khan who with their creativity and masterly musical mind assimilated and adopted a variety of styles of playing instruments in the 'Gayaki Ang' introduced newer techniques to include layakari of Dhrupad, Upaj, Bol bant of Dhamar etc.

After the advent of Khayal, Thumri, Tarana etc, the corresponding instruments like Sitar, Sarod, Sarangi etc. are very much influenced by these new forms of vocal music. Therefore, these instruments has been developed some revolutionary changes in their structure and baj. In modern time some great artists like Ustad Vilayat Khan, Pandit Ravi Shankar, Ustad Ali Akbar Khan, Pandit Nikhil Banerjee, Ustad Amjad Ali Khan etc, developed different styles of their own in instrumental music.

The Sitar undisputedly has today developed into one of the finest musical instrument of the world through the sheer melodic sweetness of its sound and the wide scope it provides for innovation and almost limitless play of musical imagination.

In the early days the baj of Sitar was mainly Dhrupad based and the rhythmic element freely used Pakhawaj bols played through the mizrab of the right hand. Gradually the left hand executing the dignified movements of the Dhrupad ang devoid of murki-s developed into quicker and faster movements executing Gat –toda again regulated by the right hand.

Still Later on we notice the influence of the Khayal elements with distinct features of murki-s and brisk tan-s which had a definite impact on the style of Sitar playing. The right hand and the left hand which were utilised with equal importance and involvement in a later period witnessed a greater role being played by the left hand more significantly in the Alap portion. We could therefore say that the stylistic evolution is a progressive development from the Dhrupad ang based Sitar to a Khayal ang based Sitar.

In the modern time some great composers like Pandit Dhruva Tara Joshi (Pt. D.T. Joshi), disciple of Ustad Enayat Khan and Ustad Faiaz Khan composed so many instrumental compositions for sitar which were totally based on Khayal composition.

Here are some example :-

Raga-Bageshri

Vocal Composition

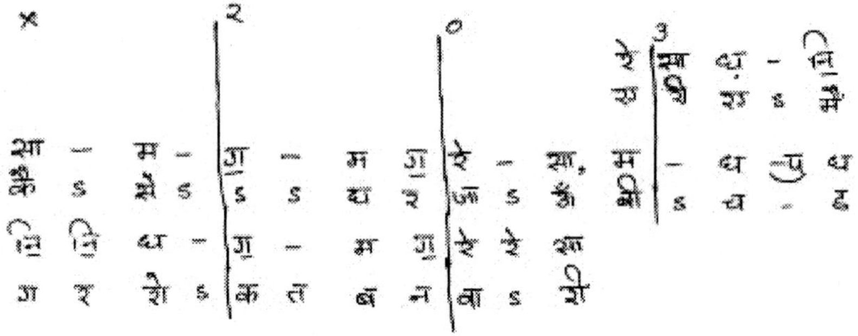

Instrumental Composition for Sitar

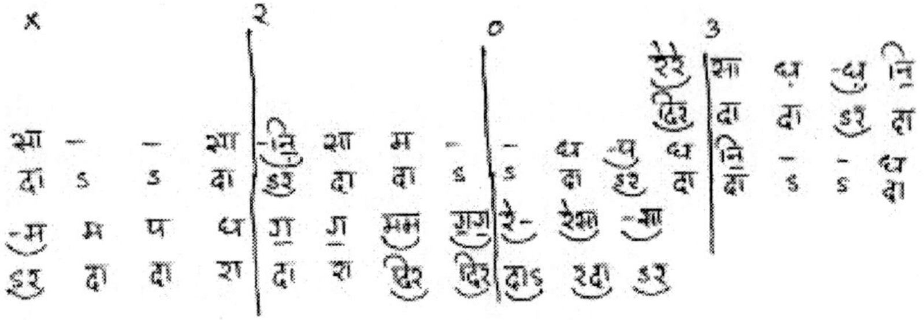

Raga-Yaman

Vocal Composition

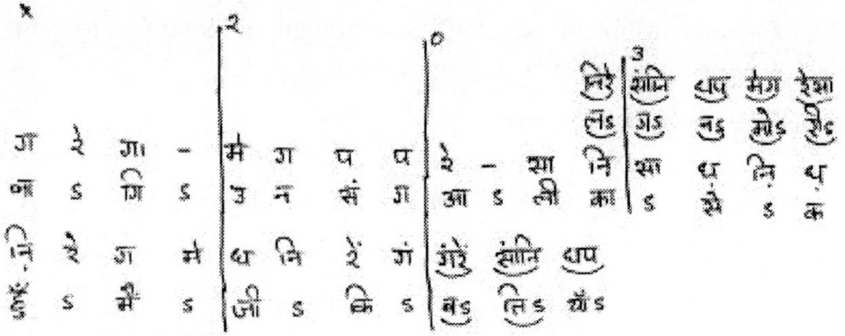

Instrumental Composition for Sitar

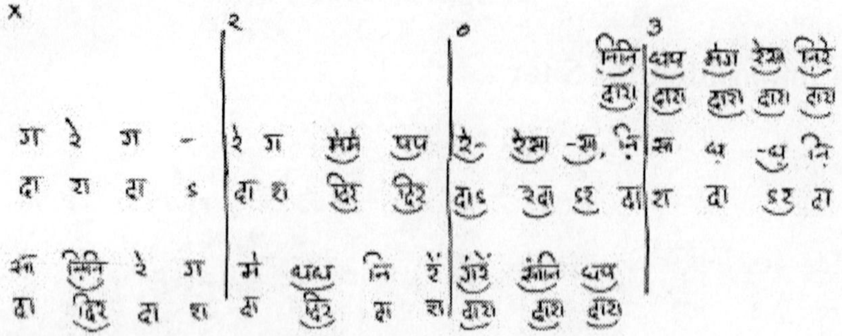

Raga-Jaunpuri

Vocal Composition

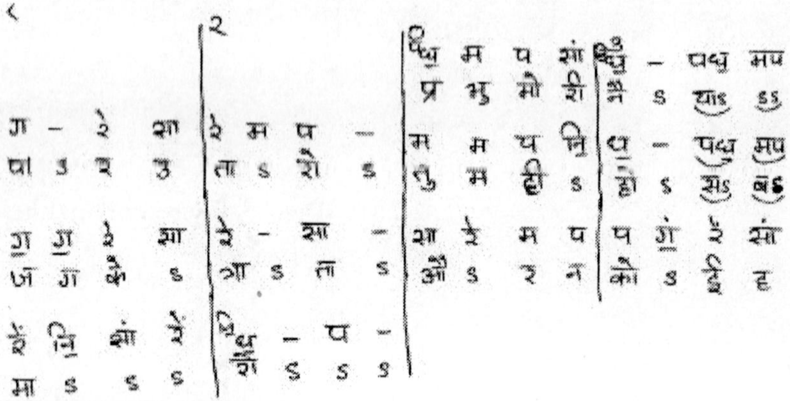

Composition for Sitar

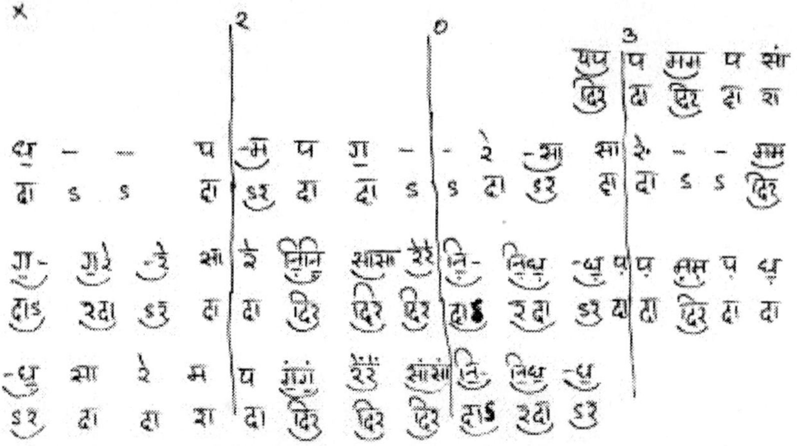

Raga Desh

Composition for Sitar

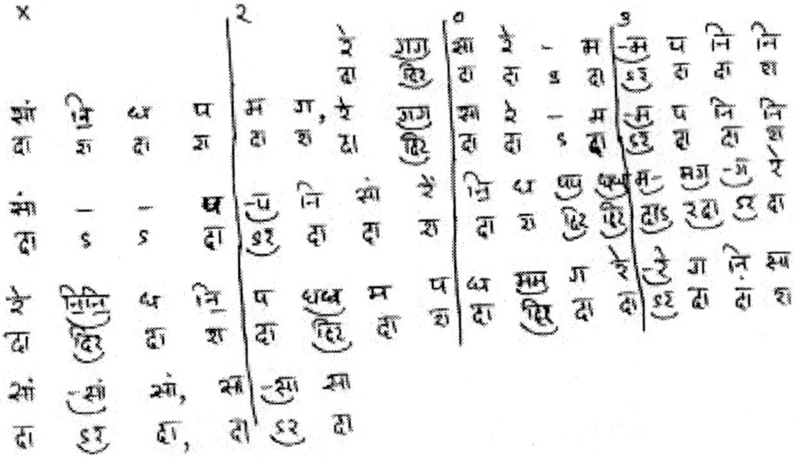

–Prof. Sabyasachi Sarkhel

Sound Scholarship

Research Value of Recorded Materials

Towards the end of nineteenth century, the feudal system was disintegrating in India. The princess and big landlords were the main patrons of Indian classical music. But their new generation was less interested. Indian music was drastically looking for new patrons. At the same time commercial theatre emerged, where the musicians found a place as composers or music directors. In the beginning of twentieth century, gramophone recording emerged on Indian horizons and the music got its new patron. Radio was another yet better patron that provided money as well as respects to the artists. Radio emancipated music by changing over from the feudal concept of the patronage to a new one that was more honourable.

In India, the broadcasting activicities began through private efforts. In 1920, two small private radio stations were ostablished at Madras and Lahore. In 1927, Indian Broadcasting Co established two stations at Bombay and Calcutta with regular broadcasting. First television transmission in India was on 15 September 1959 at Delhi and colour transmission was started from 17 September 1981.

Radio has helped in changing the attitude of musicians and the masses towards music by many ways *e.g.*

(i) Many artists from educated and elite families got themselves enrolled as radio artists. Now the music circle was wide.

(ii) Each recording was limited to its duration and the musicians were disciplined to this concept of time relay, Radio with its punctuality of time and duration of performance had to set standards. This heralded an era of new discipline in radio performance.

(iii) Audition by All India Radio was a new experience for Indian musicians who after initial criticism and reluctance gradually accepted it. Now AIR audition grades are accepted norms for artists quality and merit. The renumerations are fixed as per the AIR grades,

(iv) The recorded music has brought the music to the doorsteps of the common people. Now the people could listen to the great masters of the past and present. They could record it or may buy prerecorded materials. The research scholars may listen the music from other's collection or may build their own. In short the radio broadcast has developed music interest among the masses.

Gramophone

Sound recording was achieved before anybody has the idea of being able to produce it afterwards. In about 1857, a Frenchman Leon Scott built his 'Phonautograph' which consisted of an inverted megaphone or horn with a thin membrance stretched across the narrow end,[1] With this simple tool, Scott had developed a unique tool for his purpose which was to study and analyse different speech sounds. In 1877, another Frenchman gave the idea for the reproduction of sound but failed to put his theories into practical shape. The credit for sound recording and reproducing it goes to Edison, who on 12 August 1877 astonished himself and others by reciting words 'Mary had a little lamb' into the crude device and hear these words back[2]. In 1896, Emile Berliner introduced flat discs *i,e,* gramophone records of 17.7 cms with 70 RMP. In 1901 recording on wax was introduced and the process of mass production and expansion of gramophone industry started.

In 1902, when T W Gainberg came to India on his Far Eastern tour, he used new wax process. The first 'native' recordings were made on 8th November 1902 by two little nautch (dancing) girls aged fourteen and sixteen years, namely Miss Soshi Mukhi and Fani Bala. Initially the female artists were from lower strata of society but later on celebrities like Gohar Jan, Zohra Jan etc, recorded their voices. Among male singers mostly were qawwals. At that time fees were very reasonable or low. For any research topic relating with Indian music of the 20th century, these gramophone records have much information. But how to get this piece of information is a problem. By going through the discographies of early period, it is learnt that most of the artists were from average talent. The lists contain the names of dancing girls (tawaifs), qawwals, bhajan singers etc. The established artists of the time refrained form recording sessions. So there are few or no recordings of the persons like Pandit Paluskar. Ustad Alla Bande khan. Ustad Allah Diya Khan, Balkrishna Bua etc. So now the researchers have to content with the available average talent only.

Preservation

During the last century about five lakhs gramophone records were marketed. These included all forms of music and Indian languages. "Although the recording activity began with the cylinder recording, the major portion of the records was Issued on breakable shellac 78 RMP format. Towards the end of this century, we find that not a single recorded cylinder is available in India. Same is the fate of early shellac records and soon LP/EP and cassettes will disappear (Suresh Chandvankar. Indian gramophone records. The first hundred years. Article on internet)

The Gramophone Company had the monopoly over the gramophone records business. They were foreign business houses in India and were concerned with profits only. They did not care for Indian culture and the need to record the best. Whatever was recorded, was not preserved for the coming generations and so this treasure is almost lost.

In an interview given to a Bengali weekly in 1994 the then chairman of HMV said "Yes, we ought to have collected and saved our properties properly. Our archives, though not very old, have some old records. Firstly, we have to into the state of business where the condition is very bad. Due to the government apathy, the business of fake/pirated cassettes is increasing at alarming rate and we are facing grimmer situation. In these financial circumstances, it is impossible for the Company to build the archives from the scratch" (Quoted by Suresh Chandvankar, Indian gramophone records The first hundred years, Article on internet.)

Tapes and Tape Recordings

"The origins of magnetic recordings can be traced back as far as those of cylinder and discs recording. Valdemar Poulsen (1869-1942) patented his 'telegraphone' in 1898 after about four years of research into methods of recordings telephone messages" Before advent of compact cassettes a reel to reel tape recorder with commercial label Megnetophone was used. This instrument had magetic tape with open reels and was very expansive and complicated to use. This was used by professional radio stations or recording studios. In 1960 when transistors were used, these reel to reel recorders became cheaper and common people could afford to purchase. In 1964, mass production of compact cassettes started and attempts for further improvement continued, In 1980 portable pocket recorders struck the markets. As a result of these the sales of gramophone records come down.

Influence on Music

The low price, easy availablity and mobility of the audio cassettes, served as a catalysts for social change and common people interest in music. They could easily possess, listen and transfer their musics. Due to this factor the audio cassettes gained relatively more popularity in developing countries. For example in India during 1970 popular music (both Indian and western) gained momentum and the traditional / classical music was left behind. The new recording companies sprang up and prospered.

Broadcasting was easier. Now it was easy to record music and transport the recorded materials easily. Making copy too was easy and economical. Blank cassettes proved an invaluable tool for promoting music specially religious, popular and folk music.

Sound Archives

The archival institution in Europe probably had their origin in the ancient Greek civilization. In 1302 the first archivist was appointed in Bololgnas for the weeding out the papers. The idea of archival administration travelled from Italy to England[3]. In India the skilll of record keeping has been in vogue since ancient times, yet the modern concept of archives keeping has travelled from England to India. Archives has been defined as "The totality of documents originated or received by a person or an organisation in the course of its administrative activity and the transaction of its affairs. They are kept as an organised body of records in an authorised repository and are maintained in their original chronological order"[4].

Archives commonly are established for the preservation of state and other related paper records. Sound archives exist mainly for the maintenance and preservation of sound materials collections by individuls, institutions maintained for recreation or educational purposes, many not be termed as archives. Sound archives exist as independent unit or as a part of universities, colleges, research institutions and public libraries. The holding may consist on the materials as spools tapes, cylinders, films, video tapes gramophone records of various size and audio & video CD's. Initially the music library and archives were taken separate entities quite different from each other but in the second half of twentieth century this difference became less. With the time passing and to provide better services both expanded their activities. Now sound archives store printed catalogues, discographies, bibliographies, music journals and even books related with history, mass media and recording methods. Similarly many university, college and public libraries have recorded sound materials.

Sound Archives in India

After independence, the Government of India paid attention towards preserving sound heritage of India and so in 1954 All India Radio Archives was established. It has tape recordings of historical, political and cultural importance alongwith records of classical, light and folk music. About 7000 hours of music is preserved and approximately 200 hours of music is added each year. Doordarshan Archives is another source of preservation. Now Akashwani and Doordarshan Archives are producing commercial CD's of the tape recordings and these are available for sale.

Sangeet Natak Akademi was set up in 1953 at New Delhi. It is devoted to the promotion of the Indian music, dance and drama and accords high priority to the building up its archives, museum and library. It has more than 10,000 discs. Since 1981 the Akademi is engaged in video documentation of various music festivals. Indira Gandhi National Centre of Arts (New Delhi) was established in 1985. Since then it has build up a good collection of music recordings.

The National Centre for the Performing Arts (NCPA) archives was conceived as the brain child of NCPA founders Dr Jamshed Bhabha and JRD Tata, with the objective of recording and preserving for posterity the finest performance in classical and folk music traditions which have been handed down through the oral tradition by renowned teachers over generations. With over 5000 hours of exclusive audio recordings taken from live and studio performances and 1200 hours of film footage of musicians, the recordings cover about 200 artists from music. NCPA of Bombay has nearly 10,000 old discs, which is a very valuable collection. This collection is one of the best documentary resources for Indian music, (http://www.ncpamumbai.com) Bharat Bhavan of Bhopal, Akhil Bhartiya Gandharva Vidyalaya Mandal (Mumbai) and Archives and Research Centre for Ethnomusicology (Delhi) are some important institutions with sizable collections of research value.

In addition to the government and non government organisations, much collections exist in private custodies. There are many ardent music lovers of Indian music who have built their own collections. Mr. Suresh Chandvarkar of Mumbai has vast gramophone records collection. Mr. V.A.K. Ranga Rao of Chennai has 28,000 records in his collection. Another 30 years old gentelman Mr. Narendra Shrimali Kamal, who is civil engineer by profession has build up a collection of 8000 such records with handred of cassettes, spools etc. (http:/www.archiveofmusic.com)

Some universities as Delhi, Banaras, Baroda, Khairagarh and Shantinekatan have small collections and with passing of time it shall grew into full fledged archives.

Research Value of Sound Materials

To the music scholars, the realisation of music in sound is the heart of their research experience. To them sound archives are invaluable supplement of information. The term "sound scholarship" implies an appeal to scholars and students to give more consideration and value to sound recordings as research materials.

The sound archives are useful to the music researchers for providing vital information in the following areas.

1. It is complement or supplement to a wide variety of courses in music appreciation, history of music, origin of orchestra and music cancerts / performances.
2. Recorded music has become a basic study research material in ethnomusicology and jazz music as it has replaced the written or printed transcriptions.
3. The old records help in the study of rare compositions, old ragas and less known forms of music. It is one thing to read about the music of early 20th century and hear it' is quite different experience. Live' music connot be equated with written music.

Some Suggestions

1. As said earlier, the recorded materials are in the of private and institutions custody. No one has the means to know what is where and with whom. For this union catalogues is an effective tool that provide full information. Only government agency may take up this project.
2. Much material is in private collections. When the owner passes away, his/her heirs may not be interested in preserving that collection and so they dispose off this collection. So day by day we are loosing much. There is a drastic need to have a central archive of Indian music where the manufacturers must deposit one or more copies of new recordings. About the old ones, the body should be provided with funds to purchase whatever is available in the market or with individuals. This body may also acquire copies of the material if it cannot be purchased.
3. Very old recording in personal collection should be declared 'heritage' and the collector must be responsible for its safety and conservation.

References

1. Sound Recording, *In.* New Grove's Dictionary of Music and Musicians. Vol. 17. London; Macmillans, 1980. p. 573.
2. Ibid., p. 574.
3. Handbook of Libraries, Archives and Information Centres in India, Vol. 2. New Delhi; Information Industry Pub. 1986. p. 387.
4. Archives and Music. *In.* New Grove's Dictionary of Music and Musicians. Vol. 1. London; Macmilan. 1980. p. 552.

Dr. Mohammed Haroon
Ex. Librarian
Faculty of Music and Fine Arts
University of Delhi
Delhi-7

सितार का इमदादखानी घराना

उस्ताद इमदाद खान से प्रारंभ हुये इस घराने की तुलना रबाबिए गुलाम अली के सरोद घराने से इस अर्थ में हो सकती है कि ये दोनों ही एक एक वाद्य पर केन्द्रित घराने हैं। जिस तरह गुलाम अली का घराना सरोद पर केन्द्रित है और आज भी उसकी परंपरा जीवंत रूप से कायम है उसी तरह इमदादखानी घराना भी मूलत: सितार वाद्य पर ही केन्द्रित है और उसकी परंपरा जीवंत रूप से निरंतर आगे बढ़ रही है। इस परंपरा के श्रेष्ठ प्रस्तोता हमारे कला जगत में छाये हुये हैं।

इटावा के इमदादखानी घराने की चौथी और पांचवी पीढ़ी वाद्य संगीत के जगत में सक्रिय है। इस घराने का प्रारंभ साहब सिंह उर्फ साहब दाद खाँ से हुआ। आज से 170 वर्ष पूर्व साहब सिंह नामक एक हिन्दू संगीत प्रेमी ग्वालियर के महान गायक उ. हद्दू खाँ - हस्सू खाँ से तालीम लेने के बड़े इच्छुक थे। संगीतविज्ञ यतींद्र मोहन सेनगुप्ता के अनुसार—साहब सिंह जब सीधे रास्ते से तालीम हासिल करने में असफल रहे तो वे चोरी छुपे इन दोनों का रियाज सुनकर तालीम हासिल करने लगे अंतत: कला के प्रति साहब सिंह का अत्याधिक आकर्षण देख हस्सू खाँ को उन पर दया आ गई और उन्होंने साहब सिंह को तालीम देना प्रारंभ कर दिया। साहब सिंह की तालीम के सिलसिले में वे हस्सू खाँ के इतने निकट हो गये कि अन्तत: वे उनके परिवार के सदस्य होते हुये साहब सिंह से साहब दाद खाँ हुये। साहब दाद खाँ ख्याल, ध्रुपद, सितार, जलतरंग और सारंगी में प्रवीण बताए जाते हैं।

उत्तर प्रदेश के एक छोटे नगर इटावा में साहब दाद खाँ का जन्म हुआ और वे नौगाँव दरबार के राज संगीतज्ञ हुये। इटावा में ही साहब दाद खाँ के यहाँ सबसे होनहार पुत्र इमदाद खाँ का जन्म हुआ इसलिये इस घराने को हम इटावा का इमदादखानी घराना कहते हैं। उ. इमदाद खाँ अत्यंत विलक्षण प्रतिभा से भरपूर एक ऐसे संगीतकार थे जो ज्यादा से ज्यादा तालीम हासिल करने में भरोसा करते थे। इसलिये उन्होंने प्रत्यक्ष और अप्रत्यक्ष रूप से

अनेकों गुरूओं से तालीम हासिल की। उ. इमदाद खाँ ने अपने पिता साहब दाद खाँ के अलावा इन्दौर सेनिया घराने के बीनकार उ. बन्दे अली खाँ से भी तालीम हासिल की (ब्रजेन्द्र किशोर राय चौधरी)। अपने पिता साहब दाद खाँ के गुरू रहे महान सुरबहार वादक उ. सज्जाद मोहम्मद से भी उन्होंने तालीम प्राप्त की। जयपुर-सेनिया घराने के मशहूर सितारिया उ. अमृतसेन से एवं कुछ विद्वानों के अनुसार आपने चौमुखी संगीतकार एवं बीनवादक रज्जक अली खाँ देवास वालों से भी तालीम हासिल की।

उस युग के श्रेष्ठतम ख्यालियों, बीनकारों तथा गुणीजनों से तालीम प्राप्त करने के क्रम में उ. इमदाद खाँ ने सुरबहार पर ध्रुपद से पैदा अष्टांगी आलाप की एक विशिष्ट शैली विकसित की तथा सितार पर राग प्रस्तुति के लिये ऐसी गतें (बंदिशें) बाँधना चालू कीं, कि आपकी वादनशैली आपके समकालीन सांगीतिक परिदृश्य में एकदम अनूठी बनने लगी। इस अनूठी वादनशैली को ही वाद्यसंगीत के अध्येता बाज और चाल कहते हैं। यही थी संगीत के एक नये घराने की शुरूआत। इसके पहले तक वाद्य संगीत में या तो ध्रुपद गायन की नकल उतारी जाती थी या ख्याल गायन की। परन्तु इमदादखानी बाज में ख्याल अंग की बहुलता के बावजूद ध्रुपद का तंत्रकारी अंग तथा सरोद बाज का भी प्रभाव नजर आता है। उल्लेखनीय है कि इस घराने में सुरबहार पर जो आलापचारी की जाती थी उसमें ख्याल के अलावा ध्रुपद याने बीनकार अंग का भी भरपूर इस्तेमाल किया जाता था। ध्वनिमत से सभी रसिकजनों तथा संगीतकारों ने उ. इमदाद खाँ द्वारा अविष्कृत इस नये बाज को इमदादखानी बाज नाम दिया तथा इसे एक घराने के रूप में स्वीकारा। स्मरण रहे कि इस घराने की जड़ें यूं तो हस्सू खाँ ग्वालियर वालों के महान ख्याल गायन से प्रस्फुटित होती हैं परन्तु यह इमदादखानी बाज अपने आप में स्वतंत्र रूप से एक वादन शैली के तौर पर खड़ा होता है। उ. इमदाद खाँ के इमदादखानी बाज के अभ्युत्थान के साथ उ. इमदाद खाँ राजा यतीन्द्र मोहन टैगोर द्वारा कलकत्ता लाये गये और वे मठिया बुरूज में रह रहे लखनऊ के नवाब के दरबार में अपनी सेवाएं देने लगे।

इस दौरान वे तारा प्रसन्न घोष के निवास में रहा कहते थे (सेनगुप्ता)। संगीत और उसके रियाज के अलावा उ. इमदाद खाँ को अन्य सांसारिक चीजों से बहुत कम लगाव तथा वे अपनी घुमन्त प्रवृत्ति के तहत हमेशा विभिन्न स्थानों पर भ्रमण करते रहते थे। इस दौरान वे इस बात का मुकम्मिल

ध्यान रखते थे कि उनके दोनों बेटे इनायत खाँ और वहीद खाँ की तालीम कायम रहे। वे अपने पुत्रों को कंठ संगीत की तालीम भी दिलवाते थे। स्वाभाविक है कि एक उच्चकोटि के सितार और सुरबहार वादक होने के नाते वाद्य की तकनीकी तालीम वे अपने बेटे और शिष्यों को खुद ही प्रदान करते थे। इमदादखानी घराने के उ. इनायत खाँ ने अपने शार्गिदों को राग प्रस्तुतिकरण हेतु जो व्यवस्था बनाई उसका प्रारूप इस तरह है–

(I) आलाप
- (i) विलंबित
- (ii) जोड़
- (iii) ठोक झाला (समअमतेम)

(II) आधुनिक मसीतखानी बाज
- (i) स्थाई, मंझा, अंतरा
- (ii) तोड़ा/तान
- (iii) चिकारी छंद
- (iv) जमजमा छंद
- (v) पेशकार छंद
- (vi) तान

(III) रजाखानी बाज
- (i) स्थाई, मंझा, अंतरा
- (ii) तान/बोल तान (तोड़ा)
- (iii) रंग झाला

(IV) झाला-तान एवं तिहाई के साथ समापन

इस घराने में उ. इमदाद खाँ की परंपरा को वैसे तो दोनों ही बेटों ने बढ़ाया, परंतु उनके बेटे इनायत खाँ की शिष्य परंपरा ज्यादा फलीफूली। उ. इनायत खाँ उ. इमदाद खाँ के ज्येष्ठतम पुत्र थे तथा उन्होंने अपने पैंतालीस वर्ष के अल्प जीवनकाल में जो उपलब्धियाँ हासिल की उनसे साफ प्रतीत होता है कि उ. इनायत खाँ अपने घराने की अद्वितीय प्रतिभा थे। इन्होंने अपने पिता उ. इमदाद खाँ के अलावा उ. अल्लादिया खाँ (गायन), उ. अलाबन्दे खाँ ध्रुपद, उ. जकीरुद्दीन खाँ (उदयपुर, बीकानेर), उ. दौलत खाँ, (जोध पुर-ध्रुपद) और उ. सज्जाद मोहम्मद खाँ से प्राप्त ज्ञान को और भी आगे बढ़ा लिया। उ. इनायत खाँ मसीतखानी गत के साथ रजाखानी गत भी बनाते

थे और बढ़त का सिलसिला बहुत कायदे से आगे बढ़ाते थे। वे एक पर्दे पर काफी देर तक आलाप करते थे। आलाप में मुर्कियों को ना रखने की परंपरा छोड़कर उ. इनायत खाँ ने अपने आलाप को मुर्कियों से सजाया। गत अंग में गत तोड़ा (वादन अंग से) में वे बहुत प्रवीण थे उनकी तानों में छूट की तानें तथा तिहाइयाँ अत्यन्त क्षिप्रता लिये हुये होती थी।

तालपक्ष से देखें तो तबले व पखावज के अपने ज्ञान को उ. इनायत खाँ ने सितार के अनुकूल तिहाइयों में रूपांतरित कर इस वादन रूप को काफी आगे बढ़ाया। वे गायकी अंग के साथ-साथ तंत्रकारी अंग भी सम्मिश्रण के साथ और जरूरत पड़ने पर शुद्धता के साथ बखूबी बजा लेते थे।

उन्होंने सितार बाज में दोनों हाथों कील तकनीक को पहले से और भी ज्यादा उन्नत किया। उनके काल तक इस घराने में मंद्र सप्तकों के स्वरों को आलाप में खूबसूरती से समाहित किया जाता था। वे मीड़ों का भी काफी प्रयोग करते थे। परंतु जमजमा व कृन्तन का प्रयोग नहीं करते थे। उस्ताद इनायत खाँ के आलाप में प्रत्येक खंड का समापन स्पष्ट दिख पड़ता था। उ. इनायत खाँ की वादनशैली का अध्ययन करते हुये उनका बजाया राग मुल्तानी, बागेश्री, बिहाग, पीलू आदि के रिकार्ड का अध्ययन किया जाना आवश्यक है। वे अपने जीवन के मध्य में फकीराना स्वभाव तथा गेरूआ वस्त्र धारण कर चुके थे और उन्होंने पिता इमदाद खाँ की मृत्यु के बाद इन्दौर छोड़ दिया तथा गौरीपुर (मैमनसिंह) में जा बसे। यह अत्यन्त प्रशंसनीय व आश्चर्यजनक तथ्य है कि उस्ताद इनायत खाँ ने पैंतालीस वर्ष के संक्षिप्त जीवन में अपने दोनों बेटों के अलावा श्री डी.टी. जोशी, श्री जितेन्द्र मोहन सेनगुप्ता, श्री वीरेन्द्र किशोर राय चौधरी, विमलकांत राय चौधरी, श्री अमीकांत भट्टाचार्य, श्री बिजेन्द्र मोहन ठाकुर, जॉन गोमेश, श्री ज्ञानकांत लाहिड़ी, श्री विपिनचन्द्र दास, श्री विमलेन्दु मुखर्जी जैसे श्रेष्ठ शिष्यों का निष्पादन किया। (श्री प्रकाशचन्द्र महाडिक खैरागढ़) इनमें से लगभग हर एक ने शिष्य परंपरा के मार्फत अपने घराने को आगे बढ़ाया।

इमदादखानी घराने में हमारे काल का जो महान सितार वादक पैदा हुआ उनका नाम है विलायत खाँ। उ. विलायत खाँ कई अर्थों में एक अद्वितीय सितारवादक हैं लगभग वैसे ही अद्वितीय जैसे मैहर घराने के पं. रविशंकर। उ. विलायत खाँ का जन्म गौरीपुर में हुआ परंतु सन् 1938 में पिता की असामयिक मृत्यु के चलते वे पिता से प्रारंभिक तालीम ही हासिल कर पाये।

शेष तालीम हासिल करने के लिये उ. विलायत खाँ ने गजब का संघर्ष किया। कई जगह उनको नाउम्मीदी भी हासिल हुई परन्तु अपने पिता के वरिष्ठ शिष्य श्री ध्रुवतारा जोशी से उनको घराने की संपूर्ण तकनीक व अधिकांश तालीम प्राप्त हुई। विलायत खाँ इतने में संतुष्ट होने वाले नहीं थे। वे अपने चाचा उ. वहीद खाँ से, नाना बंदे हुसैन खाँ से तथा मामा उ. जिन्दे हुसैन खाँ से, भी (गायन) तालीम हासिल करते रहे। उ. विलायत खाँ साहब के बहनोई तथा हमारे समय के महान गायक उ. अमीर खाँ की गायकी का भी उ. विलायत खाँ साहब के ऊपर प्रत्यक्ष और परोक्ष असर पड़ता रहा। इन दोनों महान कलाकारों ने एक साथ रियाज भी किया और चर्चाएं भी। घराने के अटूट क्रम को कायम रखने के लिये सामान्यत: विलायत खाँ साहब को पिता इनायत खाँ साहब का शिष्य ही बताया जाता है परंतु विभिन्न साक्षात्कारों में खाँ साहब ने श्री डी.टी. जोशी तथा अन्यों के मार्गदर्शन के प्रति अपना आभार व्यक्त किया। उ. विलायत खाँ ने उ. इमदाद खाँ और उ. इनायत खाँ की परंपरा की तालीम हासिल करते हुये जो ख्याल अंग सितार में उतारा उसे वे क्रमश: विकसित करते चले गये और यह कहना अतिश्योक्ति नहीं होगा कि कई रागों को तो वे अपने सितार से सीधे-सीध अद्‌भुत सुरमयता से गा देते थे। दरबारी काल्हड़ा की उनकी रिकार्डिंग को सुनकर तो ऐसा लगता है जैसे उ. विलायत खाँ के सितार में जवारी की जगह उ. अमीर खाँ का गला लगा है। काकु अंग को सितार पर बजाने का दुष्कर कार्य करने हेतु उ. विलायत खाँ साहब ने बेइंतहा रियाज करने के साथ-साथ कई नई तकनीकों का ईजाद किया और साथ ही अपनी षड्ज पंचम के सितार को गंधार-पंचम का सितार बनाया। उन्होंने अपने सितार के पर्दे भी मोटे प्रयोग किये। तबले की मोटाई में भी इजाफा किया।

बाज के तार को नंबर तीन का रखा। उन्होंने इस तरह के और भी कई तकनीकी परिवर्तन तथा बाएँ हाथ के काम में और भी बारीकियाँ जोड़ी। जबरदस्त मींडकारी से गायन अंग की परिपूर्णता तथा वादन अंग की लयकारी दोनों को ही सिद्ध करते हुये उन्होंने एक ऐसे बाज का आविष्कार किया जिसे हम इटावा घराने का विलायतखानी बाज कह सकते हैं। इस सितारिया अकेले ने अपने घराने की शैली का संसार से लोहा मनवा लिया। हमारे एक समीक्षक मित्र ने अपने एक आलेख में विलायत खाँ साहब के बारे में कहा है "उनका सितार गाता है, उनका सितार रोता है, उनका सितार

अपनी आलापी में वीणा और सुर बहार अंग के ध्रुपद-नाद की अनुगूंज देता है। उनका सितार अपनी ही विशिष्ट शैली में, झाले में, तबले के साथ झंकृत है, उनके सितार में खंडारबानी अखण्डित रूप से बह रखी है, उनके सितार में महरूम उस्ताद करीम खाँ साहब की करूण पुकार है, फिर खंडमेरू अंग की तान, सपाट तानों का विद्युत गति से प्रवाह, सब एक अटूट लय में निबद्ध, अद्‌भुत अद्वितीयता की निरंतरता है। उस्ताद विलायत खाँ नहीं रहने से एक झटके में यह लय टूट गई। ''कुमार गंधर्व ठीक ही कहते थे-राग संगीत सबसे नश्वर कला है, मैं रोज इसके साथ मरता हूँ फिर इसके साथ ही पैदा होता हूँ पुनः नश्वरता की ओर।'' दरबारी, यमन, भैरव-बहार फिर बजेगी पर वैसी कभी नहीं जैसी उस्ताद के हाथों बजती थी। एक महान और अद्वितीय कलाकार को खोने पर हम उसकी कला की अद्वितीयता को भी खो देते हैं परन्तु उस विधा में उनके द्वारा की गई उपज और समूचे योगदान की परम्परा स्वयं ही, शिष्यों-प्रशिष्यों द्वारा संरक्षित कर लेती है और इस तरह महानता और अद्वितीयता गुरू-शिष्य परम्परा में सबक के तौर पर सुप्त अवस्था में संरक्षित रहती है। परम्परा स्वप्न देखती है किसी विलायत खाँ का, किसी रविशंकर का, किसी कुमार गंधर्व का, किसी मल्लिकार्जुन मन्सूर का। विलायत खाँ का जाना 'बहुत कुछ' का चला जाना है लेकिन सितार जगत के लिए बहुत कुछ शेष रह जाना भी है। सितार वादक तो बनाये जा सकते हैं परन्तु विलायत खाँ तो स्वयं बनना पड़ता है। अंततः सितार के बारे में दो ही बाजों की बात होती है। एक पंडित रविशंकर का मैहर बाज दूसरा उ. विलायत खाँ साहब का गायकी अंग प्रधान विलायतखानी बाज। विलायतखानी बाज में उनके पूर्वजों का बाज और चाल दिखता है परंतु उसे विलायत खाँ साहब ने इतना सुन्दर और उन्नत स्वरूप प्रदान किया कि उनकी वादन शैली को उनका ही नाम दिया जाना उचित है। चूंकि सितार वीणा की संरचना से प्रेरित आधुनिक वाद्य है इसलिये इसकी वादनशैली भी वीणा से अतिप्रेरित रही है। पांच सुर की मींड वैसे तो सितार पर पहले भी उतारी गई पर इमदादखानी घराने में उ. विलायत खाँ ने इस मीडकारी को अपनी रियाज द्वारा जो अद्वितीयता प्रदान की वह उनके बाज का एक अभूतपूर्व अलंकरण बन गई। विलायत खाँ साहब के छोटे भाई उ. इमरत खाँ साहब भी अपने घराने के श्रेष्ठ सितारिये हैं। विलायत खाँ साहब के शिष्यों में उनके पुत्र शुजात खाँ भी सुन्दर सितार बजा रहे हैं।

–अरविंद पारिख	पं. विमलेन्दु मुखर्जी
–गिरिराज	। पुत्र
–कलयाणी राय	पं. बुद्धादित्य मुखर्जी
–काशीनाथ मुखोपाध्याय	। पुत्र
–हशमत अली खाँ	विजयादित्य मुखर्जी
–धर्मवीर	

–प्रोफेसर संजय गुहा
अध्यक्ष सितार विभाग, भारतीय विद्या भवन,
41 कैसिल टाउन रोड
लंदन (यू.के.)

शुद्ध-छायालग एवं संकीर्ण राग व्यवस्था से सम्बन्धित विद्वज्जनों और संगीतज्ञों के विचार

''शुद्ध-छायालग एवं संकीर्ण राग'' यह विषय इतना विस्तृत है कि इसमें कलाकार अपनी सामर्थ्य तथा कल्पना के अनुसार निरन्तर नये रागों को बनाने में प्रयत्नशील होता है। ये परिवर्तन अमीर खुसरो के पश्चात ही अधिक दृष्टिगोचर होता है, वैसे तो छायालग, संकीर्ण रागों की कल्पना प्राचीन काल से ही है। किन्तु इसका अधिक विस्तार-प्रचार मध्यकाल के प्रचलन में दिखाई देता है।

फकि़रूल्ला का राग दर्पण, तोहफतउल-हिन्द, लोचन का राग तरंगिणी इसके उदाहरण हैं। इनसे हमें कई नये रागों का परिचय प्राप्त होता है। इसी परम्परा का विस्तार क्रमशः होता आ रहा है। इसके सम्बन्ध में आधुनिक संगीत विद्वानों के विचारों को जानने के लिए लेखिका ने कुछ प्रयास किया जो इस प्रकार है। कुछ विभिन्न घरानों के गायक, वादक, कलाकार तथा शास्त्रज्ञों से हुये वार्तालाप के अनुसार उनके विचारों को उन्हीं के शब्दों में प्रस्तुत किया है।

इन्दौर घराने के स्वर्गीय पं० अमरनाथ जी ने शुद्ध-छायालग-संकीर्ण रागों को अलग-अलग श्रेणी में समझाया है। पं० जी के अनुसार शुद्ध रागों से तात्पर्य मूल (Basic) रागों से है। इनके अनुसार मिश्र राग संकीर्ण कभी नहीं हो सकता। संकीर्ण हो जाने पर उनकी पहचान समाप्त हो जाती है। संकीर्ण रागों में लगने वाले स्वरों के अनुसार उनके गायन-वादन का समय निर्धारित होता है। जो भी नया राग बनता है, शास्त्र के नियमानुकूल हो तथा उसमें उसके पुराने राग के नियमों का हनन नहीं होगा, इस बात की ओर ध्यान दिया जाना चाहिए।

छायालग राग के विषय में पं० अमरनाथ जी का कहना है कि इन रागों की जरूरत नहीं थी। परन्तु परिवर्तनशील समय में जब इनमें दूसरे-दूसरे रागों

की छाया आने लगी तो इन्हें छायालग कहा जाने लगा। संकीर्ण राग गाते-बजाते समय जितने थोड़े समय में अधिक स्वरों को समेट लें और संतुलन (Balance) के साथ रागों को मिलायें तो संकीर्ण राग होगा।

सहसवान घराने के प्रसिद्ध गायक उस्ताद हाफिज अहमद खाँ रागों के उद्भव को मतंग से मानते हुए लगभग 50% शुद्ध रागों के विषय में कहते हैं कि इन्हीं शुद्ध रागों में जब रंग, रूप व सौन्दर्य बढ़ाया जाता है तो यही शुद्ध राग संकीर्ण बन जाते हैं। यमन राग के विषय में कहते हैं। वास्तव में यह शुद्ध राग है लेकिन संकीर्ण भी हो सकता है। उदाहरण के तौर पर–नि रे ग मं प, प रे ग रे स मं ध नि सां मे ध नि सां ये ऐसे स्वर समूह हैं जिन से और रागों को भी आभास होता है। मिश्रित का अर्थ दो रागों का मिश्रण है जैसे बसंत और बहार। जब इन दो रागों को मिलाया जायेगा तो ऐसे राग को हम मिश्रित राग कहेंगे।

संकीर्ण राग के बारे में उस्ताद हाफिज अहमद खाँ का कहना है कि वक्र रूप से चलने वाले राग जैसे देसी, गौड़ सारंग, हमीर, केदार, कामोद आदि। खाँ साहब परम्परागत रागों को बजाने-गाने में ही विश्वास रखते हैं। संकीर्ण रागों को गाते-बजाते समय रागों के सिद्धान्तों को ध्यान में रखकर ही उनकी निर्मिति की जानी चाहिए और गाना-बजाना चाहिए।

खाँ साहब के घराने का संकीर्ण राग गौड़ सारंग है। लोग इसे सारंग का प्रकार समझते हैं किन्तु ये सारंग का प्रकार नहीं है। इसका नाम गौड़ सा-रग ऐसा दृष्टिगोचर होता है। छायानट भी आपके घराने का संकीर्ण है। इसकी विशेषता यह है कि यह छायालग भी है, मिश्रित है और संकीर्ण भी।

ग्वालियर परम्परा के अत्याधुनिक वाहक के रूप में श्री एल॰के॰ पण्डित जी का नाम अग्रगण्य है। पं॰ जी के मतानुसार उनकी परम्परा में शुद्ध रागों को प्रमुखता दी गई है। शुद्ध रागों पर आधिपत्य प्राप्त होने पर ही छायालग व संकीर्ण रागों को बजाया जाता है। पारम्परिक संकीर्ण रागों को गाने-बजाने की परम्परा आज भी इस घराने में प्रचलित है।

नवीन रागों के निर्माण के विषय में पं॰ जी कहते हैं उनका प्रचार-प्रसार उस कलाकार तथा उसकी शिष्य परम्परा तक ही सीमित रहता है। वे अधिक लोकप्रिय नहीं हो पाते। प्राचीन राग ही इतनी अधिक संख्या में है कि एक कलाकार के लिए उन सब में महारथ हासिल करना लगभग असम्भव सा जान पड़ता है। मिश्रित व संकीर्ण रागों के विषय में पं॰ जी का मत है कि

शुद्ध (मूल) को छोड़कर हर प्रकार के राग मिश्रित हो सकते हैं, मिश्रित, छायालग भी हो सकता है और संकीर्ण भी पं॰ जी मिश्रित राग नहीं मानते।

आपके अनुसार मिश्रित राग ग्रन्थों में नहीं है। नव-निर्मित संकीर्ण रागों के बारे में पं॰ जी का मत है कि ये उनकी रचनाओं पर निर्भर करता है कि उसमें कलाकार का कितना सैद्धान्तिक दृष्टिकोण है अन्यथा सैद्धान्तिक दृष्टिकोण के आभाव में राग का अस्त हो जाता है। जैसे गांधी मल्हार आदि। आपके अनुसार छायालग-संकीर्ण रागों की किस्में हैं। मूल रागों के अध्ययन के पश्चात् ही बुजुर्गों ने इसे सिखाने के हिसाब से इसकी रचना की होगी। आपके अनुसार संकीर्ण रागों में संवाद तत्त्व होना कठिन है।

सेनिया घराने के प्रसिद्ध सितार वादक पदम् भूषण श्री देबू चौधरी जी प्राचीन शुद्ध-छायालग एवं संकीर्ण रागों की परिभाषाओं में बदलाव को देखते हुए कहते हैं कि ''हमारे उस्ताद कहते थे कि संकीर्ण और मिश्र राग ऐसे बनने चाहिए जैसे दो रंग मिलाकर एक नया रंग बना दिया हो''। रागों को मिलाते समय जोड़ के स्थान को ध्यान में रखना चाहिए। जैसे पूरिया कल्याण के पूर्वांग में पूरिया और उत्तरांग में कल्याण, इसमें मध्यम स्वर ऐसा है, जिसके जोड़ से हम दोनों रागों का स्वच्छन्दता से विचार कर सकते हैं।

संकीर्ण राग किसी घराने का नहीं होता, ये पं॰ देबू चौधरी जी का कथन है। यह जरूरी नहीं कि हर किसी को जो राग घराने में चला आ रहा है बजाना है। जिसको पसन्द हो अच्छा लगे तो उसे गाना बजाना चाहिए।

एक छोटी सी वार्तालाप में प्रसिद्ध सरोद वादक उस्ताद अमजद अली खां साहब अधिकतर रागों की गिनती गणित व मेरुखंड के आधार पर बताते हैं। प्राचीन काल से ही राग की निर्मिती मानव द्वारा हुई है और जो आज भी जारी है, फिर छायालग, संकीर्ण रागों को उतना सम्मान हम क्यों नहीं दे पाते। जिस प्रकार एक शिशु की शक्ल सूरत अपने माता-पिता से मिलती है। उसी तरह ही स्वरावली के रागों में एक-दूसरे का अंश आना स्वाभाविक है। जैसे दरबारी, नायकी में कान्हड़ा का अंश।

संगीत के क्षेत्र में आधुनिक काल के इन्दौर घराने की प्रसिद्ध जोड़ी सिंह बन्धुओं में से पं॰ तेजपाल सिंह के अनुसार जातियों के लक्षण से ही रागों की उत्पत्ति हुई।

भैरव, खमाज, काफी इन रागों का अपना स्वतन्त्र रूप है और वह ही शुद्ध है। उनके अनुसार जितने भी हमारे थाट हैं उनके जो आश्रय राग है वही

शुद्ध राग है। हमारा जो संगीत है वह अंग के आधार पर है जैसे भैरव अंग, कान्हड़ा अंग, मल्हार अंग इत्यादि। इनका जो मिश्रण होता है, यदि इनमें से किसी एक की छाया दूसरे राग में हो तो उसे छायालग राग कहेंगे और यदि एक से अधिक राग हो तो उसे संकीर्ण राग कहेंगे।

एक सृजनशील कलाकार अपने प्रस्तुतीकरण में नवीनता के लिए निरंतर खोज करता रहता है, जिसके कारण नये रागों की उत्पत्ति होती है। नवीन रागों को प्रस्तुत करने के लिए या तो वो शुद्ध रागों में किन्हीं दूसरे रागों को मिश्रण करता है या किसी अंग का। जैसे मधमादसारंग में मल्हार का अंग लगाने से मेघ हो जाता है। दो रागों का मिश्रण करते समय उनमें या तो आरोही एक राग की हो और अवरोही दूसरे राग की। पूर्वांग में एक राग हो और उत्तरांग में दूसरा। उनमें किसी और राग का अंश हो जो कि बहुत जरूरी है। लेकिन जब दो राग मिले तो इस प्रकार मिश्रण हो जैसे दूध और पानी। उसका अपना एक स्वतन्त्र व्यक्तित्त्व होना चाहिए। जैसे बसंत-बहार, नट भैरव में पूर्वांग में नट और उत्तरांग में भैरव।

अंत में संकीर्ण राग के विषय में पं॰ तेजपाल सिंह जी का कहना है कि जब दो से अधिक रागों का मिश्रण किया जाता है तो वह संकीर्ण राग होता है जैसे पटमंजरी, खट, लक्ष्मी, तोड़ी इत्यादि।

पं॰ तेजपाल जी के अनुसार संकीर्ण रागों का मिश्रण मर्च्छना के आधार पर भी किया जा सकता है। छायालग-संकीर्ण रागों के समय थाट तथा नामकरण में जिस राग में प्रबलता होती है उसी के आधार पर उसका समय, थाट तथा नाम रखना चाहिए।

इन्दौर घराने के डॉ॰ अजीत सिंह पैंतल जी के अनुसार आज के परिप्रेक्ष्य में शुद्ध-छायालग व संकीर्ण रागों की परिभाषा में परिवर्तन नजर आता है। डॉ॰ पैंतल के अनुसार अनेक शुद्ध रागों में भी दूसरे रागों की छाया पड़ रही है। एक राग को दूसरे राग में किस नियम से जोड़ना चाहिए इसके लिए जंक्शन (प्वाइंट), सुरों का आपस में संवाद होना चाहिए, और दूसरे राग में किस स्वर से सुगमता से प्रवेश किया जा सकता है। इस पर ध्यान देना आवश्यक है।

वर्तमान समय में दिल्ली घराने का प्रतिनिधित्व करने वाली विदूषी प्रोफेसर श्रीमति कृष्णा बिष्ट जी ने प्रबन्ध अध्याय में करण प्रबन्ध में चित्रित मिश्रण को 'तिलतन्डुलवत् अवयवसान्कर्यम्''। अर्थात् तिल में चावल

मिलाकर जो सुन्दर मिश्रण बनता है उसी तरह से रागों का मिश्रण कहा है जो एक-दूसरे में घुले मिले हो। मिश्र रागों में बढ़त के लिए काफी गुंजाइश होती है जैसे बसंत बहार। आपके अनुसार संकीर्ण राग से तात्पर्य दो राग से अधिक राग के मिश्रण से है। जब रागों का मिश्रण हो तो वह कर्णप्रिय होना चाहिए तथा यह ध्यान रखना चाहिए कि किस प्रकार एक राग में दूसरा राग मिलाया जाये। सुरों का आपस में संवाद होना चाहिए। डॉ॰ कृष्णा बिष्ट जी के अनुसार ज्यादातर रागों का मिश्रण हमें अमीर खुसरो के बाद ही मिलता है।

संगीत शास्त्र की परम विदुषी डॉ॰ नजमा परवीण अहमद दिल्ली घराने के उस्ताद नासिर खाँ साहब की शार्गिर्दा हैं। आपने फारसी ग्रन्थों का गहन अध्ययन किया है। आपके अनुसार, यदि भारतीय संगीत के प्राचीन से लेकर आधुनिक समय तक के ग्रन्थों का अध्ययन करें तो देखेंगे कि विभिन्न कालों में रागों को वर्गीकृत करने की प्रथा प्रचार में रही है। यह राग वर्गीकरण चाहे मेल या थाट राग वर्गीकरण पर आधारित हो, राग-रागिनी वर्गीकरण सिद्धांत हो, राग जाति या गायन समय के आधार पर हो अथवा रागांग पद्धति पर आधारित हो, यह सब इस बात की पुष्टि करते हैं कि समय-समय पर नए राग संगीतकारों द्वारा निर्मित किए गए और अलग-अलग तरीकों से उनका वर्गीकरण किया गया। उनमें एक प्रणाली शुद्ध-छायालग एवं संकीर्ण राग वर्गीकरण भी मानी गई है। मध्यकाल, विशेषकर सत्रहवीं और अट्ठारहवीं शताब्दी में यह वर्गीकरण सिद्धान्त बहुत अधिक प्रचार में रहा है।

प्रोफेसर अहमद के अनुसार शुद्ध राग शास्त्रकारों ने वे माने हैं। जिनका स्वरूप सर्वथा स्वतन्त्र है तथा जो चित्त का रंजन करता है।

कुछ लोग शुद्ध रागों की संख्या केवल छः मानते हैं। परन्तु इस विषय में ग्रन्थकारों में मतभेद है। शुद्ध रागों के अतिरिक्त छायालग एवं संकीर्ण रागों का मध्यकालीन लगभग सभी ग्रन्थकारों ने वर्णन किया है।

आपके अनुसार छायालग राग वे राग माने गए जबकि एक राग पर दूसरे राग की छाया प्रतीत हो। डॉ॰ नजमा जी के शब्दों में, मेरे विचार में यह छाया दूसरे राग की एक हल्की-सी झलक ही होनी चाहिए। जिससे कि मुख्य राग की शक्ल न बिगड़े अर्थात् उसकी मौलिकता बरकरार रहे। छायालग को सालंक अथवा सांलग नाम से भी जाना जाता है। संगीत रत्नाकर में गायक को शुद्ध और छायालग का ज्ञान अनिवार्य बताया गया है।

प्रोफेसर नजमा जी ने बताया कि दो या दो से अधिक रागों को मिश्रित करके जो राग निर्मित हुए उन्हें संकीर्ण रागों की संज्ञा दी गई। मध्यकाल में अनगिनत संकीर्ण रागों की रचना की गई। हजरत अमीर खुसरों द्वारा बनाए गए राग-साज़गिरी, उश्शाक की इस श्रेणी में रखा जा सकता है। फारसी ग्रन्थ तोहफेतुल हिन्द में लगभग 150 संकीर्ण रागों का विस्तृत वर्णन मिलता है।

प्रोफेसर नजमा परवीण अहमद जी ने कहा, यहाँ पर एक बात ध्यान देने योग्य है कि छायालग एवम् संकीर्ण रागों में राग का सबसे महत्त्वपूर्ण गुण 'जनचित्तरंजक' होना अति आवश्यक है। रागों का मिश्रण इस प्रकार होना चाहिए कि सुनने वालों को अटपटा सा न प्रतीत हो।

रागों को मिश्रित करके सैकड़ों राग बनाए गए, परन्तु प्रचार में वे ही आए जो श्रोताओं के चित्त को प्रसन्न करने में समर्थ थे। इसलिए कुछ समान गुणों को ध्यान में रखकर ही संकीर्ण रागों की रचना करना तथा उन्हें विभिन्न वर्गों में बाँटना उचित है। दूसरी बात यह है कि संकीर्ण रागों में जिस राग की प्रबलता हो उसी के आधार पर राग का नाम निर्धारित करना चाहिए।

अंत में आपने बताया कि आजकल भी कलाकार नए-नए रागों का निर्माण कर रहे हैं। उनमें से कुछ तो काफी प्रचलित भी हुए। आपकी राय में छायालग एवं संकीर्ण रागों की प्रथा आगे आने वाले समय में भी प्रचार में रहेगी, क्योंकि मनुष्य का स्वभाव ही नए-नए प्रयोग और आविष्कार करने की आकांक्षा रखता है और भारतीय संगीत, संगीतकारों की नवीन परिकल्पनाओं पर आधारित रहा है और सदा ही रहेगा।

ग्वालियर घराने के प्रतिनिधि गायक श्री महेश वाजपाई के अनुसार शुद्ध राग वे हैं, जिनका सम्पूर्ण व्यक्तित्व स्वतन्त्र हो अर्थात् उस राग का चलन इतना विशिष्ट कहा गया है कि उस जैसा चलन अन्य राग में न दिखता हो। इस प्रकार दस थाट के जो थाट राग हैं, वो सर्वोत्तम उदाहरण हो सकते हैं।

संकीर्ण तथा मिश्रित रागों के लिए आप प्रचलित सिद्धांत ही मानते हैं। श्री वाजपाई जी के अनुसार संकीर्ण रागों को क्षुद्र राग भी कहा गया है। इनमें अलग-अलग रागों का मिश्रण होता है। किन्तु मिश्रित राग अधिकतर केवल दो रागों के मिश्रण के पाये जाते हैं और उनका रूप स्पष्ट होता है अतः हम उसे क्षुद्र नहीं कह सकते। आपके विचार से अलग-अलग घरानों के अलग-अलग संकीर्ण राग नहीं होते।

कुछ विश्वविद्यालयीन विभागाध्यक्षों के शुद्ध-छायालग एवं संकीर्ण रागों

के विषय में मत इस प्रकार है :–

कुरुक्षेत्र विश्वविद्यालय के संगीत विभाग की अध्यक्षा डॉ॰ मधुबाला सक्सेना के अनुसार जो नये राग बन रहे हैं, वह संकीर्ण राग ही बन रहे हैं। इनके अनुसार मिश्रित और संकीर्ण रागों में कोई अन्तर नहीं है। संकीर्ण या मिश्रित रागों के लिए पूर्व स्थापित सिद्धांत तथा आधुनिक समय के अनुसार कुछ नवीन सिद्धांतों को स्थापित कर लेना चाहिए।

महर्षि दयानन्द विश्वविद्यालय रोहतक के तत्कालीन विभागाध्यक्ष स्वर्गीय डॉ॰ पुष्पेन्द्र शर्मा ने शुद्ध राग उन रागों को कहा जिन रागों में शास्त्रीय रूप और उनका शुद्ध रूप गायन और वादन में सुनने में आये। जैसे बिलावल, काफी। छायालग राग वे राग माने जाते हैं, जिनमें अन्य राग की छाया आती है और संकीर्ण रागों का तात्पर्य ऐसे रागों से है जिनमें एक राग की अपेक्षा अनेक रागों की छाया होती है।

डॉ॰ पुष्पेन्द्र शर्मा के अनुसार संकीर्ण राग में जो राग या अंग ज्यादा प्रबल है उसी के हिसाब से नाम, जाति, थाट, समय इत्यादि रखना चाहिए। जैसे–राग कौंसी कान्हड़ा में कौंस अंग है और कान्हड़ा भी है। रागांग की दृष्टि में जो अंग प्रबल हो उसी के अनुसार ही चलना चाहिए।

सितार वादन व शास्त्र में समान अधिकार रखने वाली प्रोफेसर सरोज घोष जो कि प्रसिद्ध सरोद वादक उस्ताद अमजद अली खाँ की शिष्या हैं। डॉ॰ घोष पंजाब विश्वविद्यालय, चण्डीगढ़ में कार्यरत हैं आपके अनुसार शास्त्रानुसार संकीर्ण एवं छायालग का विस्तार करना चाहिए। छायालग रागों में केवल अन्य रागों की छाया प्रदर्शित होती है, परन्तु जब एक राग में अन्य राग मिलाया जाता है, तब वह संकीर्ण राग कहलाता है। छायालग रागों के स्वतंत्र लक्षण अवश्य होते हैं, किन्तु कुछ स्वर-समूह, स्वर-संवाद एवं इसी प्रकार के प्रयोग अन्य रागों से बहुत मिलते-जुलते दिखाई देते हैं। शुद्ध कल्याण में यमन, परज में बसन्त, पूर्वी बिलासखानी तोड़ी में भैरवी की छाया दिखाई देती है। अन्य रागों की छाया मूल राग में होते हुए भी छायालग रागों में रंजकत्व का निर्माण होता है।

प्रोफेसर घोष के अनुसार संकीर्ण राग दो रागों के मिश्रण से गाया-बजाया जाता है। दोनों ही रागों के सम्पूर्ण लक्षणों का प्रदर्शन एक के बाद एक इस प्रकार किया जाता है, जिससे दोनों ही राग भिन्नशः स्पष्ट होते हुए भी एक ही राग रूप प्रतीत होते हैं।

संगीत के शास्त्रीय तथा उपशास्त्रीय विधाओं में समान अधिकार रखने वाली डॉ॰ सुनन्दा पाठक, सम्प्रति दिल्ली विश्वविद्यालय के माता सुन्दरी कालेज के संगीत विभाग में सीनियर रीडर के पद पर कार्यरत हैं। डॉ॰ सुनन्दा पाठक अपने आपको गुणियों के बीच में विचार रखने में असमर्थ पाती है, किन्तु फिर भी शुद्ध-छायालग एवं संकीर्ण रागों के बारे में उनके विचार इस प्रकार हैं–

मूल राग रूप को यथावत् रखते हुए, जब उनमें कुछ भिन्न स्वर समुदायों (अंगों) को लेकर परिवर्तन किए जाते हैं, तब उसके प्रकार सम्भव होते हैं। जैसे-तोड़ी अंग में गुर्जरी, बिलासखानी, भूपाली आदि। तोड़ी के मूल स्वरों को अलग-अलग स्वर समुदायों के साथ गाने-बजाने से ये रूप बनते हैं अर्थात् इनमें अन्य रागों के स्वरों के साथ तोड़ी प्रबल है, जैसे–भूपाल तोड़ी इस राग में मूल स्वरावली भूपाली की होते हुए स्वरों की कोमल अवस्था को तोड़ी की तरह लिया गया है। कुछ सैद्धान्तिक आधार के साथ, राग के चलन में दोनों ही रागों का चलन दृष्टिगोचर होता है, अतः इसे मिश्र अथवा संकीर्ण राग कहा जा सकता है। इस प्रकार के रागों की रचना दो या दो से अधिक रागों के मिश्रण से बन सकती है। इन राग प्रकारों के उदाहरण प्राचीन काल में भाषा-विभाषा-अंतरभाषा के रूप में भी दृष्टिगोचर होते हैं। ये सभी ग्राम रागों से (मूल) उत्पन्न प्रकार है। जहाँ तक छायालग रागों का प्रश्न है, जब मूल रागों में अन्य रागों के अंग की छाया आती है। तब उन्हें छायालग राग से सम्बोधित किया जाता है। इसे आधुनिक प्रचलित विलावल के प्रकारों में स्पष्ट रूप से देखा जा सकता है। इसी प्रकार अन्य कई रागों से इसका परिचय मिलता है।

अत्यंत विशाल तथा समृद्ध राग परम्परा, अति प्राचीन काल, अर्थात् मतंग के पूर्व से प्रचलित है। परिवर्तन तथा परिवर्धन मानव विकास के मन का परिचायक है। जिस प्रकार समाज में प्रतिष्ठा स्थापन हेतु किसी व्यक्ति को तन, मन, धन से जूझना पड़ता है, और फिर वह प्रतिष्ठा पाता है उसी प्रकार राग की नवीन निर्मिती को यदि सैद्धान्तिक आधार तथा उसके प्रचार-प्रसार में कलाकार अपना दृष्टिकोण संकुचित न रखते हुए उस राग को प्रतिष्ठित करने का प्रयास करता है, तो समृद्ध शिष्य परम्परा द्वारा उसे जीवित रखा जा सकता है, और राग प्रतिष्ठित हो सकता है। हमारी प्राचीन धरोहर भी क्रमशः विकास का परिणाम है।

राग विकास के साथ-साथ इस प्रकार की श्रेणी के रागों का प्रचलन बढ़ता गया, जो मध्यकाल में अपने पूरे विकास पर था। अमीर खुसरो के पश्चात् कई संगीत ग्रन्थों में इस प्रकार के रागों का उल्लेख प्राप्त होता है। मध्यकालीन ग्रन्थकारों में ये राग प्रकार, वर्गीकरण की पद्धति के रूप में प्रचलित थे। संगीत मकरंद, संगीत दर्पण, रागदर्पण, राग तरंगिणी आदि ग्रन्थों में छायालग संकीर्ण नाम से रागों का उल्लेख पाया जाता है।

इन रागों का विस्तार करते समय इस बात की ओर ध्यान देना आवश्यक है कि घटक रागों के स्वरों का लगाव कैसा है। राग में किन स्वरों के न्यास से राग रूप प्रस्फुटित होता है। घटक रागों का विस्तार किन सप्तकों में अधिक है। उसी के अनुसार उसके वादी, संवादी, निश्चित होने चाहिए तथा सही अनुपात में उनका प्रयोग होना चाहिए। रागों का मिश्रण रागों में प्रयुक्त होने वाली स्वर संगतियों पर आधारित होना चाहिए। उनके सही लगाव के साथ मिश्रण इस प्रकार होना चाहिए मानों अखंड तेल की धारा बह रही हो। रागों का विस्तार, टुकड़े-टुकड़े जोड़कर ना किया गया हो। मिश्र राग दो रागों के मिश्रण को भी कहा जा सकता है, किन्तु संकीर्ण राग दो से अधिक भी हो सकते हैं, अतः उनका चलन भी घटक रागों के अनुसार संकीर्ण हो सकता है। छायालग संगीर्ण रागों का गायन समय, नामकरण, जाति आदि राग में प्रयुक्त होने वाले मूल राग के आधार पर होना चाहिए, ऐसा मुझे प्रतीत होता है।

अतः साक्षात्कार के इस अध्याय में संगीत जगत् के अधिक से अधिक वर्ग (गायक, वादक, वाग्येयकार, संगीतकार, अध्यापकगण) के कलाकारों के मत को प्रस्तुत करने का प्रयत्न किया है।

प्रस्तुत वर्गीकरण को प्रायः सब कलाकार मानते हैं तथा इसके वर्तमान अस्तित्व को मान्यता भी प्रदान करते हैं; किन्तु प्रचलित रागों को किस विशिष्ट वर्ग में स्थान दिया जाना चाहिये इसमें मतभेद है। यह विभिन्नता स्वाभाविक एवं अनिवार्य हैं। आधुनिक हिन्दुस्तानी संगीत अधिकांशतः घराने व विभिन्न परम्पराओं पर व्यवस्थापित है। घराने विभिन्न प्रदेशों पर आधारित हैं। देशी संगीत जो कि प्रत्येक प्रान्त, प्रदेश एवं लोकरुचि के अनुसार परिवर्तित रूप को प्राप्त होता है, उसके रागों का चलन तथा कुछ अंश तक उनका स्वरूप व नाम भी विभिन्नता को प्राप्त होता है।

इस प्रकार कुछ विद्वानों के मत के अनुसार जो शुद्ध व छायालग राग

के वर्गीकरण में आयेंगे वे अन्य विद्वानों के अनुसार संकीर्ण वर्ग में आ सकते हैं। पर मुख्य वर्गीकरण-शुद्ध अथवा मूल राग जिन्हें संस्थान, मेल जनक राग अथवा थाट भी कह सकते हैं। छायालग अथवा अल्प छाया, कुछ अंश या अंग या किसी मूलभूत राग पर स्वाभाविक रूप से पड़ जाना एवं संकीर्ण अर्थात् दो या दो से अधिक रागों का सूक्ष्म या स्थूल रूप से मिश्रित होना यह तथ्य सदैव ही विद्यमान रहेगा। यह मूल तत्त्व हमें विश्व के समस्त सृष्टि में मूर्तिमान है। जहाँ शुद्ध रूप है वहाँ मिश्रित रूप का प्राप्त होना अनिवार्य है।

लेकिन मिश्रण या छाया उसी परिमाण में होना चाहिए, जिससे राग, रंजकता तथा रक्तिगुण की वृद्धि हो। रंगों में लाल व नीले रंग का निश्चित परिमाण में मिश्रण किया जाये तो मनमोहक बैंगनी रंग प्राप्त होगा यदि किसी भी रंग का परिमाण अनुपाततया विशिष्ट रंजक गुण के अल्प परिवर्तन से एक मिश्रित रंग तो प्राप्त होगा पर उसमें वह जामुनी मनमोहकता नहीं होगी। यही रागों के मिश्रण में है। राग में कुछ ऐसे अंश होने चाहिये जिनको कि कुशलतापूर्वक ऐसे अनुपात में मिलाना चाहिये कि श्रोता व गायक दोनों के चित्त को वह राग आकर्षित करें। हमारे प्राचीन गायक कलाकार एवं शास्त्रज्ञ ऐसे ही रागों की रचना की अनुमति देते हैं तथा प्रचलित रागों का सौन्दर्य व रंजकता इसी तथ्य को प्रमाणित करता है। पं॰ व्यंकटमुखी ने गणित के अनुसार 72 संभव मेलों का निर्माण किया पर सब मेल या उनमें से जन्य सब रागों के प्रचलन की सहमति नहीं दी। रागों में स्वर संवाद, समय का प्रतिपालन, पूर्वांग व उत्तरांग की प्रबलता तथा आरोह या अवरोह में से किस स्थान पर किस अनुपात में किन स्वर समूहों का मिश्रण या छाया दिखा सकते हैं। मिश्रण या दर्शन हो, यह सब विचार पूर्वक नियम बद्ध रूप से करने की अनुमति दी गई है। ऐसे राग, वह भी संकीर्ण राग कई हैं जो अधुना अप्रसिद्ध व अप्रचलित हैं, उनको प्रथम गाने का प्रयत्न होना चाहिए।

कई आधुनिक विद्वानों ने मिश्रित रागों का नव-निर्माण किया है तथा उनको प्रचलित भी कर रहे हैं तथा अन्य विद्वान पुराने अप्रचलित मिश्रित व संकीर्ण रागों का पुनः प्रचलन करने की चेष्टा कर रहे हैं। नवनिर्मित राग अधिकांशतः संकीर्ण वर्ग में ही आ सकते हैं क्योंकि प्रायः सम्पूर्ण संभव शुद्ध रागों की गणना पूर्व प्रसिद्ध विद्वानों ने गणित द्वारा कर दिखाई है। नव-निर्मित रागों का समय निर्धारण, संवाद स्थापना तथा मिश्रण के अनुपात में सामान्य

नियमों का निर्माण अभी सम्पूर्ण रूप से नहीं हुआ है। इस प्रकार हम देखते हैं कि वर्तमान कलाकारों का अभी इस वर्गीकरण के सम्बन्ध में मतैक्यता नहीं है। इसका एक कारण ऐतिहासिक एवं सांस्कृतिक परिस्थितियों का परिवर्तन व उथल-पुथल भी है। हमारा प्राचीन संगीत अन्य देशों के संगीत की अपेक्षा अधिक सुसम्बद्ध तथा लक्षण बद्ध, शास्त्रीय नियमों के पालन में एकरूपता के लिये प्रसिद्ध था।

प्राचीन ग्रन्थों के अध्ययन से यह विदित होता है कि प्रत्येक प्रकार का संगीत, चाहे वह मार्गी हो या देशी, वैदिक अथवा लोकिक, नाट्य-प्रयुक्त हो या यज्ञ व तन्त्र योग साधना में प्रयुक्त हो, यहाँ तक कि जनसाधारण के मनोरंजन हेतु सर्व-साधारण सामान्य धुनों तक के लिये एक नियम के अन्तर्गत ही आता था। अपवादों के लिये भी पृथक् स्थान था। लेकिन समय के साथ विदेशी आक्रमण व उनके प्रभाव से इस सांस्कृतिक उन्नतिशील शास्त्री का विकास रुक ही नहीं गया, अपितु उसका ह्रास भी हो गया। जहाँ मतंग, शार्ङ्गदेव, अहोबल जैसे महान शास्त्रकार तथा कुशल गायक गोपाल नायक आदि वाग्गेयकार के हाथों में संगीत था, वहाँ से उसका सम्बन्ध विच्छिन्न होकर केवल मौखिक परम्परा पर आश्रित हो गया। संगीत एक ऐसा विषय है जो कि मौखिक परम्परा पर ही विशेषतः आश्रित होता है पर उसको समझने व एक नियम के अन्तर्गत रखने का कार्य शास्त्र ही कर सकता है। अतएव कुशल संगीतकार एवं वाग्गेयकार के गुणों में शास्त्र का होना आवश्यक हो जाता है।

मौखिक परम्परा के संगीत में संस्कृत भाषा की अज्ञानता के कारण बाह्य प्रभाव व विदेशी तत्वों का समावेश व प्राचीन नियमों की जटिलता के कारण उनमें परिवर्तन का होना अनिवार्य था। इस प्रकार कई सांगीतिक तत्व व पारिभाषिक शब्दों का तात्पर्य व पालन का लोप हो गया।

प्राचीन संगीत के पारिभाषिक शब्द नियम, तत्वों का वर्गीकरण कुछ सीमा तक हम आधुनिक संगीत में पाते हैं। पर उनका यथार्थ रूप क्या हो सकता है यह निश्चित रूप से प्रमाणित नहीं किया जा सकता। जहाँ तक प्रस्तुत राग वर्गीकरण-शुद्ध, छायालग एवं संकीर्ण रागों के सम्बन्ध में संक्षिप्त रूप से सारांश में ग्रन्थों का पुनरावलोकन करते हुए निम्नलिखित विवरण दे सकते हैं।

शुद्ध-छायालग एवं संकीर्ण वर्गीकरण रागों के सम्बन्ध में आया है। रागों

का उद्गम स्थान जातियों से माना गया है। ''जाति संभूतत्त्वाद्-रागम्'' (भरत) जातियों में यही वर्गीकरण शुद्धा, विकृत व संसर्गज, (संकर) रूप में विद्यमान था। यह मत भरत तथा दत्तिल का है। याष्टिक, मतंग के मत में राग गीति से उत्पन्न भाषा गीति में चार प्रकार का वर्गीकरण मूल, देशज, छाया व संकीर्ण रागों का उल्लेख है। इसमें मूल राग शुद्ध राग के लिये आता है। जिनका उल्लेख पहले ही किया जा चुका है। संगीत मकरन्द में नारद के अनुसार शुद्ध-छायालग एवं संकीर्ण रागों के वर्गीकरण एवं परिभाषा भी दिया जा चुका है। मतंग के बाद उनके समय तक इनका देशी रागों में प्रयुक्त होना प्रदर्शित होता है। संगीत मकरंद में छायालग को सालग व सारंग भी कहा गया है। उनके अनुसार शुद्ध राग बसन्त, रामक्रिया, शुद्ध वराटी, शुद्ध हिंदोल, शुद्ध बहुली आदि है। छायानटी, छाया गौड़ी, सालंग भैरवी, सारंग बहुली आदि छायालग राग हैं। संकीर्ण रागों में मिश्र नाटी, मालव गौड़, बसन्त भैरवी, मालव कैशिकी आदि हैं।

शार्ङ्गदेव ने याष्टिक के मतानुसार चार प्रकार के अन्तरभाषा (भाषा उत्पन्न) रागों के वर्गीकरण को माना है।

चतस्रोऽन्तरभाषास्युः शार्ङ्गदेवस्य शार्ङ्गः॥43॥[1]

भाषा मुख्यास्वराख्या च देशाख्या स्वराख्या चोपरागजा॥

अर्थात् इन्होंने संकीर्ण को 'स्वराख्या' की तथा छाया को 'उपरागजा' की संज्ञा दी है। इसके साथ ही याष्टिक के मत को भी उद्धृत किया है। (श्लोक नं॰ 45 ये श्लोक कल्लिनाथ के मत में दिया है)

इनके शुद्ध राग सौवीरी, भैरवी, कोलाहल आदि हैं। छायालग-छायानट्ट, छाया बेलाबली, छायातोड़ी आदि। संकीर्ण राग सैन्धवी बराटी, भम्मण पंचम, टक्क कैशिकी आदि। शार्ङ्गदेव के पश्चात् अन्य ग्रन्थों में विशेषकर मध्यकालीन संस्कृत ग्रन्थ, फारसी व लोक भाषा के ग्रन्थों में भी यह वर्गीकरण पाया जाता है।

रागतरंगणी में भी हमें इस वर्गीकरण के बारे में मिलता है-

शुद्ध शालग संकीर्ण धातुनातु विभेदतः।

देश भाषा विभेदाच्च रागसंख्या च विद्यते॥

अर्थात् शुद्ध, सालग व संकीर्ण रागों की संख्या देश भाषा, धातु मातु द्वारा निर्धारित होती है।

तोहफत्-उल-हिन्द ग्रन्थ में शुद्ध-छायालग एवं संकीर्ण का वर्णन है।

इसमें विशेष बात यह है कि इसमें शुद्ध–छायालग एवं संकीर्ण का वर्णन तो मिलता है लेकिन इसमें शुद्ध–महाशुद्ध, संकीर्ण एवं महासंकीर्ण भी हैं। इसमें ये बताया है कि केवल शुद्ध स्वरों के द्वारा जो शुद्ध राग बनता है उसको महाशुद्ध राग कहा गया है। विकृत स्वरों के द्वारा भी तो शुद्ध राग बनता है वो केवल शुद्ध राग है। इसमें शुद्ध राग तोड़ी माना है व महाशुद्ध कान्हड़ा व सारंग बताये हैं। इसी प्रकार संकीर्ण में छायालग, शुद्ध तीनों को मिलाने से सामान्य संकीर्ण हैं और बहुत सारे संकीर्ण रागों द्वारा जिसका निर्माण हो, वह महासंकीर्ण है। छायालग को ही लोकभाषा में सालंग कहते हैं। इस प्रकार हम देखते हैं कि शुद्ध–छायालग एवं संकीर्ण की कल्पना चलती आ रही है।

अब वर्तमान युग में शुद्ध राग जिनका अपना अलग अस्तित्व तथा विशिष्ट स्वरूप है उनको मान सकते हैं। मूल राग अर्थात् 12 स्वरों में से किन्हीं सात स्वरों के शुद्ध व विकृत रूप के प्रयोग से निर्मित रागों को शुद्ध राग मानें तो उनसे आविर्भूत षाडव या औडव रूप प्रकार के रागों को छायालग मानना उचित जान पड़ता है। क्योंकि जन्य राग में जनक राग की छाया आना स्वाभाविक है। जैसे–कल्याण की छाया भूपाली, शुद्ध कल्याण में तो आती ही है, कामोद, केदार, गौड़ सारंग, छायानट आदि में भी आती है। परन्तु इनमें शुद्ध मध्यम का बहुलता से किया हुआ प्रयोग कल्याण से अलग भी करता है। इस प्रकार इनमें कुछ संकीर्ण राग का प्रभाव भी आ रहा है। आधुनिक रागों के कुछ ऐसे रागेतर स्वरों का प्रयोग भी विवादी के नाते रञ्जकत्व देने के लिये अल्प प्रयोग में आरम्भ किया जाता है, पर वे ही स्वर उनके स्थायी स्वर भी बन जाते हैं। जैसे बिहाग का तीव्र मध्यम। संकीर्ण राग जैसे पूरिया कल्याण, पूरिया धनाश्री, बसन्त बहार, भैरव, बहार, कामोद, नट आदि हैं पर रागों में मिश्रण करने की प्रथा व रागों के नव निर्माण की ओर वर्तमान संगीतकार अधिक उत्सुकता दिखा रहे हैं।

संगीत में समयानुसार परिवर्तन तथा परिवर्धन होना तो वांछित है पर सीमाबद्ध विकास ही अधिक वांछनीय है। किसी भी विषय में अति सर्वथा वर्जनीय है। संगीत इसमें अपवाद रूप नहीं हो सकता। अन्यथा भारतीय संगीत की अपनी विशिष्टता व प्राचीनता का स्वयंसिद्ध अधिकार का ह्रास होना सम्भाव्य है जो कि अवश्यमेव अवांछनीय है।

छायालग तथा संकीर्ण का अस्तित्व शुद्ध या मूलतत्त्व पर ही आश्रित है, इनका अस्तित्व या आधार भी शुद्ध राग है। शुद्ध रागों के अस्तित्व को ही

यदि मिटा दिया जाये, मूल अर्थात् जड़ को ही नष्ट कर दिया जाये तो हमारा संगीत बिना नींव के भवन सदृश्य शक्तिहीन व प्रभावरहित हो जायेगा। इस आधारभूत तत्व को समझ कर उठाया गया प्रत्येक कदम तथा की गई हर चेष्टा हमें उज्ज्वल भविष्य की ओर अग्रसर करेगी।

प्रसिद्ध विद्वान, कलाकारों के मतानुसार यह तथ्य सर्वमान्य है तथा आशा है कि हमारा संगीत ऐसे ही कलाकारों के दक्ष हाथों और अधिक विकसित होगा।

राग का उद्गम भरत के नाट्यशास्त्र से पूर्व ही हमें ग्राम रागों के नाम से, हरिवंश पुराण, रामायण काल आदि में मिलता है। भरत के समय ग्राम रागों का प्रचलन था। पर उनका विषय नाट्यशास्त्र एवं ध्रुवागान से सम्बद्ध होने के कारण उन्होंने जातियों को ही महत्त्व दिया।

शुद्ध-छायालग एवं संकीर्ण रागों का उद्भव जातियों के तीन प्रकार के वर्गीकरण से ही माना जा सकता है। जातियों में शुद्ध, विकृत एवं संसर्गजा अथवा संकर जातियों का वर्गीकरण ही इसका उद्गम स्थान कहा जा सकता है। मतंग के बृहद्देशी में सर्वप्रथम रागों का स्पष्ट विवरण परिभाषा सहित प्राप्त होता है। उन्होंने याष्टिक का मतोल्लेख करते हुए प्रस्तुत वर्गीकरण के अस्तित्व की स्थापना की है तथा रागों के नाम भी दिए हैं।

याष्टिक के अनुसार भाषाराग के अंतर्गत उपर्युक्त राग वर्गीकरण शुद्ध-छायालग एवं संकीर्ण प्राप्य हैं। शुद्ध के लिए मूल राग की संज्ञा दी गई है। शुद्ध रागों की तुलना प्रायः मूल राग, प्रधान राग, थाट, मेल या जनक राग से की जा सकती है।' शुद्ध रागों की छाया जिन अन्य रागों पर पड़े, उन्हें छायालग राग कह सकते हैं। संकीर्ण राग उन संकुचित स्वरूप वाले मिश्र रागों को कह सकते हैं। जो कि दो या दो से अधिक रागों के मिश्रण से बने हों। नव निर्मित रागों को संकीर्ण रागों के वर्ग में रखना अधिक उचित है।

इसके उपरान्त शुद्ध-छायालग एवं संकीर्ण रागों की परिभाषा एवं लक्षणों में समय के साथ परिवर्तन तो आया ही इनकी व्याख्या भी की गई है। जैसे-

संगीत मकरन्द के अनुसार शुद्ध राग वे हैं जिन्हें प्रारम्भ से अन्त तक बिना किसी मिश्रण से गाया जाता है तथा छायालग रागों में प्रारम्भ के बाद मध्य में किसी राग की छाया आती है। तथा तदुपरान्त पुनः राग की अपनी ही छाया रहती है।

संकीर्ण का अर्थ नारद ने दूसरे रागों का मिश्रण सम्पूर्ण राग में दिखाया

है। संगीतरत्नाकर के अनुसार जो अपने मूल जाति का अनुकरण करते हैं और अन्य जातियों के रागों के नियमों का पालन नहीं करते वे राग शुद्ध हैं।

संगीतरत्नाकर के अनुसार जिस राग में दूसरे रागों की छाया आती है। वह छायालग है तथा संकीर्ण राग, अनेक रागों के मिश्रण के कारण जिसका चलन संकीर्ण है।

आधुनिक काल में भातखंडे जी के अनुसार भी शुद्ध राग वे हैं, जो शास्त्रोक्त नियमों का पालन करते हुए रंजकता का पोषण करते हैं। छायालग एवं संकीर्ण अन्य ग्रन्थों के समान ही हैं।

इस प्रकार शुद्ध, छायालग एवं संकीर्ण रागों में अधिक परिवर्तन नहीं आया है। किन्तु राग वर्गीकरण में परिवर्तन होने के कारण संकीर्ण रागों की परिभाषा में परिवर्तन आया है। यह भी दो या दो से अधिक राग एक ही थाट के अथवा दो विभिन्न थाटों से उत्पन्न रागों के मिश्रण से हो सकता है।

छायालग राग में उन रागों से मिलते-जुलते अंश की ही छाया आ सकती है अथवा वह छाया राग से अलग दिखाई देगी। छायालग राग का अर्थ कदापि विवादी स्वरों का मेल या आविर्भाव था, तिरोभाव नहीं है। लेकिन दूसरे रागों की छाया पूर्ण रूप से छायालग रागों का निर्माण करती है।

आधुनिक शास्त्रीय संगीत में संकीर्ण वर्ग के रागों के अन्तर्गत कई नये रागों का निर्माण हो रहा है। जो कि वांछनीय नहीं है।

कई विद्वानों के मत के अनुसार प्राचीन मिश्रित रागों का ही गायन अधिक उचित है। उनका कहना है कि पहले पुराने रागों का अभ्यास करो फिर नवनिर्माण करो। कई आधुनिक विद्वानों ने कई रागों का नव-निर्माण किया है। उनका चलन, समय निर्धारण, नाम आदि यथासम्भव शास्त्रों के अनुसार ही होना चाहिए। परम्परागत चीजों का कभी भी हनन नहीं होने देना चाहिए, चाहे भले ही उसमें थोड़ी हेर-फेर की जाए। उस्ताद हफीज अहमद जी के विचार में जैसा कि लाल गुलाब का जो मौलिक रंग है वह ही लाल है। केमिकल डालकर भले ही आज हम कितने ही रंग बना लें, परन्तु जब गुलाब का नाम आता है तो लाल रंग ही सामने आता है। वैसे ही ठीक यहाँ कहा जा सकता है कि रंजकता के लिए हम थोड़ा बहुत बदल कर सकते हैं लेकिन सिद्धान्तों को कभी नहीं छोड़ना चाहिए। राग का प्रधान गुण रंजकत्व तथा स्वर संवाद को ध्यान में रखकर ही रागों का निर्माण होना चाहिए।

आधुनिक काल में यह वर्गीकरण कुछ अव्यक्त सा हो गया क्योंकि कई शुद्ध रागों में भी विवादी स्वरों का प्रयोग रक्तिगुण प्रदान करने के लिये किया जाता है।

प्रारम्भिक अवस्था में यह केवल देशी रागों में या भाषा राग से उत्पन्न रागों में प्रयुक्त होता था। आधुनिक काल में जातिगायन एवं मार्गी (प्राचीन) संगीत का विलोप होने के कारण यह वर्गीकरण विशिष्ट अर्थ में या अक्षरशः पालन न होने पर भी यह संगीत में प्रच्छन्न रूप से विद्यमान है, यह कह सकते हैं।

–डॉ. भारती शर्मा
विभागाध्यक्ष संगीत विभाग
महर्षि दयानन्द विश्वविद्यालय
रोहतक

भारतीय शास्त्रीय संगीत में स्पर्श अथवा कण स्वरों का महत्त्व

भारतीय शास्त्रीय संगीत का घटक राग है, जिसे रागदारी संगीत भी कहा जाता है। राग संगीत में मानव के आन्तरिक भावों को व्यक्त करने की क्षमता है। विभिन्न प्रकार के भावों व रसों की अभिव्यक्ति भिन्न-भिन्न स्वर समूहों द्वारा होती है। पं. ओंकार नाथ ठाकुर के अनुसार रसों का आविर्भाव केवल स्वरों का तीव्र या कोमलादि अवस्था पर ही निर्भर नहीं है, अपितु सप्तक भेद, उच्चार-भेद, लय-भेद, स्पर्श-भेद, गमकादि प्रयोग भेद-ऐसी बहुत सी बातों पर अवलंबित है। स्पर्श स्वरों का महत्त्व केवल रंजकता बढ़ाने तक ही सीमित नहीं है किन्तु ये राग-निदर्शक भी हैं। एक ही स्वरावलि होते हुए भी भिन्न-भिन्न ठहराव व भिन्न-भिन्न स्पर्श अथवा कर्ण स्वरों से राग परिवर्तित हो जाता है।

'स्पर्श' का सामान्य अर्थ है छूना तथा कण का अर्थ है जर्रा अथवा अत्यल्प या अतिसूक्ष्म। सांगीतिक अर्थ में स्पर्श का अर्थ है - मूल स्वर पर किसी अन्य स्वर की सूक्ष्म ध्वनियों अथवा श्रुतियों को छूना अर्थात् स्पर्श अथवा कण स्वर का अर्थ शास्त्रीय संगीत में किसी आगे या पीछे के स्वरों की अतिसूक्ष्म ध्वनियों को छूना है। यदि किसी राग में कोई स्वर आन्दोलित है तो अन्य स्वर का एक से अधिक बार स्पर्श किया जाता है। संगीत में कण दो प्रकार के हैं - पूर्वलग्नकण, अनुलग्न कण

1. **पूर्वलग्न कण** - जब मूल स्वर गाने-बजाने से पहले अन्य स्वर का स्पर्श किया जाये, तो उसे पूर्वलग्न कण कहते हैं।

2. **अनुलग्न कण** - जब मूल स्वर पर पहले प्रहार करके बाद में अन्य स्वर को छुआ जाता है, उसे अनुलग्न कण कहते हैं। यानि षड्ज पर ऋषभ का कण और ऋषभ पर गांधार का कण। 'ध्वनि और संगीत' नामक पुस्तक में ललित किशोर सिंह ने पूना के असरेकर जी के स्वरों का वर्णन करते हुए

कोमल, अति कोमल व अति–अति कोमल स्वरों का प्रयोग विभिन्न रागों में बताया है जो केवल स्पर्श अथवा कण स्वरों द्वारा ही सम्भव है।

गुरु परम्परा में घराने की गायकी का भेद कुछ स्वरों के प्रयोग व स्वर लगाव पर भी निर्भर करता है जो दक्ष गायक ही कर सकते हैं। किसी घराने में भैरव राग का कोमल ऋषभ व धैवत अति कोमल लगता है तो किसी में अति अति कोमल। अर्थात् भैरव में कोमल ऋषभ पर षड्ज तथा कोमल धैवत पर पंचम की श्रुतियों का स्पर्श करते हुए आन्दोलन करते हैं। राग भैरव के स्वरों के समरूप अन्य राग हैं कालिंगड़ा, जिसमें ऋषभ व धैवत आन्दोलित न होकर खड़े स्वर लगते हैं। इस प्रकार स्पर्श स्वरों के कारण राग अलग–अलग हो जाते हैं। राग गौरी, जोगिया, गुणकली में भी कोमल ऋषभ भैरव की तरह अति कोमल नहीं है। राग दरबारी कानड़ा न अड़ाना समान स्वरों वाले राग हैं। लेकिन भिन्न हैं। दरबारी में अति–अति कोमल गंधार प्रयुक्त होता है। जो शुद्ध ऋषभ की ओर अवरोहित है यानि शुद्ध रे को स्पर्श कर कोमल गांधार स्वर अति–अति आन्दोलित किया जाता है। अड़ाना राग का कोमल गांधार उतना आन्दोलित नहीं है। इसमें कोमल गांधार पर मध्यम स्वर का कण लिया जाता है। इसी प्रकार नायकी 'कानड़ा' राग में भी कोमल गांधार पर मध्यम स्वर का कण लिया जाता है।

राग मेघमल्हार और मधुमाद सारंग भी समान स्वरों के राग हैं। मेघमल्हार में शुद्ध ऋषभ पर मध्यम का कण लेते हुए आन्दोलन किया जाता है जबकि मधुमाद सारंग में शुद्ध ऋषभ पर मध्यम स्वर का स्पर्श मात्र किया जाता है। इसी प्रकार पंचम पर कोमल निषाद का कण लेकर आन्दोलन किया जाता है लेकिन मधुमाद सारंग में सीधा पंचम व निषाद लगाते हैं।

राग भैरवी, कोमल ऋषभ आसावरी और बिलासखानी तोड़ी, इन तीनों रागों के स्वर समान हैं लेकिन स्पर्श अथवा कण स्वरों के कारण ये भिन्न–भिन्न हो जाते हैं। भैरवी में कोमल ऋषभ व धैवत खड़े लगते है यानि आन्दोलित न होकर किसी अन्य स्वर को स्पर्श किए बिना लगाए जा सकते हैं। कोमल ऋषभ आसावरी में 'रे' षड्ज की ओर झुकी नहीं है। रे पर मध्यम का कण तथा धैवत कोमल पर कोमल निषाद कभी पंचम का कण लेते हैं। बिलासखानी तोड़ी में कोमल ऋषभ पर कोमल गांधार का कण लेकर तोड़ी अंग को स्पष्ट करते हैं।

कुछ अन्य रागों में अन्य स्वरों के स्पर्श अथवा कण प्रयोग किए जाने

पर राग भेद के अतिरिक्त रंजकता में भी वृद्धि होती है तथा वह स्वर समूह रागवाचक भी होते हैं। जैसे राग

–जैजैवन्ती निसधनि $^{\text{रे}}$ग / शुद्ध ऋषभ पर शुद्ध गांधार का कण।

–शंकरा ^{प}ग प, ^{ध}नि सं नि, / 'ग प $^{\text{रे}}$ग सा' आरोह में गांधार पर पंचम, शुद्ध निषाद पर धैवत का कण तथा अवरोह में गांधार पर ऋषभ का कण।

–हंसध्वनि – ग प ^{ग}रे – स / गांधार व षड्ज के बीच में ऋषभ का प्रयोग

सा $^{\text{रे}}$ग प ^{स}ध स;

–शुद्ध कल्याण – 'प^{म} ग रे स' / पंचम व गांधार के बीच अवरोहात्मक रूप में तीव्र मध्यम का प्रयोग तथा ऋषभ पर गांधार का और धैवत पर षड्ज का कण तथा पंचम व गंधार के बीच अवरोहात्मक रूप में तीव्र मध्यम का प्रयोग।

–बिहाग – ऩि स ग, ग म ग ^{म}प / शुद्ध गांधार से पंचम पर जाते हुए शुद्ध मध्यम का प्रयोग। तथा गंधार के साथ पंचम का कण, निषाद व पंचम के बीच धैवत का तथा गांधार षड्ज के बीच ऋषभ का स्पर्श अवरोहात्मक रूप में प्रयोग ^{प}गप/ग–रेस; नि–^{ध}प

–जोग में 'सा ग म, ^{स}गस' कोमल गांधार पर षड्ज का कण राग वाचक व रक्तिदायक प्रतीत होता है।

सारंग, देस, सूर–मल्हार आदि रागों के ऋषभ पर मध्यम स्वर का स्पर्श अथवा कण लिया जाता है।

–केदार राग में रंजकता बढ़ाने के लिए शुद्ध गांधार का अल्प प्रयोग मध्यम पर कण के रूप में किया जाता है।

–मुलतानी राग में कोमल गांधार पर तीव्र मध्यम का कण लिया जाता है।

–मधुवन्ती में कोमल गांधार पर मध्यम का और ऋषभ पर षड्ज का कण लिया जाता है/ 'म॑ग$^{\text{सा}}$रेसा'।

'मारु बिहाग' में भी ऋषभ पर षड्ज का कण लेते हैं / प, म॑ ग, म॑ग $^{\text{सा}}$रे, सा'

–राग हमीर में शुद्ध धैवत पर निषाद का कण लिया जाता है जो रागवाचक भी है 'गम $^{\text{नि}}$ध, निस $^{\text{नि}}$ध, प'

–राग दुर्गा में ऋषभ पर मध्यम का, और धैवत पर षड्ज का/'सा ^{म}रे

म प $^{\text{सा}}$ध सां' तथा मन्द्र में ऋषभ का कण लेते हुए धैवत का प्रयोग करते हैं '$^{\text{रे}}$ध़ सा'।

–राग छायानट का अवरोह करते हुए धैवत पर निषाद आरोह में ऋषभ पर षड्ज का, गांधार पर ऋषभ का, मध्यम पर गांधार का कण लेते हैं सा, ^{स}रे ^{स}रे, ग $^{\text{रे}}$ग, ^{ग}म ^{ग}म, प, का पंचम पर तीव्र मध्यम का तथा ऋषभ पर पंचम का कण लेते हैं/ सं $^{\text{नि}}$ध $^{\text{मे}}$प, ध म प, प ^{प}रे

इस प्रकार कण स्वर से मुख्य स्वर की शोभा तो बढ़ती ही है, साथ ही साथ राग स्वरूप भी स्पष्ट होता है स्वरलिपि में कण स्वर को मुख्य स्वर के ऊपर लिखते हैं जब एक स्वर को दो तीन बार गाया बजाया जाता है तो उसे आन्दोलन कहते हैं।

भारतीय शास्त्रीय संगीत में सौन्दर्य मूलक तत्त्व यानि विभिन्न अलंकरणों की बहुत उपयोगिता है। मींढ, गमक, खटका, मुर्की, गिटकड़ी इत्यादि द्वारा राग प्रस्तुतिकरण को भावोत्पादक बनाया जाता है। प्रमुख स्वर पर अन्य स्वरों के स्पर्श अथवा कण द्वारा विभिन्न अलंकरणों के स्वर माधुर्य में वृद्धि होती है।

अतएव संक्षेप में कहा जा सकता है कि स्पर्श अथवा कण स्वरों द्वारा गूढ़ अनुभूतियों का स्पन्दन रहता है। कलाकार राग को केवल सौन्दर्य बोध पूर्ण, रसात्मकता कलात्मकता भावाभिव्यक्ति का रूप प्रदान नहीं करता बल्कि स्पर्श अथवा कण स्वरों द्वारा राग रूप भी स्पष्ट करता है।

–प्रो. सरोज घोष
संगीत विभाग
पंजाब विश्वविद्यालय
चण्डीगढ

वाग्गेयकार के रूप में:- पं. विष्णु नारायण भातखंडे
(रचना प्राप्ति एवं रचना निर्मिति)

हिन्दुस्तानी शास्त्रीय संगीत हिन्दुस्तानी धरा की धरोहर है, जिसका पोषण कर, संभालकर ले जाने का श्रेय उन संगीतज्ञों को जाता है, जिन्होंने इस अमूल्य परंपरा को शास्त्र एवं क्रियात्मक रूप में उत्तरोत्तर विकसित पीढ़ी को सौंपने का दुरूह कार्य किया। पं. भातखंडे का योगदान इस यज्ञ में प्रतिष्ठित संगीत साधकों में आता है। सामान्य रूप से देखा जाय तो संगीत जगत की दृष्टि में पं. भातखंडे एक शास्त्रवेत्ता, संकलनकर्ता तथा संपादनकर्ता के रूप में जाने गए, जिन्होंने पिछले सैंकड़ों वर्षो में रचे गए शास्त्रों से प्राप्त अछोप अप्रचलित एवं लगभग खो गयी संगीत सामग्री का संग्रहण कर उसे सुसम्बध रूप में संगीत जगत के समक्ष प्रस्तुत किया। इस तरह की प्रस्तुति से पूर्व उन्होंने समस्त भारत में बिखरे ग्रंथों का गूढ़ अध्ययन किया, जिन पर मनन व मंथन के आधार पर वे कुछ ऐसे प्रामाणिक लेखन के पथ की ओर अग्रसर हुए जहाँ संगीत जगत को उनके प्रति नतमस्तक होना पड़ा। भातखंडे जी द्वारा लिखित ग्रंथों एवं पुस्तकों की जानकारी संगीत जगत से जुड़े प्रत्येक व्यक्ति को है और यहाँ तक कि उनके समवर्ती एवं परवर्ती विद्वानों तथा शोधार्थियों ने उनके कार्यो पर सहमति के साथ -साथ कुछ प्रश्नचिह्न भी अंकित किए हैं हालाँकि मूल विषय से यह पंक्ति कुछ भिन्नता रखती है और इधर मूल विषय पं. भातखंडे द्वारा रचित रचनाओं के विशेष संदर्भ में हैं जिसके अन्तर्गत उनके द्वारा रचित विभिन्न गायन शैलियों (विशेषतः ध्रुवपद, खयाल एवं सादरा) की रचनाओं को सम्मिलित किया गया है। अपितु राग एवं ताल लक्षण गीतों पर उनकी ढेरों रचनाएँ प्राप्त होती हैं परन्तु इन लक्षण गीतों के विश्लेषण को यहाँ सम्मिलित नहीं किया जा रहा है।

पं. भातखंडे की रचनाओं के संकलन तथा निर्मिति के विषय में यदि घरानेदार संगीतज्ञों के विचारों के निष्कर्ष का आंकलन किया जाय तो संक्षेप में यही भाव उद्धृत होते हैं कि पं. भातखंडे एक जीती जागती प्रकाशन

मशीन के अतिरिक्त कुछ भी नहीं थे और जीवन्त रचनाओं की सफेद पन्नों पर कल्पना उनका एक भ्रम के अतिरिक्त कुछ भी नहीं था, हमने दबाव में आकर यदि कुछ रचनाएँ दे भी दी तो क्या? हमने उनके स्थाई अन्तरे भी तो बदल दिए, आदि-आदि और इधर पं. भातखंडे में आस्था रखने वालों ने उन्हें सुसंस्कृत, प्रेरणादायक, संगीत उत्थानकर्ता, संगीत रचनाओं के पोषक एवं संकलनकर्ता, संगीत संरक्षक, वर्तमान संगीत के अमृतदानी आदि अनेक विशेषणों से सम्बोधित किया। भातखंडे जी द्वारा रचित रचनाओं में निहित प्रामाणिकता पर विश्लेषण से पूर्व यह जानना अत्यावश्यक है कि नवीन रचनाओं की निर्मिति से पूर्व उन्होंने विभिन्न घरानों से सैंकड़ों बंदिशों की प्राप्ति किन परिस्थितियों में, कहाँ से, और किस प्रकार प्राप्त की और इन रचनाओं की प्राप्ति की अनवरत साधना में उन्होंने किस प्रकार वाग्गेयकार के गुणों को आत्मसात् किया इस पर एक संक्षिप्त चर्चा यहाँ प्रस्तुत है।

(क) रचना प्राप्तिः- पं. भातखंडे जी द्वारा रचनाओं के संकलन का समय सन् 1884 से प्रारम्भ होता है, जहाँ बम्बई में संगीत में अनुरक्ति रखने वाले पारसी एवं गुजराती समुदाय द्वारा स्थापित "गायन उत्तेजक मंडली" में आजीवन सदस्य के रूप में सम्मिलित हुए। "तहाँ उन्होंने रावजी बुवा बेलबागकर (हैदराबाद दक्खन के जैनुल्ला खाँ के शिष्य) से लगभग 300 ध्रुवपदों की शिक्षा प्राप्त की तथा उसी संस्था में कार्यरत् अली हुसैन एवं उनके मामा विलायत हुसैन (ये आगरा घराना के विलायत हुसैन खाँ से भिन्न हैं) से लगभग 150 खयाल रचनाओं की प्राप्ति की।"[1] तत्पश्चात् भातखंडे जी ने "जयपुर घराना के मोहम्मद अली खाँ "कोठीवाल" (मनरंग घराना) तथा उनके पुत्र आशिक अली खाँ से मनरंग घराने की लगभग 300 रचनाओं को कंठस्थ कर उन्हें ध्वनिमुद्रित एवं स्वरलिपिबद्ध कर संग्रहित किया।"[2] (2) रचना संग्रह की अगली यात्रा में उन्होंने सन् 1909 में ग्वालियर घराना के श्री दत्तात्रेय केशव तथा गणपतराय भिलवडीकर से लगभग 300-400 पारंपरिक रचनाओं का संग्रह प्राप्त किया। "सन् 1915-16 में उन्होंने ग्वालियर घराना के उ० निसार हुसैन खाँ के शिष्य पं. एकनाथ पंडित (भाऊ पंडित) से लगभग 300-400 रचनाओं का संग्रह प्राप्त किया।"[3] सन् 1917 में भातखंडे जी को ग्वालियर घराना के राजा भैया पूँछवाले, वामनबुआ देशपाण्डे तथा पं. शंकर राव पंडित से लगभग 400 रचनाएँ प्राप्त हुई। रचना प्राप्ति की यात्रा में भातखंडे जी का परिचय रामपुर दरबार नरेश हामिद अली खाँ से हुआ। "संगीत सम्बन्धी गूढ़ तथ्यों पर परस्पर ज्ञान चर्चा के उपरान्त

रामपुर नरेश ने साहबजादा सादत अली खाँ (छम्मन खाँ) तथा अपने दरबार में कार्यरत गुरू वजीर खाँ, मोहम्मद अली खाँ (गिधौर वाले), बासत खाँ, अमीर खाँ आदि संगीतज्ञों को निर्देश दिया कि वे तानसेन परंपरा के होरी एवं ध्रुवपदों की शिक्षा भातखंडे जी को प्रदान करें।"[4]

इस प्रकार पं. भातखंडे ने जयपुर, ग्वालियर तथा रामपुर (तानसेन के वंशज) के अनेक गुणियों से सैंकड़ों रचनाएँ प्राप्त कीं। इन रचनाओं को अत्यधिक प्रामाणिक बनाने के लिए भातखंडे जी ने एक ही रचना को, दो या उससे अधिक संगीतज्ञों से प्राप्त किया जिससे कि रचना के पाठ भेद (स्वर व शब्दों के आधार पर एक ही रचना के दो प्रकार) होने की संभावना समाप्त हो जाए। भातखंडे जी के क्रियात्मक संकलन की यात्रा पर दृष्टिपात् किया जाय तो उन्होंने छोटे संगीत चिंतकों से लेकर अतिविशिष्ट संगीतज्ञों तक, संगीत संस्थाओं से लेकर अखिल भारतीय संगीत परिषद् में होने वाले विचार विमर्शो से, रागों के विभिन्न रूपों एवं रहस्यों, उनकी रचनाओं एवं राग-ताल व्यवस्थाओं से अपने ज्ञान को समृद्ध किया। इस आधार पर उन्होंने सैंकड़ों रचनाओं की निर्मिति कर स्वयं को वाग्गेयकार के रूप में स्थापित किया।

(ख) रचना निर्मितिः- पं. भातखंडे द्वारा रचित रचनाओं के कोष में खयाल, ध्रुवपद-घमार, सादरा, राग एवंताललक्षण गीत, सरगम गीत आदि शैलियों से सम्बन्धित रचनाएँ प्राप्त होती हैं। सर्वप्रथम गीतमालिका के 23 भागों में उन्होंने अपनी विभिन्न रचनाओं को स्थान दिया। लक्षण गीत एवं सरगम गीतों के लिए उन्होंने लक्षण गीत संग्रह तथा सरगम गीत संग्रह नामक पुस्तकों का प्रकाशन किया, तदोपरान्त मराठी एवं हिन्दी भाषा में उन्होंने क्रमिक पुस्तकमालिका में, गीतमालिका, लक्षण गीत एवं सरगम गीत संग्रह की रचनाओं को पुनः प्रकाशित किया। राजा नवाब अली खाँ कृत मारिफुन्नगमात् (भाग 1 व 2) में भी भातखंडेजी की रचनाओं का संग्रह देखने को मिलता है। भातखंडे स्मृति ग्रंथ में भी पं. भातखंडे की कुछ रचनाएँ उपलब्ध हैं जिनकी निर्मिति संभवतः उन्होंने अपने जीवन के अंतिम क्षणों में की। जिस प्रकार विभिन्न भक्तकवियों, कीर्तनकारों, शायरों एवं वाग्गेयकारों द्वारा रचित रचनाओं की लेखन शैली में एक ही उपनाम का प्रयोग मुख्यतः देखने को मिलता है उसी प्रकार पं. भातखंडे ने भी अपनी रचनाओं में इस परंपरागत शैली को अपनाया। साथ ही उन्होंने रचनाओं में विविधता हेतु अपने विभिन्न उपनामों का प्रयोग किया। भातखंडे जी की रचनाओं में उपनाम प्रयोग में

चतर, चतुर, चतुरा, चतुरपिया, चतरवा, चत्र, चात्र, चात्रपिया एवं हररंग उपनामें का व्यवहार मिलता है। कुछ उपनामों से प्रयुक्त रचनाएँ इस प्रकार देखी जा सकती हैं।

(1) **चतुर** (राग भूपाली) :- नमन कर चतुर शिरीरगुरू चरना।

(2) **चतुरपिया** (सिंदूरा) :- कौन हरे दुख मो मन को सखी, चतुरुपिया बिन तरसत जियरा नित।

(3) **चतुरवा** (केदार) :- सोच समझ मनमीत पियरवा .. .. घरी-घरी, पल-पल उमर घटत सब अजहूँ चेत मतिमंद चतुरवा।

(4) **चत्र पिया** (वृंदावनी सारंग) :- ज्वल तपवन जैसो दहन, कोटर गत रहे खग गण अयि सखी अब कवन जतन चत्रपिया नहीं पास

(5) **चात्रक** (मियां मल्हार) :- बंसीधुन गरजत पीतांबर पवन फेरत, गोपवन साथ जल जैसे चात्रक धन सरसत।

(6) **हररंग** (कामोदनट) :- सांवरी सूरत मोरे मन बस गयी हररंग प्रभु की, निरख-निरख सुधबुध तन की भूल गयी।

हररंग उपनाम से रचित रचनाएँ पं. भातखंडे जी ने अपने गुरु मोहम्मद अली खाँ हररंग (कोठीवाल, जयपुरवाले) को समर्पित की है। उनके कोष में कुछ ऐसी रचनाएँ भी प्राप्त होती हैं जिनमें उन्होंने 'हररंग' उपनाम के साथ चतुर का भी प्रयोग किया है। जैसे :-

(7) **चतुर व हररंग** (रामकली) :- सगरि रैन के जागे-पागे सुघर चतुर सुरजनवा बलमा भोर ही मेरे आए।

बिन गुन माल अधर पर अंजन जावक तिलक लगाए, हररंग कवन सती बड भागिनी, तन-मन-धन न्यौछावर कर आए।

उपर्युक्त उदाहरणों में प्रयुक्त वैविध्यपूर्ण उपनामों के प्रयोग के अतिरिक्त एक महत्त्वपूर्ण तथ्य यहाँ विशेष रूप से स्पष्ट होता है कि भातखंडे जी ने

अपने उपनाम का प्रयोग स्थाई एवं अन्तरा दोनों में किया और साथ ही इस प्रयोग के लिए उन्होंने किसी भी पंक्ति में उसका स्वतन्त्रता से प्रयोग किया।

यदि शास्त्रीय संगीत की रचनाओं के वाक् पक्ष (शब्द अथवा काव्य व्यवस्था) की ओर ध्यान दिया जाय तो टकसाली रचनाओं में बृजभाषा का बाहुल्य देखने को मिलता है, जिनमें अन्य क्षेत्रिय बोलियों के अन्तर्गत भोजपुरी, अवधी एवं खड़ी बोली का मिश्रण देखा जा सकता है। अन्य भाषाओं में संस्कृत, राजस्थानी, ऊर्दू, फारसी, पंजाबी आदि भाषाओं का प्रयोग भी देखने को मिलता है। पं. भातखंडे ने अपनी रचनाओं में शब्द प्रयोग के लिए मुख्यतः बृजभाषा और विशेष रूप से साहित्यिक बृजभाषा का प्रयोग किया। इस प्रयोग के अतिरिक्त उन्होंने संस्कृत, भोजपुरी एवं राजस्थानी भाषाओं का प्रयोग किया। उदाहरण के लिए कुछ रचनाएँ इस प्रकार हैं:-

बृजभाषा शैली (तोडी) स्थायी:- कान्हा करत मोसे रार एरी माई, अब जाय कहूँ जसोदा घर, लंगर झगरि मोरी गगरी दीनी डार।

अंतरा:- मै दधि बेचन जात ब्रिंदावन, आन अचानक तुमरो बार, बाट-घाट में रोकत-टोकत, अपने चतुर को लीजे संभार

इस सरल बृजभाषा शैली की रचना के अतिरिक्त पं.भातखंडे ने अपनी रचनाओं में बृजभाषा के साहित्यिक, काव्यात्मक एवं क्लिष्ट शब्दों का प्रयोग भी किया। "राग, मेघ-मल्हार में ध्रुवपद शैली में वर्णित यह रचना महाकवि कालीदास विरचित संस्कृत भाषा के ऋतुसंहार प्रसंग के आधार पर निर्मित है।"[5]

स्थाईः- आयो अब बरखारूत, ओत्कट कांति नरेश, अम्बोघर नग प्रमत कामीजन सब हरखत।

अंतराः- चमकत दामिनी पताक् डंका भयो असनीरव, केष्ण बरन मधुर मेघ गगन भज्यो समतान्त।

संचारीः- बहुधार घन बरसत, तोय भार मन्द चलत, अत मनहर नाद करत, चातक सब हुलसत।

आभोगः- अभिनव दूर्वा, कौंदलि मौंडित, छिति सोहत, अत भूखन नव रतनादिक भेख बधु चतुर कहत।

प्रस्तुत रचना का सरल भाव यह है कि बादल रूपी राजा, हाथी के समान झूमता हुआ चला आ रहा है। बिजली, राजा के ध्वज के समान नभ में लहरा रही है। बिजली का नाद, राजा के डंके के समान है। कृष्ण रूपी मेघ चहुँ ओर चलायमान है। मूसलाधार वर्षा के साथ-साथ, जल के भार से

बादल धीरे-धीरे चल रहे हैं। चहुँ ओर मनहरण नाद हो रहा है। चातकों के हर्षोन्मत कलरव के अतिरिक्त यह धरा, नयी दूब एवं कौन्दली के पुष्पों से एक नव वधु के समान लग रही है। जैसा कि स्पष्ट ही है कि प्रस्तुत रचना में साहित्यिक बृजभाषा का प्रयोग प्रचुर मात्रा में किया गया है। हिन्दी के क्लिष्ट शब्दों के अतिरिक्त संस्कृत के तत्सम् एवं तद्भव शब्दों का प्रयोग भी भलिभांति देखा जा सकता है। संस्कृत भाषा में निर्मित एक रचना भातखंडे जी ने माँ सरस्वती को इस प्रकार समर्पित की है।

स्थाईः- जय जय सारंगपाणे मा परिपालय तारयं दीनं अनाथं मा भवभयहर।

अंतराः- मंदोहम पतितोऽहं शरणागतं इह न अन्यं जाने कमपि चतुर करुणाकर।

अतएव उपर्युक्त रचनाओं के अतिरिक्त इनकी रचनाओं में

(क) क्लिष्ट हिन्दी में "काहे मदन इतनो श्रम बिरथा मो मन को हरन", दहन लग्यो चन्द्र किरन भ्रमत फिरत पथिकजन

(ख) कवित छंद में "अवधपुर नगरि के राजा सिरि रामचन्द्र, रावण के मारबे को लंका चढ धायो है,

(ग) भोजपुरी बोली में "सखी आज प्रमाद भईला, साजन आप तजीला। राजस्थानी भाषा में "म्हाने अकेली डार गयो, काँई करां कित ढूंढन जावां" आदि।

उपर्युक्त भाषाओं में रचित रचनाओं को आधार देने के लिए पं. भातखंडे ने उनमें विविध विषयों को सम्मिलित किया। जैसे ईश्वर भक्ति, नैतिक विचार एवं दर्शन चिंतन की रचनाओं के अन्तर्गत उन्होंने गणपति महाराज, भगवान् शिव, रामचन्द्रजी, माँ दुर्गा, श्रीकृष्ण, वागदेवी सरस्वती, प्रभुमहिमा, नैतिक संदर्भ एवं गुरुभक्ति को दर्शाती रचनाओं को चुना। उदाहरण स्वरूप भगवान् शिव के विभिन्न नामों को दर्शाती एक रचना दृष्टव्य है।

राग हमीर (झपताल) स्थाईः- शंभो महादेव, भास्कर, शिवाकान्त, पशुपति, सदानन्द, गिरजापति महेश।

अंतराः- गंगाधन, त्रिनेत्र, शूली महेशान, पंचवदन पुरारी, भजचतुर तू गणेश।

रचना में गणपति महाराज को साक्षी मान कर शंभो के विविध नाम स्वयं ही स्पष्ट हो रहे हैं।

इन्हीं विविध विषयों के अन्तर्गत अनेक उपविषय भी भातखंडे जी की रचनाओं में दिगदर्शित होते हैं जैसे कृष्ण सम्बन्धी रचनाओं में कृष्णरूप शोभा वर्णन, कृष्ण-झूला वर्णन, कृष्ण द्वारा संगीत-गान, कृष्ण-सखी शिकायत भाव, सखी की अंतरंग चर्चाएँ, होरी वर्णन, कृष्ण विरह आदि। उसी प्रकार संगीत सम्बन्धी रचनाओं में, संगीत के विभिन्न पारिभाषिक शब्दों से युक्त, नाद-विवरण, श्रुति राग, दशविध राग वर्गीकरण, चतुर्विध वाद्य विविध बाह्ये का वादन आदि अनेक संगीत रचनाओं का समावेश देखा जा सकता है उदाहरण स्वरूप श्रुतिनामों से युक्त रचना दृष्टव्य है-

राग बिहाग, त्रिताल (दो अंतरा युक्त) स्थाईः- तीव्रा कुमुदवती मंदा छंदोवती श्रुति चतुर खरज की, रंजनी, रति का, त्रय मानत, सब गुनि रीखब की श्रुति

(1) अंतराः-

रौद्री, क्रोधी, गांधार, गहत-नित, वज्रि प्रसारनी, मार्जनि प्रीति
मध्यम को क्षिति रक्ता संदीपनी, आलापनि पंचम की श्रुति।

(2) अंतराः-

मंदती रोहिणी रम्या धैवत राखत उग्रा-क्षोभिणी, नीकी।
रतनाकर दरपन मत संमत चतर कहे सब नाम यथामति।

(रचना से स्वयं ही श्रुतियों के नाम स्पष्ट हो रहे हैं)

"रचनाओं को स्वराकार देने की दृष्टि से भातखंडे जी बंदिश के दस नियमों की योजना प्रस्तुत करते हैं। राग का स्थूल रूप, राग-अंग रखाव, रागस्वर संगतियाँ, मुक्त स्वरों की व्यवस्था, विश्रान्ति स्थान, शब्दों और वाक्यों से स्वर समन्वय, वाक्य में दीर्घ एवं लघुता, ताल के ठेको के अनुसार शब्द एवं वाक्य व्यवस्था आदि इन नियमों के साथ-साथ राग के बीस नियमों की उपयोगिता भी निर्धारित करते हैं।[6] पं. भातखंडे ने विभिन्न रचनाओं के शब्दों के प्रयोग हेतु विभिन्न प्रचलित, अप्रचलित, दक्षिण भारतीय संगीत से गृहित एवं नवीन रागों का प्रयोग किया। प्रचलित रागों के अन्तर्गत उन्होंने यमन, यमनकल्याण, बिलावल, अल्हैया-बिलावल, खमाज, भैरव, पूर्वी, मारवा, काफी, भैरवी, तोडी, भोपाली, हमीर, केदार, बिहाग, देस, तिलक-कामोद, छायानट, गौडसारंग, हिंदोल, शंकरा, देसकार, जैजैवन्ती, रामकली, पूरियाध नाश्री, बसंत, परज, ललित, गौडमल्हार, मिंया मल्हार, दरबारी, अड़ाना, जैत-कल्याण, यमनी बिलावल, विभास, अहीर भैरव, श्री वृंदावनी सारंग, मालकौस, सूहा, नायकी, शहाना, कौंसी कान्हडा, मेघ मल्हार, देसी आदि

अनेक रागों की उद्भावना की।

अप्रचलित रागों के अन्तर्गत झीलफ (भैरव मेल), गौरी (पूर्वीमेल), श्रीटंक, जैताश्री, हंसनारायणी, सिंदूरा, पटमंजरी (काफीमेल), देवसाख, कौंसी, हंसकिंकणी, नट-बिलावल, लच्छासाख आनन्द भैरव, जैत, आभीरी कुकुभ, कामोदनट, मलुहा केदार, छाया, छाया-तिलक, गुणकली, खंबावती, प्रभात भैरव, लंकदहन सारंग आदि रागों में निबद्ध रचनाएँ प्राप्त होती हैं। जैसा कि पूर्व में उल्लेख किया जा चुका है कि पं. भातखंडे की रचना प्राप्ति के आधार शास्त्र रूप में ग्रंथ एवं पुस्तकें तथा क्रियात्मक रूप में विभिन्न घरानों के प्रतिष्ठित एवं टकसाली संगीत ही रहे, इन द्वयधारा प्राप्ति से इन्हें विभिन्न रागों के भिन्न-भिन्न रूप प्राप्त हुए अर्थात् एक मूल राग, विभिन्न थाटों में किस प्रकार मुखरित होता है। उन्हीं विभिन्न थाटों के स्वरों के आधार पर उन्होंने इन रागों में बंदिशों की रचना की जैसे राग दुर्गा (बिलावल एवं खमाज थाट), दीपक (पूर्वी एवं बिलावल थाट), विभास (मारवा, भैरव एवं पूर्वीथाट), गौरी (भैरव एवं पूर्वीथाट) देसी एवं कोमल देसी, देवगिरी एवं औडव-देवगिरी, मलुहा एवं मलुहा केदार, सावन (देस अंग) एवं सावनी (बिहाग अंग) आदि। कर्नाटक शैली से गृहित रागों में उन्होंने हंसध्वनि, नारायणी, आभोगी आदि अनेक रागों का अंगीकार किया।

पारंपारिक रचनाओं के आधार पर नवीन रचनाओं की निर्मिति का कार्य भातखंडे जी को विशेष रूप से प्रिय था। सैंकड़ों रचनाओं के कंठस्थ की प्रक्रिया के फलस्वरूप भातखंडें जी ने विभिन्न गायन शैलियों में अनेक रचनाएँ की। अल्प स्वरों में राग दर्शन, रचना के मुखड़े में ही राग की स्पष्टता आदि अनेक विशेषताएँ भातखंडे जी की रचनाओं में परिलक्षित होती है। लय-ताल की दृष्टि से भातखंडे जी ने रचनाओं में विविध प्रयोग किए। रचनाओं में प्रयुक्त तालों मे उन्होंने त्रिताल (विलंबित, मध्य, द्रुत), तिलवाडा (विलंबित, मध्य), आडा-चौताल (विलंबित, मध्य), झपताल (विलंबित, मध्य), झूमरा (विलंबित), धमार (विलंबित), चौताल (विलंबित), तीव्रा (मध्य, द्रुत), सूल, मत्त (विलंबित, मध्य), रूपक (विलंबित), दादरा (मध्य) आदि का प्रयोग किया। अप्रचलित तालों में उन्होंने शिखरताल (17 मात्रा), मत्तताल (18 मात्रा), मल्लताल (13 मात्रा), चित्रताल (15 मात्रा), मुकुंद ताल (20 मात्रा), यतिशेखरताल (30 मात्रा) आदि तालों का प्रयोग कर संगीत रचनाओं को लय ताल की दृष्टि से मनमोहक बनाया। इन विविध तालों में उन्होंने ज्ञान की दृष्टि से भिन्न-भिन्न मात्राओं से प्रारम्भ होने वाली

बंदिशों की रचना की जैसे त्रिताल में ही पहली, चौथी, पाँचवी, सातवीं, आठवीं, नौवीं, बारहवीं, तेरहवीं मात्रा से प्रारम्भ होने वाली उनकी अनेक रचनाएँ उपलब्ध होती है। इसी प्रकार का व्यवहार उन्होंने विभिन्न प्रचलित तालों में भी किया गया है।

अतएवं पं. भातखंडे की रचना-प्राप्ति की प्रक्रिया एवं नवीन रचनाओं की निर्मिति ने, हिन्दुस्तानी गायन शैलियों में नवीन बंदिशों के प्रारम्भ की यात्रा को सुदृढ़ आधार प्रदान किया। भातखंडे जी के प्रयत्नों से रचना निर्मिति की कार्यशैली संगीत विद्यार्थी तक के लिए सुलभ हो गई। पं. की इस नवीन अपितु पौराणिक युग से ही विभिन्न वाग्गेयकारों ने बंदिशों के रूप में राग-गायन को सुगंधित सुमन अर्पित किए गए परन्तु भातखंडे जी के प्रयत्नों से इस नवीन रचना निर्मिती की परंपरा को विशेष रूप से सराहा गर्या। पं. भातखंडे जी ने इस प्रक्रिया को अपने शिष्यों विशेष रूप से में संचरित किया। उनके शिष्यों में श्रीकृष्ण नारायण रातंजानकर, राजा भैया पूँछवाले, रविन्द्रलाल-हेमेन्द्रलाल राय, वाडीलाल शिवराम नायक, बालाजी श्रीधर पाठक, गोविन्द नारायण नाटू, हिरजी भाई आर० डा०, सचिन कुमार दत्ता, भालचन्द्र सीताराम सुकथनकर, राजा नवाब अली खाँ, नारायण लक्ष्मण गुणे आदि प्रमुख रहे। अंत में संगीत विद्यार्थी के रूप में शब्दों के ये श्रद्धा सुमन मैं पं. विष्णु नारायण भातखंडे को सादर समर्पित करता हूँ और आशा करता हूँ कि उनके द्वारा रचनाओं के रूप में स्थापित ये प्रकाशपुंज संगीत जगत में सदैव प्रकाशमान रहेगा।

संदर्भः-

1. **भालचन्द्र सीताराम सुकधनकर, भातखंडे स्मृति ग्रंथ, पृ० 486**
2. **उपरिवत्, पृ० 488**
3. **श्रीकृष्ण नारायण रातांजनकर, भातखंडे स्मृति ग्रंथ, पृ० 41**
4. **उपरिवत् पृ० 40**
5. **वी० एन० भातखंडे, क्रमिक पुस्तक मालिका, भाग 5, पृ० 290-292**
6. **उपरिवत् पृ० 49 एवं 39**

-डॉ. शैलेन्द्र कुमार गोस्वामी

संगीत एवं ललित कला संकाय

दिल्ली विश्व विद्यालय

ऋचा एवं स्तोत्र गान

ऋचा एवं स्तोत्र गान जीवन के लक्ष्य, अखंड, आनंद की प्राप्ति के लिए मनसा, वाचिक, कर्मणा अर्थात् मन, वचन और कर्म से जगत नियंता परम तत्व परमात्मा की भक्ति आवश्यक है । 'विश्व के सबसे प्राचीन ग्रन्थ वेद तो पग-पग पर यही उपदेश करता है कि मनोवचनातीत, अनिर्देश्य, अव्यवहार्य्य, प्रपंचातीत परमतत्व ही सब कुछ है , उससे भिन्न कोई भी व्यवहार विषय तथ्य नही है।'[1] वेद, संहिता, ब्राह्मण, आरण्यक, उपनिषद्, स्मृति, सूत्र, शिक्षा, प्रतिशाख्य, रामायण, महाभारत आदि समस्त ग्रंथों मे ईश्वर प्राप्ति के तीन मार्गो का प्रतिपादन किया गया है ।

प्रथम- कर्म, द्वितीय ज्ञान और तृतीय उपासना, भक्ति या स्तुति । संभवतः इसका अभिप्राय यह माना गया है कि ब्रह्म की तीन स्वरूप शक्तियाँ हैं ।

'सत् ब्रह्म चित्त ब्रह्म एवं आनंद ब्रह्म।
सत् ब्रह्म का स्वभाव कर्म वाला
चित्त ब्रह्म का स्वभाव ज्ञान वाला
आनंद ब्रह्म का स्वभाव प्रेम वाला है।'[2]

ब्रह्म की तीन स्वरूप शक्तियों का दर्शन सर्वप्रथम वेद में होता है । वेद विश्व के सबसे प्राचीनतम् ज्ञान कोष हैं।

वेद की परिभाषा देते हुए वाचस्पति मिश्र ने कहा है कि

निःश्वसितमस्य वेदा वीक्षितमेतस्य पंचभूतानि ।
स्मितमेतस्य चराचरमस्य च सुप्तं महाप्रलयः।।[3]

भगवान के स्वाभाविक सहज निःश्वास से अनन्त विद्याओं के उदगम स्थान वेदों का प्रादुर्भाव होता है, उनके अवलोकन से ही ब्रह्माण्डों के उपादान भूत पंचमहाभूत - आकाश, वायु, अग्नि, तेज, पृथ्वी आदि की उत्पत्ति होती है, और भगवान के मन्दहास से ही अनंतकोटि ब्रह्माण्ड बनकर तैयार हो जाता है। उनके सोने से, आँख मीच लेने से ही विश्व का प्रलय हो जाता है।[4]

उक्त रूपक परमात्मा के संकल्प से विश्व की उत्पत्तयादि का बोध करवाता है।

अधिकांशतः विचारक भी इस बात का समर्थन करते हैं कि भगवान अपने संकल्प से ही समस्त संसार का निर्माण करते हैं। भगवान का ही अंश जीवात्मा है, और भगवान की माया का ही अंश जीव का मन है। अतः भगवान का अंश और माया की शक्ति जीवात्मा और मन में रहती है। इस दृष्टि से भगवान की सभी शक्तियां जीवात्मा में होती हैं। माया की शक्तियाँ मन मे होती है। इसलिए शास्त्रों ने कहा कि जीवात्मा अपने संकल्पों- विचारों से बहुत कुछ कार्य कर सकता है। जीवों का उत्थान - पतन बहुत कुछ संकल्पों एवं विचारों पर अवलंवित है ।

शास्त्रानुसार

यत्क्रतुर्भवति तत्कर्म कुरूते, यत्कर्म कुरूते तदभिनिष्पद्यते

मानव जैसा संकल्प करने लगता है वैसा ही कर्म करता है, जैसा कर्म करता है, वैसा ही बन जाता है। अतः अच्छे कर्म करने के लिए अच्छे विचारों को लाना चाहिए। शुभ संकल्प शुभ विचारों का संग्रह ही वेदों की रचना का ईश्वरीय आधार है। ईश्वर ने इसका ज्ञान सृष्टि के आदि में सर्वप्रथम अग्नि, वायु, आदित्य और अंगिरा को दिया था । अग्नि ने ऋग्वेद, वायु ने यजुर्वेद, आदित्य ने सामवेद और अंगिरा ने अथर्ववेद का ज्ञान प्राप्त करके इनको लोक में प्रकाशित किया । इसके बाद विभिन्न ऋषियों ने इन वेद मंत्रों का ज्ञान प्राप्त किया । 'यास्क ने ऋषि शब्द का अर्थ लिखा - ऋषयो मन्त्र द्रष्टारः'। अर्थात् मंत्रों के अर्थो को देखने वाले, समझने वाले और उनके कर्म को उद्‌घाटित करने वाले ऋषि हैं।5

वैदिक मंत्रों का संग्रह ही ऋचा, सूक्त कहलाता है। वैदिक मंत्रों में दयौः, इन्द्र, वरूण, सूर्य, सवितृ, उषा, अग्नि, आपः, वायु, पृथ्वी, नद्या, सोम, अदिति, विष्णु, रूद्र, अश्विन, श्रद्धा, मन्यु, बृहस्पति आदि तैंतीस दिव्य शक्तियों की स्तुतिपरक ऋचाएं हैं। 'भक्ति' शब्द का वैदिक रूप 'बृहस्पति' है अर्थात् बृहस्पति मंत्रों का प्रेरक है।[6] बृहस्पति शब्द का अर्थ है- 'बृहतां ब्रह्मणसां वा पतिः । अर्थात् जो स्तोताओं द्वारा उच्चरित किये जाते हुए महान् स्तोत्रों का स्वामी है एवं स्तोताओं को उचित फल प्रदान करने वाला है'।[7]

अपने जीवन आराध्य के पावन चरणों में अपने हृदय की समस्त वृत्तियों को समर्पित करना बृहस्पति या भक्ति कहलाता है। भक्ति मार्ग सरल व सर्वोपयोगी है। भक्ति के नौ रूपों का वर्णन शास्त्रों मे देखने को मिलता है, जिसमें ईश्वर के गुणों की स्तुति करना सहज व श्रेष्ठ माना गया है। ऋचा

एवं स्तोत्र में ईश स्तुति के भाव स्पष्ट रूप से परिलक्षित होते हैं। स्तुति में संवेदनाओं का मिश्रण माधुर्य भाव अर्थात् सत् गुण का प्राकट्य होता है। जिसे सुन चित्त शान्त होता है और वैराग्य भाव उत्पन्न होता है। ऐसे में स्तुति के अनुकूल राग, राग के अनुकूल छंद, छंद के अनुकूल शब्द और शब्दों के अनुकूल लय हो तो इन सभी का मधुर मेल मन-मस्तिष्क-कल्पना को अखंड लयात्मक बनाता है अर्थात् समाधि की और ले जाता है।

भगवान का प्रत्येक नाम चाहे छोटा या बड़ा हो एक मंत्र है । स्वर और लय के आधार से मंत्र की शब्द या चेतन शक्ति जागृत रहती है। छंद और स्वर की दृष्टि से स्तुति गायन के लिए कोई बंधन नहीं है फिर भी गेय पद स्वर, राग एवं ताल से अलंकृत होकर जब प्रस्तुत किये जाते हैं, तो उनमें से जो रस की मधुर धारा बहती है वह अनुभूति का विषय है, उसे शब्दों में प्रकट करना असंभव है।

ऋचा एवं स्तोत्र गान में ईश्वर के प्रति अर्पित की हुई भावना भक्ति का सुन्दर रूप है। प्राचीन ऋषियों की अजस्र एवं अनन्य साधना के फलस्वरूप हमारे भक्ति के प्राचीनतम् स्तुति गीत आज भी ऋचा एवं स्तोत्र के रूप में हमारे सामने विद्यमान हैं। इनमें विभिन्न देवी देवताओं के गुणानुवाद का दर्शन देखने को मिलता है। ये स्तुति गान पावन, वंदनीय तथा अलौकिक शक्ति से परिपूर्ण होते है। इनमें सत्यम्, शिवम् और सुन्दरम् का अदभुत सामंजस्य देखने को मिलता है। ऋचा एवं स्तोत्र गान को सस्वर गाने की परंपरा निरंतर चली आ रही है। उदाहरण स्वरूप स्वस्तिवाचन, श्रीलक्ष्मी सूक्त, श्रीदेव्यपराधाक्षमायाचनस्तोत्र्म्, श्रीविष्णुरेकादशनाम स्तोत्रम्, शिवतांडव स्तोत्र इत्यादि-वेदे रामायणे चैव पुराणे भारते तथा ।

आद्यावन्ते च मध्ये च हरिः सर्वत्र गीयते ।[8]

वेद, रामायण, पुराणों एवं महाभारत आदि शास्त्रों के आदि मध्य और अन्त से सर्वत्र हरि के गुणानुवाद, लीलाओं आदि का गान है। प्राचीन समय में विज्ञों की भाषा संस्कृत थी। इसलिए ऋचा एवं स्तोत्र मूल रूप से संस्कृत भाषा में हैं। दोनों में संगीत का सम्यक् रूप-सम्यक रूपेण यद्गीयते तत्संगीतम् देखने को मिलता है।[9] जीवन के चतु:पुरूषार्थ धर्म, अर्थ, काम और मोक्ष की प्राप्ति में स्तुति व ऋचा गान अमोघ साधन माने गये हैं। जीवात्मा को परमात्मा की निकटता अनुभव करवाने में ये सक्षम हैं। अहम् भाव की निवृत्ति कर समर्पण की भावना को जागृत करने के गुण इनमें विद्यमान हैं।

ऋचा एवं स्तोत्र गान में ब्रह्माण्ड की स्थिति से लेकर प्रकृति के सभी

कतिपय नियमों, क्रिया-कलापों का उल्लेख स्पष्ट रूप से लक्षित होता है। इसमें संगीत शास्त्र विषयक अथाह ज्ञान भरा हुआ है। आज भी ऐसे अनेक स्थान हैं जहां इनका गान सुनने को मिलता है। उदाहरणतः बद्रीनाथ, केदारनाथ, ज्योर्तिमठ आदि। वैदिक काल से लेकर आज तक जीवन की धार्मिक, सामाजिक, आर्थिक स्थितियों का दर्शन इनमें प्रत्यक्ष रूप से देखने को मिलता है। ऋचा एवं स्तोत्र के माध्यम से साहित्य का सृजन और साहित्य के माध्यम से भक्ति का प्रतिपादन भक्ति सिद्धान्त की अनुपम व अदभुत देन है। परमसौभाग्य है कि आज भी भक्ति और गीतों का ऐसा अनुपम समन्वय हमारे सम्मुख विद्यमान है।

स्तुति व ऋचा गान द्वारा इष्ट के रूप व गुणों की स्तुति होती है। ऋचा एवं स्तोत्र का आशय ईश्वर का गुणानुवाद अथवा किसी दूसरे पदार्थ के गुण, ज्ञान, कथन - श्रवण और सत्य भाषण करना है। इसके दो प्रकार माने गये हैं। सगुण तथा निर्गुण । जिस गुण के सहित परमेश्वर की स्तुति करना अर्थात् जो गुण परमेश्वर में हैं जैसे न्याय, दया, करूणा इत्यादि इनका वर्णन करना 'सगुण' स्तुति कहलाती है तथा जो गुण परमेश्वर मे नहीं है जैसे जन्म-मरण, भय, अज्ञान आदि उनका वर्णन 'निर्गुण' स्तुति कहलाती है । ऋचा एवं स्तोत्र गान में सगुण व निर्गुण दोनों भक्ति के रूपों का वर्णन देखने को मिलता है । भक्ति को रसराज भी कहा गया है। ऋचा एवं स्तोत्र गान द्वारा मानव को अवर्णनीय, अलौकिक आनन्द रस की प्राप्ति होती है।

संदर्भ ग्रन्थ

1. भक्तिसुधा, श्रीकरपात्रीजी, पृष्ठ 4
2. उत्तर भारत में भक्ति परंपरा का इतिहास, डा0 लीलावती पृष्ठ 19
3. भक्तिसुधा, श्रीकरपात्रीजी, पृष्ठ 43
4. भक्तिसुधा, श्रीकरपात्रीजी, पृष्ठ 43
5. ऋक्-सूक्त संग्रह, डा0 हरिदत्त शास्त्री पृष्ठ 4
6. वैष्णव भक्ति डा0 एस0 वेणुगोपालाचार्य पृष्ठ 5
7. ऋक्-सूक्त संग्रह, डा0 हरिदत्त शास्त्री पृष्ठ 31
8. भक्ति गीतों की महिमा एवं उपादेयता डा0 जयश्रीमेहरोत्रा, संगीत पत्रिका पृ. 31
9. संगीत सार वीनामानकरण पृष्ठ 1

–लोकेश शर्मा

असिस्टेंट प्रोफेसर, संगीत विभाग

राजकीय महाविद्यालय, से. 14 गुडगाँव

ई-मेल : prof.lokeshsharma@gmail.com

दिल्ली के प्राचीन गोस्वामी घराने की परंपरा

प्राचीन काल से लेकर आधुनिक युग की एक लम्बी यात्रा काल में भारतीय संगीत ने अनेक उतार-चढ़ाव देखे हैं। लगभग 18वीं शताब्दी के बाद घरानों का संगीत में उत्थान हुआ। संगीत के घरानों को युगों ने पाला है और अपने युग के परिवर्तन के साथ ही उसमें अनेक परिवर्तन होते दिखाई देने लगे हैं परिवर्तन के सिद्धांत को लेकर ही प्रत्येक कला उन्नति करती है। परन्तु यह सच है कि प्राचीन संगीत की परिस्थितियाँ कुछ और थीं और आधुनिक युग की कुछ और हैं। प्राचीन समय से अब तक हिन्दुस्तानी संगीत से हमारी आध्यात्मिक अनुभूतियों को भी बहुत प्रोत्साहन मिला है। वर्तमान में भी गुरू शिक्षा परंपरा तो वह है परन्तु समय की मांग के अनुरूप इस प्रणाली ने अपना थोड़ा सा स्वरूप बदल कर अपना अस्तित्व बना रखा है। वंशात्मक पीढ़ीयों की प्रबलता में इसी परंपरा को "घराना" नाम दिया गया है।

गायकी के क्षेत्र में दिल्ली का एक प्राचीन घराना गोस्वामी घराना है। जिसने संगीत एवं सामाजिक क्षेत्र में बड़ी प्रतिष्ठा अर्जित की है। गोस्वामी घरानों के संगीतज्ञों ने निस्वार्थ भाव से संगीत की सेवा की और प्रचार-प्रसार के साधनों की ओर से वे उदासीन ही रहे। अस्तु, दिल्ली और आस-पास के क्षेत्रों के अतिरिक्त संगीत के क्षेत्र में इस घराने के विषय में आम संगीत प्रेमी या विद्यार्थियों को इसकी विशेष जानकारी प्राप्त नहीं है। किन्तु उस समय के और आज के बड़े-बड़े संगीतज्ञों जैसे, पं. ओंकार नाम ठाकुर, पं. दिलीप सिंह वेदी, उस्ताद चांद खां, निसार हुसैन खां, अल्ताफ हुसैन खां, खुर्जेवाले, मुनव्वर अली खां, मुजफ्फर अली खां, पं. विनय चन्द्र मौदगल्य जी, पं. कृष्णराव शंकर पंडित आदि और आजकल के भी संगीतज्ञों जैसे पं. जसराज जी, पं. देबू चौधरी, श्री एल.के.पंडितजी, उस्ताद इकबाल खां साहब जैसे अनेक विद्वान लोग इस घराने से परिचित हैं।

दिल्ली प्रारंभ से ही देश की राजधानी रही है। संगीत की दृष्टि से भी

दिल्ली का विशेष महत्त्व है। दिल्ली में आरंभ से ही हिन्दू एवं मुस्लिम परस्पर सद्भाव और सौहार्द भाव से रहते आए हैं। संगीत के क्षेत्र में मुस्लिम परंपरा में उस्ताद तानरस खां का घराना विशेष महत्त्व रखता है और हिन्दुओं में दिल्ली का गोस्वामी घराना अपना एक विशेष स्थान रखता है। इस परंपरा में संगीत की शिक्षा देना एवं मंदिरों में ठाकुर जी की सेवा में गायन प्रस्तुत करना विशेष महत्त्वपूर्ण रहा है। इस परंपरा में मंदिरों में संगीत के माध्यम से किशोरीरमण जी महाराज की सेवा की जाती थी और शिष्यों को संगीत की शिक्षा दी जाती थी। इस घराने में बड़े-बड़े संगीतज्ञ हुए हैं और संगीतज्ञ होने के साथ-साथ वे एक संगीत प्रचारक भी रहे हैं इनका उद्देश्य संगीत की प्राचीन धरोहर को कायम रखना था। गोस्वामी परंपरा के संगीतज्ञों ने इस समय में निःशुल्क व निस्वार्थ संगीत की शिक्षा प्रदान करके संगीत को प्रचार व प्रसार किया।

इस परंपरा का प्रमुख उद्देश्य अपने ईष्ट किशोरी रमण जी की सेवा करना व संगीत शिक्षा का प्रसार करना था। जिसको भी इन्होंने शागिर्द बनाया उससे कभी कुछ छुपाये नहीं रखा दिल खोलकर उसको विद्या प्रदान की। इस समय के अधिकतर लेखकों ने इस घराने के संगीतज्ञों की उपेक्षा की और उनके नाम नहीं लिये। जबकि सच यह है कि उस समय जो भी संगीतज्ञ दिल्ली में आता था वह गोस्वामी घराने से जरूर संपर्क करता था क्योंकि दिल्ली में संगीत की जितनी भी महफिलें हुआ करती थीं वह गोस्वामी घराने की संरक्षता में ही हुआ करती थी, क्योंकि उस समय संगीत की कोई कॉन्फ्रेन्स तो हुआ नहीं करती थी, प्रायः संगीत के कार्यक्रम मंदिरों में या बड़े-बड़े रायबहादुरों, सेठों आदि के हुआ करते थे।

दिल्ली की गोस्वामी परंपरा इतनी प्राचीन है कि कहते हैं इस साधुकुल के बुजुर्ग ब्राह्मणों को हूमायु बादशाह "मुलतान" से लेकर आया था जिसका वास्तविक नाम "मूलस्थान" था। हूमायु से लेकर बहादुर शाह जफर तक इस साधुकुल पर मुगलों की छत्रछाया रही। बहादुर शाह जफर के समय तक इस कुल को 500 रू. प्रतिमाह मेरठ के खजाने से आता था।

'रास' और 'गोस्वामी' शब्द का संबंध बहुत घनिष्ठ रूप से रहा है जहाँ रास शब्द का प्रयोग होता है वहां गोस्वामी शब्द भी स्वतः ही आ जाता है। गोस्वामी परंपरा की रास को बहुत बड़ी देन है गोस्वामियों ने रास के अनेक

पदों की सांगीतिक रचनाएँ की हैं जो कि रास के लिए उपयुक्त हैं, रासमण्डल की रचनाएँ व कीर्तनों की अनेक रचनाएँ करके रास का प्रचार किया।

गायन, वादन व नृत्य तीनों कलाओं के समावेश को संगीत कहा जाता है रास के अन्तर्गत भी गायन, वादन व नृत्य तीनों का समावेश होता है। रास को प्रोत्साहित करने में गोस्वामी संप्रदाय का बहुत बड़ा हाथ है रास में ध पदों का प्रयोग होता है। साथ ही अनेकों होरियों की रचना भी की जिनका प्रयोग रास से होता है। रास के लिए गोस्वामी परंपरा में ऐसी अनेकों रचनाएँ की गई है जो विविध रागों व विविध तालों में निबद्ध है और जिसमें नृत्य बहुत सुंदरता के साथ होता है।

गोस्वामी घराने में बहुत बड़े-बड़े कलाकार व विद्वान संगीतज्ञ हुए हैं जैसे-

पं. पन्नालाल गोस्वामी जी (नाद ग्रंथ विनोद ग्रंथ रचिता)

पं. चुन्नीलाल गोस्वामी जी - गायक

पं. श्रीलाल गोस्वामी जी (कुँवरश्याम) - गायक

पं. रामलाल गोस्वामी जी (सुधरपिया) - गायक

पं. शंकरलाल गोस्वामी जी (सुधरश्याम) - गायक

पं. किशोरी लाल गोस्वामी जी (सुधर छैल) - गायक

पं. भगवत किशोर गोस्वामी जी (सुधर दास) - गायक व वादक

पं. राधाकिशन गोस्वामी जी (सुधर लाल) - सितार वाद व गायक

शिष्य परंपरा

गनपत राव (नेपाल वाले) - गायक

गुलाबराय वाचस्पति (जलतरंग वादक)

पं. कृष्ण गोपाल जी (विचित्र वीणा वादक)

बाबु लाल चतुर्वेदी -

पं. भीष्मदेव वेदी - गायक

पं. मोलन लाल जी - गायक

पं. लाडली प्रसाद जी - गायक

पं. लक्ष्मण प्रसाद जयपुर - गायक

पं. मामचंद जी - गायक

पं. श्री चिन्तामणी जैन -

पं. श्री देवीदत्त शहनाई वादक

पं. श्री रामशरण दास जी, डनेपब ब्वउचवेमतए आदि।

शैली के आधार पर ही विभिन्न परंपराओं एवं विविध घरानों की उत्पति होती है। प्रत्येक घरानों की अपनी कुछ खास विशेषताएं होती है। इसी प्रकार गोस्वामी घराने की अपनी कुछ खास विशेषताएँ है जिनका मैं उल्लेख कर रहा हूँ। गोस्वामी घराने पाटदार आवाज अर्थात् खुली आवाज के गायन को बहुत ही महत्त्वता प्रदान की गई है। खुली आवाज का गायन धीरे-धीरे लुप्त होता जा रहा है जबकि गोस्वामी घराने में खुली आवाज का प्रयोग करना प्रमुख लक्षण है। एक-एक स्वर की क्रमबद्ध तरीके से राग की बढ़त करना गोस्वामी घराने की प्रमुख विशेषता है जो भी राग गायक गाता है उसको धीरे-धीरे एक-एक स्वर की बढ़त करते हुए सम्पूर्ण राग का विस्तार करता है। कुछ घरानेदार पल्टे, अलंकारों का प्रयोग करना अलंकार तातों का प्रयोग करना इस घराने की एक विशेषता है, सरगम की तालों का प्रयोग बहुलता से किया जाता है। कुछ खास खटके जो कि हर राग में रागों के अनुसार प्रयोग किये जाते हैं विलंबित ख्याल को अति विलंबित लय में गाना इस घराने की प्रमुख विशेषता है। इसी प्रकार छोटे ख्याल भी अति द्रुत लय में गाना गोस्वामी घराने अपनी एक विशेषता है और छोटे ख्याल के बाद लगभग हर राग में तराना गाना गोस्वामी घराने का अपना एक विशेष लक्षण है, गोस्वामी घराने के गायक सादरा गाना बहुत पसंद करते हैं सादरे की बहुत सी बंदिशों का गोस्वामी घराने में निर्माण हुआ है इसी प्रकार ध्रुपद अंग की बंदिशों का प्रयोग भी गोस्वामी घराने में होता है, लयकारी की बंदिशों का प्रयोग भी गोस्वामी घराने की विशेषता है। साहित्यिक बंदिशों का प्रयोग करना, आलंकारिक बंदिशों का प्रयोग करना, भावपूर्ण बंदिशों का प्रयोग करना भी गोस्वामी घराने की विशेषताएँ हैं। अप्रचलित तालों में बंदिशों को गाना भी महत्त्वपूर्ण विशेषता रही है। प्रायः इस प्रकार की बंदिशों का चयन किया गया है जिसमें की राग का सम्पूर्ण रूप झलक जाता है और इस परंपरा

के गायक अधिकतर गायन के लिए बाहर की बंदिशों के बजाय अपने घर की बंदिशों को गाना ज्यादा पसंद करते हैं। अपनी परंपरा की ही बंदिशों को गाना इनका प्रमुख लक्ष्य रहा है।

वर्तमान में गोस्वामी घराने का प्रतिनिधित्व स्वर्गीय पं. राधाकृष्ण गोस्वामी जी के संपुत्र श्री हरिकृष्ण गोस्वामी जी कर रहे हैं। जो कि शिष्य परंपरा को आगे बढ़ाने के लिए प्रयासरत हैं, और संगीत की शिक्षा को सहज बनाना इनका प्रमुख लक्ष्य है, इनसे अनेको विद्यार्थी शिक्षा ग्रहण कर रहे हैं, पं. हरिकृष्ण गोस्वामी जी गायकी के क्षेत्र में आजकल अपना नाम बढ़ा रहे हैं और गोस्वामी घराने की परंपरा को बढ़ा रहे हैं।

–डॉ. हरि किशन गोस्वामी
असिस्टेन्ट प्रोफेसर,
संगीत एवं ललित कला संकाय
दिल्ली विश्वविद्यालय

तबला वाद्य की उत्पत्ति एवं विकास - एक समीक्षात्मक विवेचन

भारतीय संगीत में प्रयुक्त 'ताल' प्रकृति की देन है, जिसमें अलौकिक शक्ति है। ब्रह्माण्ड में स्थित नक्षत्र सूर्य की परिक्रमा लय में करते हैं। एक परिक्रमा उक्त नक्षत्रों की एक आवृत्ति है। उक्त आवर्त्तन को बराबर-बराबर काल के अनुसार विभाजित कर दिया जाए तो कोई न कोई प्रकृति की ताल बन जाएगी। इसी के अनुरूप संगीतपयोगी तालों की रचना की गई। दूसरे शब्दों में ताल भारतीय संगीत के व्याकरण का एक महत्वपूर्ण अंग है, जो कला-प्रदर्शन में विस्तार और विविधता की सम्भावनाओं को बढ़ाता है। ताल का प्रमुख साधन 'तबला' अवनद्ध वाद्य में सर्वाधिक लोकप्रिय तालवाद्य है। इसका विस्तार क्षेत्र शास्त्रीय संगीत से लेकर उपशास्त्रीय संगीत, सुगम और यहाँ तक कि विविध प्रदेशों के लोक संगीत में भी व्याप्त है। शास्त्रीय संगीत में भी गायन-वादन की समस्त विधाओं के साथ नृत्य में भी इसने अपना प्रभुत्व स्थापित कर रखा है। संभवतः आज तबला के बिना संगीत की कोई बैठक नहीं होती।

अवनद्ध वाद्य के अन्तर्गत तबला वादन की कला का सूक्ष्म अध्ययन एवं देश के कई स्थानों के प्राचीन गुफाओं आदि में उत्कीर्ण प्रस्तर शिल्पों द्वारा यह स्पष्ट होता है कि यह परम्परा लोक में बहुत पहले से चली आ रही है। भारतीय संगीत के प्राचीन आधार ग्रंथ आचार्य भरतकृत 'नाट्यशास्त्र' के अनुसार सभी वाद्यों में 'त्रिपुष्कर' सर्वाधिक समृद्ध अवनद्ध वाद्य था। भरत मुनि ने अवनद्ध वाद्यों की रचना, निर्माण आदि का विवेचन करते हुए पुष्कर वाद्य को सभी अवनद्ध वाद्यों में सर्वोच्च स्थान प्रदान किया है। तबले की उत्पत्ति के संदर्भ में त्रिपुष्कर वाद्य का अध्ययन दृष्टिगोचर है। कई शास्त्रकार, संगीत विद्वतजन एवं कालजयी कलाकारों ने इसका उल्लेख अपनी-अपनी पुस्तकों में किया है। जैसे-ठाकुर जयदेव सिंह, डॉ. लालमणि

मिश्र, पं. छोटेलाल मिश्र, डॉ. अबान ई. मिस्त्री एवं डॉ. योगमाया शुक्ला इत्यादि। इन सभी शास्त्रकारों एवं कालजयी कलाकारों ने अपने शोध प्रबन्ध द्वारा एवं अथक परिश्रम द्वारा तबले के उत्पत्ति के सम्बन्ध में अपने-अपने मत को अपनी पुस्तकों के माध्यम से स्पष्ट किया है, जिसमें पुष्कर वाद्य के लिए अनेक प्रमाण, प्रस्तर शिल्पों के चित्र आदि का उल्लेख है तथा जिसमें तबला अपने पूर्ववर्ती अपरिष्कृत रूप में दृष्टिगोचर होता है।

भरत मुनि द्वारा रचित नाट्यशास्त्र ऐतिहासिक दृष्टिकोण से हमारी कला संस्कृति का मूल ग्रंथ माना जाता है। नाट्यशास्त्र में उल्लिखित मृदंग के आकार-प्रकार तथा शैली का विशद वर्णन भी सर्वप्रथम इसी ग्रंथ में मिलता है। भरतमुनि ने नाट्यशास्त्र में पुष्कर वाद्यों के रूप में मृदंग, पणव तथा दर्दुर की चर्चा की है और मृदंग को त्रिपुष्कर कहकर उसके तीन अंगों 'आंकिक, उर्ध्वक एवं आलिंग्य' का विस्तृत विवेचन किया है। आचार्य भरत के अनुसार 'त्रिपुष्कर' अवनद्ध वाद्य में सर्वाधिक महत्वपूर्ण वाद्य था, जिसके आविष्कार की प्रेरणा सर्वप्रथम स्वाति मुनि को प्राप्त हुई थी। अतः भरत के नाट्यशास्त्र में उल्लिखित तबला के अति प्राचीन मृदंग रूप 'त्रिपुष्कर' या 'पुष्करत्रय' वाद्य के बारे में जानना अति आवश्यक है। भरत के नाट्यशास्त्र में उद्धृत त्रिपुष्कर के आविष्कार का वृतांत इस प्रकार है :-

एक बार वर्षा ऋतु में अवकाश के समय स्वाति मुनि जल लेने हेतु पुष्कर (तालाब) पर गये। उस समय आकाश में बादल छाए हुए थे और वर्षा भी हो रही थी। वायुवेग द्वारा जल की बूंदों के कमलपत्रों पर गिरने से पट-पट की मनोरंजक ध्वनि उत्पन्न हो रही थी, जिसे सुनकर स्वाति मुनि आश्चर्यचकित हो गये तथा उन्होंने बड़े, मध्यम एवं छोटे आकार के कमल पत्तों पर गिरने वाली बूंदों से उत्पन्न विभिन्न प्रकार की गंभीर व मधुर ध्वनियों को सुना तो उनके मन में विशिष्ट धारणा हुई। अपने आश्रम में पहुँचकर, उन्होंने पुष्कर (तालाब) पर सुनी हुई ध्वनियों को ध्यान कर उन विभिन्न ध्वनियों को उत्पन्न करने योग्य मृदंग, अर्थात पुष्कर वाद्यों को (पणव तथा दर्दुर सहित) विश्वकर्मा की सहायता से निर्माण किया, जो देवताओं की 'दुंदुभि' के सदृश मिट्टी द्वारा आलिंग्य, उर्ध्वक तथा आंकिक तीन विभिन्न रूपों में निर्मित हुआ। चूंकि स्वाति मुनि को त्रिपुष्कर के निर्माण की मूल प्रेरणा पुष्करिणी से मिली थी, इसलिए उन्होंने इस नव वाद्य को पुष्कर वाद्य की संज्ञा प्रदान की जिसके तीनों रूप 'त्रिपुष्कर' या 'पुष्करत्रय' के नाम से प्रसिद्ध हुए। स्वाति मुनि ने कमल पत्रों पर सुनी गई विभिन्न

ध्वनियों के अनुरूप पुष्कर वादन के लिए सोलह आधारभूत वर्णों (पाटाक्षरों) की रचना की, ताकि यह वाद्य ऊँची से लेकर नीची तथा गम्भीर से लेकर मधुर नाद को ध्वनित करने हेतु सक्षम हो सके।

'आंकिक, उर्ध्वक एवं आलिंग्य' शब्द के अनुसार- ''अंक अर्थात् गोद में रखकर बजाया जाने वाला भाग आंकिक, 'उर्ध्व' अर्थात् ऊपर आकाश की ओर करके बजाया जाने वाला भाग उर्ध्वक और उर्ध्वक भाग के साथ आलिंगित भाग आलिंग्य था। 'त्रिपुष्कर' के आंकिक भाग में बायाँ और दाहिना दो मुख होते थे तथा उर्ध्वक व आलिंग्यक में क्रमशः एक-एक मुख होता था। आंकिक, उर्ध्वक और आलिंग्य प्रत्येक के अलग-अलग भाग होते हुए भी साथ-साथ बजाए जाते थे तथा इनके सम्मिलित रूप को 'मृदंग' कहा जाता था। आचार्य भरत ने भी पुष्करत्रय को 'मृदंग' नाम से ही सम्बोधित किया है। जैसे कि तबला वाद्य के 'दाहिना' एवं 'बायां' दो अलग-अलग भाग होते हुए भी इन्हें साथ-साथ बजाया जाता है और दोनों मिलकर 'तबला' कहलाते हैं। परन्तु तबला वाद्य में 'दाहिना' अधिक महत्वपूर्ण व प्रधान भाग होने से 'तबला' कहने की प्रथा है, ठीक उसी प्रकार भरतकालीन पुष्करत्रेय में आंकिक के अधिक महत्वपूर्ण एवं प्रधान भाग होने के कारण आचार्य भरत ने कहीं-कहीं आंकिक को भी मृदंग कहा है।''[1]

आचार्य भरत ने अवनद्ध वाद्यों की संख्या एक सौ बतलाई है, किन्तु त्रिपुष्कर के अतिरिक्त दुंदुभि सहित अन्य किसी अवनद्ध वाद्य में स्वर, प्रहार, अक्षर व मार्जना संयोजन की व्यवस्था नहीं थी। इन वाद्यों को किसी भी निर्धारित स्वर में न मिलाया जा सकता था और न तो विविध आघातों द्वारा ध्वनि के विभिन्न रूपों व पटाक्षरों (बोलों) को बजाया जा सकता था। स्वरों, प्रहारों, अक्षरों (बोलों) व मार्जनाओं की सुन्दर व्यवस्था होने के कारण ध्वनि तथा वादन की दृष्टि से त्रिपुष्कर वाद्य अत्यधिक समृद्ध, कलात्मक एवं श्रेष्ठ सिद्ध हुआ। इसलिए आचार्य भरत ने अवनद्ध वाद्यों में 'त्रिपुष्कर' (मृदंग), पणव और दुर्दर को 'अंग वाद्य' अर्थात् मुख्य वाद्य और अन्य अवनद्ध वाद्यों को प्रत्यंग वाद्य अर्थात् गौण वाद्यों की श्रेणी में रखा है।

संगीत रत्नाकर में आचार्य शारंगदेव ने मुरज तथा मर्दल को मृदंग का ही पर्याय बताते हुए कहा है-

''निगदन्ति मृदंगतं मर्दलं मुरजं तथा।
प्रोक्तं मृदंगशब्देन मुनिना पुष्करत्रयम्॥ 1027 ॥''

कालिदास ने इसे 'मर्दल' कहा है। मुलायम मिट्टी से निर्मित होने के कारण भरत मुनि ने भी मुरज को मृदंग का ही पर्याय माना है एवं मृदंग को पुष्कर भी कहते थे तथा उसे अवनद्ध अंग वाद्यों में सर्वाधिक महत्वपूर्ण बतलाया है। उन्होंने जिस प्रकार मृदंग का त्रिपुष्कर के रूप में वर्णन किया है, इससे प्रमाणित होता है कि उन दिनों मृदंग के तीन भाग थे, अर्थात् तीनों भागों को मिलाकर ही मृदंग वाद्य समझा जाता था। उन तीनों भागों के नाम आंकिक, उर्ध्वक तथा आलिंग्य थे, जिन्हें भरत मुनि ने इनकी आकृति क्रमशः हरीतकी, यवाकृति व गोपुच्छा भी कहा है।

''हरीतक्याकृतिस्त्वङ्को यवमध्यस्तथोर्ध्वगः।
आलिंङ्गश्चैव गोपुच्छः आकृत्या सम्प्रकीर्तितिः।।255।।''[3]

अर्थात् हरीतकी यानि 'हर्र' या 'हड़' के समान, यवाकृति यानि जौ के दाने के समान एवं गोपुच्छा यानि गौ की पूंछ के समान। त्रिपुष्कर मृदंग का वादन करते हुए प्राचीन कालीन विभिन्न भित्ति चित्र मिलते हैं, जिनसे उपरोक्त बात की पुष्टि होती है। इसमें दूसरी शताब्दी के अमरावति के भित्ति चित्र, पांचवीं सदी के पवाया शिल्प, छठीं तथा सातवीं शताब्दी के भुवनेश्वर के मुकुटेश्वर मंदिर के शिल्प तथा छठी शताब्दी के ही बादामी के शिल्प चित्र तथा अजन्ता की छब्बीस नम्बर की गुफा में त्रिपुष्कर का अत्यन्त सुस्पष्ट शिल्पचित्र हमें देखने को मिलता है।

स्वाति मुनि द्वारा आविष्कृत वाद्य के तीनों भाग, प्रारम्भ में एक ही वाद्य के विभिन्न हिस्से समझे जाते थे। कालांतर में त्रिपुष्कर वाद्य के अलग-अलग

भागों में विघटित होने से आंकिक भाग एक स्वतंत्र अवनद्ध वाद्य के रूप में विकसित हुआ, साथ ही एक-एक मुख वाले उर्ध्वक व आलिंग्यक, दोनों उर्ध्वमुखी भागों की जोड़ी, एक अन्य स्वतंत्र अवनद्ध वाद्य के रूप में विकसित हुई। अतः कालांतर में एक वादक द्वारा आंकिक और दूसरे वादक द्वारा उर्ध्वक व आलिंग्यक की जोड़ी बजाए जाने की प्रथा चल पड़ी। आंकिक वादन की परम्परा यद्यपि दो शताब्दी ईसा पूर्व से मिलती है। उर्ध्वक व आलिंग्यक भागों की जोड़ी अर्थात् द्विपुष्कर वाद्य के रूप में बजाए जाने की प्रथा भी ईसा पूव से चली आ रही थी। यह परम्परा सातवीं सदी तक लोकप्रिय होकर प्रतिष्ठित हो चुकी थी। किंतु सातवीं से तेरहवीं शताब्दी तक उर्ध्वमुखी द्विपुष्करों की जोड़ी बजाए जाने का प्रचलन विशेष रूप से दिखाई पड़ता है। अतः यह स्पष्ट है कि आगे चलकर यही जोड़ी वाद्य लोक संगीत में 'जोड़ी' के नाम से प्रयुक्त होता रहा।

सुप्रसिद्ध विचित्र वीणा वादक एवं संगीत विद्वान डॉ. लालमणि मिश्र के अनुसार यह अनुमान लगाया जाता है कि सातवीं शताब्दी के बाद शनैः शनैः त्रिपुष्कर के तीनों भागों में परिवर्तन आने लगा और बारहवीं शताब्दी तक आते-आते इसके उर्ध्वक व आलिंग्यक भाग पूर्णतः हट गए तथा 'आंकिक' बच गया जिसे 'मृदंग' या 'मुरज' कहा जाने लगा। उत्तर भारत का वाद्य पखावज तथा दक्षिण भारत का मृदंगम इसी आंकिक के ही परिवर्ती रूप है। विद्वानों का मानना है कि उर्ध्वक व आलिंग्य उच्चांग संगीत से अवश्य तिरोहित हो गये। किन्तु लोक संगीत से कभी अलग नहीं हुए और आगे चलकर तबले के रूप में विकसित हुए।

विदुषी लेखिका डॉ. अबान ई. मिस्त्री के अनुसार भारत के आधुनिक ताल वाद्यों की उत्पत्ति एवं विकास में हमें भरतकालीन त्रिपुष्कर वाद्य के तीन हिस्सों की प्रमुख भूमिका दिखाई देती है। जैसे-पखावज, ढोलक, खोल आदि के विकास में आंकिक का महत्व दिखाई देता है तो तबले बायें पर उर्ध्वक और आलिंग्य का प्रभाव।

तबले की उत्पत्ति कहाँ, कैसे हुई? इसकी उत्पत्ति के सम्बन्ध में ढेरों मतमतांतर प्रचलित हैं। इनमें से सबसे पहला और सबसे अधिक प्रचलित मत यह है कि तबला का आविष्कार हजरत अमीर खुसरों ने किया, तत्पश्चात् खुसरों खां एवं सिद्धार खां का भी नाम आता है। अमीर खुसरो का जन्म सन् 1253 और सन् 1325 यानि तेरहवीं शताब्दी के उत्तरार्ध से चौदहवीं

शताब्दी के पूर्वाध तक समय काल माना जाता है। उन्होंने अपने जीवन काल में गुलाम, खिलजी एवं तुगलक वंश के ग्यारह सुल्तानों को दिल्ली की गद्दी पर आसीन होते देखा था। वे अत्यन्त कुशाग्र बुद्धि तथा प्रतिभा सम्पन्न व्यक्ति थे। फारसी संगीत के ज्ञाता थे। उन्होनें उस समय जनता की बदलती हुई रूचि को ध्यान में रखते हुए हिन्दुस्तानी व पार्शियन संगीत शैलियों को मिलाकर अनेक सुन्दर चीजों की रचना की जिनमें कई नवीन रागें, नवीन तालें, नवीन गायन शैलियों का उल्लेख किया जा सकता है। किन्तु तबले का आविष्कार उन्होंने किया। यह धारणा अधिकांश विद्वतजनों के अनुसार पूर्णतः निर्मूल है। यह सर्वविदित है कि प्रायः दसवीं शताब्दी से अरब, फारस व तुर्किस्तान के मुस्लिम आक्रांताओं और विजेताओं का भारत में आगमन अफगानिस्तान, सिंध व पंजाब आदि पश्चिमी प्रदेशों के रास्ते होने लगा था। इससे यह अनुमान होता है कि तत्कालीन भारत के पश्चिमी प्रदेशों में उर्ध्वमुखी अवनद्ध वाद्य के अर्थ में 'तब्ल' शब्द का प्रचलन विदेशी मुसलमानों के आगमन के साथ प्रारम्भ होना शुरू हुआ और भारत में लगभग चौदहवीं शताब्दी तक अवनद्ध वाद्य विशेष के अर्थ में 'तब्ल' शब्द का प्रचलन हो चुका था। यह बड़े आश्चर्य की बात है कि हजरत अमीर खुसरो ने स्वयं अपने ग्रंथों में तबले का कोई जिक्र नहीं किया है। यद्यपि उनके समकालीन और परवर्ती कुछ ग्रंथों में 'तब्ल' या 'तबल' नाम वाद्य का उल्लेख मिलता है। परन्तु उस समय इन नामों से जिस अवनद्ध वाद्य को सम्बोधित किया जाता था, वह युद्ध के समय बजाया जाने वाला धौंसा या बड़ा नगाड़ा था। उससे पूर्व अरब, फारस, तुर्की इत्यादि मुस्लिम देशों में भी अनेक उर्ध्वमुखी अवनद्ध वाद्य भारतीय तबला जैसा नहीं था। इसके अतिरिक्त हजरत अमीर खुसरों के लगभग तीन सौ वर्ष बाद तक भी 'तब्ल' या 'तबल' शब्द का उल्लेख युद्ध के नगाड़े के अर्थ में किया जाता रहा है, जिसका उल्लेख सिखों के 'गुरुग्रंथ साहिब' और मलिक मुहम्मद जायसी कृत 'पदमावत' महाकाव्य से मिलता है। हजरत अमीर खुसरो के समय अर्थात् तेरहवीं शताब्दी से लेकर सत्रहवीं शताब्दी तक कलात्मक अवनद्ध वाद्य के रूप में तबले का उल्लेख न होना यह प्रमाणित करता है कि भारतीय संगीत में कलात्मक जोड़ी वाद्य के लिए 'तबला' शब्द हजरत अमीर खुसरो के बहुत बाद में प्रचलित हुआ है।

वस्तुतः तब्ल शब्द संस्कृत से लिया गया है, जिसका अर्थ है तल के

बल पर। फारसी, अरबी, अंग्रेजी, फ्रेंस, लेटिन आदि भाषाओं में भी यह शब्द संस्कृत से ही लिया गया है। उनमें भी जिसका अर्थ है, वह वाद्य या वस्तु जिसकी ऊपरी सतह सपाट या समतल हो तथा वह उर्ध्वमुखी हो। विद्वानों का मानना है कि अंग्रेजी शब्द टेबिल (Table) भी 'तब्ल' शब्द से ही बना है। इस आधार पर फारसी भाषा में उन सभी वाद्यों को जिनका मुख ऊपर की तरफ हो, 'तब्ल' कहा जाता है। इस तरह दुंदुभि आदि भारतीय वाद्य भी तब्ल की श्रेणी में आ जाते हैं। प्राचीन काल में अरेबिया में नगाड़ा जैसे वाद्य सैनिकों को युद्ध में प्रोत्साहित करने हेतु प्रयुक्त होते थे, जो सेना के साथ-साथ चलते थे। इन्हें घोड़े और ऊँट की पीठ पर रखकर लकड़ी से बजाया जाता था, जिसे 'तब्ल जंग' के नाम से पुकारा जाता था। कालान्तर में फारसी भाषा में प्रायः सभी अवनद्ध वाद्यों के लिए 'तब्ल' संज्ञा का प्रयोग किया जाने लगा। वस्तुतः अमीर खुसरों की पुस्तकों में जहाँ पर भी 'तब्ल' संज्ञा का प्रयोग किया गया है, वहाँ उसका आशय अवनद्ध वाद्य से ही समझना चाहिए, हमारे आधुनिक तबला से नहीं। कुछ विद्वान मानते हैं कि तबला पर्शियन वाद्य और उन्हीं की सेना के साथ भारत में आया, किन्तु यह भी ठीक नहीं क्योंकि हमारे तबला से मिलता-जुलता कोई वाद्य फारस में नहीं हैं।

अमीर खुसरो की मृत्यु 1325 ई. में हुई, तत्पश्चात् 18वीं शताब्दी के पूर्व तक यानि 500 वर्षों तक हमें किसी भी ग्रंथ में तबला नामक वाद्य का कोई

उल्लेख नहीं मिलता, न ही तबला वादकों की कोई परम्परा मिलती है। वस्तुतः जब तक ध्रुपद गायन शैली का वर्चस्व रहा, तब तक तबला वाद्य सम्मुख न आ सका, ज्यों ही ध्रुपद शैली का ह्रास प्रारम्भ हुआ, इसके साथ ही वीणा, पखावज की लोकप्रियता भी घटने लगी। यह वही काल था जब ख्याल व ठुमरी तथा सितार का प्रचार बढ़ने लगा। पखावज थाप का वाद्य होने के कारण ख्याल व सितार आदि के कोमल भावों को दबा देता था, जबकि तबला चांटी का वाद्य होने के कारण इनकी उपर्युक्त संगति प्रदान करने में खरा उतरा।

अठारहवीं शताब्दी में मुहम्मद शाह 'रंगीले' के समय तक संगीत में तबला एक साधारण व महत्वहीन लोकवाद्य समझा जाता था। परन्तु जब तत्कालीन युग में संगीत के क्षेत्र में नवीन प्रयोगों से ख्याल गान की नई शैली और सितार वाद्य के प्रति लोगों की अभिरुचि बढ़ी तो खुसरो खां, जिन्हें पखावज वादन की कला पूर्व परम्परा से उत्तराधिकार में मिली थी। खुसरो खां ने यदि कुछ नवीन करने के लिए तबले की वादन शैली में योगदान देकर उसे ख्याल गान की नई शैली और सितार जैसे वाद्य को संगति के योग्य बनाकर अभिजात्य शास्त्रीय संगीत में लोकप्रिय व प्रतिष्ठित किया हो तो कोई आश्चर्य नहीं, क्योंकि महफिलों में ख्याल गान और सितार वादन के साथ तबले की संगति किए जाने की प्रथा प्रायः उस युग के बाद ही दिखाई देती है। संभवतः खुसरो खां के इसी नवीन प्रयोग एवं योगदान के कारण, आगे चलकर लोग भ्रम में उन्हें तबले का आविष्कारक समझने लगे।

प्रायः कुछ संगीतज्ञ सिद्धार खां या सुधार को तबला वाद्य का आविष्कार मानते हैं। यद्यपि सुधार खां ढाढ़ी का काल अठारहवीं सदी के पूर्वार्ध से मध्य तक सिद्ध होता है। परन्तु अठारहवीं और उन्नीसवीं शताब्दी के किसी ग्रंथ में तबला आविष्कार या वादक के रूप में 'सुधार खां' दाढ़ी का उल्लेख नहीं मिलता। यहाँ तक कि उन्नीसवीं शताब्दी के कैप्टन विलर्ड, कृष्णानंददेव व्यास, सौरीन्द्र मोहन ठाकुर तथा कृष्णधन बनर्जी इत्यादि सुप्रसिद्ध लेखकों ने अपने ग्रंथों में ध्रुवपद आविष्कार के सम्बन्ध में ग्वालियर के राजा मान सिंह तोमर, ख्याल आविष्कार के सम्बन्ध में दिल्ली के हजरत अमीर खुसरो व जौनपुर के सुल्तान हुसैन शर्की, तराना आविष्कार के सम्बन्ध में लखनऊ के मियां शोरी तथा सितारबाज के आविष्कार के सम्बन्ध में दिल्ली के मसीत खां और लखनऊ के गुलाम रजा खां का उल्लेख किया है, परन्तु

तबला आविष्कारक के रूप में कहीं भी सुधार खां की चर्चा नहीं की है।

जनप्रवाद के अनुसार सुधार खां नाम व्यक्ति विशेष का वास्तविक नाम न होकर उसका उपनाम था, जो कि तबला वाद्य में सुधार करने के कारण पड़ा। सत्रहवीं शताब्दी के उत्तरार्द्ध और अठाहरवीं शताब्दी के पूर्वाध में भी विभिन्न क्षेत्रों के चित्रों में तबला जोड़ी बजाए जाने का चित्रण मिलता है। अतएव सुधार खां ढाढ़ी को तबला वाद्य के आविष्कार का श्रेय देना तर्क और तथ्यसंगत नहीं है। इस सम्बन्ध में यह कहा जा सकता है कि जिस प्रकार ग्वालियर के राजा मानसिंह तोमर के पूर्व भी 'ध्रुव प्रबंध' के रूप में ध्रुवपद गान प्रचलित था, किंतु उसे लोकप्रिय बनाने व उसमें विशेष योगदान के कारण बाद में जनप्रवाद के रूप में उन्हें ध्रुवपद का आविष्कर्ता माना जाने लगा, इसी तरह नेमत खां 'सदारंग' के पहले भी ख्याल गान प्रचलित था, परन्तु ख्याल गान में विशेष कर योगदान देने व उसे प्रतिष्ठित करने के कारण बाद में सदारंग को ख्याल का आविष्कारक माना जाने लगा। इसी प्रकार यद्यपि अकबर के युग में भी पंजाब में टप्पा गायन के प्रचलन का उल्लेख अकबरनामा में मिलता है, परन्तु अठारवीं सदी के अंत में लखनऊ के गुलाम नबी 'शोरी' के टप्पा गान में विशेष योगदान के कारण उन्हें ही टप्पा गान का आविष्कर्ता समझा जाने लगा।

ठुमरी का उल्लेख भी यद्यपि सत्रहवीं शताब्दी के 'राग-दर्पण' व तोहफतुल हिन्द' इत्यादि ग्रंथों में मिला है, परन्तु ठुमरी गान में विशेष

योगदान के कारण उन्नीसवीं शताब्दी के वाजिद अली शाह, कव्वाल बच्चे सादिक अली खां और सुप्रसिद्ध कथक नर्तक महाराज बिंदादीन में से प्रत्येक को बाद में अलग-अलग जगहों पर ठुमरी आविष्कारक समझने का जनप्रवाद चल पड़ा। इसी प्रकार तबला वादन को विकसित, प्रतिष्ठित और लोकप्रिय बनाने में विशेष योगदान के कारण 'सुधार खां' उपनाम के व्यक्ति का नाम भी बाद में जनप्रवाद में तबला आविष्कारक के रूप में प्रसिद्ध हो गया हो तो कोई आश्चर्य नहीं।

प्रसिद्ध संगीत विद्वान ठाकुर जयदेव सिंह तबले को प्राचीन भारतीय लोकवाद्य का परिष्कृत रूप मानते हैं। उनके अनुसार यह वाद्य अपरिष्कृत रूप में प्राचीन काल से ही भारत में था, किन्तु 18वीं शताब्दी के पूर्व तक न तो उसे आज की तबला जोड़ी का जैसा रूप प्राप्त हुआ न ही वह अधिक प्रचार में आया। ठाकुर साहब इस संदर्भ में "मुलायम" नामक एक वाद्य का उल्लेख करते हैं, जो पंजाब के लोक संगीत में लोकप्रिय था। महाराष्ट्र तथा इसके आस-पास के प्रदेश में 'सम्बल' नामक एक वाद्य प्राप्त होता है, वे भी जोड़ी में बजाया जाता है। बजाते समय वादक उसे रस्सी के शिकंजे में कसकर रस्सी को गले में डाल लेता है और खड़े-खड़े यह वाद्य बजाता है। सम्बल तथा तबले में अद्‌भुत समानता प्राप्त होती है। तबला के विकास के प्रारंभिक वर्षों में तबला वाद्य को भी इसी तरह गले में लटकाकर तबला वादक इसका वादन किया करते थे। गाने-बजाने का पेशा करने वाली कौम के पास यह वाद्य था और वो प्रायः नाचने वाली लड़कियों के मुजरों में इसे बजाते थे। समाज में इन कलाकारों का स्तर नीचा माना जाता था और उन्हें राजा, जमींदार या ऐसे ही किसी ओहदेदार व्यक्ति के लिए बजाते समय उनके सामने बैठने की इजाजत नहीं होती थी। पंजाब का 'दुक्कड़' वाद्य भी तबला जोड़ी से अत्यन्त साम्यता रखता है। दुक्कड़ वाद्य में दो वाद्य होते हैं, जिन्हें तबले के समान ही हाथ से बजाते हैं। इसमें दो नगों में एक ऊँचे स्वर का तथा दूसरा नीचे स्वर का होता है। इसमें तबले की तरह स्याही नहीं होती तथा खाल के मोटे पतले होने से ही ऊपर-नीचे के स्वर निकाले जाते हैं। कुछ लोगों का मत है कि आधुनिक तबला का विकास इसी वाद्य से हुआ है।

प्रचुर प्रमाणों के आधार पर अधिकांश विद्वान इस मत पर सहमत हैं कि तबला पूर्णतः एक भारतीय तालवाद्य है, जिसका जन्म का श्रेय स्वाति मुनि

द्वारा आविष्कृत पुष्कर वाद्य के रूप में प्रादुर्भाव हुआ और कालांतर में लोकसंगीत में प्रचलित हुआ। इसके वर्तमान स्वरूप का विकास पिछले ढाई-तीन सौ वर्षों में हुआ है। कालांतर में इसके रूप आकार और साज-सज्जा में बहुत बदलाव आ गया है।

परिवर्तनशील संसार का नियम है। जिस तरह से बदलते युग में वेशभूषा, आचार-विचार, सामाजिक एवं राजनैतिक परिवेश इत्यादि में बदलाव आया है। इसका असर हमारे सांस्कृतिक पृष्ठभूमि पर भी पड़ा, जिससे संगीत भी अछूता नहीं रह सका। यही कारण है कि हमारे ताल वाद्य की बनावट, टोनल क्वालिटी में काफी बदलाव देखा जा सकता है। आज का पखावज जो मृदंग के नाम से जाना जाता था, मिट्टी से निर्मित था। आज के वर्तमान समय में मृदंग में काफी बदलाव आ गया है एवं परिष्कृत होकर पखावज के नाम से प्रसिद्ध है।

सुप्रसिद्ध तबला वादक एवं संगीत चिन्तक पं. छोटे लाल मिश्र का मानना है कि आज का वर्तमान लोकप्रिय ताल वाद्य तबला द्विपुष्कर वाद्य से सम्बन्धित है। बाद में यह जोड़ी, तब्ल, तबल एवं अन्ततः तब्ल में वर्तमान 'तबला' नामकरण हुआ। पं. छोटे लाल मिश्र का कथन द्रष्टव्य है कि जन्म शब्द पूर्णतः नवनिर्मित होने से सम्बन्धित है। इसलिए जन्म तो द्विपुष्कर के रूप में पहले ही वह हो चुका था और जन्मदाता स्वाति मुनि थे, जो आचार्य भरत के अनुसार प्रमाणित है। जिसका जन्म हो चुका है, उसके अनेक नाम भी रखे जा सकते हैं, किन्तु जहाँ और जिसके द्वारा हुआ, वही उसका जन्मदाता है, न कि केवल नाम परिवर्तित करने वाला। उदाहरणार्थ-जल संस्कृत शब्द है, जिसे विभिन्न भाषाओं में पानी, वाटर आदि अनेक नामों से सम्बोधित किया जाता है, किन्तु इन विभिन्न नामों से जल की सर्वविदित मौलिकता परिवर्तित नहीं होती। मात्र भाषान्तरण द्वारा इनके अनेक नामकरण सामने आते हैं।

जनधारणा है कि मृदंग को दो खण्डों में विभाजित करने के बावजूद जब वह मृदंग बोला तब लोगों की प्रतिक्रिया हुई, 'तब भी बोला', इस नवनिर्मित वाद्य के लिए यही शब्द कालान्तर में तब बोला, तब्बोला और तबला नाम से प्रचलित हुआ। गौरतलब है जब पखावज की दो-चार बद्धियाँ कट जाने से ही उससे सही ध्वनि नहीं निकलती है तो पूरा मृदंग ही काट देने से कैसी ध्वनि निकली होगी? हमें यह भी ध्यान रखना होगा कि मात्र ढब-ढब की

आवाज को सांगीतिक भाषा में बोलना नहीं कहते हैं। साजों के बोलने का अभिप्राय संगीतपयोगी ध्वनि होती है।

इस तर्क को पखावज रूपी मृदंग के संदर्भ में न लेकर 'त्रिपुष्कर' अर्थात् भरतकालीन मृदंग के संदर्भ में लें तो प्रमाणों के आधार पर 'त्रिपुष्कर' के विघटित होने से तबला वाद्य की उत्पत्ति पूर्णतः प्रमाणित हो जाती है। अतः इस प्रकार वाद्य के जन्म का श्रेय निष्कर्षतः स्वाति मुनि को ही प्राप्त है जो त्रिपुष्कर से विघटित होकर द्विपुष्कर बना, द्विपुष्कर से जोड़ी वाद्य, जोड़ी से 'तब्ल' सा 'तबल' और अन्ततः तब्ल से वर्तमान 'तबला' नामकरण हुआ है। यह कहना अनुचित नहीं होगा कि अवनद्ध वाद्य में सर्वश्रेष्ठ यह भारतीय तालवाद्य 'तबला' विदेशों में भी अत्यन्त लोकप्रिय है और वहाँ इसे (Indian Drum) के नाम से भी जाना जाता है।

-डॉ. कुमार ऋषितोष
असिस्टेंट प्रोफेसर, संगीत विभाग
दिल्ली विश्वविद्यालय, दिल्ली-110007

हिन्दुतानी शास्त्रीय संगीत के प्रचार एवं प्रसार में आकाशवाणी का योगदान

कहा जाता है कि हमारा भारतीय शा. संगीत प्राचीन समय में मंदिरों में प्रस्तुत किया जाता रहा है, जहाँ वह संरक्षित और पोषित हुआ। मध्यकाल में राजा महाराजाओं ने इसे संरक्षण प्रदान किया। उस समय संगीत उच्च वर्गीयों के समक्ष प्रस्तुत किया जाता था, न कि सभी वर्गों के समक्ष।

आधुनिक काल में, ब्रिटि185

के समय संगीत धीरे-धीरे आम आदमी के समक्ष पहुँचने लगा। तब शास्त्रीय संगीत को एक नया Platfarm मिला। धीरे-धीरे कलाओं को आम जनता के समक्ष प्रस्तुतिकरण करने का मौका मिला। जिसमें पंडित विष्णु दिगम्बर पलुस्कर, अब्दुल करीम खाँ जैसे विद्वानों का योगदान माना जाता है। हिराबाई बड़ोदेकर जैसी महिला कलाकारों को भी मंच पर गाने का सौभाग्य प्राप्त हुआ। जिससे अन्य महिला कलाकारों को भी गान और संगीत सीखने में प्रोत्साहन मिला।

तत्पश्चात् संगीत के विद्वानों जिसमें अब्दुल करीम खाँ, भास्कर बुआ बखले, भातखण्डे संगीत विद्यालय और संगीत के कालेजों, विश्वविद्यालयों ने संगीत को एक नया रूप दिया। और जनता को शास्त्रीय संगीत से जोड़ा।

इसके साथ ही उच्चवर्ग के पूँजीपतियों ने भी इसमें अपना योगदान देना आरम्भ किया उन्होंने समय पर संगीत सभायें आयोजित की जिसमें सभी वर्ग के कलाकारों को अपनी प्रस्तुतिकरण का मौका दिया जाता था जैसे जालंधर का हरीवल्लम मेला, ग्वालियर का तानसेन समारोह, कलकता की All Bengal Music Conferance राजस्थान का घुम्मा संगीत समारोह, महाराष्ट्र का Ganeshotsav शामिल है। इन कलाकारों की भर्ति स्थानीय S.S.C. केन्द्र के अधिकारियों द्वारा की जाती रही है। इसी कड़ी में आल इण्डिया रेडियो द्वारा शास्त्रीय संगीत को जन-जन तक पहुँचाने में विशेष योगदान रहा है।

इसी कड़ी में ऑल इंडिया रेडियो द्वारा शास्त्रीय संगीत को जन-जन तक पहुंचाने में विशेष योगदान रहा है। आकशवाणी के छोटे बड़े सभी केन्द्रों पर हिन्दुस्तानी शास्त्रीय संगीत का रागों के समयानुसार प्रसारण करना सबसे बड़ा योगदान रहा है। जिसमें आज एक आम संगीत का श्रोता यह जान पता है कि भैरव, भैरवी तथा तोड़ी अल्हैया बिलावल देसी, कोमल रिषभ आसावरी, सारंग तथा यमन, दरबारी मालकौंस जैसे राग किस किस प्रहर में गाये बजाये जाते हें। इतना ही नहीं, आकाशवाणी ने आम जनता को पं. ओमकार नाथ ठाकुर, डी. वी. पलुस्वार, पं. रविशंकर, पं. रामनारायण, पं. हरी प्रसाद चौरसिया, पं. भीमसेन जोशी, पं. मल्लिकार्जुन मंसुर, बड़ी मोती बाई, रसुलन बाई, बेगम अख्तर जैसे कलाकारों से उनके गायन एवं वादन के माध्यम से पहचान दिलवायी।

* आरम्भ में आकाशवाणी के प्रत्येक केन्द्र निदेशक को यह शक्ति प्राप्त थी कि वह शहर में घूमे और जो भी कलाकार उनकी नज़र में प्रसारण के योग्य है उन्हें निःशुल्क फार्म भरवा कर उन्हें अपने स्टुडियो में बुलवाकर उन्हें उनके योग्य ग्रेड दे दिया जाता था। और उनके प्रतिमाह प्रसारण के लिये आमंत्रित किया जाता था तथा उन्हें प्रसारण शुल्क भी दिया जाता था। इसी के साथ-साथ **स्टाफ कलकारों** की भी भर्ती की गई जिन्हें आरम्भ में तो Contract bases पर रखा गया तथा बाद में 1984 में regular service में रख लिया गया। इन सभी स्टाफ कलाकारों को शास्त्रीय संगीत के आधार पर भर्ती किया जाता था, फिर इन्हें संगीत के विभिन्न विभागों, वाद्यवृन्द, लोकसंगीत, सुगम संगीत, ब्रज माधुरी इत्यादि में मुख्य कलाकारों के साथ संगत हेतु बाँट दिया जाता था। धीरे-धीरे कलाकारों की संख्या में वृद्धि होने से स्थानीय स्वर परिक्षा और संगीत स्वर परिक्षा में नवीनता लायी गयी। आरम्भ में कलाकार अपनी स्थान के नज़दीकी आकाशवाणी केन्द्र पर LAC द्वारा स्वर परिणाम में खरा उतरना होता था फिर ग्रेड के लिये MAB से गुज़रना होता था तभी उन्हें C, B, BA और 'A' तथा Top Grade में सम्मानित किया जाता था। जबकि 1960 से पहले 'B' और 'BA' ग्रेड के लिये सीधा केन्द्र निदेशक सक्षम होता था। सन् 1990 के बाद स्टाफ कलाकारों को भी 'टॉप' ग्रेड सम्मान से सम्मानित किया जाने लगा। साथ ही यह भी प्रावधान रखा गया कि जिन कलाकारों को 'संगीत नाटक अकादमी' सम्मान दिया गया है उनकी फीस में एक और Increment देना होता था। आरम्भ में कलाकारों

की booking frequency बहुत अधिक थी, जिससे कला और कलाकार दोनों को ही बहोत प्रोत्साहन मिला। साथ ही कलाकारों की संगीत के किसी भी क्षेत्र में चाहे वह संगीत शिक्षक हो, विश्वविद्यालय के लिये नियुक्ति हो या अन्य विभाग में नियुक्ति हो रेडियो के ग्रेड को सर्वप्रथम मान्यता दी जाती थी। उसी के आधार पर नियुक्ति की जाती थी।

शास्त्रीय संगीत में रागों के समय सिद्धान्त को मद्देनज़र रखते हुए आकाशवाणी के प्रत्येक केन्द्र पर चंक निर्धारित किये गये हैं। आज भी दिल्ली, मुम्बई, कोलकत्ता जैसे महानगरों तथा अन्य राजधानी केन्द्रों पर समय सिद्धांत के अनुसार कलाकारों के गायन वादन की रिकार्डिंग की जाती है। समय को देखते हुए कलाकारों को पहले ही उनके अनुबंध पत्र में राग लिख कर भेज दिये जाते रहे हैं, जिसका अनुसरण आज भी किया जा रहा है।

* मानदेय तथा अवधिः- कलाकारों को उनके ग्रेड के अनुसार उनका मानदेय और रिकार्डिंग की अवधि तय की जाती है आज के ग्रेडेड कलाकार कोः-

'B' —	30 मिनट	1700/-
'BH' —	45 मिनट	3000/-
'A' —	60 मिनट	7400/-
Top —	60-75 मिनट	11000/- दी जाती है।

विशेष संगीत सभायेंः-

सन् 1950 में 'वाद्य वृन्द' का गठन हुआ, आकाशवाणी का (1) नं. स्टुडिया उसका साक्ष्य है। जिसमें हिन्दुस्तानी वाद्यों को एकत्र करके हिन्दुस्तानी रागों में वाद्य वृन्द रचनायें रचित की गई। जिसके संचालक थे भारत रत्न पं. रवि शंकर। कर्नाटक संगीत के टी.के. जयराम अय्यर, पं. पन्नालाल घोष, अनिल विश्वास जैसे विद्वान्। इसके अलावा एम. वाई, कामाशस्त्री, सत्यदेव पवार कन्नाकुड़ी जेसे विद्वानों ने इसे आगे बढ़ाया। जिनकी रचनायें:- आदि वसंत, अवेकनिंग, वन्देमातरम्, देस, ... इत्यादि आज भी आकाशवाणी द्वारा प्रसारित की जाती रही है। जोकि हिन्दुस्तानी शास्त्रीय रागों पर आधारित है।

मैहर बैण्डः- मैहर बैण्ड जिसे मैहर के बाबा अलाउद्दीन खाँ साहब ने स्थापित किया था, जिसमें सभी हिन्दुस्तानी वाद्य सम्मिलित थे, जिन्हें विशेष

अवसरों, राजाओं तथा त्यौहारों के अवसर पर प्रस्तुत किया जाता था, जिसमें राग पर आधारित रचनायें प्रस्तुत की जाती थी। जिन्हें बाबा के बाद मध्य प्रदेश सरकार ने अपने संरक्षण में ले लिया और उसके कलाकारों को स्टाफ कलाकार बना लिया गया। हाल ही में आकाशवाणी ने इस धरोहर को संरक्षण के रूप में सभी कलाकारों को अपनी ग्रेड के पैनल में लिया है और उन्हें आकाशवाणी के राँची केन्द्र के ग्रेडिड कलाकरों की श्रेणी में लिया गया है।

संगीत का राष्ट्रीय कार्यक्रमः–आकाशवाणी के इतिहास में संगीत को लेकर एक और घटना घटी जब 'नेशनल प्रोग्राम ऑफ म्युज़िक की शुरूआत हुई। जिसमें उत्तर और दक्षिण भारत का संगीत एक ही मंच पर आ गया। जिन कलाकारों का केवल स्थानीय स्तर तक प्रसारण होता था, उनका प्रसारण राष्ट्रीय स्तर पर होने लगा जिससे कला और कलाकार दोनों को ही प्रोत्साहन और प्रसिद्धि प्राप्त हुई।

इसी श्रृंखला में 1959 में "रेडियो संगीत सम्मेलन" की शुरूआत हुई जिसका उद्घाटन भारत के राष्ट्रपति डा॰ राजेन्द्र प्रसाद ने किया। इसने राष्ट्रीय स्तर पर देश के विविध कलाकारों को मंच प्रदान किया। पहले भी, आज भी केवल उच्च स्तरीय कलाकारों को ही मंच पर प्रदर्शन करने का सौभाग्य प्राप्त था किन्तु रेडियो ने अपने कलाकारों को देश के विभिन्न भागों में मंच देकर श्रोताओं द्वारा उन्हें सुनने पर बाध्य किया।

उदाहरण के तौर पर सन् 1995 में आकाशवाणी दिल्ली द्वारा आयोजित आ॰ स. सम्मेलन दिल्ली के रफी मार्ग पर स्थित मावलंकर सभागार में आयोजित किया गया। संगीत सभा की अवधि 90 मिनट की थी। प्रस्तुतिकरण के दौरान मुख्य कलाकार को बार-बार घड़ी दिखाई जा रही थी अब नौ मिनट शेष रह गये हैं तभी कलाकार ने अपना गायन रोककर कहा कि मैं रेडिया की समय की पाबंदी को भली भाँति जानता हूँ, रेडिया के इसी मंच ने ही भीमसेन जोशी को बनाया है। सभा में अमंत्रित श्रोताओं ने उनकी बात का तालियों से स्वागत किया और पं. भीमसेन जोशी जी ने 89 मिनट में अपना गायन समाप्त कर दिया।

'रेडियो संगीत सम्मेलन' आकाशवाणी की सबसे Prestigeious Concert है। पहले यह देश के कुछ ही शहरों में आयोजित की जाया करती थी किन्तु आज देश के 24 केन्द्रों पर इसका आयोजन किया जाता है, जिसके 8 केन्द्रों पर कर्नाटक के कलाकार भाग लेते हैं, जिसे बादमें 48 दिनों तक

रात के 9.30 बजे शनिवार तथा 10.00–11.00 बजे सोमवार से शुक्रवार को इन्द्रप्रस्थ चैनल से रीले किया जाता है। आज देश के लगभग सभी राष्ट्रीय स्तर के कलाकार आकाशवाणी में कार्यक्रम करनेमें अपना परम सौभाग्य समझते हैं, चुँकि आकाशवाणी ही उनका प्रथम Platfarm है। पहले यह कार्यक्रम दो दिवसीय हुआ करता था जिसमें हिन्दुस्तानी और कर्नाटक शैली के कलाकार अपना अपना प्रस्तुतिकरण दिया करते थे।

हारमोनियम पर प्रतिबन्ध हटाः–आरम्भ में शा सं. के गायक हारमोनियम को एक तुच्छ वाद्य समझते थे। पहले हारमोनियम गीत गज़ल कव्वाली लोक संगीत तक ही सीमित था, किन्तु धीरे–धीरे सारंगी वादकों की कमी तथा गायक के साथ बढ़चढ़ कर बजाने की वजह से शा. सं. गायकों ने दरवाजे को पीछे से यानि मंचों पर हारमोनियम लेना आरम्भ कर दिया। किन्तु रेडियो ने तब तक उन्हें अनुमति नहीं दी। जबकि सन् 1972 से पहले, आप्पा जलगाँवकर, महमूद धौलपुरी जैसे हारमोनियम वादक मंच पर अपने प्रदर्शन को सफलता पूर्वक दिखा चुके थे। अतः सन् 1972 में आकाशवाणी द्वारा हारमोनियम पर प्रतिबंध हटा और रेडियो के कलाकारों ने जो हारमोनियम के साथ गाने को इच्छुक थे 'राहत की सांस ली। आकाशवाणी दिल्ली के हारमोनियम वादक श्री 'महमूद धौलपुरी' अकेले एक ऐसे वादक थे जिन्हें रेडियो ने 'A' ग्रेड दिया तथा भारत सरकार द्वारा पदम्श्री सम्मान से सम्मानित किया। आपने उत्तर भारत के लगभग सभी 'BH' 'A' और 'Top' ग्रेड कलाकार के साथ संगत की है। जिसमें बेगम परवीन सुल्ताना तथा पं. राजन मिश्र, पं. साजन मिश्र तथा विदुषी किशोरी अमोलकर प्रमुख हैं।

संगीत प्रतियोगिताः–आकाशवाणी ने संगीत के प्रत्येक आयु वर्ग के कलाकार को प्रोत्साहन दिया है। इसमें कलाकार की आयु 16 से 24 वर्ष होती है। यह प्रतियोगिता लगभग 70 के दशक में आरम्भ हुई और आज तक निरंतर बड़ रही है इसमें शा. सं. के अतिरिक्त अन्य संगीत की विधाओं में प्रतियोगिता राष्ट्रीय स्तर पर होती है। जिसमें प्रथम द्वितिय और विशेष पुरस्कार दिये जाते हैं। और कलाकार को 'बी' ग्रेड दे दिया जाता है। हाल् फिलहाल वर्ष 2013 से पुरष्कार राशि से प्रथम एवं विशेष विजितों के लिये 5000/– और द्वितीय विजेता के लिये 3000/– रु. की राशि एक मुमेंटो तथा प्रमाण पत्र दिया जाता है। इस प्रतियोगिता में विजेता कलाकारों को देश के विविध केन्द्रों पर उनके प्रस्तुतिकरण के लिये अन्य युवा कलाकारों के

प्रोत्साहन के लिये भेजा जाता है।

युवावाणि:–यह चैनल सन् 1969 में आरम्भ हुआ। यहाँ पर भी आरम्भ में कलाकारों को बिना स्वर परिक्षा के उनके प्रस्तुतिकरण के आधार पर कार्यक्रम करने दिया जाता था किन्तु धीरे-धीरे स्वर परिक्षण की आवश्यकता महसूस की गई और कलाकार की आयु सीमा 15 से 25 वर्ष की गई है, जिसके शा. संगीत के अलावा संगीत की किसी भी श्रेणी के लिये युवा कलाकार स्वर परिक्षा दे सकता हैं एक नये युवा कलाकार के लिये माइक्रोफोन के सामने समय सीमा में रहकर अपना सफल प्रस्तुतिकरण देना सबसे बड़ा चुनौती पूर्ण कार्य है। एवं कलाकारों के लिये अकेला आकाशवाणी ही एसा माध्यम है जो संगीत के प्रोत्साहन में पिछले 60 दशकों से कार्यरत है। सराहा गया है जिसके माध्यम से प्रतिष्ठित कलाकारों को आकाशवाणी के माध्यम से श्रोता उनकी आवाज़ पहचानने लगे और रागों के बारे में संक्षिप्त जानकारी से अवगत हुए।

चयन:–यह कार्यक्रम पिछले लगभग 40 वर्षों से आकाशवाणी पर प्रसारित किया जा रहा है, जिसमें आकाशवाणी के संग्रहालय से प्राप्त प्रतिष्ठित गायकों वादकों की चुनिंदा रिकार्डिंग के संपादित अंश सुनवाये जाते हैं। आकाशवाणी दिल्ली पर यह प्रत्येक मंगलवार को रात्रि 10.00–11.00 बजे तक प्रसारित किया जाता रहा है। जिसमें डा. अल्लाइद्दीन खाँ, साहब, डा. दबीर खाँ, पुराने डागर, डा. अमीर खाँ, डा. बड़े गुलाम अली खाँ, पं. ओमकार नाथ ठाकुर बड़ी मोती बाई, रसूलन बाई, सिद्धेश्वरी देवी, वसंतराव देशपांडे, पं. कृष्णराव शंकर पंडित, माणिक वर्मा, हीराबाई बड़ौदेकर जैसे संगीतकारों की रिकार्डिंग सुनवाई जा चुकी है।

प्रत्येक घराने को लेकर उनके प्रतिष्ठित कलाकारों की रिकार्डिंग उनके पूर्ण विवरण के साथ सुनवाई जाती रही है। तबले के घरानों में उ. उहमद जान थिरकवा खाँ साहब, लतीफ अहमद खाँ, मिट्ठन लाल, पं. प्रेम बल्लभ बनारस के पं. महादेव प्रसाद मिश्रा के गायन, पं. गोपाल मिश्रा के सारंगी वादन को भी कई वार ऐसे कार्यक्रम में शामिल किया गया। आकाशवाणी द्वारा शा॰ संगीत को प्रोत्साहित और जन-जन तक पहुँचाने में, आचार्य ब्रहस्पति सुम्मतिमुटाटकर, जीवनलाल मट्टु, सुहासिनी कोराटकर, डा. हफीज़ अहमद खाँ, माधुरी मट्टु, पं. एल. के. पंडित, सत्यदेव पवार, के एल.एल. शास्त्री, एम. एस. गोपालकृष्ण संतीष भाटिया, पं. पन्नालाल घोष, अनिल

विश्वास, श्री आर. सी. महु, श्री हरीचरण वर्मा तथा पं. भजन सोपोरी का नाम प्रमुख है।

संग्रहालयः-आकाशवाणी के संग्रहालय में आज लगभग 5000 घंटे की रिकार्डिंग उपलब्ध है। जिसमें देश के लगभग प्रत्येक प्रतिष्ठित कलाकार के राष्ट्रीय कार्यक्रम, आ सं. सम्मेलन में भाग लेने वाले कलाकारों की रिकार्डिंग है। इन रिकार्डिंग में कलाकारों के प्रस्तुतिकरण को लेकर उनके इन्टरव्यू सौदाहरण वार्तायें तथा सुबह संगीत की छोटी-छोटी रचनायें सम्मिलित है। पहले संग्रहालय में ये रिकार्डिंगस spool में उपलब्ध थी किन्तु पिछले कुछ वर्षों में digitalisation के कारण इन रिकार्डिंग को CD, DVD में कन्वर्ट कर दिया गया है। जिसका श्रेय आकाशवाणी के महानिदेशक डा॰ ओ.पी. केजरीवाल तथा बृजेश्वर सिंह को जाता है।

पिछले डेढ़ दशक से हिन्दु शा. संगीत के कलाकारों की CD release हो रही है, जिनमें बेगम अख्तर, परवीन सुल्ताना पं. राम नारायण, विदुषीशरण रानी, डा. अमीर खाँ साहब, पं. भीमसेन जोशी, हरी प्रसाद चौरसिया, मल्लिकार्जुन मंसूर जैसे संगीत के विज्ञनों के गायन को कैसेट्स, सी.डी., डी. वी.डी. के जरिये हि. शा. संगीत को जनजन तक पहुँचाया है।

संगीत सरीता:-आकाशवाणी मुम्बई की विविध भारतीय प्रसारण सेवा से पिछले लगभग 30 वर्षों तक संगीत सरिता कार्यक्रम प्रातः 7.30 पर प्रसारित होता था, जिसमें देश के लगभग सभी प्रतिष्ठित गायकों वादकों द्वारा किसी एक राग को लेकर उसका पूर्ण विवरण अथवा स्वरूप को पहले मौखिक रूप से फिर प्रस्तुतिकरण द्वारा इसके स्वरूप को समझाया जाता था। यह कार्यक्रम प्रतिदिन प्रसारित होता था, जिसे देश में सराहा गया। जिसके माध्यम से प्रतिष्ठित कलाकारों को श्रोता उनकी आवाज पहचानने लगे और रागों के विषय में संक्षिप्त जानकारी से अवगत हुए।

Veena Pahari
Acadmic :- M. A. Hindustani Music (Sitar)
Qualification : Delhi University

नाट्यशास्त्र : अवनद्ध वाद्यों का विवेचन

भारतीय दृष्टिकोण के अनुसार भरत का नाट्यशास्त्र नाट्यवेद के नाम से जाना जाता है। भरत का नाट्यशास्त्र भारतीय साहित्य तथा संगीत का बृहद् कोष है तथा दोनों के सन्दर्भ में प्राचीन एवं प्रामाणिक सागग्री प्रस्तुत करता है। रस छन्द भाषा वेशभूषा रंगमंच अभिनय संगीत तथा नृत्य में से ऐसा कोई विषय नहीं जिसका विवरण इस ग्रंथ में न हुआ हो। महत्त्व की बात यह है कि भारत की प्राचीन नाट्यकला एवं संगीत पर प्रकाश डालने वाला यह एकमात्र ग्रंथ है तथा इसी के द्वारा प्रणीत परंपरा का परिपालन समस्त भारत वर्ष में अधुना भी किया जाता है।

नाट्यशास्त्र के अनेक प्रसंगों में विभिन्न वाद्यों की चर्चा प्राप्त होती है। इसका प्रमुख कारण है नाट्य की प्रभावोतपादक्ता प्रदान करना। इसका समर्थन इस तथ्य से भी होता है कि भरत ने 28 से 34 अध्याय तक गीत वाद्य का विस्तृत विवरण दिया है। नाट्यप्रयोग के आदिम भाग या चरणरूप पूर्वरंग का मंगलारंभ भी गीत वाद्य एवं नृत्य से किया जाता था, तथा नाट्यप्रयोग के बीच में इन सभी का योग निरन्तर रखा जाता था। अंक के आरम्भ तथा समाप्ति के समय गीतादि निश्चित रूप से हुआ करते थे। इस प्रकार स्पष्ट है कि भरत नाट्यशास्त्र में गीत वाद्यों की संयोजना एक संतुलित रूप में किया गया जिसे 'अलात चक्रप्रतिम' कह कर निदर्शित किया गया है। नाट्यप्रयोग की दृष्टि से गीत वाद्यों की संतुलित प्रयोग की यह एक महत्त्वपूर्ण बात है तथा नाट्य का एक अपरिहार्य अंग भी गीत वाद्य है यह भी प्रमाणित होता है। वास्तव में जब नाट्य प्रयोग में भाव तथा रस की संचार दशा की साधना हो तो गीत और वाद्य ही रागात्मक को संदीपन देते हैं तथा नाट्य प्रयोग की रसवत्ता को उभारते हैं। अतः गीत का प्रयोग रस भाव के प्रकाशन हेतु अपना महत्त्वपूर्ण सहयोग रखते हैं यह भी भरत ने दिखलाया,

जो इनके संतुलित प्रयोग के सिद्धांत से होता है। भारतीय नाट्य प्रयोगों में ऐसी गीत, वाद्य और नृत्य की योजना उसे विलक्षणता प्रदान करती ही है यही इसकी अभिज्ञानभूमि भी है। प्रायः सभी नाट्य शैली के प्रयोक्ता और समीक्षक नाट्य प्रयोग में गीत एवं वाद्य के उपयोग को स्वीकार करते हैं। अतः गीत वाद्यादि की योजना के कुशलता पूर्वक प्रस्तुत करने से दर्शक को रागाप्ति का प्रत्यक्ष आभास हो जाता है।

भरत ने नाट्यशास्त्र के 28वें अध्याय के प्रथम श्लोक में चार प्रकार के वाद्यों का उल्लेख किया है, जो इस प्रकार है:-

ततं चैवावनद्धं च घनं सुषिरमेव च।
चतुर्विधं तु विज्ञेयमातोद्यं लक्षणान्वितम्॥

अर्थात् वाद्य चार प्रकार के हैं:- तत् अवनद्ध घन और सुषिर। तन्त्री से बने वाद्यों को तत् चमड़े से मढ़े हुए वाद्य को अवनद्ध तथा कांस्य आदि ठोस वाद्यों को घन कहते हैं।

संसार के सभी वाद्यों का इन चार वर्गो में वर्गीकरण भरत की प्रतिभा का द्योतक है। कोई भी वाद्य इन्हीं के अन्तर्गत आता है। भरत का यह वर्गीकरण कितना व्यवस्थित और महत्त्वपूर्ण है यहाँ एक ऐतिहासिक तथ्य से सिद्ध होता है। सन् 1877 ई. में समस्त वाद्यों के लिए, यूरोप में ब्रूजल्स नामक स्थान में एक बहुत विशाल संग्रह बना। उस समय यह प्रश्न उठा कि इन सभी वाद्यों का वर्गीकरण किस प्रकार किया जाये। उस समय यूरोप के संगीत के विद्वान बहुत माथापच्ची के बाद इस निष्कर्ष पर पहुँचे कि भरत ने जो वाद्यों का वर्गीकरण किया है उससे अधिक व्यवस्थित वर्गीकरण सम्भव नहीं है। अतः भरत के ही वर्गीकरण के आधार पर यूरोप के समस्त वाद्यों का वर्गीकरण किया गया। यूरोप के संगीतज्ञों ने Chordophonic Instrument तत् वाद्य के लिए, Membrophonic Instrument अवनद्ध वाद्य के लिए, सुषिर वाद्य के लिए Acrophonic Instrument तथा घन वाद्य के लिए Ideophonic Instrument जैसे शब्द बनाया। इस बात का उल्लेख फैंसिसि डब्लयू गाल्पिन ने अपने Text book of European Musical Instrument के 27वें पृष्ठ पर किया है।

भाण्ड वाद्य के आचार्य के रूप में स्वाति मुति का नामोल्लेख नाट्यशास्त्र में पाया जाता है। इन्द्रध्वज उत्सव के अवसर पर नाट्यशास्त्र की सज्जता किये जाने पर नारद को गान्धर्व के लिए तथा स्वाति को भाण्डवाद्यों के वादन

के लिए नियुक्त किया गया था इसकी चर्चा नाट्यशास्त्र के प्रथम अध्याय में किया गया है। ये दोनों की अपने-अपने विषय के मान्य आचार्य थे, तथा गान्धर्व एवं वाद्य के संबंध में इनकी सशास्त्र परंपरा है।

नाट्यशास्त्र का तैंतीसवीं अध्याय अवनद्धातोद्यविद्यान है। इस अध्याय में श्लोक सेंख्या 5 से 11 तक में स्वाति मुनि ने पुष्कर वाद्य की जो कल्पना की थी वह इस प्रकार है:-

अनध्याये कदाचित्तु स्वातिवैं दुर्दिने दिने
लजाशयं जगामाथ सलिलानयनं प्रति।5।
तस्मिन् सरो निषण्णे तु प्रवृत्तः पाकशासनः
धराभिर्महतीभिश्च कर्त्तुमेकार्णवं जगत्।6।
पतन्तीभिश्च धाराभिर्वायुवेगाज्जलाशये
पुष्करिण्यां पटुः शब्दः पत्राणामभवत्तदा।7।
तेषां धारोखवं शब्दं निशम्य सहसा मुनिः
आश्चर्यमिति मन्वानश्चवधारितवॉश्च तम्।8।
ज्येष्ठमध्यकनिष्ठन्तु पात्राणामवधार्य च
गम्भीरमधुरं हृद्यमाजगामाश्रमं ततः।9।
गत्वा सृष्टं मृदङ्गॉश्च पुष्करानसृजत्ततः
पणवं दर्दुराश्चैव सहितो विश्वकर्मणा।10।
देवानां दुन्दुभि दृष्टवा चकार मुरजं ततः
आलिङ्गयमूर्ध्वकञ्चैव तथैवाङ्किकमेव च।11।

किसी अनाध्याय के दिन जब आकाश में बादल छाये हुए थे, तभी ये स्वाती मुनि जल लाने के लिए सरोवर पर गये। जब वे सरोवर में जल लेने के लिए सरोवर में उतरे तो इन्द्र ने पृथ्वी को एक बड़ा सागर बना डालने के लिए जोरों से मूसलाधार वृष्टि आरम्भ कर दी। तब उस सरोवर में वायु के वेग से गिरने वाली मेधावृष्टि जल धाराओं के द्वारा कमल के पत्तों पर बड़ी ही मधुर ध्वनियों का निर्माण होने लगा। तब मुनि सहसा इस अपूर्व ध्वनि को सुनते हुए जो वर्षा की धाराओं के द्वारा अद्भूत थी एक आश्चर्य मानकर उस पर ध्यानपूर्वक विचार आरम्भ किया और फिर पत्तों पर होने वाली इस सुन्दर और हृदयग्राही ध्वनि के ज्येष्ठ, मध्यम और कनिष्ठ प्रकारों के विभाजन का गम्भीरता से विचार करते हुए वे अपने आश्रम को लौट आए और आश्रम में लौटकर विश्वकर्मा की सहायता से मुनि ने मृदंगों का और

फिर पुष्कर, पणव और दर्दुर वाद्यों का निर्माण किया।

सम्भवतः स्वाति मुनि ने आत्मनिष्ठ होकर शरीर के भीतर ही इन नादों का श्रवण किया होगा। केवल प्रतीक के रूप में उक्त कथा के द्वारा उसे अभिव्यक्त किया। लोक में भी ग्रीष्म के ताप से सन्तप्त होने पर ही वर्षा होती है और उससे सन्ताप का शमन होकर मनुष्य को सुख शांति का अनुभव होता है, उसी प्रकार त्रिविद्य तापों से सन्तप्त हुआ प्राणी द्रवीभूत होकर आत्मनिष्ठ होता है और उसी में रममाण होता हुआ सुख शांति का अनुभव कर पाता है तभी उसे अन्तर्निहित तथ्यों के दर्शन हो पाते हैं।

चतुर्विध आतोद्यों में अवनद्ध वाद्यों का प्रमुख स्थान है। गीत तथा वाद्य के साथ ताल एवं लय के प्रदर्शनार्थ इन्हीं वाद्यों का प्रयोग आरम्भ से किया जाता रहा है। मृदंग, पणव तथा दर्दुर जैसे इन वाद्यों के लिए सामान्य संज्ञा पुष्कर है। इन वाद्यों का जो स्वतंत्र वाद्य वृन्द बनाया जाता था। उसमें प्रमुख स्थान मृदंग वादक पणव वादक तथा दर्दुर वादकों का होता था। नाट्य गृह के मंडप विन्यास के प्रसंग पर रंगदेवता के प्रत्यक्ष संगीतायोजन किया जाता था उसमें शंख दुन्दुभि मृदंग पणव आदि वाद्यों की ध्वनि एक साथ की जाती थी। महेश्वर के ताण्डव नृत्य के साथ ताल एवं लय के निर्वाह के लिए निम्नलिखित अवनद्ध वाद्यों के प्रयोग का उल्लेख है जैसे–मृदंग, भेरी, पटह, भाण्ड, डिण्डिम, गोमुख, पणव तथा दर्दुर।

अवनद्ध वाद्यों के लिए भाण्ड या भाण्ड वाद्य की संज्ञा दी गई है। ताण्डव ऋषि के द्वारा प्रयुक्त ताण्डव का प्रयोग गान तथा भाण्ड वादन दोनों से समन्वित बताया गया है। रंगभूमि पर नर्तकी के प्रवेश पर तन्त्री तथा भाण्ड वाद्य दोनों का समुचित प्रयोग किया जाता था। भाण्ड वाद्य का वादन अंगहारों के अनुकूल सम, रक्त, विभक्त, स्फुट तथा शुद्ध वादन शैली से समन्वित हुआ करता था। गीत तथा नृत्य में किस स्थान पर भाण्ड वाद्य का वादन आरम्भ किया जाये, इस संबंध में पाँचवें अध्याय में स्पष्ट रूप से उल्लेख किया गया है।

तत्कालीन नाट्यकला में मृदंगादि वाद्यों का विधान महत्त्वपूर्ण होता था। नाटकीय अर्थात् नटी के लिए यह आवश्यक होता था कि वह ताल और लय का सम्यक ज्ञान रखती हो तथा भाण्ड वाद्य के विधि विधान से परिचित हो। नट के लिए आवश्यक होता था कि वह वाद्य कला में निष्णात हो। नाट्यशास्त्र के अनुसार वाद्य नाट्य की शय्या है तथा उसका विधान सम्यक

रूप से किया जाना चाहिए।

भरतमुनि के अनुसार अवनद्ध वाद्यों में मृदंग तथा दर्दुर प्रमुख वाद्य थे तथा झलरी एवं पटह गौण वाद्य। इन सभी वाद्यों का वादन उत्सव, मान विवाह आदि प्रसंगों पर तथा नाट्य की विभिन्न अवस्थाओं में निहित था। नाट्य के अन्तर्गत विभिन्न अंगों में सामंजस्य उत्पन्न करने के लिए, किसी न्यूनता की पूर्ति के लिए, नाटक की शोभा वृद्धि के लिए इन वाद्यों का प्रयोग किया जाता था। भरत ने पुष्कर वाद्यों की संख्या 100 बताई है, उनके अनुसार अवनद्ध वाद्यों का प्रौढ़तम स्वरूप पुष्कर वाद्य है। पुष्कर वाद्यों में जो करणों एवं बोलों के निकास की क्षमता थी, वह इस वर्ग के अन्य वाद्य भेरी, पटह, झंझा, दुन्दुभि तथा डिण्डिम जैसे वाद्यों में नहीं थी। स्वरवान तथा अभिधानवान नामक द्विविध छन्द में पुष्कर का वादन स्वरवान छन्द से युक्त माना गया है। जिसमें गीत के शब्दों का स्वरमय रूप अभिव्यक्त होता है। नाट्यशास्त्र के अनुसार कंठ से उद्धत होने वाले स्वर पुष्कर वाद्य में संकान्त हो उठते हैं। पुष्कर वाद्य से संगति करने का सिद्धांत यह है कि गायक जिस-जिस स्वर का गान करता हो, पुष्कर वादक भी उन्हीं स्वरों का अनुसरण करते हुए संगत करे तथा पुष्कर की करण रचना भी वही हो जो कि गीत के अक्षरों की रहती है।

नाट्यशास्त्र में पुष्कर के साथ ही त्रिपुष्कर नामक वाद्य का भी उल्लेख हुआ है। मार्जना का उल्लेख करते हुए भरतमुनि ने त्रिपुष्कर के तीन अंगों का उल्लेख किया है वामक, सव्यक तथा उर्ध्वक। भरत काल में इन तीनों को अलग रूप से स्थापित किया जाता था, ऐसा कहीं स्पष्ट रूप से उल्लेख नहीं आता है। भारत की प्राचीन शिल्प कला में त्रिपुष्कर के दो रूप स्पष्ट रूप से देखने को मिलते हैं। ईसा पूर्व दूसरी शताब्दि के भरहुत शिल्प में एक वादक के पास ढोलक के आकार के दो उर्ध्वमुखी वाद्य हैं, जिनमे एक तिर्यक अवस्था में स्थापित है तथा दूसरा उर्ध्वाकृति स्थापित है। इसी उर्ध्वाकृति वाद्य पर वादक वादन दण्ड से वादन कर रहा है। अमरावती के शिल्प में वादक के सम्मुख तीन मृदंगाकार वाद्य हैं, जिनमें से दो उर्ध्वाकृति तथा एक उनके पीछे तिर्यक अवस्था में स्थापित हैं। दक्षिण भारत में त्रिपुष्कर का एक अन्य रूप पाया जाता है जिसमें एक ही वाद्य में तीन रूप स्पष्ट दृष्टिगत होते हैं। चिदम्बरम् के नटराज मंदिर में नटराज के 'उर्ध्व ताण्डव' नृत्य के साथ मृदंग के त्रिमुख चित्र अंकित हैं। इसके दोनों पार्श्व में दो मुख

हैं तथा मध्य में ऊपर की ओर तीसरा मुख है। मैसूर के अरलगुप्पे नामक स्थान में कल्लेश्वर मंदिर के भीतर पुष्कर का एक अन्य प्रकार अंकित है, जिसके तीनों मुख उपर की ओर उन्मुख हैं।

भरतमुनि ने त्रिपुष्कर वाद्य को अवनद्ध वाद्यों में सर्वाधिक महत्त्वपूर्ण बताया है। मुलायम मिट्टी से निर्मित होने के कारण इसे कहीं-कहीं 'मुरज' भी कहा गया है। त्रिपुष्कर वाद्य के तीन भाग-आंकिक, उर्ध्वक और आलिंग्यक थे और इनकी आकृति क्रमशः हरीतकी युवाकृति व गोपुच्छ के सदृश थे।

–डॉ. अजय कुमार
असिस्टेन्ट प्रोफेसर (तबला)
दिल्ली विश्वविद्यालय

सम्पर्क सूत्र

1. **Prof. (Dr.) Satya Bhan Sharma, M.A. -** Sahitya, Hindi & English, **Ph. D :-** Sangeet - Vocal & Instt. Kala Drawing & Painting, Ex. Dean - Music & Arts Faculty, Dayal Bagh University, Agra
2. **डॉ. भारती शर्मा,** विभागाध्यक्ष संगीत विभाग, महर्षि दयानन्द विश्वविद्यालय, रोहतक
3. **H. K. SALUJA,** Principal (Retd.) Deptt. of Higher Education, Haryana, Former Head P.G. Deptt. of Music
4. **Prog. Anupam Mahajan,** Faculty of Music and Fine Arts, University of Delhi
5. **Prof. Najma Parveen Ahmad,** Former Dean and Head, Faculty of Music and Fine Arts, University of Delhi
6. **Dr. Sunanda Pathak,** Asso. Professor, Mata Sundri College University of Delhi, AIR Artiste & Play Back Singer
7. **Lt Gen O.P. Kaushik,** PVSM, AVSM, VSM, M - in - (D) (Former VC, Maharshi Dayanand University, Rohtak)
8. **Prof. Radha Venkatachalam,** Delhi University
9. **डॉ. पुर्णचन्द्र शर्मा, प्रोफेसर,** हिन्दी–विभाग, महर्षि दयानन्द विश्वविद्यालय, रोहतक–124001
10. **प्रो. विजय लक्ष्मी,** संगीत एवं ललित कला संकाय, दिल्ली विश्वविद्यालय, दिल्ली
11. **डॉ. भारती शर्मा,** विभागाध्यक्ष संगीत विभाग, महर्षि दयानन्द विश्वविद्यालय, रोहतक
12. **Prof. Promila Batra,** Prof. & H.O.D., Department of Psychology, Maharishi Dayanand University (Rohtak)
13. **Dr. Sanjay Manchanda,** Senior Consultant, Department of Sleep Medicine, Sir Ganga Ram Hospital, New Delhi (India)
14. **Dr. T.V. Manikandan,** University of Delhi, Delhi-7
15. **रवि शर्मा**, प्रोफेसर, संगीत विभाग, महर्षि दयानन्द विश्वविद्यालय, रोहतक–124001
16. **डॉ. मोहम्मद हारुन,** दिल्ली विश्वविद्यालय, दिल्ली–7
17. **Dr. Ajay Astputra,** Dean & Head, Faculty of Performing Arts The M.S. University of Baroda, Baroda

18. **मुन्ना शुक्ला : सागर**, पुरानी शिव टाकीज, नया बाजार, सागर (म. प्र)
19. **Prof. Madhu Nagla**, Department of Sociology, M.D. University, Rohtak-124001
20. **रोमिल जैन**, नीमवाला ट्रेडर्स विजय टॉकीज रोड, मोती नगर वार्ड, सागर
21. **प्रो. गौतम चैटर्जी**, बनारस हिन्दू विश्वविद्यालय, बनारस (उ.प्र.)
22. **Prog. Alka Nagpal,** Faculty of Music & Fine Arts, University of Delhi, Delhi-7
23. **डॉ. भारती शर्मा,** विभागाध्यक्ष संगीत विभाग, महर्षि दयानन्द विश्वविद्यालय, रोहतक
24. **Prof. Sabyasachi Sarkhel,** Ravindra Bharti University, Shanti Niketan Kolkatta.
25. **Dr. Mohammed Haroon,** Ex. Librarian, Faculty of Music and Fine Arts, University of Delhi, Delhi-7
26. **प्रोफेसर संजय गुहा,** अध्यक्ष सितार विभाग, भारतीय विद्या भवन, 41 कैसिल टाउन रोड, लंदन (यू.के.)
27. **डॉ. भारती शर्मा,** विभागाध्यक्ष संगीत विभाग, महर्षि दयानन्द विश्वविद्यालय, रोहतक
28. **प्रो. सरोज घोष,** पंजाब विश्वविद्यालय, चण्डीगढ
29. **डॉ. शैलेन्द्र कुमार गोस्वामी**, संगीत एवं ललित कला संकाय दिल्ली विश्वविद्यालय
30. **लोकेश शर्मा (संगीत विभाग),** असिस्टेंट प्रोफेसर, राजकीय महाविद्यालय, से. 14 गुडगाँव, ई–मेल : prof.lokeshsharma@gmail.com
31. **डॉ. हरि किशन गोस्वामी,** असिस्टेन्ट प्रोफेसर, संगीत विभाग दिल्ली विश्वविद्यालय, दिल्ली–7
32. **डॉ. कुमार ऋषितोष,** असिस्टेंट प्रोफेसर, संगीत विभाग दिल्ली विश्वविद्यालय, दिल्ली–110007
33. **Veena Pahari**, **Acadmic :-** M. A. Hindustani Music (Sitar) Qualification : Delhi University 1985
34. **डॉ. अजय कुमार,** असिस्टेन्ट प्रोफेसर (तबला), दिल्ली विश्वविद्यालय, दिल्ली